新世纪普通高等教育财经类课程规划教材

证券投资学
Securities Investment

主　编　赵　宏　周　伟　陆文玥
副主编　李　娜　王竹青　毕舒博

大连理工大学出版社

图书在版编目(CIP)数据

证券投资学 / 赵宏,周伟,陆文玥主编. -- 大连：大连理工大学出版社,2022.12(2025.1重印)
新世纪普通高等教育财经类课程规划教材
ISBN 978-7-5685-3960-9

Ⅰ.①证… Ⅱ.①赵… ②周… ③陆… Ⅲ.①证券投资－高等学校－教材 Ⅳ.①F830.91

中国版本图书馆CIP数据核字(2022)第215812号

大连理工大学出版社出版

地址：大连市软件园路80号　邮政编码：116023
发行：0411-84708842　邮购：0411-84708943　传真：0411-84701466
E-mail:dutp@dutp.cn　URL:https://www.dutp.cn
大连永盛印业有限公司印刷　　　　　　大连理工大学出版社发行

幅面尺寸：185mm×260mm　　印张：17.5　　字数：448千字
2022年12月第1版　　　　　　　　　　2025年1月第3次印刷

责任编辑：齐　欣　　　　　　　　　　责任校对：孙兴乐
　　　　　　　　　封面设计：张　莹

ISBN 978-7-5685-3960-9　　　　　　　　　　　定　价：56.80元

本书如有印装质量问题，请与我社发行部联系更换。

前言 Preface

经过三十多年的发展，我国证券市场在学习和借鉴国际成熟证券市场发展经验的同时，结合我国实际加以创新，不断走向规范和成熟。近年来，我国证券市场积极深化发行体制改革，大力推进多层次资本市场建设和交易制度创新，注重产品创新，稳步推进证券市场的对外开放和国际化，为我国经济高质量发展提供了有力支撑。

"证券投资学"课程是金融类专业核心课程，作为一门理论与实践相结合的课程，既涉及宏观经济学中的经济周期理论，又涉及微观经济学中的公司行为理论。本教材旨在使学生掌握证券市场的基本理论和证券投资的基本技能；了解证券市场的各种运行机制、各种金融产品及市场主体的行业规范等；能够透彻理解宏观经济变量对市场趋势的影响，准确把握行业周期变化所带来的投资机会；能够根据上市公司的经营状况选择合适的投资对象，为进一步学习、研究，以及从事证券投资实务工作奠定基础。

教材编写团队深入学习党的二十大报告，深入推进党的二十大精神融入教材，在教材中加入思政元素，围绕金融类专业育人目标，结合课程特点，注重知识传授、能力培养与价值塑造的统一，在思政教育上要求达到以下目标：

1. 政治认同

政治认同体现为坚定拥护中国共产党领导，为实现中华民族伟大复兴的中国梦而奋斗。证券投资学课程涉及中国证券市场建设与发展、资本市场制度改革与创新、证券投资风险系列事件等内容，有助于学生对国内外资本市场制度进行比较和思考，帮助学生认识到中国共产党领导的社会主义制度的优越性，从而增强政治认同。

2. 家国情怀

家国情怀的基本内涵包括家国同构、共同体意识和仁爱之情，是爱国主义精神产生的情感状态，体现为对国家与民族的归属感、与国家休戚与共的使命感。证券投资学课程采用的案例包括发达国家对我国经济科技封锁引起的市场波动、对证券市场发展做出重要贡献的学者、实践强国梦的著名企业家等，促使学生更加明白经济繁荣背后的人文情怀，主动担当起时代赋予的使命，实现个人理想与社会价值。

3. 文化素养

文化素养是人文知识和技能的内化，它主要是指一个人的文化素质和精神品格。证券投资学课程注重学生文化素养的养成，特别是创新意识和理性思维。创新意识是创造活动中表现出来的意向与设想，是创新活动的内在动力，包括创造兴趣、创造动机、创新精神等维度。证券投资学课程包括证券投资工具发展与创新，市场制度变革，经济发展带来的技术、工艺、渠道与模式创新等内容。通过比较学习，有助于激发学生创新意识的形成，促进创新思维与创新能力的培养，丰富学生思想内涵。理性思维是建立在逻辑推理与证据链基础上的思维方式，体现了人们把握客观事物本质和规律的能力。证券投资学课程涉及的基本面分析、技术面分析方法,要求学生加强部分与整体、普遍联系、矛盾层次、逻辑推理等概念的认识与应用,有助于培养学生的科学精神,以更加理性的态度看待证券市场趋势、证券交易风险与监管改革方向。

4. 法治意识

法治意识是对法律发自内心的认可、崇尚与遵从,是关于法治的思想、观念和态度。证券投资学课程要引导学生认同中国特色社会主义法治体系,课程部分知识点涉及证券监管及相关法律、法规的制定和完善,包含了大量培养学生法治意识的内容,授课时要努力让学生意识到法律、法规对于证券市场稳定发展的重要作用,让学生自发遵守、崇尚和捍卫相关法律,为证券业法治建设贡献自己的力量。

5. 道德修养

在市场经济条件下,证券从业者职业道德水平的高低在很大程度上决定着证券业能否持续健康发展。证券投资学课程要让学生认识到证券职业道德的重要性,自觉养成遵守证券职业道德的习惯,以诚信为立身之本,切实提高道德修养,成为有大爱、大德和大情怀的优秀从业者。另外,采用上市公司积极承担社会义务的案例、过度投机冲击市场带来的社会后果等,加深学生对专业知识理解程度的同时,提醒学生在开展各类经济分析、处理各类经济事务时,也要加入对社会和自然环境影响的考虑,明确并履行社会主义制度下的权利、责任与义务,提高学生的社会意识和大局观念。

具体课程内容与思政元素、思政实施路径、考核评价等,可扫描下方二维码查看。

本教材响应二十大精神,推进教育数字化,建设全民终身学习的学习型社会、学习型大国,及时丰富和更新了数字化资源(教学视频、动画、课件等),以二维码形式融合纸质教材,使得教材更具及时性、内容的丰富性和环境的可交互性等特征,使学生及企业员工在学习时更轻松、更有趣味,促进了碎片化学习,提高了学习效果和效率。

本教材由山东农业工程学院赵宏、四川工商学院周伟、大连外国语大学陆文玥任主编,山东农业工程学院李娜、王竹青、毕舒博任副主编。具体编写分工如下:赵宏编写第8章、第10章、第14章,周伟编写第6章、第13章,陆文玥编写第4章、第7章,李娜编写第1章、第2章、第3章、第5章,王竹青编写第9章、第11章、第12章,毕舒博编写第15章、第16章。全书由赵宏负责统稿与定稿。

在编写本教材的过程中,编者参考、引用和改编了国内外出版物中的相关资料以及网络资源,在此表示深深的谢意!相关著作权人看到本教材后,请与出版社联系,出版社将按照相关法律的规定支付稿酬。

限于水平,书中仍有疏漏和不妥之处,敬请专家和读者批评指正,以使教材日臻完善。

编 者
2022年12月

所有意见和建议请发往:dutpbk@163.com
欢迎访问高教数字化服务平台:https://www.dutp.cn/hep/
联系电话:0411-84707019　84708462

目录 Contents

第1章 证券投资概述 ... 1
1.1 投资与证券投资 ... 1
1.2 证券投资分析 ... 7
1.3 证券投资学简介 ... 9

第2章 股票 ... 11
2.1 股份制度 ... 11
2.2 股票概念及特点 ... 17
2.3 股票的种类 ... 18

第3章 债券 ... 23
3.1 债券及其特性 ... 23
3.2 债券的种类 ... 26
3.3 政府债券 ... 29
3.4 金融债券 ... 31
3.5 企业债券 ... 33

第4章 证券投资基金 ... 37
4.1 证券投资基金概述 ... 37
4.2 证券投资基金的类型 ... 39
4.3 证券投资基金的管理 ... 45
4.4 基金套利 ... 50

第5章 金融衍生工具 ... 53
5.1 可转换债券 ... 53
5.2 权证 ... 55
5.3 金融期货与期权 ... 58

第6章 证券市场概述 ... 64
6.1 有价证券及证券市场 ... 64
6.2 证券市场的产生与发展 ... 68

第7章 证券发行市场 ... 71
7.1 股票发行市场 ... 71
7.2 债券发行市场 ... 79
7.3 基金发行市场 ... 83

第8章 证券交易市场 ... 87
8.1 证券交易市场的类型 ... 87
8.2 证券上市制度 ... 93
8.3 证券交易制度 ... 104
8.4 证券交易程序 ... 107

8.5	证券交易方式	111
8.6	证券价格指数	112
8.7	融资融券交易	120

第9章 证券市场监管 — 125
9.1	证券市场监管概述	125
9.2	证券市场监管模式	129
9.3	证券市场监管的对象及内容	130

第10章 证券投资价值分析 — 134
10.1	债券投资价值分析	134
10.2	股票投资价值分析	141
10.3	基金投资价值分析	145

第11章 宏观经济分析 — 148
| 11.1 | 宏观经济分析概述 | 148 |
| 11.2 | 宏观经济运行对证券市场的影响 | 153 |

第12章 证券投资的行业分析 — 159
12.1	行业分析概述	159
12.2	行业分类与市场类型	160
12.3	行业的周期分析	163
12.4	影响行业的因素分析	166

第13章 上市公司分析 — 170
13.1	上市公司分析概述	170
13.2	公司基本分析	171
13.3	公司重要事项分析	177
13.4	公司财务分析	182

第14章 证券投资的技术分析 — 197
14.1	技术分析概述	197
14.2	道氏理论	202
14.3	波浪理论	204
14.4	K线理论	206
14.5	形态分析	216
14.6	切线分析	224
14.7	常用技术分析指标	234

第15章 证券投资组合 — 247
15.1	投资组合理论	247
15.2	投资组合的效用分析	250
15.3	投资组合分析	252

第16章 资本资产定价分析 — 261
| 16.1 | 资本资产定价模型的原理 | 261 |
| 16.2 | 因素模型及套利定价理论 | 270 |

参考文献 — 274

第1章

证券投资概述

学习目标

1. 掌握投资、证券投资、证券投资分析的相关概念。
2. 掌握证券投资学的研究对象、内容及研究任务。
3. 正确认识证券投资在中国经济发展中的功能和作用。

1.1 投资与证券投资

证券经济是现代市场经济的重要特征之一,而证券投资则是证券经济的重要组成部分。证券投资是一种十分复杂的金融活动。成功的证券投资必须以对证券投资活动规律的正确把握为基础。人们通过对证券投资规律的长期研究,形成了一门研究证券投资运行及其规律的综合性应用经济学科——证券投资学。学习证券投资学,必须对其所涉及的基本概念有所了解,明确其研究对象、研究内容和研究方法。

证券投资的四个功能

1.1.1 投资

投资是经济主体为获得预期经济利益,预先垫付一定量的货币、实物或无形资产等资源,用以购买金融资产或实物资产实现增值的行为和过程。对于任何经济社会和经济人,持续不断地进行投资是保持经济利益持续增长必不可少的前提条件。一般来说,投资过程包括资金投入、资产增值、收回资金三个阶段。

一、投资是现在支出一定价值的经济活动

从当前来看,投资就是支付一定的资金;从长远来看,投资就是为了获取未来的报酬而现在采取的付出资金的经济行为。

二、投资具有时间性

也就是说,现在付出的价值只能到未来才能收回,而且时间越长,未来收益的不确定性就越大,从而风险就越大。

三、投资具有一定的风险性

风险是指未来收益的不确定性。当前投入的价值是确定的,但未来可能获取的收益却是不确定的,这种未来收益的不确定性就是风险。

1.1.2 投资的分类

投资是一个多层次、多侧面、多角度、内容丰富的概念,我们可以按照多种方式对投资进行分类。

一、按投资对象的不同可分为实物投资和金融投资

实物投资是投资主体为获取未来收益和经营某种事业,预先垫付货币或其他资源,以形成实物资产的经济行为。实物投资可分为稀有资产投资、固定资产投资和流动资产投资。其中,稀有资产投资是一种分门别类的,专业性、技术性很强的传统投资方式,具有很强的操作性、实用性,也是深受大众喜爱的一种投资方式。稀有资产投资包括贵金属、宝石、文物古董、书画、邮票和其他艺术品投资。

金融投资是投资主体为获取预期收益,预先垫付货币以形成金融资产,并借以获取收益的经济行为。金融投资包括股票投资、债券投资、期货投资等有价证券投资和投资主体在银行的储蓄行为。

二、按投资方式的不同可分为直接投资和间接投资

直接投资是指投资主体将资金直接投入社会再生产,从事创造和实现商品价值的活动。比如开办企业、公司,购买房产等,从直接生产经营活动中获取经济利益。间接投资是指投资者置身于生产经营活动之外,将资金委托给他人使用,投资者坐收其利并到期收回本金。购买证券即属于间接投资。

三、按投资期限的不同可分为短期投资和长期投资

一般来说,投资时间在1年(含)以下的为短期投资,1~5年为中期投资,5年(含)以上的为长期投资。对于投资者来说,选择短期投资还是中、长期投资,是一件很重要的事,它直接关系到投资者的收益、资金周转速度和机会成本等问题。短期投资和长期投资相比,收益率较低,但其风险相对较小,资金周转快,可以从再投资中获取新的收益。另外,长期投资和短期投资是可以互相转化的。如购买股票虽然是一种长期投资,无偿还期,但股票持有者可以在二级市场进行短线操作,卖出股票,这又变成了短期投资。

此外,按投资主体的不同可分为个人投资、企业投资、政府投资和外国投资。其中,个人投资与企业投资合称为民间投资,与政府投资相对应。

1.1.3 证券投资

证券投资是投资者购买有价证券及其衍生产品,以期获得投资收益的行为。例如,某投资者现在购买了债券进行证券投资,目的就是将来能获得利息或债券增值等投资收益。但是,由

于将来有着各种不确定性,该投资者进行债券投资可能要承担通货膨胀风险、违约风险、利率风险等,在将来,不仅可能没有获得预期的收益,而且可能会蒙受损失。

根据投资的周期长短、收益方式等,证券投资可划分为不同的类型:

一、短期投资、中期投资与长期投资

根据投资周期的长短,证券投资可分为短期投资、中期投资和长期投资。一般来说,长期投资比短期投资的风险高,但是收益水平也相对要高。选择长期投资还是短期投资取决于投资者的偏好、风险承受能力等。

二、固定收益投资与非固定收益投资

根据投资收益是否固定,证券投资可分为固定收益投资与非固定收益投资。固定收益投资是指事先确定证券投资的收益,按期支付的投资;非固定收益投资是指不事先规定证券投资的收益,收益在投资期内可变的投资。大多数债券投资属于固定收益投资,而普通股投资则属于非固定收益投资。固定收益投资的风险和收益比非固定收益投资要小。固定收益投资在某些情况下也可以转化为非固定收益投资。例如,投资于可转债时,债券持有者在一定条件下可以将手中收益固定的债券转换为收益不固定的相应数量的股票。

1.1.4 证券投资的构成

一、证券投资主体

证券投资的主体即证券投资的投资者,在证券市场上,凡是出资购买股票、债券等有价证券的个人或机构,统称为证券投资者。一般而言,可分为两大类:个人投资者和机构投资者。

(一)个人投资者

个人投资者是指以自然人身份从事证券买卖的投资者。一般而言,个人投资者人数众多而分散,投资规模较小,投资周期较短,专业化较弱,投机性较强。

(二)机构投资者

机构投资者,从广义上讲是指用自有资金或者从分散的公众手中筹集的资金专门进行有价证券投资活动的法人机构。在西方国家,以有价证券收益为其主要收入来源的证券公司、投资公司、保险公司,各种福利基金、养老基金及金融财团等,一般称为机构投资者。其中最典型的机构投资者是专门从事有价证券投资的共同基金。在我国,机构投资者目前主要是指具有证券自营业务资格的证券自营机构,符合国家有关政策法规的各类投资基金等。

与个人投资者相比,机构投资者往往具有更为专业化的投资管理、更为分散化的投资结构、更为规范化的投资行为。第一,机构投资者一般具有较为雄厚的资金实力,在投资决策运作、信息搜集分析、上市公司研究、投资理财方式等方面都配备有专门部门,由证券投资专家进行管理。第二,机构投资者拥有聚集起来的庞大资金,为了尽可能降低证券投资的风险,机构投资者会利用其专业化的管理和多方位的市场研究在投资过程中进行合理的组合投资。第三,作为具有独立法人地位的经济实体,机构投资者的投资行为受到多方面的监管,相对来说,也就较为规范。因此,从理论上讲,机构投资者的投资规模较大,投资周期较长,投资风险较低,投资行为比较规范,从而有利于证券市场健康稳定的发展。

二、证券投资客体

证券投资客体,即证券投资的对象或标的。证券投资客体是有价证券,主要包括股票、债

券、基金以及其他衍生金融工具等投资对象。投资客体对于投资机会的种类、投资方式、投资回报有决定性的作用。首先,对于不同种类的证券,由于其发行者、合约条款、税收待遇等不一样,因而投资所产生的回报也不尽相同。其次,不同种类证券的发行和流通方式一般也不同,投资程序有繁有简,投资技术有难有易,从而要求采取不同的投资方式。再次,不同种类的证券所要求的初始投资额有多有少,有些有价证券只对部分投资者发行,使得每一位证券投资者可能面对不同的投资机会。

三、证券投资环境

投资环境是指不受投资主体控制的除投资主、客体以外的其他影响投资的因素,包括经济周期、金融市场环境、政府行为等。宏观经济环境运行会对投资的效果产生全局性影响。经济繁荣时期投资回报水平普遍上升,经济萧条时期投资回报水平普遍降低,经济周期更替则会使投资回报水平波动性加大。

金融市场环境在证券投资中起着十分重要的作用。首先,金融市场的价格直接决定买入证券的成本和卖出证券的收入;其次,金融市场提供投资决策所需要的投资信息和实现金融投资的各种交易机制,对投资决策成本和交易成本起着关键性作用;再次,金融市场提供的融资机会会影响投资资金的来源。政府行为会直接影响金融市场和投资者行为,税收会直接减少投资者的最终收益,通货膨胀则会影响投资的真实收益,而行业结构、市场状况会影响相关的投资绩效。

1.1.5 证券投资的过程

对于投资者来讲,证券市场永远是风险与收益并存,如何进行充分的投资准备,进行理性的投资决策,采取有效的投资管理,成为证券投资成败的关键。

一、投资准备阶段

进行证券投资之前,必须做好充分的投资准备,包括投资资金准备、投资知识准备和心理准备。

投资资金准备是证券投资最重要的前提。资金来源分为两部分,一是自有资金,二是借入资金。自有资金是已有的积累,投资者需要事先计划已有的资金中,多少用于日常消费以及应付必要的不时之需,多少可以用来投资;另外,投资者还需要了解如果需要利用自有资金扩大投资规模,有多少其他资产可以变现用于证券投资。在确定投入的自有资金后,投资者可以考虑是否需要外来资金。如果需要借入,则进一步考虑需要借入多少,能够从哪些途径借入。投资者在借入资金时,需认真考虑借入资金的成本以及偿还的期限。

投资者在证券投资之前,还必须充分掌握投资知识,以防盲目投资。投资者需要储备的投资知识包括:证券投资的交易流程和交易费用、可供投资的证券品种、投资的渠道、投资的环境、投资的法律与政策以及必要的投资理论等。只有掌握了一定的投资知识,才能在复杂多变的证券投资中具备投资辨析能力,增强投资的主动性,形成理性的投资行为,这对于投资者规避投资风险、提高风险防范能力都具有非常重要的意义。

投资者的心理准备也非常重要。心理准备的重点是了解自身的风险承受能力和风险偏好,在面临证券投资风险时保持良好的投资心态。

二、投资分析阶段

投资者在决定选择哪种证券之前,必须围绕该证券进行全面的宏观与微观经济分析。首先需要判断经济形势的变动趋势,并对此经济趋势下各种行业的发展前景做出判断。其次,根据发行证券的公司的财务状况、销售状况、产品结构等预测公司未来的收益和风险程度。再次,根据证券市场行情,对证券的真实价值、市场价格和变动趋势进行认真分析。因为市场价格受到多种因素的影响,经常发生变动,与真实价值并不一致。

三、投资决策阶段

投资决策阶段关键是解决两个问题:一是"买什么",二是"何时买"。"买什么"是指投资者决策构建恰当的投资组合,"何时买"是指投资者决策选择最有利的入市时机。

(一)构建恰当的投资组合

构建恰当的投资组合,就是要通过证券投资品种的多样化,使由少量证券造成的不利影响最小化。股票投资组合的目的有两个:一是降低风险,二是实现收益最大化。投资者购买的证券种类越多、各种证券收益的差异化越大,所构建的投资组合的风险越不容易受到某一种或几种证券收益的影响,因而整体风险越低。如果进行恰当的投资组合,就可以使证券组合整体的收益风险特征达到在同等风险水平上收益最高或在同等收益水平上风险最小的理想状态。

在既定的投资额度和风险偏好下,投资者在决策投资组合时首先是需要选择投资工具的类型以及各类投资工具的占比。例如,可以选择的投资工具包括股票、债券和基金三大类。如果投资者需要一个低风险的投资组合,那么把全部资金投入到债券和货币市场基金上是一种明智的选择。如果能承担一定的风险,并希望有较高的收益,可以使投资组合既包括低风险的债券和货币市场基金,也包括风险较高的股票以及股票基金、高收益债券等。一般来说,低风险的投资工具所占的比例越高,整个投资组合的风险越低,而收益也越低;反之,风险较高的投资工具所占的比例越高,整个投资组合的风险越高,而收益也相应越高。

在投资者确定了投资组合的基本框架后,需要进一步考虑股票、债券和基金的具体品种。以基金为例,投资者需要考虑购买股票基金还是债券基金。股票基金可以分为大型股基金和小型股基金,再细化可分为大型成长股基金、大型价值股基金、小型成长股基金和小型价值股基金。成长股基金投资于那些迅速扩张的公司的股票,而价值股基金更青睐那些根据资产或每股收益比较起来相对廉价的股票。通过购买分类更加细致的股票基金,投资者可以有效地把握投资回报,提高回报率。在选择具体的品种时,要注意各种投资品种在投资时期长短、所属行业、所属板块、所属国家和地区等的分散配置,以达到风险与收益的最佳匹配。

(二)选择有利的入市时机

选择有利的入市时机对投资者来说非常重要。例如,进行股票投资时,可以关注以下影响入市时机的因素:

一是宏观层面的因素,如宏观经济增长情况、通货膨胀、利率和汇率的变动、宏观经济政策、证券市场行情等因素。

二是微观层面的因素,如在考察企业的盈利能力、经营效率、偿债能力、资本结构、成长性、配送股等情况之后,进一步观察企业是否有大幅增长的盈利报告、大比例的股本送转、是不是当前市场热点、有无突发利好、是不是处于季度结算前敏感时间、是否有重要管理层的变动等因素。

只有构建合理的证券投资组合并在有利的时机入市,才能使投资的风险和收益得到较好的匹配,实现预期的投资目标。

四、投资管理阶段

在做出投资决策之后，面对不断变化的市场，投资者是否能进行有效的投资管理对于投资目标的实现尤为重要。投资管理包括两个方面：一是修正投资组合，二是评价投资绩效。随着时间的推移，市场行情在不断变动，投资者的投资目标也可能会调整，从而使当前持有的投资组合不再是最优的，为此，投资者可能需要不断地修正原有的投资组合，即卖出现有投资组合中的一些证券，并同时买进一些新的证券构成新的组合。评价投资绩效，主要是将投资组合的风险和收益与基准的风险和收益相比较从而评价投资绩效的优劣，基准通常是指市场上公认的股票价格综合指数等。

1.1.6 证券投资的功能

随着证券投资的普及，筹资者、投资者、管理机构越来越多地利用证券投资这个平台来实现各种功能：资本集聚功能、资本配置功能、风险管理功能和宏观调控功能。

一、资本集聚功能

随着生产和支出规模的扩大，单个经济主体（一般企业、金融机构等）难以用自有资金满足对于资本的需求。利用发行股票、债券等证券产品，企业等可以在较短时间筹集大量资本，其来源包括本国或国外的个人、家庭、企业等。随着资产证券化的普及和金融全球化的深入，越来越多的筹资将通过证券投资来完成，证券投资正日益成为沟通国内外资本余缺的桥梁。

二、资本配置功能

通过证券投资，不仅可以实现资本的集聚，而且可以引导资本的优化配置。众多证券投资者参与的证券竞价，尤其是交易所公开竞价，使相关信息得到充分的发掘、集聚和分析，由此推动证券品种合理定价，使证券价格能客观地反映企业实际经营状况、未来发展前景、资本实力和市场竞争力变化。在同样的条件下，投资者愿意购买回报高、变现快的证券品种，而在证券市场中表现良好的主要是那些朝阳行业和高效企业，投资者偏好购买这类优质企业的股票，而不买或少买没有潜力的劣质企业的股票。投资者的投资偏好引导社会资本配置到优质的高回报企业，配置到有利于推动产业结构升级和经济增长的行业，从而实现有限资金的优化配置和产业结构的升级。在证券市场上，企业之间也可以采用控股、参股等方式并购重组，进一步带动了资本的优化配置。

三、风险管理功能

资本通过证券投资实现集聚和配置的同时，投资风险也在进行转移和配置。投资者通过购买证券，不仅可以充分利用闲置资本，而且可以进行风险管理。例如，可以利用期货、期权、互换等衍生产品实现特定的风险管理目标。

四、宏观调控功能

通过调控证券投资和筹资的规模和方向，各国管理当局可以实现相应的宏观调控目标。当出现投资过热、货币供给量过多、通货膨胀等状况时，一国的中央银行可以通过在证券市场上卖出有价证券（主要是政府债券），达到回笼货币、减少货币供应量、紧缩投资、稳定物价等宏观目标；反之，当出现投资萎缩、货币供给量不足、通货紧缩等状况时，一国的中央银行可以通过在证券市场上买进有价证券的方式，达到增加货币供应量、刺激投资、稳定物价、促进经济增长等宏观目标。一国的金融监管机构也可以通过控制有价证券的发行条件、发行规模等，引导产业结构的升级。

1.2 证券投资分析

证券投资分析是指人们通过各种专业性分析方法,对影响证券价值或价格的各种信息进行综合分析以判断证券价值或价格及其变动的行为,是证券投资实现预期目标的关键。

1.2.1 证券投资分析的目标

一、实现投资决策的科学性

投资决策贯穿于整个投资过程,其正确与否关系到投资的成败。尽管不同投资者投资决策的方法可能不同,但科学的投资决策无疑有助于保证投资决策的正确性。由于资金拥有量及其他条件的不同,不同的投资者会拥有不同的风险承受能力、不同的收益要求和不同的投资周期。同时,由于受到各种相关因素的影响,每一种证券的风险-收益特性并不是一成不变的。此外,由于证券一般具有可流通性,投资者可以通过在证券流通市场上买卖证券来满足自己的流动性需求。因此,在投资决策时,投资者应当正确认识每一种证券在风险性、收益性、流动性和时间性方面的特点,选择风险性、收益性、流动性和时间性同自己的要求相匹配的投资对象,并制定相应的投资策略。只有这样,投资者的投资决策才具有科学性,才能保障投资决策的正确性,使投资获得成功。进行证券投资分析正是投资者正确认识证券风险性、收益性、流动性和时间性的有效途径,是投资者科学决策的基础。因此,进行证券投资分析有利于减少投资决策的盲目性,从而提高投资决策的科学性。

二、实现证券投资净效用最大化

证券投资的理想结果是证券投资净效用(收益带来的正效用与风险带来的负效用的权衡)最大化。因此,在风险既定的条件下投资收益率最大化和在收益率既定的条件下风险最小化是证券投资的两大具体目标。证券投资的成功与否往往是看这两个目标的实现程度。但是,影响证券投资目标实现程度的因素很多,其作用机制也十分复杂。只有通过全面、系统和科学的专业分析,才能客观把握这些因素及其作用机制,并做出比较准确的预测。证券投资分析采用专业分析方法和分析手段对影响证券回报率和风险诸因素进行客观、全面和系统的分析,揭示这些因素影响的作用机制以及某些规律,用于指导投资决策,从而在降低投资风险的同时获取较高的投资收益。

1.2.2 证券投资主要分析方法

证券投资分析有三个基本要素:信息、步骤和方法。其中,选择什么样的证券投资分析方法对投资者的投资决策至关重要。目前,进行证券投资分析所采用的分析方法主要有三大类:基本分析法、技术分析法、量化分析法。

一、基本分析法

基本分析法是指证券分析师根据经济学、金融学、财务管理学及投资学等基本原理,对决定证券价值及价格的基本要素,如宏观经济指标、经济政策走势、行业发展状况、产品市场状况、公司销售和财务状况等进行分析,评估证券的投资价值,判断证券的合理价位,提出相应的投资建议的一种分析方法。基本分析法的理论基础在于:

(1)任何一种投资对象都有一种可以称之为"内在价值"的固定基准,且这种内在价值可以通过对该种投资对象的现状和未来前景的分析而获得。

(2)市场价格和内在价值之间的差距最终会被市场所纠正,因此市场价格低于(或高于)内在价值之日,便是买(卖)机会到来之时。

基本分析流派是指以宏观经济形势、行业特征及上市公司的基本财务数据作为投资分析对象与投资决策基础的投资分析流派,其分析方法体系体现了以价值分析理论为基础、以统计方法和现值计算方法为主要分析手段的基本特征。它的两个假设为:股票的价值决定其价格和股票的价格围绕价值波动。因此,价值成为测量价格合理与否的尺度。

基本分析的内容主要包括宏观经济分析、行业和区域分析、公司分析三大内容。

(一)宏观经济分析

宏观经济分析主要探讨各经济指标和经济政策对证券价格的影响。经济指标分为三类:

1. 先行性指标

这类指标可以对将来的经济状况提供预示性的信息,如利率水平、货币供给、消费者预期、主要生产资料价格、企业投资规模等。

2. 同步性指标

这类指标的变化基本上与总体经济活动的转变同步,如个人收入、企业工资支出、GDP、社会商品销售额等。

3. 滞后性指标

这类指标的变化一般滞后于国民经济的变化,如失业率、库存量、银行未收回贷款规模等。

经济政策主要包括货币政策、财政政策、信贷政策、债务政策、利率与汇率政策、产业政策、收入分配政策等。

(二)行业和区域分析

行业和区域分析是介于宏观经济分析与公司分析之间的中观层次的分析。行业分析主要分析行业所属的不同市场类型、所处的不同生命周期以及行业业绩对证券价格的影响。区域分析主要分析区域经济因素对证券价格的影响。一方面,行业的发展状况对该行业上市公司的影响是巨大的。从某种意义上说,投资某家上市公司实际上就是以某个行业为投资对象。另一方面,上市公司在一定程度上又受到区域经济的影响,尤其是我国各地区的经济发展不平衡,产业政策也有所不同,从而对我国证券市场中不同区域上市公司的行为与业绩有着不同程度的影响。

(三)公司分析

公司分析是基本分析的重点,无论什么样的分析报告,最终都要落实在某家公司证券价格的走势上。如果没有对发行证券的公司状况进行全面的分析,就不可能准确预测其证券的价格走势。公司分析侧重对公司的竞争能力、盈利能力、经营管理能力、发展潜力、财务状况、经营业绩以及潜在风险等进行分析,借此评估和预测证券的投资价值、价格及其未来变化的趋势。

二、技术分析法

技术分析法是仅从证券的市场行为来分析证券价格未来变化趋势的方法。证券的市场行为可以有多种表现形式,其中证券的市场价格、成交量、价和量的变化以及完成这些变化所经历的时间是市场行为最基本的表现形式。技术分析的理论基础建立在三个假设之上,即市场的行为包含一切信息、价格沿趋势移动、历史会重复。

技术分析理论分为:K线理论、切线理论、形态理论、技术指标理论、波浪理论和循环周期理论。技术分析流派认为,股票价格的波动是对市场供求均衡状态偏离的调整。该流派以价格判断为基础、以正确的投资时机抉择为依据。从最早的直觉化决策方式,到图形化决策方式,再到指标化决策方式,直到模型化决策方式以及智能化决策方式,技术分析流派投资分析方法的演进遵循了一条日趋定量化、客观化、系统化的发展道路。

三、量化分析法

量化分析法是利用统计、数值模拟和其他定量模型进行证券市场相关研究的一种方法,广泛应用于解决证券估值、组合构造与优化、策略制定、绩效评估、风险计量与风险管理等投资相关问题,是继传统的基本分析和技术分析之后发展起来的一种重要的证券投资分析方法。

1.3 证券投资学简介

1.3.1 证券投资的研究对象

证券投资是专门研究建立在虚拟资产(有价证券)基础上的资金运动规律及与之相联系的各种经济关系发展规律的学科,包含以下三个层次:

(1)各种有价证券的特殊运动形式、运动规律及其所体现的特殊经济关系。

(2)由各种有价证券组成的证券市场的运动规律。各种有价证券运动的有机联系构成了统一的证券市场,证券市场是各种经济关系的总和。证券市场的整体运动规律决定并支配着各种有价证券的特殊运动规律。

(3)投资主体的投资活动规律。证券业广泛发展所推动的资本高度社会化和证券投资的日益大众化,特别是有价证券的虚拟资本性质和证券市场的博弈性质等因素,决定了主观因素在证券市场运动过程中具有特殊的地位和重要的作用。证券投资者不仅要根据各种客观情况进行决策,更重要的是必须根据其他投资者对各种客观情况的主观判定作为自己决策的主要依据。证券市场这种突出的博弈性质决定了证券投资领域中主客体运动之间具有高度的相融性和互换性。

1.3.2 证券投资学的研究内容和任务

一、证券投资学的研究内容

证券投资学的研究对象决定了证券投资学的研究内容,主要包括证券投资的一般理论、证券市场及证券投资的运行过程与机制、证券投资决策的方法,以及证券投资管理。具体包括以下六个方面:

(1)证券投资的基本原理,包括证券投资的概念、证券投资的基本特征、证券投资的目标和原则、证券投资的运行过程等。

(2)证券投资工具,包括股票、债券、基金等各类证券的类型和特点。

(3)证券投资场所,包括证券的发行市场和证券流通市场的功能、作用、运行机制及其业务活动。

(4)证券投资分析,包括证券价格、证券投资收益与风险分析、证券投资基本分析和证券投资技术分析等。

(5)证券投资的决策和策略,主要是从投资者的角度研究如何进行具体的证券投资。

(6)证券投资管理,主要从政府的角度研究如何对证券市场与证券投资活动进行规范化管理。

二、证券投资学的基本任务

证券投资学的基本任务就是揭示证券市场的内在规律,指导投资者以最有效的方法和最安全的途径从事证券投资,以获得最大的投资收益。

最有效的方法是指尽可能用最少的资本投入获取最大的投资收益的方法。与实业投资相比,证券投资的一个重要特征就是投资方式复杂繁多,如现货交易、信用交易、期货交易、期权交易以及存托凭证等。其中,除现货交易之外的诸多交易方式都具有以小博大的高倍数杠杆效应,从而能够实现短期内资金的迅速增值,甚至以几何级数连续翻番。

最安全的途径是指最大限度地防范和控制投资风险,努力在资金安全的前提下实现预期投资增值的目的。证券投资属于风险投资,从理论上讲,风险和收益具有相关性,高风险高收益,低风险低收益。但是,在证券市场上风险和收益往往并不成比例,相同的风险不一定有相同的收益。因此,投资的基本目标就是将风险置于可控制范围之内,尽可能使风险降低到最低程度,在一定限制的安全条件之下,实现收益的最大化。

1.3.3 证券投资学的体系结构

证券投资学是研究证券投资运行及其规律的学科,其体系结构应根据所研究的对象和内容来确立。基本框架可以分为四部分,即证券投资基本理论与知识、证券投资的市场环境、证券投资分析与操作理论及实务、证券投资市场的监管。

证券投资基本理论和知识是学习证券投资所必须掌握的重要内容,也是作为一个理性投资者必须充分理解的部分,其内容主要包括证券投资中涉及的一些重要的概念和范畴、证券投资的功能、证券投资的要素、证券投资的对象等。

证券投资的市场环境,即从事证券投资活动的空间,包括证券的发行市场、流通市场,证券价格的决定,股票指数,证券投资的收益和风险等。

证券投资分析的理论与操作实务是实践性较强的部分,包括证券投资的操作原则、证券投资的实施程序、证券投资基本分析方法、证券投资技术分析方法、证券投资组合管理等。

证券投资的市场监管,主要是对证券市场的法律与制度进行规范。

本章小结   思考与练习题

第 2 章

股　票

> **学习目标**
> 1. 理解股份制度的含义及特征。
> 2. 理解股份公司的含义、特征及类型。
> 3. 掌握股票的概念、特点及分类。
> 4. 具备股票的理论分析能力和风险管控意识。

2.1　股份制度

2.1.1　股份制度的基本含义和特征

一、股份制度的基本含义

股份制度是指按照一定的法规程序,通过发行股票筹集资本,建立法人企业(公司),对生产要素实行联合占有、联合使用,从事生产和经营的组织形式和财务制度。

二、股份制度的基本特征

股份制度作为一种现代企业组织形式、资产制度和所有制形式,基本特征主要有:

(1)通过发行股票筹集资本。股份制企业都是通过发行股票广泛筹集资金而组建起来的,从而促进了资本的集中。股票无固定利息负担,股利的多少由企业的经营状况决定。因此,从股份公司发行股票一开始,就把投资与公司的生产经营活动联系在了一起,促使股东关心企业的命运。

(2)资本法律上的所有权和资本经济上的所有权相分离,是一种科学的企业法人产权制度。股份制企业通过发行股票筹集资本,企业(公司)一旦宣告成立,资本的所有权和职能资本就分离,正如马克思说的:"资本的法律上的所有权同它经济上的所有权分离。"(《马克思恩格斯选集》第26卷Ⅲ,第511页。)投资者成为股东,企业成为独立的法人,企业资产独立化为企业法人资产。企业作为法人资产所有权的主体,行使经营者的充分主权,这既有利于企业的积累和发展,也有利于企业的自我约束,还有利于经营管理的专门化和企业家的形成。

(3)股份经济具有平等性、公开性,体现"利益共享、风险共担"原则。在股份制经济中通行的是股权平等,不承认其他特权和义务。一切经济活动以投资入股的资本额为准。股票的权利和义务是对等的,权利大义务也大,同时所负的经济责任也相应大,风险也大。股份制作为商品经济和社会化大生产的一种现代企业组织形式和产权制度,是一种开放性经济,实行公开原则,这种公开原则有助于社会监督,有利于保护投资者利益。

(4)股份的投资者对企业资产负债负有限的经济责任。股份制企业的典型、普遍形式是股份有限公司。各国的法规和章程一般都明确规定,股东对公司资产和负债负有限经济责任,股东仅以自己入股的股金对公司债务承担责任,与股东的其他财产无关。

(5)企业产权商品化、市场化、货币化和证券化。在股份制经济中,无论是法人产权还是股东的股权都是商品,而且都采用有价证券形式,可以通过证券市场进行自由转让或买卖。在股份制度下,公司资产商品化、货币化、证券化,通过发达的证券市场进行交易活动,资产合理流动,进行优化组合。一些效益好的、有发展前途的企业,采取控股、参股的方式实行兼并和组合,发展成资产一体化的企业集团。没有股份制度,没有企业产权的货币化、商品化、证券化、市场化,就不会有企业集团和跨国公司,就难以实现资本的社会化和国际化。

2.1.2 股份公司的含义、特征及类型

一、股份公司的含义

股份公司是适应社会化大生产和市场经济发展需要、实现所有权与经营权相对分离、有利于强化企业经营管理职能的一种企业组织形式。

二、股份公司的特征

(1)发行股票。作为股东入股的凭证,股东一方面借以取得股息,另一方面参与企业的经营管理。

(2)建立企业内部组织结构。股东代表大会是股份制企业的最高权力机构,董事会是最高权力机构的常设机构,总经理主持日常的生产经营活动。

(3)具有风险承担责任。股份制企业的所有权收益分散化,经营风险也随之由众多的股东共同分担。

(4)具有较强的动力机制。众多的股东都从利益上去关心企业资产的运行状况,从而使企业的重大决策趋于优化,使企业发展能够建立在利益机制的基础上。

三、股份公司的类型

(一)无限公司

简单地说,无限公司就是全体股东对公司债务承担连带无限责任的公司。所谓连带无限责任,包括两层含义:

1. 股东对公司债务负无限责任

就是指股东要以自己的全部资产对公司债务负责。当公司资不抵债时,不管股东出资多

少,都要拿出自己的全部资产去抵债。

2. 股东对公司债务负连带责任

即全体股东共同对公司债务负责,且每一个股东都承担全部债务的责任,在公司资不抵债时,债权人可以要求股东偿债,既可要求全体股东共同偿债,也可只对其中一个股东提出偿债要求,股东不得拒绝,当一个股东偿还了公司的全部债务后,其他股东就可解除债务。除此之外,连带责任还包括:股东对其加入公司前公司所发生的债务也要负责。

无限公司的股东至少要有两个,公司资本是在股东相互熟悉、相互信任的基础上,出资形成的。在这里,人身信任因素起着决定性作用,非至亲好友难以成为公司股东。因此,人们也称无限责任公司为"人合公司"。

由于公司股东对债务负无限责任,保证了债权人的利益,因此,公司信誉较高;同时公司组建简单,只要两个股东相互信任就可组成公司,免去了繁杂的法律登记手续。而对股东来说,则无须向公众公开业务内幕,保密性强,有利于竞争。但是,无限责任公司的弊端也是显而易见的。由于股东要对公司债务负连带无限责任,因此,投资风险太大。股东又不能自由转让股份。要转让股份,必须得到全体股东的同意,这无疑加大了公司集资的难度。

(二)有限公司

有限公司指股东仅以自己的出资额为限对公司债务负责。同无限公司相比,有限公司的股东较少,许多国家公司法对有限公司的股东人数都有严格规定。同时,有限公司的资本并不必分为等额股份,也不公开发行股票,股东持有的公司股票可以在公司内部股东之间自由转让,若向公司以外的人转让,须经过公司股东的同意。由于股东少,因此公司设立手续非常简便,而且公司也无须向社会公开公司营业状况,增强了公司的竞争能力。

(三)两合公司

即公司是由无限责任股东和有限责任股东共同组成的。在公司股东中,既有无限责任股东,又有有限责任股东。无限责任股东对公司债务负连带无限责任,有限责任股东对公司债务的责任仅以其出资额为限。由于公司股东的责任不同,在公司中的地位和作用也不同。无限责任股东在公司中享有控制权,管理公司的业务活动;而有限责任股东不能管理公司业务,也不能对外代表公司,若要转让股份,还必须得到半数以上无限责任股东的同意。

(四)股份有限公司

股份有限公司是西方国家最主要的一种公司形式。股份有限公司有以下特征:

(1)股份有限公司是独立的经济法人。

(2)股份有限公司的股东人数不得少于法律规定的数目。

(3)股份有限公司的股东对公司债务负有限责任,其限度是股东应交付的股金额。

(4)股份有限公司的全部资本划分为等额的股份,通过向社会公开发行的办法筹集资金,任何人在缴纳了股款之后,都可以成为公司股东,没有资格限制。

(5)公司股份可以自由转让,但不能退股。

(6)公司账目须向社会公开,以便于投资人了解公司情况,进行选择。

(7)公司设立和解散有严格的法律程序,手续复杂。

由此可以看出,股份有限公司是典型的"资合公司"。一个人能否成为公司股东取决于其是否缴纳了股款,购买了股票,而不取决于与其他股东的人身关系,因此,股份有限公司能够迅速、广泛、大量地集中资金。同时,我们还可以看到,虽然无限责任公司、有限责任公司、两合公司的资本也都划分为股份,但是这些公司并不公开发行股票,股份也不能自由转让,证券市场上发行和流通的股票都是由股份有限公司发行的。因此,狭义地讲,股份公司指的就是股份有限公司。

(五)股份两合公司

股份两合公司是无限责任股东和有限责任股东共同组成的公司。其中有限责任部分的资本划分为若干等份,由各有限责任股东认缴,这是与两合公司的区别所在。股份两合公司具有以下几个方面的特点:

(1)无限责任股东对公司债务负有连带清偿责任,有限责任股东以其出资额为限对公司债务负责。

(2)有限责任股东必须得到超过半数的无限责任股东的许可才能将其全部或部分股份转让给他人。

(3)有限责任股东一般不能代表公司执行业务以及对外代表公司。

2.1.3 股份公司的组织机构

在通常情况下,公司的组织管理机构由股东大会、董事会、董事会下设的专门委员会、监事会,以及总经理、副总经理等组成。有的公司在董事会下不设各种专门委员会,其工作由总经理主持下的组织机构来负责。

这种组织管理机构把股东大会视作立法机关、决策机构,把董事会视为行政机关、业务执行机构;把监事会视为司法机关、监督机构。采取三权分立的体制,以实现公司内部的权力自我制衡和公司内部自治。

一、股东大会

股东大会,也称股东全会或股东会,是股份公司法定必备的,并由全体股东组成的最高权力机构。

从作用上看,股东大会是股东表达其意志、利益,行使其权力的场所和工具。因为股份公司是以股东的财产投资为基础而设立的,股东因此在事实上和法律上都是公司的所有者。作为所有者,股东能依法就其有权表决的问题行使表决权,参与公司的某项重大决策。但是,股东又不可能全部直接参加管理,他们的权力只能通过参加股东大会(如果股东过多,可由股东选举产生股东代表大会),参与公司有关事宜决议的表决和选举公司董事会来实现。

从权限、地位上来看,股东大会是公司最高权力机关,拥有决定公司最重要事项的权限,并拥有选举董事、组成董事会和其他机关成员,罢免有关成员、追究机关和成员责任的权限。

从性质上来看,股东大会仅仅是一个权力机关,按股东的意志决定公司的运转和发展,它不是代表机关,对外不能代表公司,也不是执行机关,对内不执行业务。

股东大会的主要职权包括:

(1)听取并审议董事会、监事会的工作报告。

(2)选举和罢免董事。

(3)选举和罢免监事会成员。

(4)修改公司章程。

(5)审查董事会提出的公司财务预算和决算报告。

(6)审查董事会所造具的会计表册。

(7)对公司增加或减少股本、合并、解散、清算等重大事件做出决议。

(8)对公司其他重要事项做出决议。

关于股东大会还有以下几个法律问题：

(1)股东大会一般是一年召开一次，且应在每个会计年度终结之后一年期限内召开。必要时，公司也可以召开临时的股东会议。临时会议的内容，即在什么情况下哪一类问题可通过临时会议来讨论解决，也应在公司章程中予以规定。股东大会原则上由公司董事会召集。股东大会的会议通知书以书面形式在会议召开前的充分时间内传送给每位有表决权的股东。

(2)股东大会的出席人一般应是股东本人。股东也可以委托其代理人出席股东大会，委托时应出具委托书，一个股东只能委托一个代理人，但是一个代理人可以同时接受多个委托人的委托，代他们行使权力。

(3)股东大会的表决可以采用会议表决方式，但表决时要求：第一，要有代表已发行股份多数的股东出席会议，即出席会议的股东所代表的股份总数占已发行股份总数的一半以上；第二，要有出席会议的多数股东表决同意，即同意的表决权数占出席会议的表决权总数的一半以上；第三，股东表决的基础是股票数量。每股一票，而不是每个股东一票。

二、董事会

股份公司董事会是由股东大会选举产生，在股东大会闭会期间行使股东大会职权的常设机构，负责处理公司各种重大经营管理事项。

作为公司董事会，其形成有资格上、数量上和工作安排上的具体要求，也有其具体职责范围：

(1)从资格上讲，董事会的各位成员必须是董事。董事是股东在股东大会上选举产生的。所有董事组成一个集体领导班子成为董事会。法定的董事资格如下：首先，董事会可以是自然人，也可以是法人，如果法人充当公司董事，就必须指定一名有行为能力的自然人作为其代理人；其次，特种职业和丧失行为能力的人不能作为董事，特种职业如国家公务员、公证人、律师和军人等；第三，董事可以是股东，也可以不是股东。

(2)从人员数量上说，董事的人数不得少于法定最低限额，因为人数太少，不利于集思广益和充分集中股东意见。但人数也不宜过多，以避免机构臃肿，降低办事效率。因此公司可在最低限额以上，根据业务需要和公司章程确定董事的人数。由于董事会是会议机构，董事会最终人数一般是奇数。

(3)从人员分工上，董事会一般设有董事长、副董事长、常务董事。人数较多的公司还可设立常务董事会。董事长和副董事长，由董事会成员过半数互相选举产生，罢免的程序也相同。

(4)董事会行使的职权。根据公司法的规定，董事会对股东会负责，行使下列职权：召集股东会会议，并向股东会报告工作；执行股东会的决议；决定公司的经营计划和投资方案；制订公司的年度财务预算方案、决算方案；制订公司的利润分配方案和弥补亏损方案；制订公司增加或者减少注册资本以及发行公司债券的方案；制订公司合并、分立、解散或者变更公司形式的方案；决定公司内部管理机构的设置；决定聘任或者解聘公司经理及其报酬事项，并根据经理的提名决定聘任或者解聘公司副经理、财务负责人及其报酬事项；制定公司的基本管理制度；公司章程规定的其他职权。

(5)在董事会中，董事长具有最大权限，是董事会的主席。主要行使下列职权：第一，召集和主持董事会会议;第二,在董事会休会期间,行使董事会职权,对业务执行的重大问题进行监督和指导;第三,对外代表公司,即有代表公司参与司法诉讼的权利、签署重大协议的权利等。

三、监事会

监事会,也称公司监察委员会,是股份公司法定的必备监督机关,是在股东大会领导下,与董事会并列设置,对董事会和总经理行政管理系统行使监督的内部组织。

(1)监事会的设立目的。由于公司股东分散,专业知识和能力差别很大,为了防止董事会、经理滥用职权,损害公司和股东利益,就需要在股东大会上选出这种专门监督机关,代表股东大会行使监督职能。

(2)监事会的组成。监事会由全体监事组成。监事的资格基本上与董事资格相同,并必须经股东大会选出。监事可以是股东、公司职工,也可以是非公司专业人员。其专业组成类别应由公司法规定和公司章程具体规定。但公司的董事长、副董事长、董事、总经理、经理不得兼任监事会成员。监事会设主任、副主任、委员等职。

(3)监事会的职权范围如下:第一,可随时调查公司生产经营和财务状况,审阅账簿、报表和文件,并请求董事会提出报告;第二,必要时,可根据法规和公司章程,召集股东大会;第三,列席董事会会议,能对董事会的决议提出异议,可要求复议;第四,对公司的各级管理人员提出罢免和处分的建议。

四、经理

经理是公司中对内有业务管理权限、对外有商业代理权限的人。其职能作用是辅助董事会等法定业务执行机关执行公司具体业务,也就是具体实施董事会的决议。

股份公司根据业务需要和公司章程,确定经理人数。如总经理1人,副总经理2~3人,各部门经理若干。总经理、副总经理是由董事会选任的。总经理可以是股东,也可以不是股东,可以是专职的,也可以由董事长或副董事长兼任。但是,不论总经理、副总经理是否为本公司股东,都须参加董事会的会议。

总经理是负责公司全盘营业活动的经理,有权对公司事务进行总的控制,并代表公司从事日常的业务交易活动,对业务活动的效率及其结果负总责任。总经理作为公司首要的高级管理职员,由董事会委托或招聘。按惯例,他应该是公司董事会的成员。

总经理的具体职权包括:

(1)执行董事会的决议,并依照决议确定公司大政方针,研究制定具体措施。

(2)确定内部组织机构,安排各个职能部门的人员。

(3)经董事会授权,代表公司对外签订合同和处理业务。

(4)定期向董事会报告业务情况,向董事会提交年度报告。

(5)招聘或解雇公司职工。

(6)主持公司的日常业务活动。

副总经理是总经理的副手。当总经理因故不能行使职权时,可授权副总经理代行其职权;一般情况下,协助总经理总揽公司业务工作。

各部门经理主管一个部门的工作,或主管某项业务工作,如财务经理、销售经理、开发经理、项目经理等。

2.2 股票概念及特点

2.2.1 股票的概念

股票是一种由股份制有限公司签发的用以证明股东所持股份的凭证。它表明股票的持有者对股份公司的部分资本拥有所有权。由于股票包含经济利益,并且可以上市流通转让,因此股票也是一种有价证券。

股票是公司股份的外在表现形式。股份的发行实行公开、公平和公正的原则。股票发行后,购买股票的投资者即成为公司的股东。股票实质上代表了股东对股份公司的所有权。股东凭借股票可以获得公司的股息和红利、参加股东大会并行使自己投票表决的权利,从而实现对公司管理的参与,同时也承担相应的责任与风险。

股票作为一种所有权凭证,有一定的格式。从股票的发展历史来看,最初的股票票面格式既不统一,也不规范,由各发行公司自行决定。随着股份制的发展和完善,许多国家对股票票面格式做了规定,提出票面应载明的事项和具体要求。《中华人民共和国公司法》(以下简称《公司法》)规定,股票采用纸面形式或国家法律法规规定的其他形式。一般来说,纸质股票应载明的事项主要包括公司名称、公司成立的日期、股票种类、股票数和股票编号。股票由法定代表人签名,公司盖章。发起人的股票,应当标明"发起人股票"字样。而电子股票只是在股票发行文件和公司章程中规定股票的有关内容。

2.2.2 股票的特点

股票具有以下六方面的特性:

一、收益性

收益性是股票最基本的特性。它是指股票可以为持有人带来收益的特性。持有股票的目的在于获取收益。股票的收益来源可分成两类:一类来自股份公司,认购股票后,持有者即对发行公司享有经济权益,其实现形式是公司派发的股息、红利,数量多少取决于股份公司的经营状况和盈利水平;另一类来自股票流通,股票持有者可以持股票到依法设立的证券交易场所进行交易,当股票的市场价价格高于买入价格时,卖出股票就可以赚取差价收益。

二、价格波动性和风险性

股票在交易市场上作为交易对象,同商品一样,有自己的市场行情和市场价格。由于股价受到诸如公司经营状况、供求关系、银行利率、大众心理等多种因素的影响,价格波动有很大的不确定性。正是这种不确定性,有可能使股票投资者遭受损失。价格波动的不确定性越大、投资风险越大。因此,股票是一种高风险的金融产品。股票风险的内涵是股票投资收益的不确定性,或者说实际收益与预期收益之间的偏离。投资者在买入股票时,对其未来收益会有一个预期,但真正实现的收益可能会高于或低于原先的预期,这就是股票的风险。很显然,风险是一个中性概念,风险不等于损失,高风险的股票可能给投资者带来较大损失,也可能带来较大收益,这就是"高风险高收益"的含义。

三、流动性

流动性是指股票可以通过依法转让而变现的特性,即在本金保持相对稳定、变现的交易成本极小的条件下,股票具有很容易变现的特性。股票持有人不能从公司退股,但股票转让为其提供了变现的渠道。通常,判断股票的流动性强弱主要分析三个方面。首先,是市场深度,以每个价位上报单的数量来衡量。买卖盘在每个价位上报单的数量越多,成交越容易,则股票的流动性越强。其次,是报价紧密度,以价位之间的价差来衡量。价差越小,交易对市场价格的冲击越小,则股票的流动性越强。在有做市商的情况下,做市商双边报价的价差是衡量股票流动性的最重要指标。最后,是股票的价格弹性或者恢复能力,以交易价格受大额交易冲击后的恢复能力来衡量。价格恢复能力越强,股票的流动性越强。需要注意的是,由于股票的转让可能受各种条件或法律法规的限制,因此,并非所有股票都具有相同的流动性。通常情况下,大盘股流动性强于小盘股,上市公司股票的流动性强于非上市公司股票,而上市公司股票又可能因市场或监管原因而受到转让限制,从而具有不同程度的流动性。

四、不可偿还性

股票是一种无偿还期限的有价证券,投资者认购了股票后,就不能再要求退股,只能到二级市场卖给第三者。股票的转让只意味着公司股东的改变,并不减少公司资本。从期限上看,只要公司存在,它所发行的股票就存在。股票的期限等于公司存续的期限。

五、责权性

股票持有者具有参与股份公司盈利分配及承担有限责任的权利和义务。根据《公司法》的规定,股票的持有者就是股份有限公司的股东。股东有权或通过其代理人出席股东大会、选举董事会并参与公司的经营决策。股东的权利取决于其占有股票的多少。

持有股票的股东一般有参加公司股东大会的权利,具有投票权,在某种意义上也可看作参与经营权;股东还有参与公司的盈利分配的权利,可称为利益分配权。股东可凭其持有的股份向股份公司领取股息和索偿权及责任权。在公司解散或破产时,股东需要承担有限责任,即股东要按其所持有的股份比例对债权人承担清偿债务的有限责任。在债权人的债务清偿后,优先股和普通股的股东对剩余资产也可按其所持有股份的比例向公司请求清偿(索偿),但优先股股东要优先于普通股股东,普通股股东只有在优先股股东索偿后如仍有剩余资产,才具有追索清偿的权利。

六、股份的伸缩性

股票所代表的股份可以通过分割或合并的方式增减,但股东的权益不受影响。送股、增发、转增股份可以使公司的股份总数增加,回购注销或并股可以使公司的总股本数减少。

2.3 股票的种类

2.3.1 按股票上市地区分类

按上市地区,可以将股票分为A股、B股、H股、S股和N股等。

A股是指在中国内地注册并在内地上市的普通股票,以人民币认购和交易。我国A股市场经过多年长足发展,目前已经成为全球主要资本市场。

B股也称人民币特种股票,是指在中国内地注册并在内地上市的特种股票,以人民币标明面值,只能以外币认购和交易。

H股是指注册地在中国内地的企业在中国香港上市的股票。

S股是指企业主要生产或者经营等核心业务在中国内地,而企业的注册地在新加坡或者其他国家和地区,但是在新加坡交易所上市挂牌的企业股票。

N股是指在中国内地注册、在纽约上市的外资股。

2.3.2 按股票持有者分类

按股票持有者,可以将股票分为国家股、法人股和个人股三种。三者在权利和义务上基本相同。不同点是国家股投资资金来自国家,法人股投资资金来自企事业单位,个人股投资资金来自个人,可以自由上市流通。

2.3.3 按股东权利分类

按股东权利,可以将股票分为普通股、优先股和后配股。

一、普通股

(一)普通股定义

普通股是指在公司的经营管理和和盈利及财产的分配上享有普通权利的股份,代表满足所有债权偿付要求及优先股东的收益权与求偿权要求后,对企业盈利和剩余财产的索取权,它构成公司资本的基础,是股票的一种基本形式,也是发行量最大,最为重要的股票。

(二)普通股的特点

一般可以把普通股的特点概括为以下五点:

(1)持有普通股的股东有权获得股利,但必须是在公司支付了债息和优先股的股息之后才能分得。普通股的股利是不固定的,一般视公司净利润的多少而定。当公司经营有方,利润不断递增时,普通股能够比优先股多分得股利;但如遇公司经营不善时,也可能分不到股利甚至赔本。

(2)当公司因破产或结业而进行清算时,普通股股东有权分得公司剩余资产,即具有剩余索取权,但普通股股东必须在公司的债权人、优先股股东之后才能分得财产,财产多时多分,少时少分,没有则只能作罢。由此可见,普通股股东与公司的命运更加息息相关。当公司获利时,普通股东是主要的受益者;而当公司亏损时,他们又是主要的受损者。

(3)普通股股东一般都拥有发言权和表决权,即有权就公司重大问题进行发言和投票表决。普通股股东一般有出席股东大会的会议权、表决权、选举权和被选举权等,他们通过投票(通常是一股一票制和简单多数的原则)来行使权利。

(4)普通股股东一般具有优先认股权,即当公司增发新普通股时,现有股东有权优先购买新发行的股票,以保持其对企业所有权的原百分比不变,从而维持其在公司中的权益。例如,某公司原有1万股普通股权,而你拥有100股,占1%,现在公司决定增发10%的普通股,即增发1 000股,那么你就有权以低于市价的价格购买其中1%即10股,以保持你持有的股票比例不变。

普通股有时也划分为不同等级,如 A 级、B 级。A 级普通股是对公众发行的,可参与利润分红,但没有投票权或只有部分投票权;B 级普通股是由公司创办人持有的,具有完全投票权。在老股东想要筹集权益资本又不愿意过多地放弃对公司的控制权时,常常采取发行另一等级普通股的方法。例如,老股东的 B 级股票每股含一个投票权,发行 A 级新股则规定每股只含有 1/3 个投票权。

应注意的是,中国股票也有 A、B 股之分,但是含义与上述不同。A 股仅限于中国内地居民以人民币买卖。B 股目前开放至境外投资者都可以以外币买卖。除了买卖主体、所用币种以及由此决定的流动性存在差异外,A、B 股股东的其他权益是相同的,但两者存在很大的价差。

(5)普通股股东具有有限责任。有限责任是指普通股股东以其认购的股份为限对公司承担责任,也就是说,如果公司经营失败,股东最多损失初始的投资额。

由于普通股的价格受公司经营状况、政治经济环境、心理因素、供求关系等诸多因素的影响,其波动没有范围限制,暴涨暴跌现象屡见不鲜,所以普通股的投资风险较大,但预期收益率高。

(三)普通股的分类

A. 根据其风险特征和公司业绩,普通股可以分成以下几类:

1. 蓝筹股

蓝筹股是指在某一行业中处于重要支配地位、业绩优良、交易活跃、公司知名度高、市值大、公司经营者可信任、盈利稳定、每年固定分配股利、红利优厚、市场认同度高的大公司的股票。

2. 成长股

成长股是指销售额和利润迅速增长,并且其增长速度快于整个国家及其所在行业的公司所发行的股票。这类公司在目前一般只对股东支付较低红利,而将大量收益用于再投资,随着公司的成长,股票价格上涨,投资者便可以从中得到大量收益。

3. 绩优股

绩优股是指业绩优良且比较稳定的公司股票。绩优股具有高投资价值且回报率稳定。在我国,投资者衡量绩优股的主要指标是每股税后利润和净资产收益率。一般而言,每股税后利润在全体上市公司中处于中上地位,公司上市后净资产收益率连续三年显著超过 10% 的股票属于绩优股。与蓝筹股相同,绩优股的公司业绩优良;与蓝筹股不同,绩优股规模相对较小。

4. 垃圾股

垃圾股是指业绩较差或违规公司的股票。这些公司的股票在市场上股价走低、交易量小、股息较低。在美国,一些投资杠杆较大的公司也会被列入垃圾股的行列。由于投资垃圾股的风险大,所以风险收益率也较高。

5. 收入股

收入股是指那些当前能支付较高收益的普通股。

6. 周期股

周期股是指那些收益随着经济周期波动而波动的公司所发行的普通股。

7. 防守股

防守股是指在面临不确定因素和经济衰退时期,高于社会平均收益且相对稳定的公司所发行的普通股。公用事业公司发行的普通股就是典型的防守股。

8. 投机股

投机股是指价格极不稳定或公司前景难以确定,具有较大投机潜力的普通股。

B. 根据投资主体的不同,普通股可以分为以下四类:

1. 国家股

国家股是指国家投资或者国有资产经过评估,并经国有资产管理部门确认的国有资产折成的股份。国家股的股权所有者是国家。国家股的股权,由国有资产管理机构或其授权单位主管部门行使国有资产的所有权职能。由于我国大部分股份制企业都是由原国有大中型企业改制而来的,因此,国有股在公司股份中占有较大的比重。

2. 法人股

法人股是指企业法人或具有法人资格的事业单位和社会团体,以其依法可支配的资产,向股份有限公司非上市流通股权部分投资所形成的股份。如果该法人是国有企业、事业及其他单位,那么该法人股为国有法人股;如果是非国有法人资产投资于上市公司形成的股份则为社会法人股。根据法人股认购的对象,可将法人股进一步分为境内发起法人股、外资法人股和募集法人股。

3. 个人股

个人股是指公民个人以自己的合法财产投资于股份制企业的股份。在我国,个人股分两种:一种是职工股,即股份制公司内部职工认购本公司的股份;另一种是私人股,即股份制公司向社会公众招募的个人股。

4. 外资股

外资股是指股份公司向外国和我国香港、澳门、台湾地区投资者发行的股票。外资股按上市地域可以分为境内上市外资股和境外上市外资股。

普通股也有可能是可赎回的或者可回售的。可赎回普通股指的是发行公司有权利按照初始发行时规定的赎回价格从投资者手里买回股份。可回售普通股指的是投资者有权利按照初始发行时规定的价格将手中的股份卖给发行公司。

二、优先股

优先股是相对于普通股而言的,指的是在股息支付以及剩余净资产分配的权利上优先于普通股的股份。但是,优先股股东不享有参与公司经营的权利,且一般情况下没有投票权。优先股具有固定股息收益率,股息一般不会随着公司经营情况增加或者减少,且优先于普通股股东获得股息。优先股股票实际上是股份有限公司的一种类似举债集资的形式。

优先股具有债券与普通股的双重特点。与债券的利息支付相似,优先股的股息支付是固定的,且一般高于普通股股息。但是,与债券利息支付不同,优先股股息并不是公司的契约型偿还义务。与普通股相似,优先股是永久的,即没有到期日,可以无限期支付股息,并且可赎回或者回售。但是,与普通股不同,优先股股东没有对公司经营管理的发言权,并且不享有优先认股权。在流动性方面,优先股一般不能上市流通。在剩余索取权方面,优先股的索取权先于普通股,而次于债权人。优先股存在多种分类方式:

(1)按是否允许赎回股票,可以分为可赎回优先股和不可赎回优先股。

(2)按能否转换成普通股,可以分为可转换优先股和不可转换优先股。

(3)按优先股股东能否参与利润分配,即剩余索取权是否是股息和红利的复合,可以分为参与优先股和非参与优先股。

(4)按剩余索取权是否可以跨时期累积,可分为累积优先股和非累积优先股。

三、后配股

后配股是在利益或利息分红及剩余财产分配时比普通股处于劣势的股票,一般是在普通股分配之后,对剩余利益进行再分配。如果公司的盈利巨大,后配股的发行数量又很有限,则购买后配股的股东可以取得很高的收益。发行后配股,一般所筹措的资金不能立即产生收益,投资者的范围又受限,因此利用率不高。

后配股一般在下列情况下发行:

(1)公司为筹措扩充设备资金而发行新股票时,为了不减少对旧股的分红,在新设备正式投产前,将新股票作为后配股发行。

(2)企业兼并时,为调整合并比例,向被兼并企业的股东交付一部分后配股。

(3)在有政府投资的公司里,私人持有的股票股息达到一定水平之前,把政府持有的股票作为后配股。

2.3.4 按票面形式分类

按票面形式,可以将股票分为有面额股票、无面额股票、记名股票、无记名股票四种。有面额股票在票面上标注出票面价值,一经上市,其面额往往没有多少实际意义;无面额股票仅标明其占资金总额的比例。我国上市的都是有面额股票。记名股票将股东姓名记入专门设置的股东名簿,转让时须办理过户手续,无记名股票股东的名字不记入名簿,买卖后无须过户。

2.3.5 按享受投票权益分类

按享受投票权益,可以将股票分为单权股票、多权股票及无权股票三种。每张股票仅有一份表决权的股票称为单权股票,每张股票享有多份表决权的股票称为多权股票,没有表决权的股票称为无权股票。

2.3.6 按代码分类

(1)创业板股票。创业板股票的代码以30开头。

(2)沪市A股。沪市A股的代码以60开头。

(3)沪市B股。沪市B股的代码以90开头。

(4)深市主板股票。深市主板股票的代码以000开头。

(5)深市B股。深市B股的代码以200开头。

(6)全国中小企业股份转让系统股票。该系统股票的代码以4或8开头。

(7)新股申购。沪市新股申购的代码以730开头。深市新股申购的代码与深市股票买卖代码一样。

(8)配股。沪市配股以700开头,深市配股以080开头。

(9)权证。沪市以580开头,深市以031开头。

本章小结　　思考与练习题

第 3 章

债 券

学习目标

1. 掌握债券的定义、特征、要素及分类。
2. 掌握政府债券的定义、特征、分类。
3. 掌握金融债券、企业债券的定义、分类。
4. 了解债券发行的法律条件。

3.1 债券及其特性

3.1.1 债券的定义和特征

一、债券的定义

债券是发行人为筹措资金向投资者出具的,承诺在未来按照约定的日期和利率支付利息并偿还本金的一种债务凭证。

典型的如息票债券,发行人有义务在债券有效期内向持有人每隔固定期限(如半年、一年)付息一次,即息票支付。在计算机发明之前,大多数债券带有息票,投资者将其剪下并寄给发行者索求利息。债券到期时,发行者再按照票面价值及应发利息偿还投资者。债券的票面利率或称息票率决定了所需支付的利息,即每年的支付按息票率乘以票面价值。息票率、到期日和票面价值是债券契约的组成部分。债券契约是债券发行人与持有人之间的合约。

二、债券的特征

(一)债券的期限性

债券作为融资工具,体现了投资人与发行人之间的债权与债务关系,而债务的偿还必须具有固定的期限,这就决定了债券也具备偿还期限。债券的期限指的是在发行募集书上明确规定的债券的发行日与到期日之间的时间间隔。债券的期限长短不一,有的可能不到一年,有的可能长达数十年。

债券需要在指定日期还本付息,这是债券和股票最大的区别。但是有一类债券,其到期日期是不确定的,被称为永续债券。

1. 到期时间不确定是永续债券的基本特征

永续债券是指没有明确到期时间的债券,一般具有期限长、股债混合、高票息率、附加续期相关条款等特点。境外永续债券的发行、存量规模较大,且普遍具有次级特征,即清偿顺序劣后于一般信用债;而国内永续债券的存量规模在整个债市中仍较小,且次级特征不明显,已发行的永续债券多与普通债券拥有相同的偿付顺序。

根据监管机构的不同,国内有三种债券品种具有"永续债券"的特点,分别为中华人民共和国改革和发展委员会核准的"可续期企业债"、银行间市场交易商协会注册的"长期限含权中期票据",以及交易所预审、证监会核准的"可续期公司债"。

2. 永续债券的特殊条款

永续债券的特殊条款主要包括赎回与延期选择权、利率跳升机制、递延支付利息权、交叉违约、破产偿付顺序等。

(1)赎回与延期选择权(续期条款)

没有明确到期时间是永续债券的主要特征,其原因正是永续债券的"续期条款"赋予了发行人期限的选择权。国内永续债券募集说明书中关于续期条款的表述一般有两种:一种是无约定到期日但在债券持续期间附有赎回选择权,除非发行人依照发行条款的约定在相关时点赎回债券,否则债券将长期存续;另一种是有约定到期日但赋予发行人在该时点选择延期的权利。这两种方式只是表述不同,不行使赎回权和选择延期本质上都是使债券续期。

(2)利率跳升机制(票息重置)

永续债券的票息一般高于同级别无特殊条款的信用债,且多数永续债券在设置续期条款的同时也设置了"利率跳升机制",如果发行人选择续期,在规定的时点(票息重置日)需要向上调整票面利率。目前,国内永续债券的上浮基点基本为 300 bps,少数的债券采用 200、400 或 500 bps。调整票面利率的机制有三种形式:

第一种是选择续期后,新的票面利率＝当期基准利率＋初始利差＋上浮基点。上浮基点数在募集说明书中约定。由于上浮不是在上一期利率的基础上累加,而是基于当期的基准利率水平,因此实际上只有第一个票息重置日会有利率跳升,第二个及以后的票息重置日所重置的票息只是跟随基准利率浮动,如无其他约定,就不会继续相对上一期显著提高。但由于定价具有浮息特征,第一个票息重置日的利率跳升基本可以保证如果不赎回,永续债券的财务成本会高于重新在市场上发行一期新的债券;此外有些债券会在利率跳升机制中约定,达到一定时间后,票面利率的上浮幅度将增加。

第二种是新的票面利率直接在前一期票面利率上上浮约定的基点数,即新的票面利率＝上期票面利率＋上浮基点。由于是在前一期票面利率的基础上加点,而不是像第一种形式一样基于当期基准利率来加点,因此如发行人连续多次续期,会累积之前几次续期的上浮基点,也即上浮幅度会越叠越高。

第三种是在前期续期时并无上浮基点,新的票面利率＝当期基准利率＋初始利差,在若干周期后,才加上上浮基点。投资人在选择永续债券时需重点注意此种债券,若无上浮基点的约束,发行人有强烈的动力选择不赎回永续债券。

我国永续债券以第一种形式为主。

(3)递延支付利息权

多数永续债券设置利息递延支付条款,这使得发行人可以递延其应付利息至以后期限而不构成违约,这也是永续债券区别于一般债券而可能计入权益的原因之一。根据该条款,除非发生强制付息事件,在永续债券的每个付息日,发行人可自行选择将当期利息以及按照本条款已经递延的所有前期利息及其孳息推迟至下一个付息日支付,且不受递延支付利息次数的限制;前述利息递延不被认定为发行人违约。部分永续债券会设置利息递延的惩罚性条款。例如,每笔递延利息在递延期间按当期票面利率再加 300 个基点累计计息。强制付息事件通常包括向普通股股东分红、减少注册资本等。

(4)交叉违约

交叉违约条款是如果债权债务合同中的债务人在其他贷款合同项下出现违约,也视为对本合同的违约。

(5)破产偿付顺序

部分永续债券具有次级属性,即永续债券清偿顺序次于一般债,先于普通股。目前多数永续债券均不具备这一属性,偿付顺序等同于发行人其他的债务融资工具。

(二)债券的流动性

债券具有较强的变现能力。债券是一种有价证券,期满后即可得到本金和利息。债券的利率固定,便于计算投资收益率。因此,投资人购买债券后并不一定要一直持有到期,当投资者需用现金时,既可以到证券交易市场上将债券卖出,也可以到银行等金融机构将债券作为抵押品而取得一笔抵押贷款。债券的流动性对于筹资人来说,并不影响其所筹资金的长期稳定,而对于投资人来说,则是为其提供了可以随时转卖、变换现金的投资商品。

债券的流动性强弱首先取决于金融系统运行状况,当整个金融体系的系统性风险增大时,交易萎缩,债券需求降低,进而影响其变现能力。其次,在其他条件不变的情况下,债券市场越发达,债券的变现能力越高;债券发行人信用等级越高,债券的变现能力越高;债券期限越短,债券的变现能力越高。

(三)债券的收益性

债券的收益性体现在两个方面:其一,债券一般可以获得固定的、高于储蓄存款的利息收益;其二,债券可以通过在证券交易市场上进行买卖,获得比一直持有到偿还期更高的价差收益。由于债券属于固定收益证券,因此利息收益是构成债券收益的重要来源。另外,债券价格波动幅度一般小于股票价格的波动,因此其价差收益的波动也较股票稳定。

(四)债券的风险性

任何一种金融资产都具有风险,债券也不例外。其风险主要来自信用风险、利率风险和通货膨胀风险。

1. 债券的信用风险

债券的信用风险指的是债券发行人不能够按照约定偿还投资人本金和利息,从而给投资人带来损失的风险。因此为了保护投资人的权益,债券发行时一般需要专业的评级机构对发行人信誉、财务状况、经营能力等因素展开调查,并出具信用评级报告,帮助投资者了解债券发行时的资信状况,进而做出恰当的投资决策。与债券相比,股票的信用性不明显,股票投资者购买股票主要是看中其未来的盈利能力而不是其信用地位。

2. 债券的利率风险

利率水平的变化对债券的价格有着显著且长久的影响,或者说债券价格对利率的敏感程度较高。这是因为,债券在发行时其票面利率已经确定,这意味着债券在一定期限内的收益是固定的,当市场利率发生变化时,债券价格的变化与利率变化相反,即当利率上涨时,债券价格下降;利率降低时,债券价格上涨。期限不同的债券,其利率风险也不同。一般而言,市场利率的变化对期限较长的债券的影响要大于对期限较短的债券的影响。

3. 通货膨胀风险

通货膨胀风险是指通货膨胀给债券持有者带来收益损失的风险。通货膨胀风险可以归类于利率风险,这是因为当市场处于通货膨胀时,为保证实际收益水平,市场利率水平就会上升,从而造成债券价格的下降。

综合上述债券的四个特性,可以发现,在其他条件不变的情况下,债券的期限越长,流动性越差,收益越高,风险也越高;债券的期限越短,流动性越好,收益越低,风险越小。

3.1.2 债券的要素

债券的要素是指债券发行时在其票面上以一定格式记载的内容。主要包括债券发行人、票面价值、票面利率、债券期限与付息频率。

债券发行人指的是债券筹集资金的经济主体,作为债券契约关系中的债务人,发行人负有对债券持有人履行还本付息的义务。

票面价值是债券的面值,就是在债券票面上标明的金额。需要注意的是,债券的票面价值是固定不变的,但债券在发行后的价格却脱离其面值,时刻在变动。

票面利率是指债券契约中规定的支付给投资人的利息率,票面利率是固定不变的。

债券期限是指债务契约中标明的债券的生命周期,该期限固定不变。在债券发行后,债券的剩余期限逐渐缩短。

付息频率是指债券支付利息的频率,一般一年或半年付息一次。

需要注意的是,以上要素虽然是债券票面的基本要素,但它们并非一定在债券票面上印制出来。特别是在债券发行实行无纸化的现在,发行者是以债券募集公告的形式向社会公开宣布某债券的期限与利率等要素。此外,公告上有时还包含一些其他要素,如发行总额、发行范围、信用级别、附有赎回选择权、附有出售选择权、附有可转换条款、附有交换条款、附有新股认购条款等。

3.2 债券的种类

3.2.1 按发行主体划分

按照发行主体的不同,债券可以分为政府债券、金融债券、企业债券和公司债券。

一、政府债券

政府债券是政府为筹集资金而发行的债券,主要包括国债、地方政府债券等,其中最主要的是国债。国债因其信誉好、利率优、风险小而被称为"金边债券"。除了政府部门直接发行的债券外,有些国家把政府担保的债券也划归为政府债券体系,称为政府保证债券。这种债券由一些与政府有直接关系的公司或金融机构发行,并由政府提供担保。

二、金融债券

金融债券是由银行和非银行金融机构发行的债券。在我国,金融债券主要由国家开发银行、进出口银行等政策性银行发行。金融机构一般有雄厚的资金实力,信用度较高,因此金融债券往往有良好的信誉。

三、企业债券和公司债券

在国外,没有企业债券和公司债券的划分,统称公司债券。在我国,企业债券是按照《企业债券管理条例》的规定,发行与交易由国家发展和改革委员会监督管理的债券,而在实际中,其发债主体为中央政府部门所属机构、国有独资企业或国有控股企业,因此,企业债券在很大程度上体现了政府信用。公司债券管理机构为中国证券监督管理委员会,发债主体为按照《公司法》设立的公司法人,在实际中,其发行主体为上市公司,其信用保障是发债公司的资产质量、经营状况、盈利水平和持续盈利能力等。公司债券在证券登记结算公司统一登记托管,可申请在证券交易所上市交易,其信用风险一般高于企业债券。于2008年4月15日施行的《银行间债券市场非金融企业债务融资工具管理办法》进一步促进了企业债券在银行间债券市场的发行。企业债券和公司债券成为我国商业银行越来越重要的投资对象。

3.2.2 按是否有财产担保划分

按是否有财产担保划分,债券可以分为抵押债券和信用债券。

一、抵押债券

抵押债券是以企业财产作为担保的债券,按抵押品的不同又可以分为一般抵押债券、不动产抵押债券、动产抵押债券和证券信托抵押债券。以不动产如房屋等作为担保品,称不动产抵押债券;以动产如适销商品等作为担保品的,称为动产抵押债券;以有价证券股票及其他债券作为担保品的,称为证券信托债券。一旦债券发行人违约,信托人就可将担保品变卖处置,以保证债权人的优先求偿权。

二、信用债券

信用债券是不以任何公司财产作为担保,完全凭信用发行的债券,这种债券由于其发行人的绝对信用而具有坚实的可靠性。政府债券属于此类债券。一些公司也可发行这种债券,即信用公司债。与抵押债券相比,信用债券的持有人承担的风险较大,因而往往要求较高的利率。为了保护投资者的利益,发行这种债券的公司往往受到种种限制,只有那些信誉卓著的大公司才有资格发行。除此之外,在债券契约中都要加入保护性条款,如不能将资产抵押给其他债权人、不能兼并其他企业、未经债权人同意不能出售资产、不能发行其他长期债券等。

3.2.3 按债券形态分类

按形态分类,债券可分为实物债券、凭证式债券和记账式债券。

一、实物债券(无记名债券)

实物债券是一种具有标准格式实物券面的债券。它与无实物债券相对应,简单地说,就是发给投资者的债券是纸质的而非计算机里的数字。券面上一般印制了债券面额、债券利率、债券期限、债券发行人名称、还本付息方式等各种债券票面要素。实物债券不记名、不挂失,可上市流通。实物债券是一般意义上的债券,很多国家通过法律或者法规对实物债券的格式予以明确规定。实物债券由于其发行成本较高,将会被逐步取消。

二、凭证式债券

凭证式债券是指国家采取不印刷实物券,而用填制"国库券收款凭证"的方式发行的国债。我国从1994年开始发行凭证式债券。凭证式债券具有类似储蓄又优于储蓄的特点,通常被称为"储蓄式国债",是以储蓄为目的的个人投资者理想的投资方式。从购买之日起计息,可记名、可挂失,但不能上市流通。

三、记账式债券

记账式债券指没有实物形态的票券,以计算机记账方式记录债权,通过证券交易所的交易系统发行和交易。我国通过沪、深交易所的交易系统发行和交易的记账式国债就是记账式债券的实例。如果投资者进行记账式债券的买卖,就必须在证券交易所设立账户,所以,记账式债券又称无纸化债券。

记账式债券购买后可以随时在证券市场上转让,流动性较强,就像买卖股票一样,当然,中途转让除可获得应得的利息外(市场定价已经包含),还可以获得一定的价差收益(不排除损失的可能)。这种债券有付息债券与零息债券两种。付息债券按票面发行,每年付息一次或多次。零息债券折价发行,到期按票面金额兑付,中间不再计息。由于记账式债券发行和交易均为无纸化,所以交易效率高、成本低,是未来债券发展的趋势。

3.2.4 按是否可转换划分

按是否可转换划分,债券可分为可转换债券和不可转换债券。

一、可转换债券

可转换债券是指在特定时期内可以按某一固定的比例转换成普通股的债券。它具有债务与权益双重属性,属于一种混合性筹资方式。可转换债券赋予债券持有人将来成为公司股东的权利,因此其利率通常低于不可转换债券。若将来转换成功,在转换前发行企业就达到了低成本筹资的目的,转换后又可节省股票的发行成本。根据《公司法》的规定,发行可转换债券应由国务院证券管理部门批准,发行公司应同时具备发行公司债券和发行股票的条件。

在深、沪证券交易所上市的可转换债券是指能够转换成股票的企业债券,有转股价格,兼有股票和普通债券的双重特征。在约定的期限后,投资者可以随时将所持的可转换债券按股价转换成股票。可转换债券的利率是年均利息对票面金额的比率,一般要比普通企业债券的利率低,通常发行时以票面价发行。转换价格是指转换发行的股票每一股所要求的公司债券票面金额。

二、不可转换债券

不可转换债券是指不能转换为普通股的债券,又称普通债券。由于没有赋予债券持有人将来成为公司股东的权利,所以其利率一般高于可转换债券。

3.2.5 按付息的方式划分

按付息的方式不同,债券可分为零息债券、定息债券和浮息债券。

一、零息债券

零息债券也叫贴现债券,是指债券券面上不附有息票,在票面上不规定利率,发行时按规定的折扣率,以低于债券面值的价格发行,到期按面值支付本息的债券。从利息支付方式来看,贴现债券以低于面额的价格发行,可以看作利息预付,因而又称利息预付债券、贴水债券。零息债券是期限比较短的折现债券。

二、定息债券

定息债券即固定利率债券,是将利率印在票面上并按期向债券持有人支付利息的债券。由于定息债券的利率不随市场利率的变化而调整,因而可以较好地抵制通货紧缩的风险。

三、浮息债券

浮息债券即浮动利率债券,其息票率是随市场利率变动而调整的利率。因为浮息债券的利率同当前市场利率挂钩,而当前市场利率又考虑到了通货膨胀率的影响,所以浮息债券可以较好地抵制通货膨胀的风险。浮息债券的利率通常根据市场基准利率加上一定的利差来确定。浮息债券往往是中长期债券。

3.2.6 按是否能够提前偿还划分

按是否能够提前偿还,债券可以分为可赎回债券和不可赎回债券。

一、可赎回债券

可赎回债券是指在债券到期前,发行人可以按事先约定的赎回价格收回的债券。公司发行可赎回债券主要考虑到公司未来的投资机会和回避利率风险等问题,以此增加公司资本结构调整的灵活性。发行可赎回债券最关键的问题是赎回期限和赎回价格的制定。

发行人提前赎回债券通常是由于利率下调,新的低利率环境使得公司需要支付更多成本,所以发行人倾向于赎回老的债券,再以新利率为基准发行新的债券以减少利息支出。

二、不可赎回债券

不可赎回债券是指不能在债券到期前收回的债券。

3.3 政府债券

3.3.1 政府债券的定义

政府债券是政府为筹集资金而向出资者出具并承诺在一定时期支付利息和偿还本金的债务凭证,具体包括国家债券即中央政府债券、地方政府债券和政府担保债券等。

政府债券的性质主要从两个方面考察:第一,从形式上看,政府债券也是一种有价证券,它具有债券的一般性质。政府债券本身有面额,投资者投资于政府债券可以取得利息,因此,政府债券具备了债券的一般特征。第二,从功能上看,政府债券最初仅是政府弥补赤字的手段,但在现代商品经济条件下,政府债券已成为政府筹集资金、扩大公共开支的重要手段,并且随着金融市场的发展,逐渐具备了金融商品和信用工具的职能,成为国家实施宏观经济政策、进行宏观调控的工具。

3.3.2 政府债券的特征

一、安全性高

政府债券是政府发行的债券,由政府承担还本付息的责任,是国家信用的体现。在各类债券中,政府债券的信用等级是最高的,通常被称为金边债券。投资者购买政府债券,是一种较安全的投资选择。

二、流通性强

政府债券是一国政府的债券,它的发行量一般都非常大,同时,由于政府债券的信用好,竞争力强,市场属性好,所以,许多国家政府债券的二级市场十分发达,一般不仅允许在证券交易所上市交易,还允许在场外市场进行买卖。发达的二级市场为政府债券的转让提供了方便,使其流通性大大增强。

三、收益稳定

投资者购买政府债券可以得到一定的利息。政府债券的付息由政府保证,其信用度最高,风险最小,对于投资者来说,投资政府债券的收益是比较稳定的。此外,因政府债券的本息大多数固定且有保障,所以交易价格一般不会出现大的波动,二级市场的交易双方均能得到相对稳定的收益。

四、免税待遇

政府债券是政府自己的债券,为了鼓励人们投资政府债券,大多数国家规定,对于购买政府债券所获得的收益,可以享受免税待遇。《中华人民共和国个人所得税法》规定,个人投资的公司债券利息、股息、红利所得应缴纳个人所得税,但国债和国家发行的金融债券的利息收入可免纳个人所得税。因此,在政府债券与其他证券名义收益率相等的情况下,如果考虑税收因素,持有政府债券的投资者可以获得更多的实际投资收益。

3.3.3 中央政府债券

中央政府债券又称国家债券或国家公债券。各国政府发行债券的目的通常是满足弥补国家财政赤字、进行大型工程项目建设、偿还旧债本息等方面的资金需要。国家债券按照偿还期限的长短可分为短期国家债券、中期国家债券和长期国家债券,但各国的划分标准不尽一致。美国和日本等国家以1年以下的债券为短期国家债券,1年以上10年以下的债券为中期国家债券,10年以上的债券为长期国家债券。

国家债券的发行者是中央政府,由国家承担偿还本息的责任。它可以全部在证券交易所上市,也可以在到期前用作抵押贷款的担保品,而且,政府不征收债券收益所得税。因而,它的信誉好、风险小、流动性强、抵押代用率高,是最受投资者欢迎的金融资产之一。国家债券的发行量和交易量在证券市场一般都占有相当大的比重,不仅在金融市场上起着重要的融资作用,而且是各国中央银行进行公开市场业务的重要手段。国家债券的发行一般以公募发行为主,同时又多采取间接销售的方式,即通过证券发行中介机构公开向社会发行。国家债券的发行,一般在国内以本币币种发行,称作政府本币内债,在国外有时以外币币种发行,称作政府外币债券。

3.3.4　地方政府债券

地方政府债券指某一国家中有财政收入的地方政府、地方公共机构发行的债券。地方政府债券一般用于交通、通信、住宅、教育、医院和污水处理系统等地方性公共设施的建设。地方政府债券一般是以当地政府的税收能力作为还本付息的担保。地方发债有两种模式,第一种为地方政府直接发债,第二种是中央发行国债,再转贷给地方,也就是中央发国债之后给地方用。在某些特定情况下,地方政府债券又被称为"市政债券"。

地方政府债券又称地方债券,是由省、市、县、镇等地方政府发行的债券。发行这类债券的目的,是筹措一定数量的资金用于满足市政建设、文化进步、公共安全、自然资源保护等方面的资金需要。

3.4　金融债券

3.4.1　金融债券的定义

金融债券是银行等金融机构作为筹资主体为筹措资金而面向个人发行的一种有价证券,是表明债务、债权关系的一种凭证。债券按法定发行手续,承诺按约定利率定期支付利息并到期偿还本金。它属于银行等金融机构的主动负债。金融债券期限一般为3～5年,其利率略高于同期定期存款利率水平。金融债券由于其发行者为金融机构,因此资信等级相对较高,多为信用债券。债券按法定发行手续,承诺按约定利率定期支付利息并到期偿还本金。在英、美等西方国家,金融机构发行的债券归类于公司债券。在中国及日本等国家,金融机构发行的债券称为金融债券。

3.4.2　金融债券的作用

金融债券能够较有效地解决银行等金融机构的资金来源不足和期限不匹配的矛盾。一般来说,银行等金融机构的资金有三个来源,即吸收存款、向其他机构借款和发行债券。

存款资金的特点之一,是在经济发生动荡的时候,易发生储户争相提款的现象,从而造成资金来源不稳定;向其他商业银行或中央银行借款所得的资金主要是短期资金,而金融机构往往需要进行一些期限较长的投融资,这样就出现了资金来源和资金运用在期限上的矛盾,发行金融债券比较有效地解决了这个矛盾。债券在到期之前一般不能提前兑付,只能在市场上转让,从而保证了所筹集资金的稳定性。同时,金融机构发行债券时可以灵活规定期限,比如为了一些长期项目投资，可以发行期限较长的债券。因此，发行金融债券可以使金融机构筹措到稳定且期限灵活的资金，从而有利于优化资产结构，扩大长期投资业务。

3.4.3 金融债券的分类

按不同标准，金融债券可以划分为很多种类。最常见的分类有以下两种：

一、根据利息的支付方式，金融债券可分为附息金融债券和贴现金融债券

如果金融债券上附有多期息票，发行人定期支付利息，则称为附息金融债券；如果金融债券是以低于面值的价格贴现发行，到期按面值还本付息，利息为发行价与面值的差额，则称为贴现债券。比如票面金额为1 000元，期限为1年的贴现金融债券，发行价格为900元，1年到期时支付给投资者1 000元，那么利息收入就是100元，而实际年利率就是11.11%。

按照国外通常的做法，贴现金融债券的利息收入要征税，并且不能在证券交易所上市交易。

二、根据发行条件，金融债券可分为普通金融债券和累进利息金融债券

普通金融债券按面值发行，到期一次还本付息，期限一般是1年、2年和3年。普通金融债券类似于银行的定期存款，只是利率高些。累进利息金融债券的利率不固定，在不同的时间段有不同的利率，并且一年比一年高，也就是说，债券的利率随着债券期限的增加累进。比如，面值为1 000元、期限为5年的金融债券，第一年利率为9%，第二年利率为10%，第三年为11%，第四年为12%，第五年为13%。投资者可在第一年至第五年随时去银行兑付，并获得规定的利息。

此外，金融债券也可以像企业债券一样，根据期限的长短划分为短期债券、中期债券和长期债券；根据是否记名划分为记名债券和不记名债券；根据担保情况划分为信用债券和担保债券；根据可否提前赎回划分为可提前赎回债券和不可提前赎回债券；根据债券票面利率是否变动划分为固定利率债券、浮动利率债券和累进利率债券；根据发行人是否给予投资者选择权划分为附有选择权的债券和不附有选择权的债券等。

3.4.4 金融债券与存款的区别

金融债券与存款之间在行为方式和功能等方面有一定的差异。

一、筹资的目的不同

吸收存款在一定意义上是全面扩大银行资金来源的总量，而发行债券则着眼于增加长期资金来源和满足特定用途的资金需要。

二、筹资机制不同

吸收存款是经常性的、无限额的，而金融债券的发行是集中的、有限额的。在存款市场上，商业银行在很大程度上处在被动地位，存款规模取决于存款者的意愿，因而存款市场属于买方市场性质。而发行金融债券的主动权在银行手中，因而属于卖方市场，是银行的"主动负债"。

三、筹资的效率不同

由于金融债券的利率高于存款利率，对客户具有较强的吸引力，因而其筹资的效率在一般情况下高于存款。

四、所筹集资金的稳定性不同

金融债券一般都具有明确的偿还期,因而资金的稳定性强;存款的期限具有较大的弹性,即便是定期存款,在特定的状况下也可提前支取,因而资金的稳定性较差。

五、资金流动性不同

金融债券一般不记名,有广泛的二级市场流通转让,具有较强的流动性。而存款,一般都是记名式的,资金一旦转化为存款,债权债务关系便被固定在银行和客户之间,因而资金的流动性差。

3.5 企业债券

3.5.1 企业债券的定义

企业债券是指境内具有法人资格的企业,依照法定程序发行、约定在一定期限内还本付息的有价证券。企业债券一般由中央政府部门所属机构、国有独资企业或国有控股企业发行,最终由中华人民共和国国家发展和改革委员会核准。在西方国家,只有股份公司才能发行企业债券,所以在西方国家,企业债券即公司债券。在中国,企业债券泛指各种所有制企业发行的债券。

3.5.2 企业债券的分类

企业债券按不同标准可以分为很多种类。最常见的分类有以下几种:

一、按照期限划分

企业债券有短期企业债券、中期企业债券和长期企业债券。根据我国企业债券的期限划分,短期企业债券期限在1年以内,中期企业债券期限在1年以上5年以内,长期企业债券期限在5年以上。

二、按是否记名划分

企业债券可分为记名企业债券和不记名企业债券。如果企业债券上登记有债券持有人的姓名,投资和领取利息时要凭印章或其他有效的身份证明,转让时要在债券上签名,同时还要到发行公司登记,那么,它就被称为记名企业债券,反之被称为不记名企业债券。

三、按债券有无担保划分

企业债券可分为信用债券和担保债券。信用债券指仅凭筹资人的信用发行的、没有担保的债券,信用债券只适用于信用等级高的债券发行人。

担保债券是指以抵押、质押、保证等方式发行的债券。其中,抵押债券是指以不动产作为担保品所发行的债券;质押债券是指以有价证券作为担保品所发行的债券;保证债券是指由第三方担保偿还本息的债券。

四、按债券可否提前赎回划分

企业债券可分为可提前赎回债券和不可提前赎回债券。如果企业在债券到期前有权定期或随时购回全部或部分债券,这种债券就称为可提前赎回企业债券,反之则是不可提前赎回企业债券。

五、按债券票面利率是否变动划分

企业债券可分为固定利率债券、浮动利率债券和累进利率债券。固定利率债券指在偿还期内利率固定不变的债券;浮动利率债券指票面利率随市场利率定期变动的债券;累进利率债券指随着债券期限的增加,利率累进的债券。

六、按发行人是否给予投资者选择权分类

企业债券可分为附有选择权的企业债券和不附有选择权的企业债券。附有选择权的企业债券,指债券发行人给予债券持有人一定的选择权,如可转换公司债券、有认股权证的企业债券、可返还企业债券等。

可转换公司债券的持有者,能够在一定时间内按照规定的价格将债券转换成企业发行的股票;有认股权证的债券持有者,可凭认股权证购买所约定的公司的股票;可返还的企业债券,在规定的期限内可以返还。反之,债券持有人没有上述选择权的债券,即是不附有选择权的企业债券。

七、按发行方式分类

企业债券可分为公募债券和私募债券。公募债券指按法定手续经证券主管部门批准公开向社会投资者发行的债券;私募债券指以特定的少数投资者为对象发行的债券,发行手续简单,一般不能公开上市交易。

3.5.3 企业债券和公司债券的区别

一、发行主体

公司债券是由股份有限公司或有限责任公司发行的债券,2005年《公司法》和《中华人民共和国证券法》(以下简称《证券法》)对此也做了明确规定。因此,非公司制企业不得发行公司债券。企业债券是由中央政府部门所属机构、国有独资企业或国有控股企业发行的债券,它对发债主体的限制比公司债券狭窄得多。在我国,各类公司的数量有几百万家,而国有企业仅有20多万家。在发达国家中,公司债券的发行属公司的法定权利范畴,它无须经政府部门审批,只需登记注册,发行成功与否基本由市场决定。与此不同,各类政府债券的发行则需由授权机关审核批准。

二、发债资金用途

公司债券是公司根据经营运作具体需要所发行的债券,它的主要用途包括固定资产投资、技术更新改造、改善公司资金来源的结构、调整公司资产结构、降低公司财务成本、支持公司并购和资产重组等,因此,只要不违反有关制度规定,发债资金如何使用几乎完全是发债公司自己的事务,无须政府部门审批。但在我国的企业债券中,发债资金的用途主要限制在固定资产投资和技术革新改造方面,并与政府部门审批的项目直接相联。

三、信用基础

在市场经济中,发债公司的资产质量、经营状况、盈利水平和可持续发展能力等是公司债券的信用基础。由于各家公司的具体情况不尽相同,所以,公司债券的信用级别也相差甚多,

与此对应,各家公司的债券价格和发债成本有着明显差异。虽然,运用担保机制可以增强公司债券的信用级别,但这一机制不是强制规定的。与此不同,我国的企业债券,不仅通过"国有"机制贯彻了政府信用,而且通过行政强制落实担保机制,以至于企业债券的信用级别与其他政府债券大同小异。

四、管理程序

在市场经济中,公司债券的发行通常实行登记注册制,即只要发债公司的登记材料符合法律等制度规定,监管机关无权限制其发债行为。在这种背景下,债券市场监管机关的主要工作集中在审核发债登记材料的合法性、严格债券的信用评级、监管发债主体的信息披露和债券市场的活动等方面。但在我国企业债券的发行中,发债需经中华人民共和国国家发展和改革委员会报国务院审批,由于担心国有企业发债引致相关兑付风险和社会问题,所以,在申请发债的相关资料中,要求发债企业的债券余额不得超过净资产的40%。

五、市场功能

在发达国家中,公司债券是各类公司获得中长期债务性资金的一个主要方式,在20世纪80年代后,又成为推进金融脱媒和利率市场化的重要力量。在我国,由于企业债券属于准政府债券,它的发行受到行政机制的严格控制,发行数额低于国债、央行票据和金融债券,也明显低于股票的融资额,因此,不论在众多的企业融资中还是在金融市场和金融体系中,作用还不显著。

六、法律依据

公司债券在《公司法》中有专章规定,同时也是《证券法》明文规定的证券的一种,其发行、交易适用《公司法》《证券法》的相关规定;企业债券的发行、交易主要适用《企业债券管理条例》的规定。

七、发行条件

依照《证券法》,公开发行公司债券应当符合下列条件:股份有限公司的净资产不低于人民币三千万元,有限责任公司的净资产不低于人民币六千万元;累计债券余额不超过公司净资产的百分之四十;最近三年平均可分配利润足以支付公司债券一年的利息;筹集的资金投向符合国家产业政策;债券的利率不超过国务院限定的利率水平;国务院规定的其他条件。而依照《企业债券管理条例》,企业发行企业债券必须符合下列条件:遵守国务院批准的全国企业债券发行的年度规模和规模内的各项指标要求;企业规模达到国家规定的要求;企业财务会计制度符合国家规定;具有偿债能力;企业经济效益良好,发行企业债券前连续三年盈利;所筹资金用途符合国家产业政策;企业债券的总面额不得大于该企业的自有资产净值;债券利率不得高于银行相同期限居民储蓄定期存款利率的百分之四十;企业发行企业债券用于固定资产投资的,依照国家有关固定资产投资的规定办理。

八、发行程序

依照《证券法》,申请公开发行公司债券应当报经中国证监会或者国务院授权的部门核准;依照有关规定,发行企业债券应当报经有关部门审批。

综上所述,我们对企业债券可以这样理解:①企业债券是中国特殊法律框架和特定体制基础下的一种制度安排,特指中国国有企业发行的债券,在理论和实践上都不具有一般性。②按照中国有关法律、法规,企业债券与公司债券有着密切关系:企业债券包含公司债券,公司债券是企业债券的一种特殊形式,公司债券首先遵循企业债券的有关法律、法规,必须进一步接受关于公司债券的规范管理。③企业债券在理论上与公司债券是一致的,企业债券运作遵循的基本规律与公司债券相同。④企业债券是中国经济体制改革发展过程中的历史产物,随着中国逐步完善市场经济体制和现代企业制度,随着国有企业按照现代公司制度逐步规范,企业债券概念的内涵将发生变化。

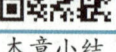

本章小结　　思考与练习题

第 4 章

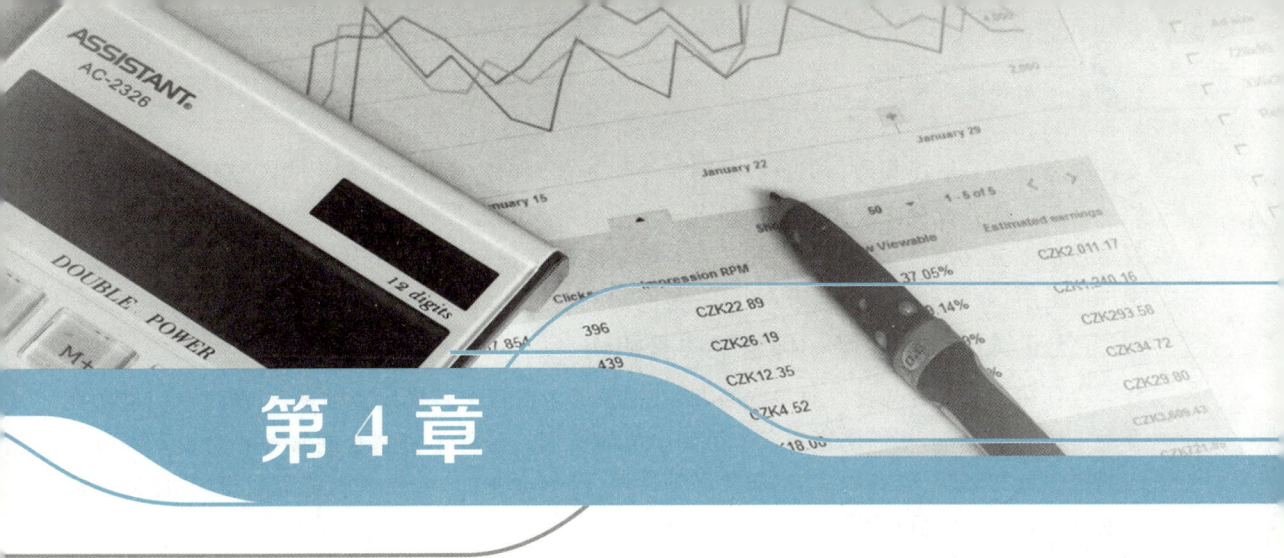

证券投资基金

学习目标

1. 掌握证券投资基金的含义、特征、分类。
2. 掌握证券投资基金的设立、交易、费用及投资风险。
3. 了解基金套利的类型及特点。
4. 具备证券投资基金的投资决策分析能力和风险管控意识。

4.1 证券投资基金概述

4.1.1 证券投资基金的含义

证券投资基金是一种利益共存、风险共担的集合证券投资方式,即通过发行基金份额,集中投资者的资金,由基金托管人托管,由基金管理人管理和运用资金。与股票、债券不同,证券投资基金是一种间接投资工具。基金投资收益在扣除由基金管理人和基金托管人所承担费用后的盈余全部归基金投资者所有,并依据各个投资者所购买的基金份额的多少在投资者之间分配。

根据证券投资基金的含义,我们可以看出其性质体现在以下几个方面:

一、证券投资基金是一种集合投资制度

证券投资基金是一种积少成多的整体组合投资方式,它从广大的投资者那里聚集巨额资金,组建投资管理公司进行专业化管理和经营。在这种制度下,资金的运作受到多重监督。

二、证券投资基金是一种信托投资方式

它与一般金融信托关系一样,主要有委托人、受托人、受益人三个关系人。其中,受托人与委托人之间订有信托契约。但证券投资基金作为金融信托业务的一种形式,又有自己的特点。如从事有价证券投资主要当事人中还有一个不可缺少的托管机构,它不能与受托人(基金管理公司)由同一机构担任,而且基金托管人一般是法人。基金管理人并不对每个投资者的资金分别加以运用,而是将其集合起来,形成一笔巨额资金再加以运作。

三、证券投资基金是一种金融中介机构

它存在于投资者与投资对象之间,起着把投资者的资金转换成金融资产,通过专门机构在金融市场上再投资,从而使货币资产得到增值的作用。证券投资基金的管理者对投资者所投入的资金负有经营、管理的职责,而且必须按照合同(或契约)的要求确定资金投向,保证投资者的资金安全和收益最大化。

四、证券投资基金是一种证券投资工具

它发行的凭证即基金券(或受益凭证、基金单位、基金股份),与股票、债券一起构成有价证券的三大品种。投资者通过购买基金券完成投资行为,并分享证券投资基金的投资收益,承担证券投资基金的投资风险。

4.1.2 证券投资基金的特点

基金作为一种现代化的投资工具,主要具有以下三个特征:

一、集合投资

基金将零散的资金巧妙地汇集起来,交给专业机构投资于各种金融工具,以谋取资产的增值。基金对投资的最低限额要求不高,投资者可以根据自己的经济能力决定购买数量,有些基金甚至不限制投资额大小,完全按份额计算收益的分配,因此,基金可以最广泛地吸收社会闲散资金,集腋成裘,汇成规模巨大的投资资金。在参与证券投资时,资本越雄厚,优势越明显,而且可能享有大额投资在降低成本上的相对优势,从而获得规模效益的好处。

二、分散风险

通过科学的投资组合降低风险、提高收益是基金的另一大特点。在投资活动中,风险和收益总是并存的,因此,"不能将所有的鸡蛋都放在一个篮子里",这是证券投资的箴言。但是,要实现投资资产的多样化,需要一定的资金实力,对小额投资者而言,由于资金有限,很难做到这一点,而基金则可以帮助中小投资者解决这个困难。基金可以凭借其雄厚的资金,在法律规定的投资范围内进行科学的组合,分散投资于多种证券,借助于资金庞大和投资者众多的优势使每个投资者面临的投资风险变小,同时利用不同的投资对象之间的互补性,达到分散投资风险的目的。

三、专业理财

基金实行专家管理制度,这些专业管理人员都经过专门训练,具有丰富的证券投资和其他项目投资经验。他们善于利用基金与金融市场的密切联系,运用先进的技术手段分析各种信息资料,能对金融市场上各投资品种的价格变动趋势做出比较正确的预测,从而最大限度地避免投资决策失误,提高投资成功率。对那些没有时间,或者对市场不太熟悉,没有能力专门研究投资决策的中小投资者来说,投资于基金,实际上就可以获得专家在市场信息、投资经验、金融知识和操作技术等方面所拥有的优势,从而尽可能地避免因盲目投资带来的损失。

4.1.3 证券投资基金与股票、债券的区别

一、反映的经济关系不同

股票反映的是所有权关系,债券反映的是债权债务关系,而基金反映的则是信托关系,但公司型基金除外。

二、筹集资金的投向不同

股票和债券是直接投资工具,筹集的资金主要投向实业,而基金是间接投资工具,筹集的资金主要投向有价证券等金融工具。

三、风险水平不同

股票的直接收益取决于发行公司的经营效益,不确定性强,投资于股票有较大的风险。债券的直接收益取决于债券利率,而债券利率一般是事先确定的,投资风险较小。基金主要投资于有价证券,投资选择灵活多样,从而使基金的收益有可能高于债券,投资风险又可能小于股票。因此,基金能满足那些不能或不宜直接参与股票、债券投资的个人或机构的需要。

4.2 证券投资基金的类型

4.2.1 按基金的组织方式分类

一、契约型基金

契约型基金又称单位信托基金,是指把投资者、管理人、托管人三者作为基金的当事人,通过签订基金契约的形式,发行受益凭证而设立的一种基金。契约型基金起源于英国,后在新加坡、印度尼西亚等国家十分流行。

契约型基金是基于契约原理而组织起来的代理投资行为,通过基金契约来规范三方当事人的行为。基金管理人负责基金的管理操作;基金托管人作为基金资产的名义持有人,负责基金资产的保管和处置,对基金管理人的运作实行监督。

二、公司型基金

公司型基金是按照公司法以公司形态组成的。该基金公司以发行股份的方式募集资金,一般投资者为认购基金而购买该公司的股份,也就成为该公司的股东,凭其持有的股份依法享有投资收益。这种基金要设立董事会,重大事项由董事会讨论决定。

公司型基金的特点是:基金公司的设立程序类似于一般股份公司,基金公司本身依法注册为法人,但不同于一般股份公司的是,它委托专业的财务顾问或管理公司来经营与管理。基金公司的组织结构也与一般股份公司类似,设有董事会和持有人大会,基金资产由公司所有,投资者则是这家公司的股东,承担风险并通过股东大会行使权利。

三、契约型基金与公司型基金的区别

(一)法律依据不同

契约型基金依照基金契约组建,信托法是其设立的依据,基金本身不具有法人资格。公

型基金是按照公司法组建的,具有法人资格。

(二)资金的性质不同

契约型基金的资金是通过发行基金份额筹集起来的信托财产;公司型基金的资金是通过发行普通股票筹集的公司法人的资本。

(三)投资者的地位不同

契约型基金的投资者购买基金份额后成为基金契约的当事人之一,投资者既是基金的委托人,即基于对基金管理人的信任,将自己的资金委托给基金管理人管理和营运,又是基金的受益人,即享有基金的受益权。公司型基金的投资者购买基金的股票后成为该公司的股东。因此,契约型基金的投资者没有管理基金资产的权利,而公司型基金的股东通过股东大会享有管理基金公司的权利。

(四)基金的营运依据不同

契约型基金依据基金契约营运基金;公司型基金依据基金公司章程营运基金。

由此可见,契约型基金和公司型基金在法律依据、组织形态以及有关当事人扮演角色上是不同的。但对投资者来说,投资于公司型基金和契约型基金并无多大区别,它们的投资方式都是把投资者的资金集中起来,按照基金设立时所规定的投资目标和策略,将基金资产分散投资于众多的金融产品上,获取收益后再分配给投资者。

从世界基金业的发展趋势看,公司型基金除了比契约型基金多了一层基金公司组织外,其他各方面都与契约型基金有趋同化的倾向。

4.2.2 按基金运作方式分类

一、封闭式基金

封闭式基金是指基金的发起人在设立基金时,限定了基金单位的发行总额,筹集到这个总额后,基金即宣告成立,并进行封闭,在一定时期内不再接受新的投资,又称为固定型投资基金。基金单位的流通采取在证券交易所上市的办法,投资者日后买卖基金单位都必须通过证券经纪商在二级市场上进行竞价交易。

封闭式基金的期限是指基金的存续期,即基金从成立起到终止之间的时间。决定基金期限长短的因素主要有两个:一是基金本身投资期限的长短,一般如果基金目的是进行中长期投资(如创业基金)的,其存续期就可长一些,反之,如果基金目的是进行短期投资(如货币市场基金),其存续期可短一些;二是宏观经济形势,一般经济稳定增长,基金存续期可长一些,若经济波浪起伏,则应相对地短一些。当然,在现实中,存续期还应考虑基金发起人和众多投资者的要求来确定。基金期限届满即为基金终止,管理人应组织清算小组对基金资产进行清产核资,并将清产核资后的基金净资产按照投资者的出资比例进行公正合理的分配。

如果基金在运行过程中,某些特殊的情况使得基金的运作无法进行,报经主管部门批准,可以提前终止。提前终止的一般情况有:

(1)国家法律和政策的改变使得该基金的继续存在为非法或者不适宜。

(2)管理人因故退任或被撤换,无新的管理人承继的。

(3)托管人因故退任或被撤换,无新的托管人承继的。

(4)基金持有人大会上通过提前终止基金的决议。

二、开放式基金

开放式基金是指基金管理公司在设立基金时,发行基金单位的总份额不固定,可视投资者的需求追加发行。投资者也可根据市场状况和各自的投资决策,或者要求发行机构按现期净资产值扣除手续费后赎回股份或受益凭证,或者再买入股份或受益凭证,增持基金单位份额。为了应付投资者中途抽回资金,实现变现的要求,开放式基金一般都从所筹资金中拨出一定比例,以现金形式保持这部分资产。这虽然会影响基金的盈利水平,但作为开放式基金来说,这是必需的。

三、封闭式基金与开放式基金的区别

(一)期限不同

封闭式基金通常有固定的封闭期,通常在 5 年以上,一般为 10 年或 15 年,经受益人大会通过并经主管机关同意可以适当延长期限。而开放式基金没有固定期限,投资者可随时向基金管理人赎回基金单位。

(二)发行规模限制不同

封闭式基金在招募说明书中列明其基金规模,在封闭期限内未经法定程序认可不能再增加发行。开放式基金没有发行规模限制,投资者可随时提出申购或赎回申请,基金规模就随之增大或减小。

(三)基金单位交易方式不同

封闭式基金的基金单位在封闭期限内不能赎回,持有人只能寻求在证券交易场所出售给第三者。开放式基金的投资者则可以在首次发行结束一段时间(多为 3 个月)后,随时向基金管理人或中介机构提出购买或赎回申请,买卖方式灵活,除极少数开放式基金在交易所名义上市外,通常不上市交易。

(四)基金单位的交易价格计算标准不同

封闭式基金与开放式基金的基金单位除了首次发行价都是按面值加一定百分比的购买费计算外,以后的交易计价方式不同。封闭式基金的买卖价格受市场供求关系的影响,常出现溢价或折价现象,并不必然反映基金的净资产值。开放式基金的交易价格则取决于基金每单位净资产值的大小,其申购价一般是基金单位净资产值加一定的购买费,赎回价是基金单位净资产值减去一定的赎回费,不直接受市场供求影响。

(五)投资策略不同

封闭式基金的基金单位数不变,资本不会减少,因此基金可进行长期投资,基金资产的投资组合能有效在预定计划内进行。开放式基金因基金单位可随时赎回,为应付投资者随时赎回兑现,基金资产不能全部用来投资,更不能把全部资本用来进行长线投资,必须保持基金资产的流动性,在投资组合上需保留一部分现金和高流动性的金融产品。

从发达国家金融市场来看,开放式基金已成为世界投资基金的主流。世界基金发展史从某种意义上说就是从封闭式基金走向开放式基金的历史。

4.2.3 按投资目标分类

一、成长型基金

成长型基金是基金中最常见的一种,它追求的是基金资产的长期增值。为了达到这一目标,基金管理人通常将基金资产投资于信誉度较高、有长期成长前景或长期盈余的所谓成长公司的股票。成长型基金又可分为稳健成长型基金和积极成长型基金。

二、收入型基金

收入型基金主要投资于可带来现金收入的有价证券,以获取当期的最大收入为目的。收入型基金资产成长的潜力较小,损失本金的风险相对也较低,一般可分为固定收入型基金和股票收入型基金。固定收入型基金的主要投资对象是债券和优先股,因而尽管收益率较高,但长期成长的潜力很小,而且当市场利率波动时,基金净值容易受到影响。股票收入型基金的成长潜力比较大,但易受股市波动的影响。

三、平衡型基金

平衡型基金将资产分别投资于两种不同特性的证券上,并在以取得收入为目的的债券及优先股和以资本增值为目的的普通股之间进行平衡。这种基金一般将25%~50%的资产投资于债券及优先股,其余的投资于普通股。平衡型基金的主要目的是从其投资组合的债券中得到适当的利息收益,与此同时又可以获得普通股的升值收益。投资者既可获得当期收入,又可得到资金的长期增值,通常是把资金分散投资于股票和债券。平衡型基金的特点是风险比较低,缺点是成长的潜力不大。

4.2.4 按投资标的分类

按投资标的分类,可将证券投资基金分为债券基金、股票基金、货币市场基金、指数基金、黄金基金和衍生证券基金。

一、债券基金

债券基金以债券为主要投资对象,债券比例须在80%以上。由于债券的年利率固定,因而这类基金的风险较低,适合于稳健型投资者。通常债券基金收益会受货币市场利率的影响,当市场利率下调时,其收益就会上升;反之,则基金收益率下降。除此以外,汇率也会影响基金的收益,管理人在购买非本国货币的债券时,往往还在外汇市场上做套期保值。

二、股票基金

股票基金以股票为主要投资对象,股票比例须在60%以上。股票基金的投资目标侧重于追求资本利得和长期资本增值。基金管理人拟订投资组合,将资金投放到一个或几个国家,甚至是全球的股票市场,以达到分散投资、降低风险的目的。投资者之所以钟爱股票基金,原因在于可以有不同的风险类型供选择,而且可以克服股票市场普遍存在的区域性投资限制的弱点。此外,还具有变现性强、流动性强等优点。由于聚集了巨额资金,几只甚至一只基金就可以引发股市动荡,所以各国政府对股票基金的监管都十分严格,不同程度地规定了基金购买某一家上市公司的股票总额不得超过基金资产净值的一定比例,以防止基金过度投机和操纵股市。

三、货币市场基金

货币市场基金是以货币市场工具为投资对象的一种基金。货币市场基金通常被认为是无风险或低风险的投资。其投资对象一般期限在一年内,包括银行短期存款、国库券、公司债券、银行承兑票据及商业票据等。通常,货币基金的收益会随着市场利率的下跌而降低,与债券基金正好相反。

四、指数基金

指数基金是20世纪70年代以来出现的新的基金品种。为了使投资者能获取与市场平均收益相接近的投资回报,产生了一种功能上近似或等于所编制的某种证券市场价格指数的基金。指数基金的投资组合等同于市场价格指数的权数比例,收益随着当期的价格指数上下波动。当价格指数上升时基金收益增加,反之,收益减少。基金因始终保持当期的市场平均收益水平,因而收益不会太高,也不会太低。指数基金的优势如下:

第一,费用低廉。指数基金的管理费较低,尤其交易费用较低。

第二,风险较小。由于指数基金的投资非常分散,可以完全消除投资组合的非系统风险,而且可以避免由于基金持股集中带来的流动性风险。

第三,在以机构投资者为主的市场中,指数基金可获得市场平均收益率,可以为股票投资者提供更好的投资回报。

第四,指数基金可以作为避险套利的工具。对于投资者尤其是机构投资者来说,指数基金是避险套利的重要工具。

指数基金由于其收益率的稳定性和投资的分散性,特别适用于社保基金等数额较大、风险承受能力较低的资金投资。

五、黄金基金

黄金基金是指以黄金或者其他贵金属及其相关产业的证券为主要投资对象的基金,其收益率一般随贵金属的价格波动而变化。

六、衍生证券基金

衍生证券基金是指以衍生证券为投资对象的证券投资基金,主要包括期货基金、期权基金和认股权证基金。由于衍生证券一般是高风险的投资品种,因此,投资这种基金的风险较大,但预期的收益水平比较高。

4.2.5 按投资理念分类

一、主动型基金

一般主动型基金以寻求取得超越市场的业绩表现为目标。其基金管理者一般认为证券市场是无效的,存在着错误定价的股票。

二、被动型基金(指数型基金)

一般选取特定的指数成分股作为投资的对象,不主动寻求超越市场的表现,而是试图复制指数的表现。其投资管理者认为,市场是有效的,投资者不可能超越市场。

4.2.6 按资本来源和流向分类

一、国内基金

它是基金资本来源于国内并投资于国内金融市场的投资基金。一般而言,国内基金在一国基金市场上占主导地位。

二、国际基金

它是基金资本来源于国内但投资于境外金融市场的投资基金。由于各国经济和金融市场发展的不平衡性,因而在不同国家会有不同的投资回报,通过国际基金的跨国投资,可以为本国资本带来更多的投资机会以及在更大范围内分散投资风险,但国际基金的投资成本和费用一般也较高。国际基金有国际股票基金、国际债券基金和全球商品基金等种类。

三、离岸基金

它是基金资本从国外筹集并投资于国外金融市场的基金。离岸基金的特点是两头在外。离岸基金的资产注册登记不在母国,为了吸引全球投资者的资金,离岸基金一般都在素有"避税天堂"之称的地方注册,如卢森堡、开曼群岛、百慕大等,因为这些国家和地区对个人投资的资本利得、利息和股息收入都不收税。

四、海外基金

它是基金资本从国外筹集并投资于国内金融市场的基金。利用海外基金通过发行受益凭证,把筹集到的资金交由指定的投资机构集中投资于特定国家的股票和债券,把所得收益作为再投资或作为红利分配给投资者,它所发行的受益凭证则在国际著名的证券市场挂牌上市。海外基金已成为发展中国家利用外资的一种较为理想的形式。一些资本市场没有对外开放或实行严格外汇管制的国家可以利用海外基金。

除了上述几种类型的基金,证券投资基金还可以按募集对象不同分为公募基金和私募基金;按投资货币种类不同分为美元基金、英镑基金、日元基金等;按收费与否分为收费基金和不收费基金;按投资计划可变更性分为固定型基金、半固定型基金、融通型基金;还有专门支持高科技企业、中小企业的风险基金;因交易技巧而著称的对冲基金、套利基金以及投资于其他基金的基金中基金等。

4.2.7 其他特殊类型

一、ETF(交易型开放式指数基金)

交易型开放式指数基金属于开放式基金的一种特殊类型,它综合了封闭式基金和开放式基金的优点,投资者既可以向基金管理公司申购或赎回基金份额,同时,又可以像封闭式基金一样在证券市场上按市场价格买卖 ETF 份额,不过,申购赎回必须以一揽子股票换取基金份额或者以基金份额换回一揽子股票。由于同时存在证券市场交易和申购赎回机制,投资者可以在 ETF 市场价格与基金单位净值之间存在差价时进行套利交易。套利机制的存在,使得 ETF 避免了封闭式基金普遍存在的折价问题。

二、LOF(上市开放式基金)

LOF,英文全称是"Listed Open-Ended Fund",汉语称为"上市型开放式基金"。上市型开放式基金发行结束后,投资者既可以在指定网点申购与赎回基金份额,也可以在交易所买卖该基金。不过投资者如果是在指定网点申购的基金份额,想要上网抛出,须办理一定的转托管手续;同样,如果是在交易所网上买进的基金份额,想要在指定网点赎回,也要办理一定的转托管手续。根据深圳证券交易所已经开通的基金场内申购赎回业务,在场内认购的 LOF 不需办理转托管手续,可直接抛出。

三、QDII 基金

QDII(国内机构投资者赴海外投资资格认定制度 Qualified Domestic Institutional Investors)制度由香港地区政府部门最早提出,与 CDR(预托证券)、QFII(国外机构投资者到内地投资资格认定制度,即 Qualified Foreign Institutional Investors)一样,是在外汇管制下内地资本市场对外开放的权宜之计,以容许在资本项目未完全开放的情况下,国内投资者往海外资本市场进行投资。

四、分级基金

分级基金(Structured Fund)又称结构型基金,是指在一个投资组合下,通过对基金收益或净资产的分解,形成两级(或多级)风险收益表现有一定差异化基金份额的基金品种。它的主要特点是将基金产品分为两类或多类份额,并分别给予不同的收益分配。分级基金各个子基金的净值与份额占比的乘积之和等于母基金的净值。例如,拆分成两类份额的母基金净值＝A 类子基金净值×A 份额占比％＋B 类子基金净值×B 份额占比％。如果母基金不进行拆分,其本身就是一个普通的基金。

4.3 证券投资基金的管理

4.3.1 证券投资基金的设立

我国基金事业的发展尚属初级阶段,而基金的设立又是基金运作的第一步,因此,为了保证基金成立后能够规范正常地管理、运作,需要严把基金设立关,实行严格的"核准制"。

一、基金设立的程序

证券投资基金的设立包括四个主要步骤。

(一)确定基金性质

按组织形态不同,基金有公司型和契约型之分;按基金券可否赎回,又可分为开放型和封闭型两种,基金发起人首应对此进行选择。

(二)选择共同发起人、基金管理人与托管人,制定各项申报文件

根据有关对基金发起人资格的规定慎重选择共同发起人,签订"合作发起设立证券投资基金协议书",选择基金管理人,制定各种文件,规定基金管理人、托管人和投资人的责、权、利关系。

(三)向主管机关提交规定的报批文件

同时,积极进行人员培训工作,为基金成立做好各种准备。

(四)发表基金招募说明书,发售基金券

一旦招募的资金达到有关法规规定的数额或百分比,基金即告成立,否则,基金发起便告失败。

二、申请设立基金应提交的文件和内容

基金发起人在申请设立基金时应当向证监会提供的文件有:

(一)申请报告

主要内容包括:基金名称、拟申请设立基金的必要性和可行性、基金类型、基金规模、存续时间、发行价格、发行对象、基金的交易或申购和赎回安排、拟委托的托管人和管理人以及重要发起人签字、盖章。

(二)发起人情况

发起人情况包括发起人的基本情况、法人资格与业务资格证明文件。

(三)发起人协议

主要内容包括:拟设立基金名称、类型、规模、募集方式和存续时间;基金发起人的权利和义务,并具体说明基金未成立时各发起人的责任、义务;发起人认购基金单位的出资方式、期限,以及首次认购和在存续期间持有的基金单位份额;拟聘任的基金托管人和基金管理人;发起人对主要发起人的授权等。

(四)基金契约与托管协议

略。

(五)招募说明书

略。

(六)发起人财务报告

发起人财务报告包括主要发起人经具有从事证券相关业务资格的会计师事务所及其注册会计师审计的三年的财务报表和审计报告,以及其他发起人实收资本的验资证明。

(七)法律意见书

具有从事证券法律业务资格的律师事务所及其律师对发起人资格、发起人协议、基金契约、托管协议、招募说明书、基金管理公司章程、拟委任的基金托管人和管理人的资格,本次发行的实质条件、发起人的重要财务状况等问题出具法律意见。

(八)募集方案

募集方案包括基金发行基本情况及发行公告。

申请设立开放式基金时,除应报送上述材料外,基金管理人还应向中国证监会报送开放式基金实施方案及相关文件。

4.3.2 证券投资基金的交易

基金交易方式因基金性质不同而不同。封闭式基金因有封闭期规定,在封闭期内基金规模稳定不变,既不接受投资者的申购也不接受投资者的赎回,因此,为满足投资者的变现需要,封闭式基金成立后通常申请在证券交易所挂牌,交易方式类似股票,即在投资者之间转手交

易。而开放式基金因其规模是"开放"的,在基金存续期内其规模是变动的,一般情况下应在每个交易日接受投资者的申购与赎回。因此,开放式基金的交易方式为场外交易,在投资者与基金管理人或其代理人之间进行交易,投资者可至基金管理公司或其代理机构的营业网点进行基金券的买卖,办理基金单位的随时申购与赎回。

一、封闭式基金的交易及交易价格

(一)封闭式基金的上市申请及审批

如前所述,封闭式基金的交易方式为在证券交易所挂牌上市,因此,封闭式基金在募集成立后,应及时向证券交易所申请上市。上市申请及主管机关审批的主要内容包括:基金的管理和投资情况;基金管理人提交的上市可行性报告;信息披露的充分性;内部机制是否健全,能否确保基金章程及信托契约的贯彻实施等。上述材料必须真实可靠,无重大遗漏。

(二)封闭式基金的交易规则

(1)基金单位的买卖遵循"公开、公平、公正"的"三公"原则和"价格优先、时间优先"的原则。

(2)以标准手数为单位进行集中无纸化交易,电脑自动撮合,跟踪过户。

(3)基金单位的价格以基金单位资产净值为基础,受市场供求关系的影响而波动,行情即时揭示。

(4)基金单位的交易成本相对低廉。

(三)影响封闭式基金价格变动的因素

基金单位净资产和市场供求关系是影响封闭式基金市场价格的主要因素,但其他因素也会导致其价格波动。

1. 基金单位净资产值

基金单位净资产值是指某一时点上某一基金每份基金单位实际代表的价值,是基金单位的内在价值。由于基金单位净资产值直接反映一个基金的经营业绩和相对于其他证券品种的成长性,同时,也由于基金单位净资产值是基金清盘时,投资者实际可得到的价值补偿,因此,基金单位净资产值构成影响封闭式基金市场价格的最主要因素。在一般情况下,基金单位的市场价格应围绕基金单位净资产值而上下波动。

2. 市场供求关系

由于封闭式基金成立后,在存续期内其基金规模是稳定不变的,因此,市场供求状况对基金交易价格会产生重要影响。一般而言,当市场需求增加时,基金单位的交易价格就上升;反之,就下跌,从而使基金价格相对其单位净值经常出现溢价或折价交易的现象。

3. 市场预期

市场预期通过影响供求关系而影响基金价格。当投资者预期证券市场行情看涨,基金利好政策将出台,基金管理人经营水平提高、基金净资产值将增加,基金市场将"缩容"等时,将增加基金需求从而导致基金价格上涨;反之,将减少基金需求从而导致基金价格下跌。

4. 操纵

如同股票市场一样,基金市场也存在着"坐庄"操纵现象。由于封闭式基金的"盘子"是既定的,因此资金实力大户往往通过人为放大交易量或长期单向操作来达到影响市场供求关系及交易价格,从中获利的目的。

5. 开放式基金的出现及基金清算

由于开放式基金的交易价格是完全由基金单位净资产值决定的,因此,当同为证券投资基金的开放式基金出现时,封闭式基金的投资将逐渐趋向理性,基金交易价格将逐渐与基金净资产值趋于一致。同样,随着封闭式基金存续期逐渐走向完结,基金终止清算期的来临,基金交易价格也将逐渐回复到其净资产值的水平上。

二、开放式基金的交易及交易价格

(一)开放式基金的认购、申购、赎回

投资者在开放式基金募集期间、基金尚未成立时购买基金单位的过程称为认购。通常认购价为基金单位面值(1元)加上一定的销售费用。基金初次发行时一般会对投资者有费率上的优惠。投资者在认购基金时,应在基金销售点填写认购申请书,交付认购款项,注册登记机构办理有关手续并确认认购。只有当开放式基金宣布成立后,经过规定的日期,基金才能进入日常的申购和赎回。

在基金成立后,投资者通过基金管理公司或其销售代理机构申请购买基金单位的过程称为申购。投资者办理申购时,应填写申购申请书并交付申购款项。申购基金单位的金额是以申购日的基金单位资产净值为基础计算的。

投资者为变现其基金资产,将持有的基金单位按一定价格卖给基金管理人,并收回现金的过程称为赎回。赎回金额是以当日的单位基金资产净值为基础计算的。

(二)开放式基金申购、赎回的限制

根据有关法规及基金契约的规定,开放式基金的申购与赎回主要有如下限制:

1. 基金申购限制

基金在刊登招募说明书等法律文件后,开始向法定的投资者进行招募。依据国内基金管理公司已披露的开放式基金方案来看,首期募集规模一般都有一个上限。在首次募集期内,若最后一天的认购份额加上在此之前的认购份额超过规定的上限时,则投资者只能按比例进行公平分摊,无法足额认购。开放式基金除规定有认购价格外,通常还规定有最低认购额。另外,根据有关法律和基金契约的规定,对单一投资者持有基金的总份额还有一定的限制,如不得超过本基金总份额的10%等。

2. 基金赎回限制

开放式基金赎回方面的限制,主要是对巨额赎回的限制。根据相关规定,开放式基金单个开放日中,基金净赎回申请超过基金总份额的10%时,将被视为巨额赎回。巨额赎回申请发生时,基金管理人在当日接受赎回比例不低于基金总份额的10%的前提下,可以对其余赎回申请延期办理。也就是说,基金管理人根据情况可以给予赎回,也可以拒绝这部分的赎回,被拒绝赎回的部分可延迟至下一个开放日办理,并以该开放日当日的基金资产净值为依据计算赎回金额。当然,发生巨额赎回并延期支付时,基金管理人应当通过邮寄、传真或者招募说明书规定的其他方式,在招募说明书规定的时间内通知基金投资人,说明有关处理方法,同时在指定媒体及其他相关媒体上公告。通知和公告的时间,最长不得超过3个证券交易日。

(三)开放式基金的申购、赎回价格

开放式基金的交易价格即为申购、赎回价格。开放式基金申购和赎回的价格是建立在每份基金净值基础上的,以基金净值再加上或减去必要的费用,就构成了开放式基金的申购和赎回价格。

基金的申购价格是指基金申购申请日当天每份基金单位净资产值再加上一定比例的申购费所形成的价格,它是投资者申购每份基金时所要付出的实际金额。基金的赎回价格是指基金赎回申请日当天每份基金单位净资产值再减去一定比例的赎回费所形成的价格,它是投资者赎回每份基金时可实际得到的金额。

4.3.3 证券投资基金的收入和风险

一、证券投资基金的收入

证券投资基金存在的四个风险

证券投资基金收入是基金资产在运作过程中所产生的各种收入,主要包括利息收入、投资收益以及其他收入。基金资产估值引起的资产价格变动作为公允价值变动损益计入当期损益。

证券投资基金利润分配是指基金在一定会计期间的经营成果。利润包括收入减去费用后的净额、直接计入当期利润的利得和损失等,也称为基金收益。证券投资基金在获取投资收入和扣除费用后,须将利润分配给受益人。基金利润(收益)分配通常有两种方式:一是分配现金,这是最普遍的分配方式;二是分配基金份额,即将应分配的净利润折为等额的新的基金份额送给受益人。

按照相关法规,封闭式基金的收益分配每年不得少于一次,封闭式基金年度收益分配比例不得低于基金年度已实现收益的90%。封闭式基金一般采用现金方式分红。

开放式基金的基金合同应当约定每年基金利润分配的最多次数和基金利润分配的最低比例。开放式基金的分红方式有现金分红和分红再投资转换为基金份额两种。根据规定,基金利润分配应当采用现金方式。开放式基金的基金份额持有人可以事先选择将所获分配的现金利润按照基金合同有关基金份额申购的约定转为基金份额;基金份额持有人事先未做出选择的,基金管理人应当支付现金。

对货币市场基金的利润分配,中国证监会有专门的规定。对于每日按照面值进行报价的货币市场基金,可以在基金合同中将受益分配的方式约定为红利再投资,并应当每日进行收益分配。当日申购的基金份额自下一个工作日起享有基金的分配权益,当日赎回的基金份额自下一个工作日起不享有基金的分配权益。具体而言,货币市场基金每周五进行利润分配时,将同时分配周六和周日的利润;每周一至周四进行分配时,则仅对当日利润进行分配。投资者周五申购或转换转入的基金份额不享有周五和周六、周日的利润;投资者周五赎回或转换转出的基金份额享有周五和周六、周日的利润。

二、证券投资基金的风险

证券投资基金是一种集中资金、专家管理、分散投资、降低风险的投资工具,但投资者投资于基金仍有可能面临风险。证券投资基金存在的风险主要有:

(一)市场风险

基金主要投资于证券市场,投资者购买基金,相对于购买股票,能有效地分散投资和利用专家优势,对控制风险有利。分散投资虽能在一定程度上消除来自个别公司的非系统性风险,但无法消除市场的系统性风险。因此,证券市场价格因经济因素、政治因素等各种因素的影响而产生波动时,将导致基金收益水平和净值发生变化,从而给基金投资者带来风险。

(二)管理能力风险

基金管理人作为专业投资机构,虽然比普通投资者在风险管理方面确实有某些优势,如能较好地认识风险的性质、来源和种类,能较准确地度量风险,并通常能够按照自己的投资目标和风险承受能力构造有效的证券组合,在市场变动的情况下,及时地对投资组合进行更新,从而将基金资产风险控制在预定的范围内等,但是,不同的基金管理人的基金投资管理水平、管理手段和管理技术存在差异,从而对基金收益水平产生影响。

(三)技术风险

当计算机、通信系统、交易网络等技术保障系统或信息网络支持出现异常情况时,可能导致基金日常的申购或赎回无法按正常时限完成、注册登记系统瘫痪、核算系统无法按正常时限显示基金净值、基金的投资交易指令无法即时传输等风险。

(四)巨额赎回风险

这是开放式基金所特有的风险。若因市场剧烈波动或其他原因而连续出现巨额赎回,并导致基金管理人出现现金支付困难时,基金投资者申请巨额赎回基金份额,可能会遇到部分顺延赎回或暂停赎回等风险。

4.3.4 证券投资基金的费用

通常情况下,投资基金从设立到终止要支付的费用包括:

一、基金管理费

它是指从基金资产当中提取的、支付给为基金提供专业化服务的基金管理人的费用,也就是管理人为管理和操作基金而收取的费用。基金管理费通常按照每个估值日基金净资产的一定比率(年率)逐日计提,累计至每月月底,按月支付。管理费率的大小通常与基金规模成反比,与风险成正比。基金规模越大,风险越小,管理费率就越低;反之,则越高。不同的国家及不同的基金,管理费率不完全相同。

二、基金托管费

它是指基金托管人为保管和处置基金资产而向基金收取的费用。托管费通常按照基金资产净值的一定比率提取,逐日计算并累计,按月支付给托管人。托管费从基金资产中提取,费率也会因基金种类不同而异。我国投资基金的年托管费最初为基金资产净值的0.25%,随着基金规模的扩大和竞争的加剧,托管费也出现下调趋势。

三、其他费用

它主要包括:基金的设立、销售和赎回时的费用,该部分费用由投资者直接承担;证券交易费,与基金在投资管理时的周转率有关。

4.4 基金套利

4.4.1 基金持仓股票套利

基金的种类很多,可以按照是否可增加或赎回、组织形态的不同、投资风险与收益的不同、投资对象的不同等来划分。股票基金持有相应的股票,同时股票仓位不低于80%。在看好某行业板块的股票的前提下,或者看好某种指数并想购买成分股的情况下,又或者想分散风险选择一揽子股票而不是某只股票,再或者资金限制等都可以选择买入并持有对应的基金,享受基金持仓股票带来的收益。

而在股票暂停交易阶段或者买不到的情况下,挑选相应的基金买入并持有也是一种较好的方式。股票因为市场看好而封死涨停板,普通投资者在没有通道优势的前提下很难买到。同样的情况也发生在带着重大利好复牌的股票上,通过基金套利的方法,同样可以获得该股票上涨带来的收益。基金公司不同的估值方式与股票最终恢复活跃成交时的交易价格存在差值,这也给投资者提供了一种套利手段。

要进行基金套利,首先要了解股票的公允价和市场价的区别。基金公司对于持仓股票有两种估值方式:公允价和市场价。搞清楚在什么情境下基金公司会选择哪种方式计算基金净值很重要,因为这是发现套利机会、计算套利空间、选择套利方式的前提。公允价的定义是在公平交易中,熟悉情况的交易双方,自愿进行资产交换或债务清偿的金额。在购买基金时,基金公司对于持仓的停牌股票的价格按照一定标准进行估值,所得就是公允价,基金公司计算净值时按公允价计算。而当复牌股票恢复活跃交易,基金公司计算净值时,按计算日集中交易市场的收盘价为准进行计算,此时依据的就是市场价。对于复牌后连续一字涨停的股票,其市场价若低于公允价,在恢复活跃交易前按照公允价计算,在打开涨停板恢复活跃成交的那天,基金的净值按照市场价计算;若市场价高于公允价,则按市场价计算。复牌后连续一字跌停的股票,若市场价高于公允价,在恢复活跃交易前按照公允价计算,在打开跌停板恢复活跃成交的那天,基金的净值按照市场价计算;若市场价低于公允价,则按市场价计算。

例如,D基金对于A股票的公允价为20元/股,A股票经过长期停牌,复牌当天的价格为19元/股,并封死涨停板。由于没有恢复活跃成交并且市场价低于公允价,当晚净值按公允价计算,即当晚A股票涨停对D基金的净值没有贡献。假设第二天,A股票仍然涨停,那么A股票的价格就变为20.9元/股,当天收盘价高于公允价,当晚的净值按照市场价计算。假如A股票停牌期间发布利空或者行业指数大跌,D基金公司下调A股票的公允价。A股票复牌当天封死跌停,但是收盘价仍高于公允价,当晚净值按照公允价计算。假设第二天A股票打开跌停板,恢复活跃成交,而此时无论市场价高于或者低于公允价,当晚净值结算都按照市场价结算。

4.4.2 基金净值与交易价格的价差套利

一、场内申赎基金与二级市场交易

基金的交易方式与基金种类有关。部分基金可以在二级市场直接买卖,也可以在场内申购赎回,如部分LOF和ETF。而二级市场的交易价格和基金的净值存在一定偏离。当基金存在溢价时,可以场内申购该基金,然后在二级市场卖出。同理,当基金折价时,可以在二级市场买入该基金,然后在场内办理赎回。部分场内基金申购$T+1$工作日可以操作,有些基金可以达到$T+0$,而场外申购需要$T+2$工作日才能操作。场内基金的时效性较强。场内基金申购需要开通场内基金账户。

二、场外基金转场内交易的套利

二级市场交易价格和基金净值存在价格差。当二级市场交易价格高于基金净值时,可以选择申购该基金,然后在二级市场交易。该法适用于 LOF 及部分其他基金。而不同平台给出的基金申购的折扣不同,许多基金场外申购手续费都有一定的折扣优惠,往往远低于场内申购,因此可以选择场外申购然后转托管至场内,再在二级市场交易,从而套利。

转托管指的是投资者通过办理一定的手续,将其托管股份从一家证券公司处转移到另一家证券公司托管,实现股份委托管理的转移。基金场外转场内就是转托管的一种方式,投资者持有的基金份额将从基金代销平台或者基金公司转到开户证券公司的场内账户里。通过这种方式实现场外申购,二级市场卖出的操作。反之,在二级市场买入,场内转场外也是可以的。首先,需要在基金代销平台(选择费率较低、可靠的平台)或者基金公司创建账户。选择对应的基金买入,完成申购。通常基金会在 $T+1$ 工作日到账,$T+2$ 工作日即可操作。QDII 基金会在 $T+2$ 工作日到账,$T+3$ 工作日可以操作。买入的份额到账可以操作后,在基金代销平台选择"场外转场内"。

T 日申请转托管后,$T+1$ 工作日基金将会到账,$T+2$ 工作日可以在场内卖出。但是场外转场内需要先开通场内基金账户。具体操作可以咨询开户证券公司的客户经理,大部分证券公司此项操作需要本人临柜办理。开通场内基金账户需要让证券公司把自己的基金交易代理号挂至场内。此项操作完成后可以在证券公司软件股东列表里看到除去 98 和 99 前缀的场内基金账号。若是没有成功开通场内基金账号,将会在基金申购平台上显示已经转出,然而在场内账户看不到该基金份额。"凭空消失的基金份额"直到成功开通场内账户后才可看到和进行操作。场外转场内的耗时较长,承担的时间风险较大。很可能转到场内,溢价已经消失甚至折价;或者该基金在操作过程中,净值下跌击穿溢价产生的安全垫;而大量套利资金进入,也容易砸平溢价。

例如:OPEC(Organization of the Petroleum Exporting Countries,石油输出国组织)会议时,由于有石油减产和油价上调的预期,场内与原油期货价格挂钩的基金(162411 华宝标普油气上游股票,160216 国泰大宗商品,501018 南方原油)存在较大溢价。而场内的申购费较高,场外平台上申购费可以达到 1 折。因此在油价上涨的预期下,选择适当的时间场外申购基金转场内卖出也是一种很好的套利方式。

本章小结　　思考与练习题

第 5 章

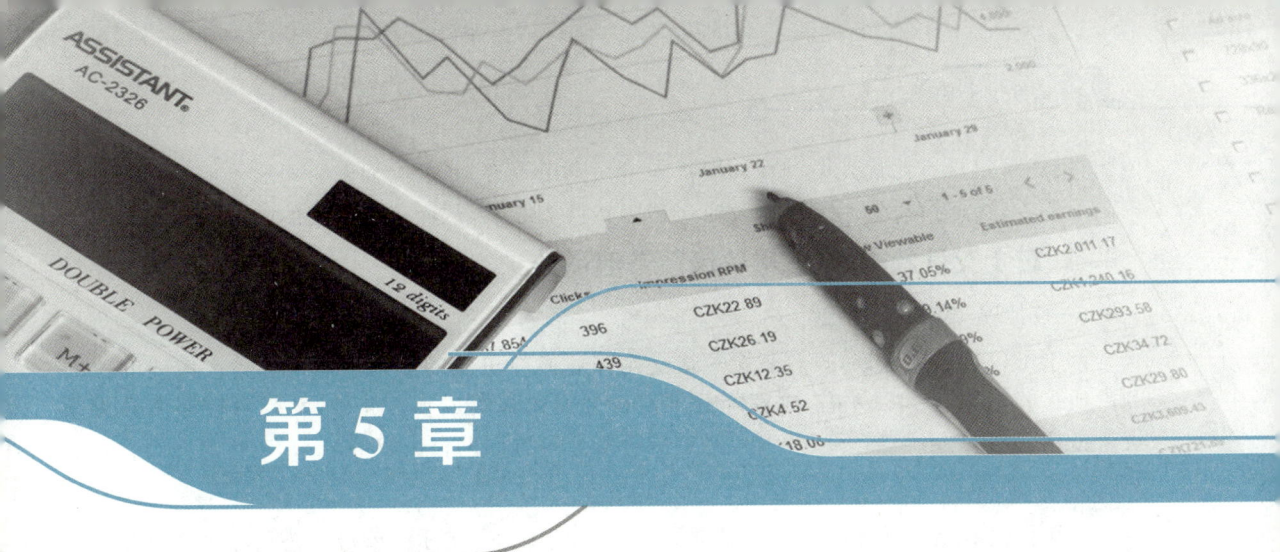

金融衍生工具

> **学习目标**
> 1. 理解可转换债券的定义、构成要素及价值。
> 2. 了解权证的定义及特征。
> 3. 掌握金融期货与期权的定义、特点、分类及功能。
> 4. 具备金融创新意识。

5.1 可转换债券

5.1.1 可转换债券的定义

可转换债券是债券持有人可按照发行时约定的价格将债券转换成公司的普通股票的债券。如果债券持有人不想转换,则可以继续持有债券,直到偿还期满时收取本金和利息,或者在流通市场出售变现。如果持有人看好发债公司股票增值潜力,在宽限期之后可以行使转换权,按照预定转换价格将债券转换成为股票,发债公司不得拒绝。该债券利率一般低于普通的公司债券利率,企业发行可转换债券可以降低筹资成本。可转换债券持有人还享有在一定条件下将债券回售给发行人的权利,发行人在一定条件下拥有强制赎回债券的权利。

一、对于投资者而言,可转换债券的益处

(一) 可转换债券的双重性质使得投资者可以具备双重身份

债券转换之前,投资者是公司的债权人,可以获取固定的债券利息收入;如果发生转换,投资者就从原来的债权人转变成为公司的股东,从而可以分享公司的股息红利收益。

(二) 可转换债券可以使投资者在低风险下获得高收益

在公司的经营状况不稳定的情况下,投资者可以获得稳定的债券利息收入,即使公司破产

倒闭，投资者也具有比优先股和普通股优先清偿剩余资产的权利；而在公司股价上升或股利收入高于债券收入时，投资者又可以及时将债券转换成股票，从而获得更高的收益。

二、对于发行公司而言，可转换债券的益处

（一）低成本筹措资金

由于可以转换成股票，投资者愿意接受比普通债券更低的利率。通常可转换债券的票面利率比一般债券低 30% 左右，这就降低了发行公司的筹资成本。此外，发行可转换债券无须资产抵押，公司易于掌握资产处置和追加借贷资金等方面的自由权等。

（二）获得转换溢价

可转换债券是以转换溢价转为股票的，一旦发生转换，实质上就等于公司在将来以高于当前市价的价格发行新股，从而可获得转换溢价。而如果配股或增发新股，则通常要按当前股票市价的一定折扣售出。

（三）扩大股东数量，增加长期资金来源

可转换债券的期限一般都比较长，有利于公司的长远经营。另外，多数国家对机构投资者和投资基金的投资对象都有一些限制，如不能投资于外国公司的股票，而可转换债券就能解决这个问题。所以，可转换债券的发行可以扩大公司的股东基础，扩大公司影响，有利于公司的海外融资。

（四）可以实现合理避税

可转换债券的利息可以作为固定开支在确定计税收入时予以扣减，而股票红利是不做税收扣减的。因此，从税收扣减的目的来看，公司发行可转换债券比直接发行新股更为有利。

（五）无即时摊薄效应

在可转换债券转换成股份之前，公司现有股权结构没有变化，故与出售普通股不同，不会立刻产生大量摊薄每股盈利的负面影响。在一般情况下，可转换债券的持有者会在股票市价高于转换价格时行使转换权，而市价表现往往与公司盈利状况相关。因此，即使债券转换为股份，其摊薄效应也会因公司盈利的增加而得以部分抵消。

5.1.2 可转换债券的构成要素

可转换债券有若干要素，这些要素基本上决定了可转换债券的转换条件、转换价格、市场价格等总体特征。

一、有效期限和转换期限

可转换债券的有效期限与一般债券相同，指债券从发行之日起至偿清本息之日止的存续期间。转换期限是指可转换债券转换为普通股票的起始日至结束日的期间。大多数情况下，发行人都规定一个特定的转换期限，在该期限内，允许可转换债券的持有人按转换比例或转换价格转换成发行人的股票。我国《上市公司证券发行注册管理办法》规定，可转换公司债券的期限最短为 1 年，最长为 6 年，自发行结束之日起 6 个月方可转换为公司股票。

二、票面利率

可转换公司债券的票面利率是指可转换债券作为一种债券时的票面利率，发行人根据当前市场利率水平、公司债券资信等级和发行条款确定，一般低于相同条件的不可转换债券。可转换公司债券应半年或 1 年付息 1 次，到期后 5 个工作日内应偿还未转股债券的本金及最后

1期利息。

三、转换比例或转换价格

转换比例是指一定面额可转换债券可转换成普通股票的股数。用公式表示为：

$$转换比例＝可转换债券面值／转换价格$$

转换价格是指可转换债券转换为每股普通股份所支付的价格。用公式表示为：

$$转换价格＝可转换债券面值／转换比例$$

四、赎回条款与回售条款

赎回是指发行人在发行一段时间后，可以提前赎回未到期的发行在外的可转换公司债券。赎回条件一般是当公司股票在一段时间内连续高于转换价格达到一定幅度时，公司可按照事先约定的赎回价格买回发行在外尚未转股的可转换公司债券。回售是指公司股票在一段时间内连续低于转换价格达到某一幅度时，可转换公司债券持有人按事先约定的价格将所持可转换债券卖给发行人的行为。赎回条款和回售条款是可转换债券在发行时规定的赎回行为和回售行为发生的具体市场条件。

五、转换价格修正条款

转换价格修正是指发行公司在发行可转换债券后，由于公司送股、配股、增发股票、分立、合并、拆细及其他原因导致发行人股份发生变动，引起公司股票名义价格下降时而对转换价格所做的必要调整。

5.1.3 可转换债券的价值

可转换债券是一种兼有债权性和股权性的混合型金融衍生品，其价值不仅包括作为债券本身具有的价值，还包括各项条款赋予投资者和发行公司的价值。可转换债券的价值可以分解为以下两个部分：

(1)作为普通债券具有的价值，即纯粹债券价值，简称为纯债价值。纯粹债券价值可以通过将债券有效期内的现金流按一定的贴现率贴现计算出来。

(2)可转换债券赋予投资者和发行公司的各项期权的价值，即转为股票的买入期权价值(同时可能还含有其他复杂期权)，即转股价值。转股价值是指投资者按规定转股价格将可转换债券转换为发行公司的普通股票后具有的市场价值。转股价值的计算公式如下：

$$转股价值＝股票市价×转股比率$$

因为可转换债券可以看作普通债券和各项期权的组合，各项期权又都具有一定的价值，因而可转债的价值一定大于纯债价值。可转换债券的纯粹价值和转股价值构成了可转换债券价值的最低限，可转换债券的价值应大于两者中的较大者，否则必然存在套利机会。

5.2 权证

5.2.1 权证的定义及特征

权证(Share Warrant)是指基础证券发行人或其以外的第三人发行的，约定持有人在规定期间内或特定到期日,有权按约定价格向发行人购买或出售标的证券,或以现金结算方式收取结算差价的有价证券。

权证的主要特点:权证代表了发行人与持有人之间存在的合同关系,权证持有人据此享有的权利与股东所享有的股东权在权利内容上有着明显的区别,即除非合同有明确约定,权证持有人对标的证券发行人和权证发行人的内部管理和经营决策没有参与权;权证赋予权证持有人的是一种选择的权利而不是义务。与权证发行人有义务在持有人行权时依据约定交付标的证券或现金不同,权证持有人完全可以根据市场情况自主选择行权还是不行权,而无须承担任何违约责任。

5.2.2 权证类型

一、以发行人为标准

以发行人为标准,可以分为公司权证和备兑权证。公司权证是由标的证券发行人发行的权证,如标的股票发行人(上市公司)发行的权证。备兑权证是由标的证券如股票发行人以外的第三人(上市公司股东或者证券公司等金融机构)发行的权证。考虑到市场发展的实际,除为解决股权分置而发行的权证外,对证券公司等金融机构作为备兑权证发行人的资格条件没有规定。

二、以持有人的权利性质为标准

以持有人的权利性质为标准,可以分为认购权证(向发行人购买标的证券)和认沽权证(向发行人出售标的证券)。

三、以行权方式为标准

以行权方式为标准,约定持有人有权在规定期间行权的为美式权证,约定持有人仅能在特定到期日行权的属于欧式权证。

四、以结算方式为标准

以结算方式为标准,可以分为实券给付结算型权证和现金结算型权证。实券给付结算以标的证券所有权发生转移为特征,发行人必须向持有人实际交付或购入标的证券;而现金结算方式则是在不转移标的证券所有权的情况下仅就结算差价进行现金支付。

5.2.3 权证价格的影响因素

实际交易中,权证价格受到多方面因素的影响。

一、正股市价

权证是以正股为基础而产生的衍生产品,正股市价是确定权证发行价格及交易价格走势的最主要因素。通常,权证发行时正股价越高,认购(沽)权证的发行价格也就越高(低)。类似地,权证发行后随着正股价格的上升(下跌),认购权证的交易价格相应上升(下跌);而认沽权证的交易价格走势则刚好相反,随正股价格的上升(下跌),认沽权证的交易价格相应下跌(上升)。但上述分析只能在一定范围内成立,因为权证(发行或交易)价格的上涨,意味着权证投资成本向正股的投资成本趋近,其回报率会变小,权证逐渐失去其高杠杆特性。

二、权证有效期

权证有效期(发行时已确定)越长,认购(沽)权证变为价内的概率就越大,发行价格通常也就越高。而随到期日的趋近,该概率减小,权证二级市场的交易价格则相应下降。

三、权证行使价格

权证所约定的行使价格越高,意味着该行使价格可能与认购(沽)权证发行或交易时的正股市价之间的价差空间越小(大),则该权证持有人未来行使权证认购(售出)正股所获利润空间越小(大)。因此行使价格越高的认购(沽)权证,其发行或交易价格往往越低(高)。

四、正股波幅

正股波幅越大,无论对于认购权证还是认沽权证,都意味着权证变为价内的概率就越大,因而权证的发行或交易价格都会越高。

五、市场利率

市场利率的高低,决定着正股投资成本的大小。市场利率水平越高,投资正股的成本越大,因而认购权证变得较具吸引力,而认沽权证的吸引力则相应变小,故认购(沽)权证的发行或交易价格就会越高(低)。

六、预期股息

一般而言,由于权证无法享有现金股利,因而预期股息越高,对认购权证越不利(对认沽权证则相反),故认购(沽)权证的发行或交易价格就越低(高)。

但需要指出的是,根据某些权证的(行使)价格调整条款或者交易所有关规则,遇正股派息时往往会对权证行使价格做相应调整,因而预期股息的高低对权证价格及其走势的影响不大。

此外,权证的价格往往还要受到权证的市场供求、发行人业绩等因素影响。

5.2.4 优先认股权和认股权证比较

优先认股权和认股权证是两个不同的概念,两者存在着明显的差别;但优先认股权和认股权证都是公司在发行股票时出现的,它们本身都不是股票,却与股票相关,因此,两者之间又有一定的联系。

一、两者的区别

(1)认股权证是由公司发行的,能够按照特定的价格在特定的时间内购买一定数量该公司股票的选择权凭证,其实质是一种有价证券;而优先认股权则是公司在增发新股时为保护老股东的利益而赋予老股东的一种特权。老股东可以凭此权按特定的价格购买新股。

(2)认股权证是与股票同时发行的,但发行后则可与股票独立,形成自己的市场和价格;优先认股权则是在登记日前要附着在股票上进行交易,登记日之后,优先认股权才脱离股票可以在市场上独立交易。

(3)两者的目的不同。优先认股权是赋予老股东的特权,允许老股东按其原来的持股比例购买新股;认股权证的发行则主要是为了更多地筹措资金,培养潜在的增资来源。

二、两者的联系

(1)优先认股权和认股权证都是一种凭据,凭此可以在规定的时间内按照特定的价格购买一定数量的股票,都是由股票发行公司推出的,与股票直接相关。

(2)优先认股权和认股权证都可以进行交易,并在交易中形成自己的价格。

5.3 金融期货与期权

5.3.1 金融期货

一、金融期货的定义及特征

金融期货(Financial Futures)是以金融工具为标的物的期货合约,即交易双方在金融市场上,以约定的时间和价格,买卖某种金融工具的具有约束力的标准化合约。金融期货一般分为三类,货币期货、利率期货和指数期货。金融期货作为期货中的一种,具有期货的一般特点,但与商品期货相比较,其合约标的物不是实物商品,而是传统的金融商品,如证券、货币、利率等。金融期货产生于20世纪70年代的美国市场,金融期货在许多方面已经走在商品期货的前面,占整个期货市场交易量的80%,成为西方金融创新成功的例证。

基础性金融商品的价格主要以汇率、利率等形式表现。金融市场上纷繁复杂的各种金融商品,共同构成了金融风险的源泉。各类金融机构在创新金融工具的同时,也产生了规避金融风险的客观要求。20世纪70年代初外汇市场上固定汇率制的崩溃,使金融风险空前增大,直接诱发了金融期货的产生。

金融期货交易(Financial Futures Transaction)作为买卖标准化金融商品期货合约的活动是在高度组织化的有严格规则的金融期货交易所进行的。金融期货交易的基本特征可概括如下:

(一)交易的标的物是金融商品

这种交易对象大多是无形的、虚拟化了的证券,它不包括实际存在的实物商品。

(二)金融期货是标准化合约的交易

作为交易对象的是标准化合约,其中标的物的收益率和数量都具有同质性、标准性,如货币币种、交易金额、清算日期、交易时间等都做了标准化规定,唯一不确定的是成交价格。

(三)金融期货交易采取公开竞价方式决定买卖价格

它不仅可以形成高效率的交易市场,而且透明度、可信度高。

(四)金融期货交易实行会员制度

非会员要参与金融期货的交易必须通过会员代理,由于直接交易限于会员之间,而会员同时又是结算会员,交纳保证金,因而交易的信用风险较小,安全保障程度较高。

(五)交割期限的规格化

金融期货合约的交割期限大多是3个月、6个月、9个月或12个月,最长的是2年。交割期限内的交割时间随交易对象而定。

二、金融期货的类型

金融期货有三个种类:货币期货、利率期货、指数期货。

(一)货币期货

货币期货主要有欧元、英镑、瑞士法郎、加元、澳元、新西兰元、日元、人民币等期货合约。

其主要交易场所:芝加哥商业交易所国际货币市场分部、费城期货交易所等。

(二)利率期货

利率期货主要有美国短期国库券期货、美国中期国库券期货、美国长期国库券期货、市政债券、抵押担保有价证券等。其主要交易场所:芝加哥期货交易所、芝加哥商业交易所国际货币市场分部。

(三)指数期货

指数期货主要有标准普尔500种股票价格综合指数(S&P 500)、纽约证券交易所股票价格综合指数(NYCE Composite)、主要市场指数(MMI)、价值线综合股票价格平均指数(Value Line Composite Index),此外还有日本的日经指数(NIKI)、香港的恒生指数(香港期货交易所)。其主要交易场所:芝加哥期货交易所、芝加哥商业交易所、纽约证券交易所、堪萨斯城期货交易所。

三、金融期货的功能

金融期货市场有多方面的经济功能,其中最基本的功能是规避风险和价格发现。

(一)规避风险

金融期货规避风险的功能主要体现在套期保值环节。套期保值是指把期货市场当作转移价格风险的场所,利用期货合约作为将来在现货市场上买卖商品的临时替代物,对其现在买进准备以后售出商品或对将来需要买进商品的价格进行保险的交易活动。

从整个金融期货市场看,其规避风险功能之所以能够实现,主要有三个原因:

其一是众多的实物金融商品持有者面临着不同的风险,可以通过达成对各自有利的交易来控制市场的总体风险。例如,进口商担心外汇汇率上升,而出口商担心外汇汇率下跌,通过进行反向的外汇期货交易,即可实现风险的对冲。

其二是金融商品的期货价格与现货价格一般呈同方向的变动关系。投资者在金融期货市场建立了与金融现货市场相反的头寸之后,金融商品的价格发生变动时,则必然在一个市场获利,而在另一个市场受损,其盈亏可全部或部分抵消,从而达到规避风险的目的。

其三是金融期货市场通过规范化的场内交易,集中了众多愿意承担风险而获利的投机者。他们通过频繁、迅速的买卖对冲,转移了实物金融商品持有者的价格风险,从而使金融期货市场的规避风险功能得以实现。

(二)价格发现

金融期货市场的价格发现功能,是指金融期货市场能够提供各种金融商品的有效价格信息。

在金融期货市场上,各种金融期货合约都有着众多的买者和卖者。他们通过类似于拍卖的方式来确定交易价格。这种情况接近于完全竞争市场,能够在相当程度上反映出投资者对金融商品价格走势的预期和金融商品的供求状况。因此,某一金融期货合约的成交价格,可以综合地反映金融市场各种因素对合约标的商品的影响程度,有公开、透明的特征。

由于现代电子通信技术的发展,主要金融期货品种的价格,一般都能够即时播发至全球各地。因此,金融期货市场上所形成的价格不仅对该市场的各类投资者产生了直接的指引作用,也为金融期货市场以外的其他相关市场提供了有用的参考信息。

5.3.2 股票指数期货

一、股票指数期货的定义

股票指数期货是以股票价格指数为标的物的金融期货合约,即以股票市场的股价指数为交易标的物,由交易双方订立的、约定在未来某一特定时间按约定价格进行股价指数交易的一种标准化合约。它除具有标准化合约、杠杆机制、集中交易、对冲机制、每日无负债结算等期货交易的一般特征外,还具有自身的一些特点。例如,股指期货标的物为相应的股票价格指数、报价单位以指数点计、采用现金交割方式等。

二、股票指数期货的特征

(一)股指期货合约的价值为当前市场股价指数乘以每一指数点所代表的金额

$$股指期货合约的价值 = 指数值 \times 乘数$$

乘数就是股指期货的每一指数点所代表的金额。不同国家股指期货的乘数各不相同。例如,FTSE 100 指数的乘数是 25 英镑,当该指数为 2 830 时,其股指期货合约的价值为 2 830×25=70 750 英镑。

只有当篮子股票组合的总值与股票指数的货币值相吻合、择定的股票与指数所代表的股票相同、每种股票金额与股票公司的市场资本值成比例时,才能保证一份股指期货合约代表一个标定的股票篮,那么购买一份合约,就等于购买一组有特定价值额的股票组合。例如:FTSE 100 指数现在是 2 830,则该股票组合的价值为 70 750(=2 830×25)英镑;若该指数上升为 2 850,股票组合值也上升到 71 250(=2 850×25)英镑。

(二)股票指数期货采用现金结算,而不是实物交割

这是股票指数期货不同于其他期货的主要区别。因此,投资者不一定非要持有股票才能参与股票市场交易,这样既可省去挑选股票所冒的风险,又可获得盈利机会。我们在进行股票指数期货合约交易时,需要把股票指数按点数换算成现金进行交易。在合约到期时,将以股票市场的收市指数作为结算标准,合约持有方只需交付或收取指数差值(购买合约时的股票指数值减去到期时的实际指数值)乘以乘数折合成的现金数,即可完成交割手续。

现金结算方式避免了从股票市场上购买股票来交割,同时也节省了不少交易费用。因此,真正到期进行交割的股指期货合约只占总数的 1%～2%,绝大多数合约在此之前就已经以对冲方式了结。

(三)股票指数期货与其他所有期货一样以保证金方式进行交易

保证金的交易方式使投资者不需要投入巨额的资本就可以进行数倍于保证金额的期货合约买卖交易。高杠杆作用使投资者可以以小本获大利。就股票指数期货而言,其杠杆率为 10～40 倍。

(四)股票指数期货的交易成本低廉

股票指数期货的交易成本一般低于股票交易成本。例如,在英美国家,从期货合约的开仓至平仓结清整个过程所需的费用大约是每份合约 25 美元或 25 英镑,有时可能更低,而买卖等值股票的交易成本一般要几百英镑。

(五)期货提供了方便的做空交易机制

期货空头交易比股票空头交易方便得多。在股票市场上进行空头交易时,常常需要签订

"借入"股票的协议,以便在需要出售股票时可以进行交割。此外,有些国家股票市场还有"价格上浮"规定,即只有在股市上涨之后才能进行空头交易,在期货市场上没有这种障碍。

5.3.3 金融期权

一、金融期权的定义及特征

金融期权(Financial Option)是以期权为基础的金融衍生产品,是以金融商品或金融期货合约为标的物的期权交易合约。具体地说,购买者在向出售者支付一定费用后,就获得了能在规定期限内以某一特定价格向出售者买进或卖出一定数量的某种金融商品或金融期货合约的权利。因此,金融期权是赋予其购买者在规定期限内按双方约定的价格购买或出售一定数量某种金融资产的权利的合约。

与金融期货相比,金融期权的主要特征在于它仅仅是买卖双方权利的交换。期权的买方在支付了期权费后,就获得了期权合约所赋予的权利,即在期权合约规定的时间内,以事先确定的价格向期权的卖方买进或卖出某种金融工具的权利,但并没有必须履行该期权合约的义务。期权的买方可以选择行使他所拥有的权利;期权的卖方在收取期权费后就承担着在规定时间内履行该期权合约的义务。即当期权的买方选择行使权利时,卖方必须无条件地履行合约规定的义务,而没有选择的权利。

二、金融期权的类型

(一)根据选择权的性质划分

金融期权可以分为看涨期权和看跌期权。看涨期权也称认购权,指期权的买方具有在约定期限内(或合约到期日)按协定价格(也称敲定价格或行权价格)买入一定数量基础金融工具的权利。交易者之所以买入看涨期权,是因为他预期基础金融工具的价格在合约期限内将会上涨。如果判断正确,按协定价买入该项金融工具并以市价卖出,可赚取市价与协定价之间的差额;如果判断失误,则放弃行权,仅损失期权费。看跌期权也称认沽权,指期权的买方具有在约定期限内按协定价格卖出一定数量金融工具的权利。

(二)按照合约所规定的履约时间的不同划分

金融期权可以分为欧式期权、美式期权和修正的美式期权。欧式期权只能在期权到期日执行。美式期权则可在期权到期日或到期日之前的任何一个营业日执行。修正的美式期权又称百慕大期权或大西洋期权,可以在期权到期日之前的一系列规定日期执行。

(三)按照金融期权基础资产性质的不同划分

按交易标的品种可将金融期权分为外汇期权、利率期权、股票期权、股票指数期权。外汇期权是指期权买方享有在期权合约约定的时间、按照协定价格买进或卖出一定数额某种外汇商品权利的一种期权。利率期权是指期权买方享有在期权合约约定的时间、按照协定价格(利率)买进或卖出一定数额某种债券商品权利的一种期权。股票期权是指期权买方在支付一笔约定的权利金后、获得在期权合约约定的时间、按照协定价格买进或卖出一定数量的某种股票权利的一种期权。股票指数期权是指以股票指数为期权合约标的物的一种选择权。

三、金融期权的功能

金融期权与金融期货有着相似的功能。从一定的意义上说,金融期权是金融期货功能的延续和发展,具有与金融期货相同的套期保值和发现价格的功能,是一种行之有效的控制风险的工具。

(一)套期保值

利用金融期权进行套期保值,若价格发生不利变动,套期保值者可通过放弃期权来保护利益;若价格发生有利变动,套期保值者可通过行权来保护利益。

(二)价格发现

价格发现功能是指在一个公开、公平、高效、竞争的市场中,通过集中竞价形成期权价格的功能。

(三)盈利

期权的盈利主要是期权的协定价和市价的不一致而带来的收益。这种独特的盈利是吸引众多投资者的一大原因。

(四)投机

期权市场上的投机者利用对未来价格走势的预期进行投机交易,预计价格上涨的投机者会买入看涨期权,预计价格下跌的投机者会买入看跌期权。

四、金融期权与金融期货的区别

(一)标的物不同

金融期权与金融期货的标的物不尽相同。一般来说,凡可做期货交易的金融商品都可做期权交易。然而,可做期权交易的金融商品却未必可做期货交易。在实践中,只有金融期货期权,而没有金融期权期货,即只有以金融期货合约为标的物的金融期权交易,而没有以金融期权合约为标的物的金融期货交易。一般而言,金融期权的标的物多于金融期货的标的物。

随着金融期权的日益发展,其标的物还有日益增多的趋势,不少金融期货无法交易的商品均可作为金融期权的标的物,甚至连金融期权合约本身也成了金融期权的标的物,即复合期权。

(二)对称性不同

金融期货交易的双方权利与义务对称,即对任何一方而言,都既有要求对方履约的权利,又有自己对对方履约的义务。而金融期权交易双方的权利与义务存在着明显的不对称性,期权的买方只有权利而没有义务,而期权的卖方只有义务而没有权利。

(三)履约保证不同

金融期货交易双方均需开立保证金账户,并按规定缴纳履约保证金。而在金融期权交易中,只有期权出售者,尤其是无担保期权的出售者才需开立保证金账户,并按规定缴纳保证金,以保证其履约的义务。至于期权购买者,因期权合约未规定其义务,其无须开立保证金账户,也就无须缴纳任何保证金。

(四)现金流转不同

金融期货交易双方在成交时不发生现金收付关系,但在成交后,由于实行逐日结算制度,交易双方将因价格的变动而发生现金流转,即盈利一方的保证金账户余额将增加,而亏损一方的保证金账户余额将减少。当亏损方保证金账户余额低于规定的维持保证金时,其必须按规定及时缴纳追加保证金。因此,金融期货交易双方都必须保有一定的流动性较高的资产,以备不时之需。

而在金融期权交易中,在成交时,期权购买者为取得期权合约所赋予的权利,必须向期权出售者支付一定的期权费;但在成交后,除了到期履约外,交易双方不发生任何现金流转。

(五)盈亏特点不同

金融期货交易双方都无权违约也无权要求提前交割或推迟交割,而只能在到期前的任一时间通过反向交易实现对冲或到期进行实物交割。而在对冲或到期交割前,价格的变动必然使其中一方盈利而另一方亏损,其盈利或亏损的程度决定于价格变动的幅度。因此,从理论上说,金融期货交易中双方潜在的盈利和亏损都是无限的。

相反,在金融期权交易中,由于期权购买者与出售者在权利和义务上的不对称性,他们在交易中的盈利和亏损也具有不对称性。从理论上说,期权购买者在交易中的潜在亏损是有限的,仅限于所支付的期权费,而可能取得的盈利却是无限的;相反,期权出售者在交易中所取得的盈利是有限的,仅限于所收取的期权费,而可能遭受的损失却是无限的。当然,在现实的期权交易中,由于成交的期权合约事实上很少被执行,因此,期权出售者未必总是处于不利地位。

(六)作用与效果不同

金融期权与金融期货都是人们常用的套期保值的工具,但它们的作用与效果是不同的。

人们利用金融期货进行套期保值,在避免价格不利变动造成损失的同时,也必须放弃若价格有利变动可能获得的收益。人们利用金融期权进行套期保值,若价格发生不利变动,套期保值者可通过执行期权来避免损失;若价格发生有利变动,套期保值者则可通过放弃期权来保护利益。这样,通过金融期权交易,既可避免价格不利变动造成的损失,又可在相当程度上保住价格有利变动而带来的利益。

但是,这并不是说金融期权比金融期货更为有利。因为从保值角度来说,金融期货通常比金融期权更为有效,也更为便宜,而且要在金融期权交易中真正做到既保值又获利,事实上也并非易事。

所以,金融期权与金融期货各有所长,也各有所短。在现实的交易活动中,人们往往将两者结合起来,通过一定的组合或搭配来实现某一特定目标。

本章小结   思考与练习题

第6章

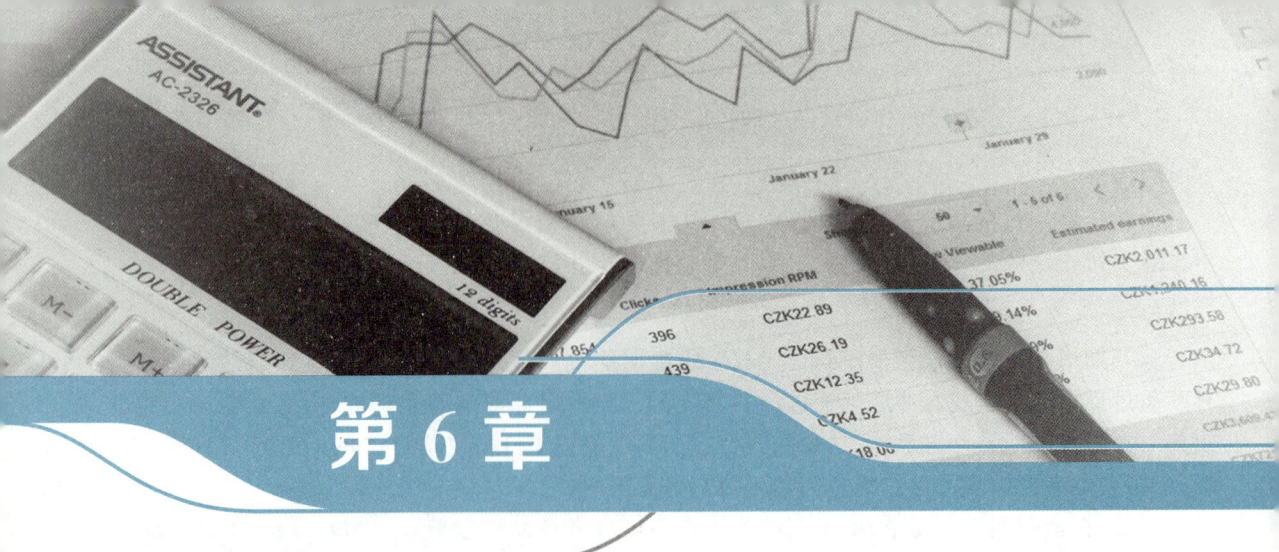

证券市场概述

> **学习目标**
> 1. 掌握有价证券、证券市场的含义和分类。
> 2. 熟悉证券市场的参与主体。
> 3. 了解证券市场的产生与发展过程。
> 4. 正确把握中国资本市场的发展方向。

6.1 有价证券及证券市场

6.1.1 有价证券的含义和分类

一、有价证券

有价证券是指标有票面金额,证明持有人有权按期取得一定收入并可自由转让和买卖的所有权或债权凭证。它本身没有价值,但有价格。有价证券概念有广义与狭义之分,广义的有价证券包括商品证券、货币证券和资本证券。狭义的有价证券是资本证券。

(一)商品证券

商品证券是指证明持券人拥有商品所有权或使用权的凭证,取得这种证券就等于取得这种商品的所有权,持券人对这种证券所代表的商品的所有权受法律保护。属于商品证券的有提货单、运货单、仓库栈单等。

(二)货币证券

货币证券是指本身能使持券人或第三者取得货币索取权的有价证券。货币证券主要分为两大类:一类是商业证券,主要包括商业汇票和商业本票;另一类是银行证券,主要包括银行汇票、银行本票和支票。

(三)资本证券

资本证券是指由金融投资或与金融投资有直接联系的活动而产生的证券。持券人对发行人有一定的收入请求权。资本证券包括股票、债券及其衍生品种,如基金证券、可转换证券等。资本证券是有价证券的主要形式,人们通常把狭义的有价证券(资本证券)直接称为有价证券或者证券。

二、有价证券的分类

有价证券可以从不同角度,按不同标准进行分类。

(一)根据证券发行主体的不同分类

根据证券发行主体的不同,有价证券可分为政府证券(包括中央政府债券、地方政府债券、政府机构债券)、公司证券和金融证券。

政府证券通常是指由中央政府或地方政府发行的证券。中央政府债券也称国债,通常由一国财政部发行。地方政府债券由地方政府发行,以地方税或其他收入偿还。政府机构债券是指由经批准的政府机构发行的证券,我国目前不允许政府机构发行证券。公司证券是公司为筹措资金而发行的有价证券,公司证券的范围比较广泛,有股票、公司债券及商业票据等。其中,在公司债券中,通常将银行及非银行金融机构发行的证券称为金融证券。金融证券是较为常见的公司证券。

(二)根据证券上市与否分类

根据证券是否在证券交易所挂牌交易,有价证券可分为上市证券和非上市证券。上市证券又称挂牌证券,是指经证券主管机关批准,并向证券交易所注册登记,获得在交易所内公开买卖资格的证券。

非上市证券又称非挂牌证券、场外证券,是指未申请上市或不符合在证券交易所挂牌交易条件的证券。

(三)根据证券收益是否固定分类

根据证券收益的固定与否,有价证券可分为固定收益证券和变动收益证券。固定收益证券是指持券人可以在特定的时间内取得固定的收益并预先知道取得收益的数量和时间,如固定利率债券、优先股股票等。

变动收益证券是指收益随客观条件的变化而变化的证券。例如,普通股的股利收益事先不确定,而是由公司税后利润的多少来确定。浮动利率债券的到期收益不确定,也属于变动收益证券。

一般来说,变动收益证券比固定收益证券的收益高、风险大,但是在通货膨胀条件下,固定收益证券的风险要比变动收益证券的风险大得多。

(四)根据证券募集方式的不同分类

根据募集方式的不同,有价证券可分为公募证券和私募证券。公募证券是指发行人通过中介机构向不特定的社会公众投资者公开发行的证券,其审批较严格,并采取公示制度。私募证券是指向少数特定的投资者发行的证券,其审查条件相对宽松,投资者也较少,不采取公示制度。私募证券的投资者多为与发行者有特定关系的机构投资者,也有发行公司、企业的内部职工。

(五)根据转移方式的不同分类

根据转移方式的不同,有价证券可分为记名有价证券、无记名有价证券和指示有价证券。记名有价证券是指在证券上记载证券权利人的姓名或名称的证券,如记名的票据和股票等。记名有价证券可按债权让与方式转让证券上的权利。无记名有价证券是指在证券上不记载权利人的姓名或名称的证券,如国库券和无记名股票等。无记名有价证券上的权利由持有人享有,可以自由转让,证券义务人只对证券持有人负履行义务。指示有价证券是指在证券上指明第一个权利人的姓名或名称的证券,如指示支票等。指示有价证券的权利人是证券上指明的人,证券义务人只对证券上记载的持券人负履行义务。指示有价证券的转让须由权利人背书并指定下一个权利人,证券义务人对指定的权利人负履行义务。

6.1.2 证券市场的含义和分类

一、证券市场的含义

证券市场是证券发行和交易的场所。从广义上讲,证券市场是指一切以证券为对象的交易关系的总和。从经济学的角度,可以将证券市场定义为通过自由竞争的方式,根据供需关系来决定有价证券价格的一种交易机制。

二、证券市场的分类

按照不同的标准,证券市场可以分为以下几类。

(一)按照证券进入市场的顺序分类

按照证券进入市场的顺序,证券市场可以分为初级市场和次级市场。初级市场又称一级市场,是证券发行人以筹集资金为目的,按照一定的法律规定和发行程序,向投资者出售新证券所形成的市场。次级市场又称二级市场,是已发行证券通过买卖交易实现流通转让的市场。

(二)按照证券品种分类

按照证券品种的不同,证券市场可以分为股票市场、债券市场、基金市场等。股票市场是股票发行和买卖交易的市场。股票市场的发行人为股份有限公司。债券市场是债券发行和买卖交易的市场,债券的发行人有中央政府、地方政府、金融机构、公司和企业。基金市场是证券投资基金份额发行和买卖交易的市场。

(三)按照市场组织形式分类

按照市场组织形式的不同,证券市场可以分为场内交易市场和场外交易市场。场内交易市场是指证券交易所内的证券交易市场。场内交易市场是有组织、制度化的市场,其设立和运作需要符合法律法规的规定,如我国的上海证券交易所和深圳证券交易所。一般而言,证券必须达到证券交易所规定的上市标准才能够在场内交易。场外交易市场是指在证券交易所以外进行证券交易的市场,如柜台市场。在柜台市场中,开办柜台交易的证券经营机构既是交易的组织者,又是交易的参与者。

6.1.3 证券市场的参与主体

证券市场的参与主体是证券市场的重要构成要素,主要包括证券发行人和证券投资者。除此之外,为了确保证券市场的规范、有序,还必须有证券市场中介机构、自律性组织和证券监管机构等。它们共同构成了证券市场的参与体系。

一、证券发行人

证券发行人是指为筹措资金而发行债券、股票等证券的政府及其机构,金融机构,公司和企业。证券发行人是证券发行的主体。证券发行是将证券向投资者销售的行为。证券发行可以由发行人直接办理,这种证券发行方式称为自办发行或直接发行。自办发行是比较特殊的发行行为,比较少见。20世纪末以来,由于网络技术在发行中的广泛应用,自办发行开始增多。证券发行又称承销发行或间接发行,一般由证券发行人委托证券公司进行。按照发行风险的承担、所筹资金的划拨及手续费高低等标准划分,承销发行的方式有包销和代销两种,包销又可分为全额包销和余额包销。

二、证券投资者

证券投资者是证券市场的资金供给者,也是金融工具的购买者。证券投资者类型甚多,投资的目的也各不相同,可分为机构投资者和个人投资者两大类。

(一)机构投资者

相对于个人投资者而言,机构投资者是指拥有资金、信息、人力等优势,能影响某个证券价格波动的投资者,包括企业、商业银行、非银行金融机构(如养老基金、保险基金、证券投资基金)等。各类机构投资者的资金来源、投资目的、投资方向虽各不相同,但一般都具有投资的资金量大、收集和分析信息的能力强、注重投资的安全性、可通过有效的资产组合以分散投资风险、对市场影响大等特点。

(二)个人投资者

个人投资者是指从事证券投资的居民,他们是证券市场最广泛的投资者。个人投资者的主要投资目的是追求盈利,谋求资本的保值和增值,所以十分重视本金的安全和资产的流动性。

三、证券市场中介机构

证券市场中介机构是指为证券的发行与交易提供服务的各类机构,包括证券公司和其他证券服务机构,通常把两者合称为证券中介机构。证券中介机构是连接证券投资者与筹资人的桥梁,证券市场功能的发挥在很大程度上取决于证券中介机构的活动。通过证券中介机构的经营服务活动,沟通了证券需求者与证券供应者之间的联系,不仅保证了各种证券的发行和交易,还起到了维持证券市场秩序的作用。

(一)证券公司

证券公司是指依法设立的可经营证券业务且具有法人资格的金融机构。证券公司的主要业务有承销、经纪、自营、投资咨询、购并、受托资产管理、基金管理等。根据《证券公司分类监管规定》,证券公司分为 A(AAA、AA、A)、B(BBB、BB、B)、C(CCC、CC、C)、D、E 等 5 大类 11 个级别。A、B、C 三大类中各级别公司均为正常经营公司,其类别、级别的划分仅反映公司在行业内业务活动与其风险管理能力及合规管理水平相适应的相对水平。D 类、E 类公司分别为潜在风险可能超过公司可承受范围及因发生重大风险被依法采取风险处置措施的公司。

(二)证券服务机构

证券服务机构是指依法设立的从事证券服务业务的法人机构,主要包括财务顾问机构、证券投资咨询公司、会计师事务所、资产评估机构、律师事务所、证券信用评级机构等。

四、自律性组织

自律性组织包括证券交易所和证券行业协会。

（一）证券交易所

根据《证券法》的规定,证券交易所是提供证券集中竞价交易场所的、不以营利为目的的法人。其主要职责有:提供交易场所与设施;制定交易规则;监管在该交易所上市的证券及会员交易行为的合规性、合法性,确保交易的公开、公平和公正。

（二）证券行业协会

证券行业协会是证券行业的自律性组织,是社会团体法人。证券行业协会的权力机构为由全体会员组成的会员大会。根据《证券法》的规定,证券公司应当加入证券行业协会。证券行业协会应当履行协助证券监督管理机构组织会员执行有关法律,维护会员的合法权益,为会员提供信息服务,制定规则,组织培训和开展业务交流,调解纠纷,就证券业的发展开展研究,监督、检查会员行为,以及证券监督管理机构赋予的其他职责。

（三）证券登记结算机构

证券登记结算机构是为证券交易提供集中登记、存管与结算业务,不以营利为目的的法人。按照《证券登记结算管理办法》,证券登记结算机构实行行业自律管理。我国的证券登记结算机构为中国证券登记结算有限责任公司。

五、证券监管机构

在我国,证券监管机构是指中国证券监督管理委员会(简称中国证监会)及其派出机构。中国证券监督管理委员会是国务院直属的证券监督管理机构,依法对证券市场进行集中统一监管。它的主要职责是负责行业性法规的起草,负责监督有关法律法规的执行,负责保护投资者的合法权益,对全国的证券发行、证券交易、中介机构的行为等依法实施全面监管,维持公平而有秩序的证券市场。

6.2 证券市场的产生与发展

6.2.1 证券市场的产生

证券市场是有价证券发行与流通的场所及与此相联系的组织与管理体系的总称,证券市场包括证券发行市场和证券流通市场。证券市场是长期资金市场。投资者通过证券市场买卖有价证券向企业提供资金,进行直接投资;企业通过证券市场筹集资金,用于生产和建设,实现直接融资。在现代发达的商品经济中,证券市场是完整的市场体系的重要组成部分。证券市场产生于何时?无论在经济学家那里,还是在历史学家那里都同样难以找到可靠的佐证。然而,有一点可以相信,那就是证券市场的形成是与股份公司的产生相联系的。证券市场形成的一个重要的物质前提是股票等有价证券的发行与流通。股票的发行与流通是资本社会化的一种具体形式,产生这种形式的基础是现代化大工业的重要组织形式股份公司。

股份公司是伴随着资本主义现代化大工业而产生和发展起来的,股份公司的创建使证券应运而生,而证券的产生不仅为证券市场的产生提供了现实的基础,而且也对证券市场的建立提出了客观要求。因此,股份公司的产生与发展对证券市场的形成起到了巨大的推动作用。

股份公司的兴起和发展对证券市场提出了两方面的要求:一是需要建立股票的发行市场,推销各公司发行的股票,筹集创办企业所需的资本;二是需要建立股票的转让市场增强股票的流动性,这样既能为投资者提供充分的选择余地和灵活性,又不影响企业经营的稳定性。这两类市场——发行市场与流通市场——缺一不可。没有发行市场,很难把分散的资本集中起来,而没有流通市场,投资者就不能随时调整自己的投资方向和投资结构,既不能避开企业破产的风险,又难以寻求更有利的投资机会。因此,股份公司的发展离不开证券市场,而证券市场既是股份公司和现代化大工业发展的产物,又对股份公司和现代化大工业的发展产生了巨大的推动作用。

6.2.2 证券市场的发展

从 19 世纪末到 20 世纪初,欧美资本主义各国相继进入垄断阶段。以科学进步为背景,推动了资本的积累和集中。在资本积累的过程中,股份公司通过发行股票和公司债券筹集资本,并随着公司的合并发行新股票,通过囤积股票参与合并,迅速将分散的资本集中起来。英国进入垄断本主义阶段之后,股份公司的发展尤为迅速,在 20 世纪第一个十年建立股份企业 5 万家,第二个十年建立 6.4 万家,第三个十年建立 8.6 万家,到 1930 年英国有 90% 的资本处于股份公司的控制之下。

在这一时期,对证券市场发展影响最大的是银行资本的大量介入。20 世纪初,金融垄断组织和持股公司得到了长足的发展,1910 年英国有 72 家殖民地银行和 5 449 家分行,法国在 1904 年有 20 家殖民地银行和 136 家分行,荷兰有 16 家殖民地银行和 68 家分行,美国有 13 家殖民地银行和 70 家分行。持股公司在 20 世纪首先出现在美国,持股公司是金融寡头巩固和加强自身经济实力的主要工具。它通过发行和销售自己的股票和债券,筹集社会上的闲散资金和零星货币用于购买其他公司的股票。持股公司通常只要集中 30%~40% 的股票,有时甚至是 5%~10% 的股票,就能控制这个公司并操纵其业务经营。另外,如金融公司、投资银行、信托投资公司、证券公司也获得了大发展形成了金融垄断体系。由于银行的垄断,有价证券的交易大部分集中在少数大银行的手中。这一时期大银行不仅直接在自己的客户中处理大量的有价证券,而且一些大银行还成为证券交易所的垄断者。为了掠夺有价证券的小持有者,它们和证券交易所的投机者相互结成集团,通过各种手段人为地抬高或压低某种证券行市,以便低价收进和高价抛出。大银行还将巨额货币资本贷放给证券交易所的经纪人。这些情况表明大银行已经控制了证券交易所的活动。但是,证券交易所在垄断资本主义经济中仍保持着经济晴雨表的作用,仍然是资本集中和在国家各经济部门之间进行资本再分配的工具。

银行资本的介入使这一时期有价证券的总额骤增。统计资料显示,1921—1930 年全世界有价证券共计发行 600 亿法郎,其中英国发行了 1 420 亿(以法国法郎计算,下同),美国发行了 1 320 亿,法国发行了 1 100 亿,德国发行了 950 亿。这四个国家处于垄断证券市场地位。这一时期,有价证券的结构也发生了变化,在有价证券中占主导地位的已不是政府发行的公债券和国库券,而是企业股票和公司债券。据 1900—1913 年全世界发行的有价证券结构统计,政府公债发行额占发行总额的 40%,而企业发行的股票和公司债占 60%,在这种情况下,证券市场对整个金融市场具有决定性意义。

证券市场在 20 世纪不断发展壮大并逐步完善。发展到今天,它已经形成了一个较为规范、完整和现代化的市场体系。这主要表现在如下几个方面:

第一,证券品种多样化,筹资技术日新月异。

第二次世界大战前,有价证券主要是企业股票、公司债券和政府公债券,股票也只分为普通股股票、优先股股票等少数几种。第二次世界大战后,在证券市场上先后出现了证券认购者可以分期付款的"分期股票";可以定期调整利率的"浮动利率债券";可以自由兑换成股票的"可转换债券";可以在规定时期以固定价格购买一定普通股的"附认股证债券";债券认购者可以分期付款的"分期债券";借款人按浮动利率发行债券,但投资者可变其为固定息债券的"可变息债券";以及与此相类似的"自变息债券"和"零息债券";等等。近年来,在美国证券市场上还出现了证券收益与期限相分离的"复合证券",它是一种类似公司债券的优先股股票,其特点是股票实行浮动利率,定期进行调节,出售价格则按票面价格成交。

融资技术与证券种类日益增多和日臻完善,增强了证券市场的活力和融资能力,提高了对投资者的吸引力,也同时加速了证券市场的进一步发展。

第二,证券交易的现代化与信息化。

伴随着现代科学技术的发展,证券市场的设施实现了现代化,交易过程与方法也发生了极大的化。1970 年,英国伦敦证券交易所配置了"市场价格显示装置",这是一个有 22 条线路的闭路电视系统,可以向 200 多家经纪商和银行传递 700 多条股票行情,另外还可以通过专线电话与交易所会员联系。在美国,1975 年开始筹建"全国证券市场体系",这是一种把上市证券成交行情传递到各地证券市场的通信设施,它便于经纪人、证券商及时掌握信息,提高效率,增强竞争能力,改变各地交易活动相互分割的状况。纽约证券交易所采用了 DOT 系统,在该系统下,会员经纪人在他本人的办公室里通过电子传送键盘就可以将需要购买任何证券的订单直接通知到交易大厅的交易台。1978 年纽约证券交易所又进一步创设了一套"市场间交易系统",用电子通信网络把美国波士顿、辛辛那提、纽约、费城等交易所相互连接沟通,它可使各个证券交易所每种股票的价格和成交量在荧屏上显示出来,经纪人和投资者能够在任何一个证券交易市场与外地交易市场直接进行证券买卖。证券交易的现代化与信息化使证券的交易规模大大增加,使证券交易的速度加快,使证券交易的过程变简单。上千万乃至成亿的巨款可以在 1/8 秒内从日本的东京拨往美国的纽约或芝加哥。纽约证券交易所每天的证券交易量为 14 000 万张,而 10 年前,纽约证券交易所一天只能处理完 3 000 万张股票的交易合同。

第三,证券市场的国际化。

证券市场技术条件的改善与证券交易的现代化为证券市场的国际化提供了前提条件。目前,世界上主要证券市场的经纪人可以通过设在本国的电子计算机系统与国外的分支机构进行昼夜 24 小时连续不断的业务活动联系。越来越多的大公司,甚至一些中型公司也纷纷到本国以外的证券市场上销售股票和债券。

第 7 章

证券发行市场

学习目标

1. 掌握证券发行市场的定义。
2. 了解股票发行市场的构成,了解股票发行的目的及种类。
3. 掌握股票增资发行的主要方式,掌握股票的发行价格及其影响因素。
4. 了解股票的发行程序,了解债券的发行方式与程序。
5. 掌握债券信用评级的概念、内容及方法。
6. 掌握基金的发行程序、信息披露。
7. 了解证券发行如何促进社会资源的合理流动和有效利用。

7.1 股票发行市场

7.1.1 股票发行市场的构成

股票是股票发行的客体,即发行的对象。股票的发行主体,主要是指股票的发行者,即股份公司。此外,初始投资者、承销者及管理者对股票的发行具有重要作用,它们互相依赖并相互联系,共同构成股票发行市场。

一、发行者

发行者即股票发行公司,是指在股票发行市场上公开发行股票的股份公司,简称发行公司。作为发行市场的主体,它是股票发行市场的第一参加者。发行者的多少、发行规模的大小、发行股票的种类和质量决定着股票发行市场的活跃程度。

(一)发行者的分类

发行者一般分为两类:一类是只办理公开发行股票手续,但未申请上市的发行公司;另一类是公开发行股票且办理了上市手续的公司,亦称上市公司。

(二)发行者的特点

(1)股权公开。公开发行股票的公司在登记后,即应将董事、监事、经理人以及持有股份额占股份总额达5%以上的股东所持有的本公司股票的种类、股数和票面金额,向主管部门申报并公告。

(2)财务公开。根据《公司法》和《证券法》的规定,发行公司必须定期公开财务状况,在每个营业年度终了,于办理决算后5日内,将财务报告先经会计师审核签证,然后经股东常务会承认后,再向主管部门申报并公告。对上市公司,还须按月公告营业额、按季公告利润表。

(三)发行者的资格审查

为正确评价发行股票的质量,必须对发行公司进行评估,以审查发行公司的资格。审查的主要内容包括:①发行公司的效益;②发行公司的经营管理水平;③发行公司的经营规模;④发行公司的营运能力;⑤发行公司的资本结构。

二、投资者

投资者即缴纳资金购买股票的应募者,这些投资者可分为私人投资者和机构投资者两大类。

(1)私人投资者包括国内和国外的以个人身份购买股票的参加者。

(2)机构投资者的种类较多,主要有以下几种:①以法人为代表的各种企业;②各类金融机构;③各种非营利性团体;④外国公司、外国金融机构以及国际性的机构和团体等;⑤投资基金。

一般而言,股票发行市场的股票消化量会受到投资者人数的多少、购买能力的强弱、资产的数量、收益要求以及承担风险的愿望等的制约。

三、中介机构

在证券发行市场上,中介机构主要包括证券承销商、审计机构、律师事务所、资产评估机构等。它们是证券发行人和投资者之间的桥梁,在证券发行市场上占有重要地位。

(一)证券承销商

它是经营证券承销业务的中介机构。

(二)审计机

它是对股份公司的财务报表、盈利情况等进行审计、验资、盈利预测审核的会计师事务所、审计师事务所。

(三)律师事务所

股份有限公司在股票发行阶段应聘请法律顾问为证券的发行、上市和进行交易出具法律意见书。

(四)资产评估机构

股份有限公司在股票发行阶段,必须聘请资产评估机构对拟投入股份有限公司的资产进行评估作价。

四、证券管理者

证券管理者是证券发行市场正常运行的重要保证。国际上证券市场的管理主体除了国家财政部门、中央银行外,还有自律管理等。在我国,股票发行市场由中国证监会实施监管。

7.1.2 股票发行目的及种类

一、股票的一般发行目的及种类

股票的一般发行目的是筹集资金以满足企业发展需要。为筹资而发行股票又分为两种情况:一是为设立新公司首次发行股票;二是为扩大已有公司的资本规模而增发股票。

(一)新公司首次发行股票——设立发行

通过发行股票设立新公司,一般又分为发起设立和招股设立两种方式。发起设立是公司发起人在公司设立时,必须足额认购首次发行的全部股票,无须向社会筹资。在这种情况下,股份有限公司创建时的资金来源,就只是发起人认购股票所缴资金,这样每个发起人就都是公司的原始股东。发起人在认购股份后,可以一次缴足认购款,也可以分期缴纳,期限由发起人共同议定。认股款可以用现金支付,也可以按事先协议用设备、房屋、地产等实物资产,经作价后抵缴股款。发起设立方式比较简便,只要注册申请,经过批准,即可开始新公司的营业活动。

招股设立是发起人在公司设立时只认购一部分股票,其余部分必须向社会公开招股,使之达到预定的资本总额。为此,发起人应先向主管机关申请,经核准后,公布招股书。其主要内容是:公司的基本情况(名称、营业范围、股份总额等)、发起人认购情况、认购开始和结束的时间、股金交付方式、期限以及代收股金的金融机构等。公众认购股票时,需填写认股书,包括认购股数、金额、通信地址等。股票发行结束后,发起人应通知所有股东参加公司创立大会,讨论公司章程,选举董事会,之后公司宣告成立,开始营业。

(二)老公司发行增资股票——增资发行

为扩大已有公司即老公司的资本规模而发行增资股票,这种股票的发行,一般要比前一种情况复杂一些。

老公司为扩大经营规模,扩充资本总量,以加强其市场竞争力,再度发行股票是最有效的途径。老公司发行新股时,仍要向主管部门申请变更登记。申请书应包括:原定股份总额、已发行股份额、公司财产及承销人的情况等。申请获准后,要先由公司职工优先认购一部分,然后再由原股东按原有股份比例认购,最后余下部分转给承销商面向社会出售。

老公司发行增资股票,主要是为了扩大本公司的生产经营。增资或者是为了筹措设备资本,即增加设备投资,购买新的机器和扩建厂房;或者是为了筹措营运资本,即增加流动资本,特别是在银根紧缩,难以通过银行贷款解决流动资金需要时;或者是为了筹措偿还债务的资本。增资偿债虽从表面上看是偿债,实际上往往是为了公司的资金周转,也有的是为改善公司财务结构,总之是为了解决营运资本的需要。

二、为改善企业财务结构而发行股票

当公司负债率过高时,为提高公司信用,可通过发行股票增加公司的资本,可以有效地降低公司负债比率,改善公司财务结构。

三、为某种特定目的而发行股票

(1)转换证券。公司发行在外的可转换债券或其他类型的证券需要转换时,即公司要向债

权人发行公司股票。

（2）股份的分割与合并。股份的分割又称拆股（股份的拆细），要向原股东换发拆细后的股票。公司的合并是指原公司（两个或两个以上）都宣告解散或成立一个新的公司或形成一个新的主体，新设的公司要给解散公司的股东换发新公司的股票。原有公司的股东则因取得新股票而成为新设公司的股东。

（3）公司兼并。公司可以向目标企业发行本公司的股票，目标企业以其资产作为出资缴纳股款，由此完成对目标企业的兼并。

（4）公司缩股。公司因资本过剩或亏损严重需要减资时，重新发行股票。

（5）证券交易所提高股票上市基准，为此需要公司增加资本时，公司发行股票。

7.1.3　股票的发行方式

一、公开发行与内部发行

公开发行是指发行公司的股票向社会公众和法人公开发售，同时也可在规定比例内，向公司内部职工发售。

二、直接发行与间接发行

直接发行是指由发行公司自己办理公司股票的发行业务；间接发行是指发行公司的股票由发行市场上的中介机构承销。

三、代销与包销

承销包括代销和包销两种形式。代销是由发行者委托承销者代为向社会销售股票。包销又分为余额包销和全额包销两种情况：余额包销是由承销者按照已定的发行额和发行条件，在约定期限内面向社会推销股票，到了销售截止日期，未出售的余额由承销者负责认购，承销者要按照约定时间向发行者支付全部股票款项。全额包销是由承销者先将股票全部认购下来，并马上向发行者支付全部股票款项，然后再按照市场条件转售给投资者。采用全额包销这种方式，承销者要承担全部发行风险，保证发行者及早得到所需的资金。

7.1.4　股票的增资发行

按认购股票的代价，股票的发行方式可划分为有偿增资发行和无偿增资发行两种形式。

一、有偿增资发行方式

有偿增资发行是一种旨在筹集资金的增资发行，认股人必须支付现款，股票发行与公司资本同时增加。它是最典型的股票发行方式，可分为股东分摊、第三者分摊和公开招股三种形式。其中，公开招股形式发行的股票量最大。

股东分摊形式，是给股东优先认购新股权的发行方式。新股认购权就是在新股发行时，股东优先认购新股的权利，是给股东的一种优待，股东按原有持股比例分配新股的股数，予以优先认购。

第三者分摊形式，是给股东以外的本公司的管理人员、一般职员和往来客户等与本公司有特殊关系的特定者以新股认购权的方式。这种发行方式是为了解决某些重要问题，诸如公司经营不善、资本筹措困难，或是有些公司破产力图重建等。当不同公司进行业务合作时也可能采用第三者分摊的形式。这时,新股的发行价格低于时价,第三者可获得价格上的优惠,但发行价格与时价不能相差过大,否则将会损害原来以时价购进股票的股东的利益。

公开招股形式又称一般募集方式,是以不特定的多数投资者为发行对象,由应募者认购新发行的股票。采用这种方式,既能扩大资金的筹集量,增强股票的流通性,又可避免股票过分集中。一般以时价为基础确定发行价格。

二、无偿增资发行方式

这种方式是指股东无须缴付股款而取得新股的增资方法。通常此种股票的发行一般是赠送给原来的老股东,其目的并非直接筹资,而是调整资本结构或把积累资本化。无偿增资发行又可以分为无偿交付、股票分红、股份分割和债券股票化四种形式。

无偿交付是股份公司将资本准备金并入资本金时,将准备金折成股票无偿地分发给股东。股票分红是股份公司以股票形式代替现金对股东进行分配的方式。股份分割是为了便于股票流通,股份公司将大额股份分成小额股份,只是增加了股份公司的股份数额,而资本数额并没有增加,是无偿发行的一种特殊形式。债券股票化是一种将股份公司已发行的债券转化为股票的形式。债券股票化可以使股份资本增加,却不能使实际资本增加。

此外,除上述有偿增资发行方式和无偿增资发行方式外,还有把二者结合起来的有偿无偿配合增资发行方式。

7.1.5 股票的发行价格

一、股票发行价格的种类

股票发行的价格是指发行股票时的股票行市。一般而言,股票的发行价格有如下几种:

(一)平价发行

平价发行又称面值发行或等价发行,是指股票的发行价格与面额相等。例如,股票面额为1元,则发行价格也为1元。这种发行价格一般不会被实力雄厚的公司采用,因为这样会减少公司的资本收益,但是按这种价格发行,发行工作会顺利得多。

(二)溢价发行

股票以高于其票面金额的价格在发行市场上销售,称为溢价发行。股票首次发行时,根据公司的实际情况一般有平价发行和溢价发行两种。但在发行增资股票时,一般根据公司原发行股票内在价值的增值,考虑溢价发行。溢价发行股票应考虑的主要因素有:当前股市总水平、本公司实际盈利能力、每股资产净值、类似公司股价水平、大众承受心理等。股票溢价发行与时价发行的主要区别在于:前者注重考虑资产增值;后者既考虑资产增值,又考虑该股票在流通市场上的价格。

(三)时价发行

时价发行是指发行价格以股票在流通市场上的价格为基准来确定,通常股票的时价要高于股票的面额价格。时价发行在股票实行公开招股和配股给第三者时都予以采用,一般有两种情况:一是按超过面值的价格发行面额股票;二是按时价发行无面额股票。时价发行时的具体价格,一般会低于市场价格的 5%～10%。

(四)折价发行

折价发行是以低于面值的价格发行,这个折扣打多少,由发行公司与承销商双方协商。一一般发行公司声誉高、业绩好的,折扣自然小些;如果发行公司的业绩一般,或是一个新成立的公司,这个折扣就要打得大一些。

二、影响发行价格的因素

(一)净资产

经资产评估机构评估确认的每股净资产可作为定价的重要参考。

(二)经营业绩

公司的经营业绩特别是税后利润水平直接反映了一个公司的经营能力和上市时的价值,每股税后利润的高低直接关系到股票发行价格。

(三)发展潜力

公司经营的增长率(特别是盈利的增长率)和盈利预测是关系股票发行价格的又一重要因素。在总股本和税后利润既定的前提下,公司的发展潜力越大,未来盈利趋势越确定,市场所接受的发行市盈率也就越高,发行价格也就越高。

(四)发行数量

不考虑资金需求量,单从发行数量上考虑,若本次股票发行的数量较大,为了能保证销售期内顺利地将股票全部出售,取得预定金额的资金,价格应适当定得低一些;若发行量小,考虑到供求关系,价格可定得高一些。

(五)行业特点

发行公司所处行业的发展前景会影响到公众对本公司发展前景的预期,同行业已经上市企业的股票价格水平,剔除不可比因素以后,也可以客观地反映本公司与其他公司相比的优劣程度。如果本公司各方面均优于已经上市的同行业公司,则发行价格可定高一些;反之,则应定低一些。此外,不同行业的不同特点也是决定股票发行价格的因素。

(六)股市状态

二级市场的股票价格水平直接关系到一级市场的发行价格。在制定发行价格时,要考虑到二级市场股票价格水平在发行期内的变动情况。若股市处于"熊市",定价太高则无人问津,使股票销售困难,因此,要定得低一些;若股市处于"牛市",价格太低会使发行公司受损,股票发行后易出现投机现象,因此,可以定得高一些。同时,发行价格的确定要给二级市场的运作留有适当的余地,以免股票上市后在二级市场上的定位发生困难,影响公司的声誉。

7.1.6 股票的发行程序

股票的发行一般包括发行前期的准备阶段、发行的申报和审核阶段、发行与承销的实施阶段三大过程。下面以公开发行股票方式为例,介绍股票发行的一般程序。

一、股票发行前期的准备阶段

股票发行前期的准备工作对于能否取得发行资格,能否顺利发行股票都具有重要意义。这一阶段的工作内容主要包括以下几个方面:

(一)研究和分析发行市场情况

企业进入证券市场发行证券,必须首先充分了解证券市场,包括发行市场现状、规模、供需关系及投资者心理承受能力等，并且还要对发行手续、发行成本、发行数额、发行期限、发行时机、税收等方面有全面了解，从而为拟订发行方案打好基础。

（二）拟订股票发行方案，形成股票发行决议

为了保证股票发行工作的顺利进行，发行公司需要认真拟订发行方案。方案的内容主要有：确定发行目标和规模；对发行目标和规模进行可行性研究；拟订发行股票的种类和价格；确定股票发行的时间和方式。公司董事会依据法定程序，通知召开股东大会，就股票发行方案做出决议，决议通过方可进行下一步的工作。

（三）聘请中介机构进行评估工作，准备申报材料

向社会公开发行证券的企业，应聘请会计师事务所、资产评估机构、信誉评估机构、律师事务所等专业性机构对其资信、资产、财务状况进行审定、评估和就有关事项出具法律意见书。企业依据上述报告，认真起草发行证券所需要的各项申报材料，包括发行证券的申请书、章程、可行性研究报告等，为正式申请做好准备。

二、股票发行的申报和审核阶段

证券发行市场审核监管制度主要有三种：审批制、核准制和注册制。

（一）审批制

审批制是在资本市场发展初期，为维护上市公司稳定和平衡社会经济关系，采用行政和计划手段分配证券发行的指标和额度，由地方或行业主管部门据以选择和推荐公司发行证券的一种发行制度。

审批制下公司发行证券的首要条件和竞争焦点是获取指标和额度，证券发行方式和定价的行政干预较多。证券监管部门凭借行政权力行使实质性审批职能，证券服务机构的主要职能是技术指导。

（二）核准制

核准制是指发行人申请发行证券，不仅要公开披露与发行证券有关的信息，符合公司法和证券法所规定的条件，而且要求发行人将发行申请报告报请证券监管机构审核批准的制度。证券发行核准制实行实质管理原则，即证券发行人不仅要以真实状况的充分公开为条件，而且必须符合证券监管机构制定的若干适合于发行的实质条件。证券监管机构有权否决不符合规定条件的证券发行申请。证券监管机构不仅形式审查证券发行申报文件的真实性、准确性、及时性和完整性，还实质审查证券发行人的营业性质、财力、素质、发展前景、发行数量和发行价格等条件，并据此做出发行人是否符合证券发行的投资价值判断和是否核准申请的决定。

实行核准制的目的在于证券监管机构能尽法律赋予的职能，使发行的证券符合公众利益和证券市场稳定发展的需要。

（三）注册制

注册制又称申报制或登记制，是依法按照公开管理和形式审查原则注册证券发行的证券发行审核监管制度。证券发行监管机构要求证券发行人在公开发行证券前，遵循法律法规的规定，全面、真实、准确地呈报一切关于证券发行本身以及同发行有关的资料信息并申请注册（以证券招募说明书为核心）。申报文件提交的一定期限内，监管机构未提出补充或修订意见或未以停止命令阻止注册生效即视为已依法注册，发行人可正式发行证券。

注册制下证券监管机构的职责是对证券发行人申报注册文件的真实性、准确性、及时性、

完整性、一致性和可理解性做合规性形式审查,而证券发行公司的资产质量和价值判断则由证券服务机构和投资者自主决定。

2019年3月1日,中国证券监督管理委员会第1次主席办公会议审议通过《科创板首次公开发行股票注册管理办法(试行)》,并自公布之日起施行。2019年12月28日,第十三届全国人民代表大会常务委员会第十五次会议第二次修订《中华人民共和国证券法》,自2020年3月1日起施行。其中规定:公开发行证券,必须符合法律、行政法规规定的条件,并依法报经国务院证券监督管理机构或者国务院授权的部门注册。未经依法注册,任何单位和个人不得公开发行证券。证券发行注册制的具体范围、实施步骤,由国务院规定。证券发行由核准制过渡到注册制,系统全面实施需要一个渐进过程。

三、股票发行与承销的实施阶段

(一)承销前的准备工作

发行公司与承销商举行各种承销前的会议,讨论解决需要筹措资金的数额及发行价格、承销方式等。除此之外,还要解决承销合同的条款问题。

从承销商与发行公司商讨承销合同时起,承销商就开始对发行人进行非常严格、全面的承销前调查,这关系到承销商能否顺利地销售其承销的股票和获得应得的利润,也关系到承销商的信誉。

发行人在承销前的准备工作期间须做如下工作:由会计师编制上市申请书;聘请律师就有关发行股票的法律问题进行分析和解释;起草承销合同,并由发行公司和承销人共同修改,从而在除发行价格外的其他方面达成一致的意见等。

(二)组织承销集团、签订股票分销协议

当发行股票数量大到远远超过一个承销商的承受能力时,多数承销商往往联合起来组成承销集团。这样不仅能迅速筹集巨额资金,而且还能使承销风险分散。在法律意义上,承销集团是一个以契约为基础的临时组织,最初的承销人一般为该集团的管理人,各成员仅对各自未出售的证券负责,集团本身对此不负任何责任。

(三)向社会公告

发行公司与承销商协商确定具体承销证券事宜后,必须在正式发行前采用适当的方式在指定的报刊或电台、电视台向公众公告,发布公司章程和招募说明书及评估机构的验证报告书等。

(四)发售股票

发布招募公告后,在约定的日期由承销机构负责具体的操作,向社会公众公开发售股票,进行股款缴纳、股份交收工作。

(五)股东登记与承销报告

股东名册上登记的股东资料是证明股东身份和股东权利的有效法律文件,同时也是保证股东所持股票顺利上市交易的重要依据。所以,在股份交收的同时,应由承销机构协同发行人及时、准确汇总全部股东资料,制成股东名册。

在发售结束后的规定时间内,承销机构应及时向证券主管机关报送股票销售情况报告书。至此,股票发行工作便告结束。

7.2 债券发行市场

7.2.1 债券市场的发行主体

债券发行是将债券由发行者手中转移到投资者手中的过程。债券的发行主体主要是债券的发行者,具体包括政府(包括中央政府和地方政府)、金融机构(包括银行及非银行性质的金融机构如信托投资公司、证券公司等)、股份公司以及企业等。

7.2.2 债券的发行条件

确定发行条件是发行债券过程中一项至关重要的工作。合理确定债券的发行条件,对发行者来说直接关系到筹资成本的高低,对投资者来说是做出投资判断的基本依据。只有制定出合理的发行条件,才能保证债券发行的成功。发行条件主要是由发行额、票面利率、发行价格、票面金额、债券的期限等内容构成。

一、发行额

发行额是一次发行债券所筹集的资金总额。

二、票面利率

票面利率又称名义利率,是债券票面所载明的利率。

三、发行价格

发行价格是相对票面金额而言的,习惯上以对票面金额的百分比来表示。

四、票面金额

票面金额是债券券面所表示的金额。

五、债券的期限

债券的期限是指从债券发行日起到偿清本息日止这段时间。

7.2.3 债券的发行方式与程序

一、债券的发行方式

债券发行者根据各自的不同需要采用不同方式发行债券。我们可以从不同的角度对这些发行方式加以分类比较。

(一)按债券募集对象

按债券募集对象的范围,可以把债券的发行方式分为私募发行和公募发行两类。
私募发行是以少数与发行者有密切业务往来的投资者为对象发行债券。
公募发行是以广泛的、不特定的投资者为对象发行债券。

(二)按债券活动有无中介机构

从债券发行活动有无中介机构来看,债券发行可分为直接发行和间接发行两类。

直接发行是发行者自己办理有关发行的一切手续,并直接向投资者发行债券的方式。

间接发行是发行者通过发行市场的中介机构即承销者办理债券的发行手续和销售事务。

二、债券的发行程序

债券的发行必须按照政府有关法律和规则进行。下面以公司债券为例,说明其发行程序。

(一)制订发行方案

发行方案主要包括债券发行金额、资金用途、期限、利率、发行范围、发行方式、公司现有资产、收益分配状况、筹资项目的可行性研究或经济效益预测、还本资金来源等。

(二)董事会决议

发行公司债券,需经董事会通过决议,且要由 2/3 以上董事出席以及超过半数的出席董事通过方为有效。董事会的决议,决定公司债券发行的总额、票面金额、发行价格、利率、发行日、偿还期限和偿还方式等内容。必须在公司债券发行前形成董事会的决议。

(三)申请政府主管部门批准

申请发行公司债券的公司,应向政府主管部门报送下列文件:发行公司债券的申请书;营业执照;公司董事会决议文件;发行公司债券的章程或者办法;公司财务报表;政府主管部门要求提供的其他文件。政府主管部门根据上述文件对发行公司债券的申请进行审批。

(四)签订承销协议

这是由发行公司和承销者之间签订的协议。协议主要规定承销者所承担的责任和义务、承销者报酬、承销者缴款日期等。

(五)订立承销团协议

承销团协议是参加承销团的所有成员必须签订并履行的。协议内容包括:承销团承销债券的数量、承销报酬;承销团各成员分担的份额。协议还应对承销团各成员不得自行做主降低价格出售债券及保证其推销份额的完成等加以规定。

(六)签订信托合同

在发行抵押公司债券的情况下,发行公司必须和受托公司签订信托合同。信托合同中主要规定受托人的权利和义务,根据信托合同,受托公司取得抵押权。

(七)制作认购申请书、债券和债权者名簿

认购申请书上载有认购金额、认购者住所、签名、盖章等栏目。认购申请书实际上是交易合同,投资者有按所填写金额缴款的义务。

债券的制作通常由募集者代办。债券的内容是法定的,券面上应记载下列内容:公司名称、地点;债券的票面金额、利率、利息支付方式、发行日期和编号、偿还期限和方式;发行公司的印章、公司法定代表签章和政府主管部门批准发行的文号、日期。

发行记名公司债券时,发行公司应备有债权者名簿。债权者名簿在债权转让时,要做相应的更改。

(八)发出募集公告

发行公司或募集者以公告形式公布发行内容,内容主要有公司经营管理概况、公司财务状况、发行计划、发行债券目的、债券总金额、发行条件、还本付息方式、募集期限等。

（九）正式募集

在募集期间，由申请认购者填写认购申请书，其后在交割日缴纳价款，领取债券。

（十）呈报发行情况

债券募足后，董事会应在一定时间内（一般为15天内）向政府主管部门呈报发行情况。

7.2.4 债券的信用评级

一、债券信用评级的概念

债券信用评级是指债券评级机构对债券发行者的信誉及其所发行的特定债券的质量进行评估的综合表述。从本质上说，信用评级评估和计量了信用风险，即发生不利于债权事件的可能性。它对于债券发行者、投资者和证券交易者都很重要，因为只有通过比较各种债券的级别，才能保证投资和交易的质量，降低投资风险。

世界上最早的债券评级制度诞生于美国，目前世界上最著名、最具权威性的评级机构是美国的穆迪投资者服务公司和标准普尔公司。此外，还有日本投资服务公司、日本评级研究所以及艾克斯特尔统计服务公司等。它们大都是为社会公众所承认的、具有很高声誉的民间债券评级机构。

二、债券信用级别的划分及含义

国外债券等级的划分，有的是"四类十级制"，即 A、B、C 各分三级，另加 D 级；有的是"三类九级制"，即 A、B、C 各分三级；还有的是"二类六级制"，即 A、B 各分三级。一般采用"三类九级制"的比较多。我国目前的债券信用评级就采用这种等级划分方法，即将债券的等级划分为：AAA、AA、A、BBB、BB、B、CCC、CC、C。

三、债券评级的原则

在债券评级工作中，一般应坚持如下原则：

（一）权威性原则

这一原则主要体现在以下三个方面：信用评级机构的评级范围要广泛，不但在系统内适应，而且在系统外也要适应，不但在当地适应，在外地也要适应；评级机构的人员要由专家、学者或实践经验丰富的业内人士担任；评级机构要有代表性，有独立行使债券信用评级的权力。

（二）科学性原则

债券的评级是一项繁杂的工作，具有较高的要求，因此，各债券评级机构对于信用评级的方法、评级指标体系的建立以及评级手段要具有科学性，评估依据要全面，指标要完整。

（三）责、权、利相结合的原则

在责任上，债券评级机构对债券评级应本着对企业负责和对投资者负责的精神，并对在评级中的失误所造成的影响承担相应责任；在权利上，评级机构有权按照国家制定的规定办法进行评级，也有对评级办法的解释权，其他机构、人员不得进行干扰；在利益上，评级机构也应讲求营利，根据评级规定，收取评级费用。

（四）公正原则

在证券信用评级过程中，评级机构不能搞人情评级，也不能由"长官"意志决定，而要站在

公正立场上,客观地判断与分析,使评级机构本身经得起社会的检验。

四、债券评级的程序

债券评级一般经过如下几个过程:

(一)提出评级申请

债券评级首先由发行单位或其代理人向评级机构提出评级申请,并为接受评级审查准备资料。评级机构审查同意受理后,开始组织负责这项评级的工作小组。小组由两人组成,一名为研究产业情况的专家,另一名是财务分析专家。如果债券发行者是外国企业,还要找一名研究该国经济的专家参加该小组。

债券发行者须向评级机构提交下列资料:

(1)发行概要。

(2)发行债券的用途。

(3)长期债务与自有资本的内容。

(4)企业状况,包括企业的沿革、经营目标、组织机构、经营者、事业内容、销售情况、财务政策和管理。

(5)财务情况。提供财务报表、资本结构、偿还长期债务的计划、筹措资金计划等。

(6)发行条件的要点。如果债券发行者是外国的企业或公司,还要另外提供下述三个方面的资料:①说明会计方针与会计处理方法;②说明发债者与国家的关系,重点是与发行债券有关方面的政策和态度;③与发债国同行业企业之间的经营比较。

(二)讨论确定

评级机构根据发行者提交的有关资料,要用一至两周时间进行讨论,之后评级小组与债券发行者一起座谈,弄清有关问题,并进行认真分析,最后拟出评级草案,提交评级委员会讨论。评级委员会由5至7名成员组成,通过投票评定出债券的级别,并同发行者联系征求意见。如果发行者同意,则此级别就被确定下来了;如果发行者不同意评级机构的评定,可申明理由提请重评更改级别。这种要求重评的申请只限一次,第二次决定的级别是不能再更改的。

(三)跟踪检查

评级机构对评定级别后的发行者,要对从开始发行到还清债券为止的整个过程进行追踪,并且做定期检查,以确定是否有必要重新修正债券的级别。如果认为有必要更改,评级机构将做出新的评定,将评定的结果通知发行者并予以公开。关于债券等级重新评定的程序与初次评级的程序完全相同。

在我国,债券评级的程序大致经过以下几个具体步骤:企业提出评级申请;评级机构与企业签订委托信用评级合同书;评级专家小组提出评级报告;专家评审委员会审查评级报告;评级机构通知委托人评级结果;公布评级结果。

五、债券信用评级的内容与方法

各国债券评级机构关于债券评级的内容规定并不一致,下面简要介绍评级的主要内容与方法:

(一)资产流动性分析

资产流动性分析主要是从资金周转的角度衡量企业的偿债能力和生产经营能力。它主要包括以下八项指标:流动资产与流动负债比率;迅速变现资产比例;现金和视同现金比例;库存与全部流动资产比例；库存周转率；应收账款流动比率；固定资产周转比率；全部资产周转比率。

(二) 负债比率分析

负债比率分析主要是从公司负债总量和负债结构的角度，衡量其偿债能力和盈利水平。在分析过程中主要考虑以下八项指标：总负债率；流动负债与全部负债比例；全部负债占公司全部自有资本比例；纯资产对非流动负债比例；非流动负债占公司全部自有资本比例；优先股占纯资产比率；普通股占纯资产比率；非流动负债占总负债比率。

(三) 金融风险分析

金融风险分析主要是衡量和考察筹资者的筹资风险和投资者投资风险的大小，也有八项指标：纯资产与债券发行额的比例；次纯资产与优先股的比例；再次纯资产与普通股的比例；毛利对债券利息的比率；当年毛收入对债券本息的比率；纯盈利对优先股分红比率；普通股分红比率；纯盈利对全部股份的比率。

(四) 资本效益分析

资本效益分析主要是从经济效益的角度衡量企业的偿债能力和生产营运能力，主要有以下五项指标：销售毛利率；销售成本率；销售纯盈利率；总资产税前收益率；总资产税后收益率。

7.3 基金发行市场

7.3.1 基金的发行

基金的发行是指基金管理公司在基金发行申请经有关部门批准之后，将基金受益凭证向个人投资者、机构投资者或向社会推销的活动。基金的发行方式主要有两种。

一是基金管理公司自行发行（直接销售方式）。基金的直接销售方式是指基金的股份不通过任何专门的销售组织而直接面向投资者销售，在这种销售方式中，基金的股份按净资产价值出售，出价与报价相同，即所谓的不收费基金。

二是通过承销机构代发行（包销方式）。基金的包销方式是指基金的大部分股份是通过经纪人即基金的承销人包销的。我国基金的销售大部分采用这种方式，一般是银行和证券公司参与基金的分销业务。

无论基金管理人采用什么方式发行基金，在基金发行前都要在招募说明书中公告，以使投资者充分了解基金。

7.3.2 基金的认购

基金的认购主要是指投资者对新发行基金的购买。封闭式基金主要采用网上定价认购的方式，如果发行期内认购资金超过基金的发行规模，就采用"配号摇签"方法来分配基金份额。开放式基金一般是由投资者带上证件和印章到基金管理公司或指定的承销机构，填写认购申请表，按所认购的份额缴纳价款和手续费，然后领取交款收据。通常在几天后，投资者会收到领取基金受益凭证的通知,凭借通知和缴款单到指定地点领取基金受益凭证,完成申购过程。

7.3.3 基金的公开募集

根据《证券法》规定,公开募集基金,应当经国务院证券监督管理机构注册。未经注册,不得公开或者变相公开募集基金。公开募集基金,包括向不特定对象募集资金、向特定对象募集资金累计超过 200 人,以及法律、行政法规规定的其他情形。公开募集基金应当由基金管理人管理,基金托管人托管。

一、注册公开募集基金

注册公开募集基金由拟任基金管理人向国务院证券监督管理机构提交下列文件:申请报告;基金合同草案;基金托管协议草案;招募说明书草案;律师事务所出具的法律意见书;国务院证券监督管理机构规定提交的其他文件。

二、公开募集基金的基金合同

公开募集基金的基金合同应当包括下列内容:募集基金的目的和基金名称;基金管理人、基金托管人的名称和住所;基金的运作方式;封闭式基金的基金份额总额和基金合同期限,或者开放式基金的最低募集份额总额;确定基金份额发售日期、价格和费用的原则;基金份额持有人、基金管理人和基金托管人的权利、义务;基金份额持有人大会召集、议事及表决的程序和规则;基金份额发售、交易、申购、赎回的程序、时间、地点、费用计算方式,以及给付赎回款项的时间和方式;基金收益分配原则、执行方式;基金管理人、基金托管人报酬的提取、支付方式与比例;与基金财产管理、运用有关的其他费用的提取、支付方式;基金财产的投资方向和投资限制;基金资产净值的计算方法和公告方式;基金募集未达到法定要求的处理方式;基金合同解除和终止的事由、程序以及基金财产清算方式;争议解决方式;当事人约定的其他事项。

三、公开募集基金的基金招募说明书

公开募集基金的基金招募说明书应当包括下列内容:基金募集申请的准予注册文件名称和注册日期;基金管理人、基金托管人的基本情况;基金合同和基金托管协议的内容摘要;基金份额的发售日期、价格、费用和期限;基金份额的发售方式、发售机构及登记机构名称;出具法律意见书的律师事务所和审计基金财产的会计师事务所的名称和住所;基金管理人、基金托管人报酬及其他有关费用的提取、支付方式与比例;风险警示内容;国务院证券监督管理机构规定的其他内容。

四、公开募集基金的审查

国务院证券监督管理机构应当自受理公开募集基金的募集注册申请之日起六个月内依照法律、行政法规及国务院证券监督管理机构的规定进行审查,做出注册或者不予注册的决定,并通知申请人;不予注册的,应当说明理由。

五、基金募集的发售

基金募集申请经注册后,方可发售基金份额。基金份额的发售,由基金管理人或者其委托的基金销售机构办理。

基金管理人应当在基金份额发售的 3 日前公布招募说明书、基金合同及其他有关文件。文件应当真实、准确、完整。对基金募集所进行的宣传推介活动,应当符合有关法律、行政法规的规定。

基金管理人应当自收到准予注册文件之日起 6 个月内进行基金募集。超过 6 个月开始募集,原注册的事项未发生实质性变化的,应当报国务院证券监督管理机构备案;发生实质性变化的,应当向国务院证券监督管理机构重新提交注册申请。

基金募集不得超过国务院证券监督管理机构准予注册的基金募集期限。基金募集期限自基金份额发售之日起计算。

基金募集期限届满,封闭式基金募集的基金份额总额达到准予注册规模的 80% 以上,开放式基金募集的基金份额总额超过准予注册的最低募集份额总额,并且基金份额持有人人数符合国务院证券监督管理机构规定的,基金管理人应当自募集期限届满之日起 10 日内聘请法定验资机构验资,自收到验资报告之日起 10 日内,向国务院证券监督管理机构提交验资报告,办理基金备案手续,并予以公告。

基金募集期间募集的资金应当存入专门账户,在基金募集行为结束前,任何人不得动用。

六、公开募集基金的信息披露

公开披露的基金信息包括:基金招募说明书、基金合同、基金托管协议;基金募集情况;基金份额上市交易公告书;基金资产净值、基金份额净值;基金份额申购、赎回价格;基金财产的资产组合季度报告、财务会计报告及中期和年度基金报告;临时报告;基金份额持有人大会决议;基金管理人、基金托管人的专门基金托管部门的重大人事变动;涉及基金财产、基金管理业务、基金托管业务的诉讼或者仲裁;国务院证券监督管理机构规定应予披露的其他信息。

公开披露基金信息,不得有下列行为:虚假记载、误导性陈述或者重大遗漏;对证券投资业绩进行预测;违规承诺收益或者承担损失;诋毁其他基金管理人、基金托管人或者基金销售机构;法律、行政法规和国务院证券监督管理机构规定禁止的其他行为。

7.3.4 非公开募集基金

非公开募集基金应当向合格投资者募集,合格投资者累计不得超过 200 人。合格投资者是指达到规定资产规模或者收入水平,并且具备相应的风险识别能力和风险承担能力,其基金份额认购金额不低于规定限额的单位和个人。

除基金合同另有约定外,非公开募集基金应当由基金托管人托管。

担任非公开募集基金的基金管理人,应当按照规定向基金行业协会履行登记手续,报送基本情况。

未经登记,任何单位或者个人不得使用"基金"或者"基金管理"字样或者近似名称进行证券投资活动;法律、行政法规另有规定的除外。

非公开募集基金,不得向合格投资者之外的单位和个人募集资金,不得通过报刊、电台、电视台、互联网等公众传播媒体或者讲座、报告会、分析会等方式向不特定对象宣传推介。

非公开募集基金,应当制定并签订基金合同。基金合同应当包括下列内容:基金份额持有人、基金管理人、基金托管人的权利、义务;基金的运作方式;基金的出资方式、数额和认缴期限;基金的投资范围、投资策略和投资限制;基金收益分配原则、执行方式;基金承担的有关费用;基金信息提供的内容、方式;基金份额的认购、赎回或者转让的程序和方式;基金合同变更、解除和终止的事由、程序;基金财产清算方式;当事人约定的其他事项。

按照基金合同约定,非公开募集基金可以由部分基金份额持有人作为基金管理人负责基金的投资管理活动,并在基金财产不足以清偿其债务时对基金财产的债务承担无限连带责任。

非公开募集基金募集完毕,基金管理人应当向基金行业协会备案。对募集的资金总额或者基金份额持有人的人数达到规定标准的基金,基金行业协会应当向国务院证券监督管理机构报告。

非公开募集基金财产的证券投资,包括买卖公开发行的股份有限公司股票、债券、基金份额,以及国务院证券监督管理机构规定的其他证券及其衍生品种。

基金管理人、基金托管人应当按照基金合同的约定,向基金份额持有人提供基金信息。

专门从事非公开募集基金管理业务的基金管理人,其股东、高级管理人员、经营期限、管理的基金资产规模等符合规定条件的,经国务院证券监督管理机构核准,可以从事公开募集基金管理业务。

本章小结　　思考与练习题

第8章

证券交易市场

> **学习目标**
> 1. 掌握证券交易市场的概念及分类,理解证券上市制度。
> 2. 掌握证券交易制度、证券交易方式。
> 3. 掌握证券价格指数的概念、分类及编制。
> 4. 了解融资融券交易。
> 5. 掌握证券交易必须遵循三公原则。

8.1 证券交易市场的类型

证券交易市场也称证券流通市场、二级市场或次级市场,是为已经公开发行的证券提供流通转让机会的市场。

证券交易市场通常分为证券交易所市场和场外交易市场。《证券法》规定,依法发行的股票、公司债券及其他证券应当在依法设立的证券交易所上市交易或者在国务院批准的其他证券交易场所转让。证券当事人依法买卖的证券,必须是依法发行并交付的证券。依法发行的股票、公司债券及其他证券,法律对其转让有限制性规定的,在限定的期限内不得买卖。场外交易市场分为柜台交易市场、第三市场和第四市场等。

8.1.1 证券交易所市场

证券交易所是依据国家有关法律,经政府证券主管机关批准设立的证券集中竞价交易的有形市场。

证券交易所本身并不参与证券买卖,只是为证券投资者提供了一个稳定的、公开交易的高效率场所和服务,同时也兼有管理证券交易的功能。证券交易所的特征包括:

一、提供证券交易场所

由于这一市场的存在,证券买卖双方有集中的交易场所,可以随时把所持有的证券转移变现,保证证券流通的持续不断进行。

二、形成与公告价格

在交易所内,证券的买卖是集中、公开进行的,形成了各种证券的价格,由交易所及时向社会公告,这些价格也成为各种相关经济活动的重要依据。

三、集中各类社会资金参与投资

随着交易所上市股票的日益增多,成交数量日益增大,可以将广泛的资金吸引到股票投资上来,为企业发展提供所需资金。

四、引导投资的合理流向

交易所为资金的自由流动提供了方便,并通过每天公布的行情和上市公司信息,反映证券发行公司的获利能力与发展情况,使社会资金向最需要和最有利的方向流动。

五、制定交易规则

有规矩才能成方圆,公平的交易规则才能达成公平的交易结果。交易规则主要包括上市退市规则、报价竞价规则、信息披露规则以及交割结算规则等。不同交易所的主要区别在于交易规则的差异,同一交易所也可能采用多种交易规则,从而形成细分市场,如纳斯达克按照不同的上市条件细分为全球精选市场、全球市场和资本市场。

六、维护交易秩序

任何交易规则都不可能十分完善,并且交易规则也不一定能得到有效执行,因此,交易所的一大核心功能就是监管各种违反公平原则及交易规则的行为,使交易公平有序地进行。

七、提供交易信息

证券交易依靠的是信息,包括上市公司的信息和证券交易信息。交易所对上市公司信息的提供负有督促和适当审查的责任,对交易行情负即时公布的义务。

八、降低交易成本,促进股票的流动性

如果没有有组织的证券集中交易市场,投资者之间就必须相互接触以确定交易价格和交易数量,以完成证券交易。这样的交易方式由于需要寻找交易对象,并且存在信息不对称、交易违约等因素,因此会增加交易成本,降低交易速度。因此,集中交易市场的存在可以增加交易机会、提高交易速度、降低信息不对称、增强交易信用,从而可以有效地降低交易成本。

8.1.2 证券交易所的组织形式

一、会员制证券交易所

会员制证券交易所是由证券商依法自愿设立的,提供证券集中交易服务的非营利法人。只有会员及享有特许权的经纪人,才有资格在交易所中进行交易。会员制证券交易所实行会员自治、自律、自我管理。会员大会是会员制证券交易所的最高权力机构,理事会是执行机构,理事会聘请经理人员负责日常运营。目前大多数国家的证券交易所实行会员制。

会员制证券交易所采取会员自律、自治制度,不以营利为目的,其会员费和上市费比较低,

有利于扩大证券交易所交易的规模,防止上市证券流入场外市场进行交易。

目前我国的上海证券交易所和深圳证券交易所实行会员制。

对于会员制证券交易所来说,会员同时也是交易商,交易所的会员拥有交易所的席位,不同的交易所对会员拥有席位的数量规定有所不同,但会员至少应该拥有一个席位,只有拥有席位才能从事证券交易。

如上海证券交易所规定,其会员须同时具备下列条件:

(1)经中国证监会依法批准设立、具有法人地位的证券公司。

(2)具有良好信誉和经营业绩。

(3)组织机构和业务人员符合中国证监会和本所规定的条件,符合本所对技术风险防范提出的各项要求。

(4)承认本所章程和业务规则,按规定交纳会员费、席位费及其他费用。

(5)本所要求的其他条件。具备前条规定条件的证券公司,在向本所提出申请并提供相应的申报文件,经理事会批准后,方可成为本所的会员。本所接纳会员时应当在决定接纳后5个工作日内向中国证监会备案。

交易席位是证券经营机构在证券交易所进行交易的固定位置,取得了交易席位后才能从事实际的证券交易业务。取得普通交易席位的条件有两个:第一,具有会员资格;第二,交纳席位费。

二、公司制证券交易所

公司制证券交易所是按股份有限公司形式组织并以营利为目的的企业法人,一般由银行、证券公司、信托投资机构及各类公营民营公司等共同出资占有股份建立。目前我国的北京证券交易所为公司制。世界上实行公司制证券交易所的国家或地区有美国、日本、加拿大、澳大利亚、新加坡、印度等。

一方面,公司制证券交易所经营者与证券交易参加者相分离,保证了其在证券市场的运作中采取中立和公正的态度;公司制证券交易所以营利为目的,必须为证券交易参加者提供良好的交易设施和优质的交易服务,有利于提高证券市场的交易效率,保证证券交易的顺利进行。

另一方面,由于公司制证券交易所的收入主要来自买卖双方的证券交易成交额,证券交易额的多少与交易所利益直接相关,从而使证券交易所成为独立于证券买卖双方以外的第三人。证券交易所为了增加收入,可能会人为地推动某些证券交易活动,容易形成在证券交易所影响下的证券投机,进而影响证券交易市场的正常运行。与此同时,有的证券交易所参加者为了避开公司制证券交易所昂贵的上市费用和佣金,可能会将上市证券转入场外交易市场去交易。

三、公司制证券交易所与会员制证券交易所的区别

(1)设立目的不同。公司制证券交易所以营利为目的,会员制证券交易所不以营利为目的。

(2)法律属性不同。公司制证券交易所是公司法人,会员制证券交易所是社团法人。

(3)成员不同。公司制证券交易所由股东设立组成,会员制证券交易所由会员设立组成。

(4)入市交易者身份不同。对于公司制证券交易所,只有经过注册批准的证券商才可以入市交易,公司的股东在没有注册的情况下也不能入市交易;对于会员制证券交易所,只有具备会员资格的证券商才可入市交易。

(5)费用不同。公司制证券交易所,收费名目多,费用较高;会员制证券交易所,由于不以

营利为目的,收费较低。

(6)承担的责任不同。公司制证券交易所对由于违约买卖所造成的损失负赔偿责任,并且有权向违约者就其所偿款项及有关费用请求赔偿。会员制交易所则不同,一切交易均由买卖双方自己负责,交易所不负赔偿违约损失责任。

8.1.3 场外交易市场

场外交易是指证券商在证券交易所以外,与客户直接进行证券买卖的行为。原始的场外交易市场亦称店头交易或柜台交易市场,这个市场并非特指一个有形的市场,而是指在证券交易所之外证券商与客户直接通过讨价还价而达成交易的市场。需要注意的是,如今的场外交易市场已不仅仅是传统意义上的柜台交易市场,有些国家在柜台交易市场之外又形成了其他形式的场外交易市场。

场外市场作为证券交易市场的重要组成部分,就历史沿革来说,比证券交易所要更加悠久。而在证券交易所产生与发展后,场外交易市场之所以能够存在并且发展,是因为:首先,证券交易所的证券交易容量是有限的,由于证券交易所有严格的证券上市条件与标准,许多证券不能进入交易所内买卖,但这些证券客观上需要有流动性,需要有可以进行买卖的交易场所,这就要求场外交易市场作为证券交易所的一种补充而存在;其次,场外交易市场的交易比较简便、灵活,不需要像交易所那样经过复杂烦琐的证券上市程序,而且可以随时在众多的证券交易柜台网点进行证券买进或卖出,在很大程度上弥补了证券交易方式的不足,满足了投资者的需要;再次,随着现代通信技术、计算机技术的发展,场外交易市场的交易方式、交易设备、交易程序也在不断改进,其交易效率已提升至证券交易所水平。因此,场外交易市场是证券交易市场不可缺少的重要组成部分。

场外交易市场主要由柜台交易市场、第三市场、第四市场组成。

一、柜台交易市场

柜台交易市场是通过证券公司、证券经纪人的柜台进行证券交易的市场。

二、第三市场

第三市场是指已上市证券的场外交易市场。第三市场产生于1960年的美国,原属于柜台交易市场的组成部分,但因其发展迅速,市场地位提高,被作为一个独立的市场类型对待,其交易主体多为实力雄厚的机构投资者。

第三市场的产生与美国的交易所采用固定佣金制密切相关,固定佣金制使机构投资者的交易成本变得高昂,而场外交易市场不受交易所固定佣金制的约束,导致大量上市证券在场外进行交易,遂形成第三市场。第三市场的出现使证券交易所面临有力竞争,最终促使美国证券交易委员会(SEC)于1975年取消固定佣金制,同时也促使证券交易所改善交易条件,从而降低了第三市场的吸引力。

三、第四市场

第四市场是指投资者和金融资产持有人绕开通常的证券经纪人,彼此之间利用电子计算机网络进行大宗股票交易的场外交易市场,这是近年来国际流行的场外交易方式。第四市场的优势在于:

(1)交易成本低,因为买卖双方直接交易,无经纪服务,其佣金比其他市场少。

(2)可以保持交易的秘密性,因为无须通过经纪人,有利于匿名进行交易。

(3)不冲击证券市场,大宗交易若在证券交易所内进行,可能对证券市场的价格造成较大影响。

(4)信息灵敏、成交迅速,计算机网络技术的运用,可以广泛收集和存储大量信息,通过自动报价系统,可以把分散的场外交易行情迅速集中并反映出来,有利于投资者决策。

第四市场的发展一方面对证券交易所和其他形式的场外交易市场产生了巨大的压力,从而促使这些市场降低佣金、改进服务;另一方面也对证券市场的监管提出了挑战。

8.1.4 我国场外交易市场的交易需要

目前我国场外交易市场主要满足以下证券的交易需要。

一、定向募集公司发行的股票

按照1992年《股份有限公司规范意见》,我国曾批准设立近万家定向募集公司。目前,除少数定向募集公司增资转变为上市公司外,尚存相当数量的定向募集公司。定向募集公司向社会法人发行的股权权证依然具有股票的基本属性,只是其流通性受到法律法规的限制,但依照协议办理转让依然是实践中常见的交易方式。历史上,我国的两个证券交易系统STAQ和NET,均以接受定向募集公司发行的法人股股票作为主要交易对象。这两个交易系统已停办,法人股通常以协议方式转让。

二、公司发起人股

从1992年《股份有限公司规范意见》直到1994年《公司法》的实施,我国法律都认可以发起方式设立股份有限公司。此类公司不得向社会公众募集股份,而只能由发起人认购股份。对于募集设立的股份公司来说,同样存在发起人股。根据《公司法》规定,公司发起人股份在公司成立之日起1年内不得转让;公司公开发行股份前已发行的股份,子公司股票在证券交易所上市交易之日起1年内不得转让。

三、非上市公司债券

《公司法》确立了公司债券的独立法律地位。就已经发行的公司债券来说,在证券交易所上市交易的公司债券尚属少数,大多数公司债券只能通过协议方式转让,这类转让在性质上属于场外交易。

四、依法办理质押的股票或公司债券

证券质押虽然没有形成证券的现实流通,但使公司股票或债券具有了发生转让的潜在可能性,同样有赖于场外交易和场外交易市场的存在。

8.1.5 我国的场外交易市场

我国的场外交易市场主要由银行间交易市场、全国中小企业股份转让系统(新三板)、区域性股权交易市场(四板)、券商柜台市场、私募基金市场、机构间私募产品报价与服务系统等几个部分构成。

一、"新三板"市场(全国中小企业股份转让系统)

"新三板"又称全国中小企业股份转让系统,是经国务院批准,依据《证券法》设立的,指具

有代办系统主办券商业务资格的证券公司采用电子交易方式,为非上市股份有限公司提供规范股份转让服务的股份转让平台,是继上海证券交易所、深圳证券交易所之后第三家全国性证券交易场所。

"新三板"市场起源于2001年"股权代办转让系统",最早承接原STAQ、NET系统挂牌公司和退市公司,称为"老三板"。由于在"三板"中挂牌的股票品种少,且多数质量较低,要转到主板上市难度也很大,因此很难吸引投资者,多年被冷落。为改变资本市场柜台交易过于落后的局面,同时也为了给更多的高科技成长型企业提供股份流动的机会,有关方面在北京中关村科技园区建立了新的股份转让系统。2006年1月16日,中国证监会宣布中关村科技园区非上市股份公司进入代办转让系统进行股份报价转让,因为挂牌企业均为高科技企业而不同于原转让系统内的退市企业及原STAQ、NET系统挂牌公司,故形象地称为"新三板"。

2012年,上海张江高新技术产业开发区、武汉东湖新技术产业开发区和天津滨海高新区加入"新三板"试点,至此"新三板"扩大到4个国家级高新园区,项目来源也大大扩展。

2013年年底,中国证监会宣布将"新三板"扩大到全国,对所有公司开放。2014年1月24日,"新三板"一次性挂牌285家,并累计达到621家挂牌企业,宣告了"新三板"市场正式成为一个全国性的证券交易市场。截至2020年12月,新三板挂牌公司达8 187家,2017年以来"新三板"市场主要统计指标见表8-1。

表8-1　　　　2017年以来"新三板"市场主要统计指标

统计指标		2020年	2019年	2018年	2017年
挂牌规模	挂牌公司家数	8,187	8,953	10,691	11,630
	总股本(亿股)	5,335.28	5,616.29	6,324.53	6,756.73
	总市值(亿元)	2,6542.31	29,399.60	34,487.26	49,404.56
股票发行	发行次数	716	637	1,402	2,725
	发行股数(亿股)	74.54	73.73	123.83	239.26
	融资金额(亿元)	338.50	264.63	604.43	1,336.25
优先股发行	发行次数	2	11	9	10
	融资金额(亿元)	0.24	3.60	2.59	1.80
股票交易	成交金额(亿元)	1,294.64	825.69	888.01	2,271.80
	成交数量(亿股)	260.42	220.20	236.29	433.22
	换手率(%)	9.90	6.00	5.31	13.47
	市盈率(倍)	21.10	19.74	20.86	30.18
合格投资者账户数	机构投资者(万户)	5.74	4.27	4.03	3.59
	个人投资者(万户)	160.08	19.02	18.31	17.31

二、四板市场(区域性股权交易市场)

区域性股权交易市场,是为特定区域内的企业提供股权、债券转让和融资服务的私募市场。四板市场对于促进中小微企业股权交易和融资,鼓励科技创新和激活民间资本,加强对实体经济薄弱环节的支持,具有积极作用。一般以省级为单位,由省级人民政府监管,原则上不得跨区域设立营业性分支机构,不得接受跨区域公司挂牌,比如广东省的只能在广东省挂牌。

我国最早的区域性股权交易市场诞生于2008年9月,即天津股权交易所。天津股权交所发展至今,已经成为我国最重要的区域性股权交易所之一,为之后区域性股权交易市场的建立起到了良好的示范作用。此后,重庆、上海、山东等多个区域市场也先后投入运营。

截至2019年年底,全国共有34家区域性股权市场,全国四板市场挂牌、展示企业数量突破10万家,其中挂牌企业2万家,展示企业8万家,累计为超过6 000家企业完成股份制改造;设立科技创新等专板块服务国家战略,孵化培育企业8 000多家;助推800多家企业成功转入新三板、沪深交易所等更高层次资本市场。

8.2 证券上市制度

8.2.1 证券上市的相关概念

证券上市是指公开发行的证券,经过交易所的批准在交易所里作为交易对象,取得挂牌买卖资格的过程。证券上市是公司自愿的行为,不具有强制性。

上市公司是指向证券交易所提出上市申请,得到批准后其发行的证券在该交易所里作为自由买卖对象的股份有限公司。一般只有规模大、经营状况良好、获利能力强、在社会上有较高信誉的公司公开发行的股票才能够上市交易。需要注意的是,并非所有符合条件的股份有限公司都愿意成为上市公司,有些公司为了保护商业秘密和维持公司控股权而不愿意成为上市公司。

8.2.2 证券上市的利弊

对于上市公司来说,证券上市既有有利的一面,也有不利的一面。

一、有利的方面

(1)有利于公司大规模、广泛地筹集长期资金,加速企业成长。在证券市场上,上市公司比非上市公司更容易以低廉的成本、广泛的发行范围大规模地筹集资金,从而为公司的迅速成长创造物质条件。同时,上市公司除了通过发行股票筹资扩大生产规模以外,还可以通过并购其他上市公司而跃进式地成长。

(2)有利于公司股权分散。证券上市扩大了股权的交易范围,从而实现了股权分散化,有助于克服因少数大股东对公司控制权过于集中而出现的忽视小股东利益等弊端。

(3)有利于提高公司的信誉和知名度。一方面,证券上市有严格的条件和程序,证券公开上市意味着公司已经符合这些条件和标准,说明其信誉和公司经营基础超越了非上市公司;另一方面,新闻媒体和投资者每个交易日都会关注证券市场行情和上市公司的情况,从而有利于公司扩大影响,提高知名度。

(4)有利于开辟增资渠道,降低筹资成本。证券上市后,成为众多投资者的投资对象,而且证券市场交易活跃,从而便于公司高溢价发行新证券筹集资金。另外,公司上市后信誉提高,在银行信贷市场和抵押市场的融资能力进一步增强,从而获得有利的融资利率和其他融资条件。

(5)有利于公司证券获得公正的价格。证券交易所集中了证券的买卖供求,可以使证券的价值充分地通过价格反映出来。对公司证券价值的公正评估,不仅是市场机制下价格反映投资价值这一要求的实现,更重要的是公司经营基础、经营地位、市场信誉的客观体现,因此证券上市可以使公司得到更客观、合理、公正的对待。

(6)有利于健全公司财务,改善经营管理,提高经营效率。证券上市后,由于公司财务、经营管理等各方面都会通过证券价格反映出来,从而对公司管理者和公司员工起到促进作用,激励其改善经营管理、完善公司财务、提高公司经营效率。

二、不利的方面

(1)证券上市后,上市公司成为公众和投资者关注的目标,要承担更大的经营责任和压力。例如,社会公众对公司经营管理和决策会经常提出批评意见,股东则会对公司的信息披露和股息分配提出要求,这些都会给公司的经营带来压力。

(2)证券上市后,要接受公众的监督,向公众披露公司相关经营信息。根据证券交易所的规定,上市公司必须遵守公开原则,定期向公众报告其经营活动和财务状况,公司发生的重大事项也必须及时披露。而对于公司来说,很多时候不愿意让外人,尤其是竞争对手获悉自己的经营状况。

(3)证券上市后,不利于公司原有大股东掌握控制权。一方面,交易所的上市条件里一般有股权分散规定,即持有一定数量股票的股东不得少于多少人,要成为上市公司,原有大股东就必须以一定方式减少原有股份,以达到上市要求;另一方面,股票上市后,公司容易成为其他公司的收购对象。

(4)证券上市后,要承担一定的上市费用。

8.2.3 股票上市

股票上市是指股票经核准同意在证券交易所挂牌交易。

一、股票发行上市保荐制度

上海证券交易所和深圳证券交易所实行股票、可转换公司债券上市保荐制度。

证券经营机构履行保荐职责,应当注册登记为保荐机构,保荐机构负责证券发行的主承销工作,依法对公开发行募集文件进行核查,向中国证监会出具保荐意见;尽职推荐发行人证券发行上市;持续督导发行人履行相关义务。首次公开发行股票的,持续督导的期间为股票上市当年剩余时间及其后两个完整会计年度;发行新股、可转换公司债券的,持续督导的期间为股票或者可转换公司债券上市当年剩余时间及其后一个完整会计年度;申请重新上市的,持续督导期间为股票重新上市当年剩余时间及其后一个完整会计年度;创业板为上市后3个完整的会计年度。持续督导的期间自股票或者可转换公司债券上市之日起计算。

保荐机构应当与发行人签订股票上市推荐协议,明确双方的权利和义务;应当保证推荐文件和与履行保荐职责有关的其他文件、发行人的申请文件和公开募集文件不存在虚假记载、严重误导性陈述或者重大遗漏,并保证对其承担连带责任。

二、股票上市的条件

(一)主板股票上市条件

股票经中国证监会核准已公开发行;具备健全且运行良好的组织机构;具有持续经营能力;公司股本总额不少于人民币5 000万元;公开发行的股份达到公司股份总数的25%以上;

公司股本总额超过人民币4亿元的,公开发行股份的比例为10%以上;最近3个会计年度净利润均为正数且净利润累计超过3 000万元,净利润以扣除非经常性损益前后较低者为计算依据;最近3个会计年度经营活动产生的现金流量净额累计超过5 000万元;或最近3个会计年度营业收入累计超过3亿元;发行前股本总额不少于3 000万元;最近一期末无形资产占净资产的比例不高于20%;最近一期末不存在未弥补亏损;内部控制在所有重大方面有效,会计基础工作规范,财务会计报告无虚假记载;不存在影响发行人持续盈利能力的情形;公司及其控股股东、实际控制人最近3年不存在贪污、贿赂、侵占财产、挪用财产或者破坏社会主义市场经济秩序的刑事犯罪;最近3个会计年度财务会计报告均被出具无保留意见审计报告;中国证监会以及上海证券交易所、深圳证券交易所规定的其他条件。

(二)创业板股票上市条件

符合中国证券监督管理委员会规定的创业板发行条件;发行后股本总额不低于3 000万元;公开发行的股份达到公司股份总数的25%以上;公司股本总额超过4亿元的,公开发行股份的比例为10%以上;市值及财务指标符合规定的标准;交易所要求的其他上市条件。

其中,市值及财务指标是:

发行人为境内企业且不存在表决权差异安排的,市值及财务指标应当至少符合下列标准中的一项:

(1)最近两年净利润均为正,且累计净利润不低于5 000万元。

(2)预计市值不低于10亿元,最近一年净利润为正且营业收入不低于1亿元。

(3)预计市值不低于50亿元,且最近一年营业收入不低于3亿元。

(三)科创板股票上市条件

符合中国证监会规定的发行条件;发行后股本总额不低于人民币3 000万元;公开发行的股份达到公司股份总数的25%以上;公司股本总额超过人民币4亿元的,公开发行股份的比例为10%以上;市值及财务指标符合规定的标准;交易所规定的其他上市条件。

其中,市值及财务指标是:

发行人申请在科创板上市,市值及财务指标应当至少符合下列标准中的一项:

(1)预计市值不低于人民币10亿元,最近两年净利润均为正且累计净利润不低于人民币5 000万元,或者预计市值不低于人民币10亿元,最近一年净利润为正且营业收入不低于人民币1亿元。

(2)预计市值不低于人民币15亿元,最近一年营业收入不低于人民币2亿元,且最近三年累计研发投入占最近三年累计营业收入的比例不低于15%。

(3)预计市值不低于人民币20亿元,最近一年营业收入不低于人民币3亿元,且最近三年经营活动产生的现金流量净额累计不低于人民币1亿元。

(4)预计市值不低于人民币30亿元,且最近一年营业收入不低于人民币3亿元。

(5)预计市值不低于人民币40亿元,主要业务或产品需经国家有关部门批准,市场空间大,目前已取得阶段性成果。医药行业企业需至少有一项核心产品获准开展二期临床试验,其他符合科创板定位的企业需具备明显的技术优势并满足相应条件。

三、股票上市的程序

股票上市需经过以下程序。

(1)提出上市申请并提交有关文件。普通股的发行人提出上市申请时,应提交下述文件:

①上市报告书。上市报告书是指申请上市的要求书(应包括的内容为:要览、绪言、发行公司概况、股票发行及承销、董事、监事及高级管理人员的持股情况、公司设立、关联企业及关联交易等)。

②申请上市的股东大会决议。股东大会决议应当符合《公司法》及公司章程的规定,股东大会做出决议必须以书面形式进行。

③公司章程。公司章程应当符合《公司法》的规定。

④公司营业执照。公司营业执照是指工商行政管理机关颁发的公司得以从事经营活动的凭证。

⑤经法定验证机构验证的公司最近3年的或者公司成立以来的财务会计报告,验证机构应当是具备从事验证条件的会计师事务所、审计师事务所等。

⑥法律意见书和证券公司的推荐书。

⑦最近一次的招股说明书。

(2)股票上市交易申请经核准后,发行人应当向证券交易所提交包括核准文件以及《证券法》规定的有关文件。

(3)证券交易所对股票上市做出具体安排。证券交易所应当自接到该股票发行人提交的文件之日起6个月内,安排该股票上市交易,在法定期限内规定具体上市时间,并发出上市通知书。

(4)签订上市协议书。申请人在收到上市通知后应当与证券交易所签订上市协议书,以明确相互间的权利义务,包括:公司应定期呈报各种财务报表,报表均应经有证券业务资格的会计师事务所审计;公司发生有关人事、财务、经营、股权处理等事项的重大变化时,应及时通知证券交易所;公司应定期向公众充分公布有关应予以披露的资料和事项,当发生重大变化时,公司应及时披露该信息;上市公司不得拒绝证券交易所令其提供此类资料的合理要求;上市协议书中应写明该公司上市股票的种类、发行时间、发行股数、面值及发行价格;证券交易所应当维护上市公司的股票上市权利,并且不得予以歧视;上市协议书中应写明有关上市费用的事项。

(5)上市公告。股票上市交易申请经证券交易所同意后,上市公司应当在上市交易的5日前公告经核准的股票上市的有关文件,并将该文件置备于指定场所供公众查阅。上市公司除公告规定的上市申请文件外,还应当公告下列事项:股票获准在证券交易所交易的日期,持有公司股份最多的前10名股东的名单和持股数额、董事、监事、经理及有关高级管理人员的姓名及其持有本公司股票和债券的情况。

(6)股票上市费用。股票上市费用分为上市初费和上市年费两类。上海证券交易所和深圳证券交易所根据收费标准收费,见表8-2和表8-3。

表8-2　　　　　　　深圳证券交易所上市初费、上市年费收取标准

总股本	上市初费(2019年12月13日起)		上市年费(2020年1月1日起)	
	主板	创业板	主板	创业板
2亿元以下(含)	暂免	暂免	暂免	暂免
2亿元～4亿元(含)	暂免	暂免	暂免	暂免
4亿元～6亿元(含)	125,000	62,500	50,000	25,000
6亿元～8亿元(含)	150,000	75,000	60,000	30,000
8亿元以上	175,000	87,500	75,000	37,500

注:总股本不包括H股;计价单位为:人民币元。

表 8-3　　　　　　　　上海证券交易所上市初费、上市年费收取标准

类别	收费项目	收费标准
主板人民币普通股票（A 股）、人民币特种股票（B 股）、存托凭证	上市初费	A、B 股总股本（总份数）≤2 亿的,7 万元,暂免
		2 亿＜总股本（总份数）≤4 亿的,10 万元,暂免
		4 亿＜总股本（总份数）≤6 亿的,12.5 万元
		6 亿＜总股本（总份数）≤8 亿的,15 万元
		总股本（总份数）＞8 亿的,17.5 万元
	上市年费	上年末 A、B 股总股本（总份数）≤2 亿的,2.5 万元/年,暂免
		2 亿＜总股本（总份数）≤4 亿的,4 万元/年,暂免
		4 亿＜总股本（总份数）≤6 亿的,5 万元/年
		6 亿＜总股本（总份数）≤8 亿的,6 万元/年
		总股本（总份数）＞8 亿的,7.5 万元/年
		上市不足 1 年的,按实际上市月份计算,上市当月为 1 个月
科创板人民币普通股票、存托凭证	上市初费	普通股总股本（总份数）≤2 亿的,3.5 万元,暂免
		2 亿＜总股本（总份数）≤4 亿的,5 万元,暂免
		4 亿＜总股本（总份数）≤6 亿的,6.25 万元,暂免
		6 亿＜总股本（总份数）≤8 亿的,7.5 万元,暂免
		总股本（总份数）＞8 亿的,8.75 万元,暂免
	上市年费	上年末普通股总股本（总份数）≤2 亿的,1.25 万元/年,暂免
		2 亿＜总股本（总份数）≤4 亿的,2 万元/年,暂免
		4 亿＜总股本（总份数）≤6 亿的,2.5 万元/年,暂免
		6 亿＜总股本（总份数）≤8 亿的,3 万元/年,暂免
		总股本（总份数）＞8 亿的,3.75 万元/年,暂免
		上市不足 1 年的,按实际上市月份计算,上市当月为 1 个月

四、上市公司状况异常期间的股票特别处理

上市公司的股票在交易过程中出现以下情况的,将由证券交易所对该上市公司股票实行特别处理。

（一）公司财务状况异常

最近两个会计年度的审计结果显示的净利润为负值,或最近一个会计年度的审计结果显示其股东权益低于注册资本,即公司连续两年亏损或每股净资产低于股票面值。

（二）公司其他状况异常

因自然灾害、重大事故等导致公司生产经营活动基本中止,公司涉及可能赔偿额超过本公司净资产的诉讼等情况。

对特别处理股票的具体要求是:要求上市公司在特别处理之前于指定报刊头版刊登关于特别处理的公告;特别处理股票的报价日涨、跌幅限制为 5%,证券交易所应在发给会员的行情数据中,于特别处理的股票前加"ST"标记。

五、临时停牌

除按照证券交易所《证券上市规则》的规定对上市股票实施正常的临时停牌之外,已在交易所挂牌的股票出现交易异常波动时,交易所有权对其实施临时停牌。股票出现下列问题之一时,将被认为是异常波动:某只股票的价格连续3个交易日达到涨幅限制或跌幅限制;某只股票连续5个交易日列入"股票、基金公开信息";某只股票价格的振幅连续3个交易日达到15%;某只股票价格的日成交量与上月日均成交量相比连续5个交易日放大10倍;证券交易所或中国证监会认为属于异常波动的其他情况。

六、暂停上市或终止上市

公司股票的上市资格并不是永久的,当达不到证券交易所关于证券上市的条件时,上市交易将会受到限制,严重者上市资格甚至会被取消。交易所停止某公司的股票交易,称为终止上市或停牌。

证券退市制度,是指有关证券退市的标准和程序、退市证券的暂停与终止等一系列规则的总称。

证券上市暂停,是指证券发行人出现了法定原因时,其上市证券暂时被停止在证券交易所挂牌交易的情形。暂停上市的证券暂停原因消除后,可恢复上市。

证券上市终止,是指证券发行人出现了法定原因后,其上市证券被取消上市资格,不能在证券交易所继续挂牌交易的情形。上市证券被终止后,可以在终止上市原因消除后,重新申请证券上市。上市证券依法被证券管理部门决定终止上市后,可继续在依法设立的非集中竞价的交易场所继续交易。

证券上市的暂停与终止是两个既有联系又有区别的概念。前者一旦暂停上市的情形消除,证券即可恢复上市。因此,证券上市暂停时,该证券仍为上市证券。证券被终止上市后,不能恢复上市,只能在被终止的情形消除后,重新申请上市,所以终止上市的证券不再属于上市证券,而是退市证券。

证券上市的暂停与终止,是证券上市制度的重要组成部分,它构成了证券上市的退出机制,使得证券市场上的证券有进有出,形成优胜劣汰的机制,促使上市公司依法经营,并努力提高经营业绩,否则将面临退市的风险。同时,证券上市的退出机制,有助于提高投资者的证券投资风险意识,促进投资者的理性投资,从而更好地保护投资者的利益。此外,证券上市的暂停与终止还有助于化解证券市场的系统风险,使证券市场永远保持竞争活力。

(一)主板退市制度

以上海证券交易所主板为例,退市包括强制终止上市(简称强制退市)和主动终止上市(简称主动退市)。强制退市分为交易类强制退市、财务类强制退市、规范类强制退市和重大违法类强制退市等四类情形。

1. 交易类强制退市

上市公司出现下列情形之一的,交易所决定终止其股票上市:

(1)在交易所仅发行 A 股股票的上市公司,连续 120 个交易日通过交易所交易系统实现的累计股票成交量低于 500 万股,或者连续 20 个交易日的每日股票收盘价均低于人民币 1 元。

(2)在交易所仅发行 B 股股票的上市公司,连续 120 个交易日通过交易所交易系统实现的累计股票成交量低于 100 万股,或者连续 20 个交易日的每日股票收盘价均低于人民币 1 元。

(3)在交易所既发行 A 股股票又发行 B 股股票的上市公司,其 A、B 股股票的成交量或者收盘价同时触及第(1)项和第(2)项规定的标准。

(4)上市公司股东数量连续 20 个交易日(不含公司首次公开发行股票上市之日起 20 个交易日)每日均低于 2 000 人。

(5)上市公司连续 20 个交易日在交易所的每日股票收盘总市值均低于人民币 3 亿元。

(6)交易所认定的其他情形。

2. 财务类强制退市

上市公司最近一个会计年度经审计的财务会计报告相关财务指标触及规定的财务类强制退市情形的,交易所对其股票实施退市风险警示。上市公司最近连续两个会计年度经审计的财务会计报告相关财务指标触及规定的财务类强制退市情形的,交易所决定终止其股票上市。

上市公司出现下列情形之一的,交易所对其股票实施退市风险警示:

(1)最近一个会计年度经审计的净利润为负值且营业收入低于人民币 1 亿元,或追溯重述后最近一个会计年度净利润为负值且营业收入低于人民币 1 亿元。

(2)最近一个会计年度经审计的期末净资产为负值,或追溯重述后最近一个会计年度期末净资产为负值。

(3)最近一个会计年度的财务会计报告被出具无法表示意见或否定意见的审计报告。

(4)中国证监会行政处罚决定书表明公司已披露的最近一个会计年度经审计的年度报告存在虚假记载、误导性陈述或者重大遗漏,导致该年度相关财务指标实际已触及第(1)项、第(2)项情形的。

(5)交易所认定的其他情形。

3. 规范类强制退市

上市公司出现下列情形之一的,交易所对其股票实施退市风险警示:

(1)因财务会计报告存在重大会计差错或者虚假记载,被中国证监会责令改正但公司未在规定期限内改正,公司股票及其衍生品种自前述期限届满的下一交易日起停牌,此后公司在股票及其衍生品种停牌 2 个月内仍未改正。

(2)未在法定期限内披露半年度报告或者经审计的年度报告,公司股票及其衍生品种自前述期限届满的下一交易日起停牌,此后公司在股票及其衍生品种停牌 2 个月内仍未披露。

(3)因半数以上董事无法保证公司所披露半年度报告或年度报告的真实性、准确性和完整性,且未在法定期限内改正,公司股票及其衍生品种自前述期限届满的下一交易日起停牌,此后公司在股票及其衍生品种停牌 2 个月内仍未改正。

(4)因信息披露或者规范运作等方面存在重大缺陷,被交易所要求限期改正但公司未在规定期限内改正,公司股票及其衍生品种自前述期限届满的下一交易日起停牌,此后公司在股票及其衍生品种停牌 2 个月内仍未改正。

(5)因公司股本总额或股权分布发生变化,导致连续 20 个交易日不再具备上市条件,公司股票及其衍生品种自前述期限届满的下一交易日起停牌,此后公司在股票及其衍生品种停牌 1 个月内仍未解决。

(6)公司可能被依法强制解散。

(7)法院依法受理公司重整、和解和破产清算申请。

(8)交易所认定的其他情形。

4. 重大违法类强制退市

重大违法类强制退市包括下列情形：

(1)上市公司存在欺诈发行、重大信息披露违法或者其他严重损害证券市场秩序的重大违法行为，且严重影响上市地位，其股票应当被终止上市的情形。

(2)上市公司存在涉及国家安全、公共安全、生态安全、生产安全和公众健康安全等领域的违法行为，情节恶劣，严重损害国家利益、社会公共利益，或者严重影响上市地位，其股票应当被终止上市的情形。

(3)上市公司涉及第(1)项规定的重大违法行为，存在下列情形之一的，由交易所决定终止其股票上市：

公司首次公开发行股票申请或者披露文件存在虚假记载、误导性陈述或重大遗漏，被中国证监会依据《证券法》第一百八十一条做出行政处罚决定，或者被人民法院依据《中华人民共和国刑法》第一百六十条做出有罪生效判决。

公司发行股份购买资产并构成重组上市，申请或者披露文件存在虚假记载、误导性陈述或者重大遗漏，被中国证监会依据《证券法》第一百八十一条做出行政处罚决定，或者被人民法院依据《刑法》第一百六十条做出有罪生效判决。

公司披露的年度报告存在虚假记载、误导性陈述或者重大遗漏，根据中国证监会行政处罚决定认定的事实，导致连续会计年度财务类指标已实际触及规定的终止上市情形。

根据中国证监会行政处罚决定认定的事实，公司披露的营业收入连续两年均存在虚假记载，虚假记载的营业收入金额合计达到 5 亿元以上，且超过该两年披露的年度营业收入合计金额的 50%；或者公司披露的净利润连续两年均存在虚假记载，虚假记载的净利润金额合计达到 5 亿元以上，且超过该两年披露的年度净利润合计金额的 50%；或者公司披露的利润总额连续两年均存在虚假记载，虚假记载的利润总额金额合计达到 5 亿元以上，且超过该两年披露的年度利润总额合计金额的 50%；或者公司披露的资产负债表连续两年均存在虚假记载，资产负债表虚假记载金额合计达到 5 亿元以上，且超过该两年披露的年度期末净资产合计金额的 50%(计算前述合计数时，相关财务数据为负值的，则先取其绝对值再合计计算)。

交易所根据上市公司违法行为的事实、性质、情节及社会影响等因素认定的其他严重损害证券市场秩序的情形。

(4)上市公司涉及第(2)项规定的重大违法行为，存在下列情形之一的，由交易所决定终止其股票上市：

上市公司或其主要子公司被依法吊销营业执照、责令关闭或者被撤销；

上市公司或其主要子公司被依法吊销主营业务生产经营许可证，或者存在丧失继续生产经营法律资格的其他情形；

交易所根据上市公司重大违法行为损害国家利益、社会公共利益的严重程度，结合公司承担法律责任类型、对公司生产经营和上市地位的影响程度等情形，认为公司股票应当终止上市的。

(二)创业板退市制度

1. 交易类强制退市

上市公司出现下列情形之一的，交易所可以决定终止其股票上市交易：连续一百二十个交易日通过本所交易系统实现的股票累计成交量低于 200 万股；连续二十个交易日每日股票收盘价均低于每股面值；连续二十个交易日每日股票收盘市值均低于 3 亿元；连续二十个交易日每日公司股东人数均少于400人;交易所认定的其他情形。

2. 财务类强制退市

上市公司出现下列情形之一的,交易所可以对其股票交易实施退市风险警示:最近一个会计年度经审计的净利润为负值且营业收入低于1亿元,或追溯重述后最近一个会计年度净利润为负值且营业收入低于1亿元;最近一个会计年度经审计的期末净资产为负值,或追溯重述后最近一个会计年度期末净资产为负值;最近一个会计年度的财务会计报告被出具无法表示意见或者否定意见的审计报告;交易所认定的其他情形。

3. 规范类强制退市

上市公司出现下列情形之一的,交易所可以对其股票交易实施退市风险警示:未在法定期限内披露年度报告或者半年度报告,此后公司在股票停牌两个月内仍未披露;因财务会计报告存在重大会计差错或者虚假记载,被中国证监会责令改正但公司未在规定期限内改正,此后公司在股票停牌两个月内仍未改正;因信息披露或者规范运作等方面存在重大缺陷,被本所责令改正但公司未在规定期限内改正,此后公司在股票停牌两个月内仍未改正;因公司股本总额或者股权分布发生变化,导致连续二十个交易日不再符合上市条件,在规定期限内仍未解决;公司可能被依法强制解散;法院依法受理公司重整、和解和破产清算申请;交易所认定的其他情形。

4. 重大违法强制退市

重大违法强制退市包括下列情形:上市公司存在欺诈发行、重大信息披露违法或者其他严重损害证券市场秩序的重大违法行为,且严重影响上市地位,其股票应当被终止上市的情形;上市公司存在涉及国家安全、公共安全、生态安全、生产安全和公众健康安全等领域的违法行为,情节恶劣,严重损害国家利益、社会公共利益,或者严重影响上市地位,其股票应当被终止上市的情形。

七、股票上市的信息公开

发行人、上市公司依法披露的信息必须真实、准确、完整,不得有虚假记载、误导性陈述或者重大遗漏。

(一)主板市场信息公开的规定

对在主板市场上市的公司信息公开有以下规定:

1. 临时报告

发生可能对上市公司股票交易价格产生较大影响,而投资者尚未得知的重大事件时,上市公司应当立即将有关该重大事件的情况向国务院证券监督管理机构和证券交易所提交临时报告,并予公告,说明事件的实质。

2. 中期报告

股票或者公司债券上市交易的公司,应当在每一会计年度的上半年结束之日起两个月内,向国务院证券监督管理机构和证券交易所提交中期报告,并予公告。

3. 年度报告

股票或者公司债券上市交易的公司,应在每一会计年度结束之日起4个月内,向国务院证券监督管理机构和证券交易所提交年度报告,并予公告。

(二)创业板市场信息公开的规定

中国证监会指定的创业板市场信息披露网站为巨潮资讯网。深圳证券交易所网站设置了专门的子网页"创业板",投资者可以登录此网页查询创业板相关信息、规则和动态等,也可以通过有关栏目学习掌握创业板市场相关规则,了解投资风险。

投资者需重点关注的创业板信息披露内容包括:

1. 定期报告(包括季报、中报和年报)

定期报告是全面了解上市公司经营情况的最佳资料和最完整的文本,投资者应认真阅读,并注意加以比较和分析。

2. 股东和实际控制人、高级管理者、股份变动公告

持股5%以上的股东和实际控制人出售股份每达到总股本1%的,上市公司应当在该事实发生之日起两个交易日内就该事项做出公告。股份变动情况在一定程度上反映了公司大股东、实际控制人、高级管理者对公司前景的态度,投资者应密切关注,仔细分析。

3. 交易和重大事项公告

由于创业板公司平均规模相对较小,一些按照主板规则达不到披露标准的交易(如关联交易金额达到100万元,且占上市公司最近一期经审计净资产绝对值0.5%以上)及重大事项(如提供财务资助或委托理财,连续12个月内累计发生金额达到100万元),按照创业板相关规则就要求上市公司在中国证监会指定的信息披露网站披露上述内容外还应在上市公司网站进行披露。

特别关注具有创业板"特色"的信息披露内容,主要包括:

(1)技术风险的披露

创业板公司往往对核心技术、核心人员依赖程度较高,所面临的技术风险也较大。《创业板股票上市规则》要求上市公司及时披露有关核心技术(如商标、专利、专有技术、特许经营权等)及核心人员(如核心技术团队或关键技术人员)等的重大变化,除非有关核心技术的披露内容属于公司商业秘密可以申请豁免。

(2)业绩快报

投资者除了通过阅读年报、中报及季报了解上市公司业绩情况外,还可以通过业绩预告,特别是业绩快报提前了解上市公司的业绩概况,了解有关业绩信息。创业板上市公司如果在2月底前不能披露年报的,或者年报预约披露时间为3月或4月的,公司须在2月底前披露业绩快报。也就是说,投资者在2月底前就可以了解到创业板上市公司的经营业绩。

8.2.4 债券上市

债券上市是指证券交易所根据规则,允许债券在交易所挂牌交易。

一、公司债券的上市

公司申请其发行的公司债券上市交易,必须报经国务院证券监督管理机构核准。国务院证券监督管理机构可以授权证券交易所依照法定条件和法定程序核准公司债券上市申请。

(一)上市条件

经国务院授权的部门批准并公开发行;股份有限公司的净资产额不低于3 000万元,有限责任公司的净资产额不低于6 000万元;累计发行在外的债券总面额不得超过发行人净资产额的40%;最近3年平均可分配利润足以支付债券1年的利息;债券发行人筹集资金的投向须符合国家产业政策及发行审批机关批准的用途;债券的期限为1年以上;公司债券可转换为股票的,除具备发行公司债券的条件外,还应符合股票发行的条件;债券的信用等级不低于A

级;债券的实际发行额不低于人民币 5 000 万元等。

(二)上市交易申请

公司向国务院证券监督管理机构提出公司债券上市交易申请时,应当提交下列文件:上市报告书(公告书);申请上市的董事会决议;公司章程;公司营业执照;公司债券募集办法;公司债券的实际发行数额。

(三)证券监督管理机构核准

公司债券上市交易申请经核准后,其发行人应当向证券交易所提交核准文件和规定的有关文件。

证券交易所应当自接到该债券发行人提交的规定的文件之日起 3 个月内,安排该债券上市交易。公司债券上市交易申请经证券交易所同意后,发行人应当在公司债券上市交易的 5 日前公告公司债券上市报告、核准文件及有关上市申请文件,并将申请文件置备于指定场所供公众查阅。可转换公司债券的上市与公司债券的上市类似。

二、债券的暂停上市和终止上市

公司债券上市交易后,公司有下列情形之一的,由国务院证券监督管理机构决定暂停其公司债券上市交易,包括:

(1)公司有重大违法行为。

(2)公司情况发生重大变化不符合公司债券上市条件。

(3)公司债券所募集资金没有按照审批机关批准的用途使用。

(4)未按照公司债券募集办法履行义务。

(5)公司最近两年连续亏损。

公司有上述第(1)、(4)项所列情形之一经查实后果严重的,或者有上述第(2)、(3)、(5)项所列情形之一,在限期内未能消除的,由国务院证券监督管理机构决定终止该公司债券上市;公司解散、依法被责令关闭或者被宣告破产的,由证券交易所终止其公司债券上市,并报国务院证券监督管理机构备案。此外,到期的债券上市自动终止。

8.2.5 证券投资基金上市

根据深、沪证券交易所的《证券投资基金上市规则》,申请上市的封闭式基金必须符合下列条件:经中国证监会批准设立并公开发行;基金存续期不少于 5 年;基金最低募集数额不少于人民币 2 亿元;基金持有人不少于 1 000 人;有经审查批准的基金管理人和基金托管人;基金管理人、基金托管人有健全的组织机构和管理制度,财务状况良好,经营行为规范。

基金管理人申请基金上市,应完成以下准备工作:聘请有资格的会计师事务所对基金募集的资金进行验证,并出具验资报告;采用无纸化方式发行基金的,应完成其托管工作;采用有纸化方式发行基金的,须完成其实物凭证的分发及入库工作。

基金管理人申请基金上市须向证券交易所提交下列文件:上市申请书;上市公告书;批准设立和发行基金的文件;基金契约;基金托管协议;基金募集资金的验资报告;证券交易所 1~2 名会员署名的上市推荐书;中国证监会和中国人民银行对基金托管人的审查批准文件;中国证监会批准基金管理人设立的文件;基金管理人注册登记的营业执照;基金托管人注册登记的营业执照;基金已全部托管的证明文件等。

证券交易所对基金管理人提交的基金上市申请文件进行审查,认为符合上市条件的,将审查意见及拟定的上市时间连同相关文件一并报中国证监会批准,经批准的基金,证券交易所出具上市通知书。基金上市前,基金管理人或基金公司应与上海证券交易所、深圳证券交易所签订上市协议书。获准上市的基金,须于上市首日前3个工作日内在至少一种中国证监会指定的报刊上公布上市公告书。

8.3 证券交易制度

根据价格决定的不同,证券交易制度可以分为两种:报价驱动制度和指令驱动制度。

8.3.1 报价驱动制度

报价驱动制度也称做市商制度,做市商就其负责的证券,向投资者报价买入与卖出,投资者或直接或通过经纪人与做市商进行交易,按做市商报出的买价与卖价成交,直至做市商改变报价。使用做市商报价驱动制度的市场,主要有美国的纳斯达克市场、英国国内股票市场与国际股票市场。这里所指的做市商是指通过提供买卖报价为金融产品创造市场的证券商。采用做市商制的市场称为做市商市场。纯粹的做市商制有两个重要特点:第一,所有客户订单都必须由做市商用自己的账户买进卖出,客户订单之间不直接进行交易;第二,做市商必须在看到订单前报出买卖价格,而投资人在看到报价后才下订单。

目前在国际市场上,做市商制度有两种形式:一种是多元做市商制;另一种是纽约证券交易所的特许交易商制。

一、多元做市商制

伦敦证券交易所和美国的纳斯达克市场是典型的多元做市商制,每一种股票同时由多个做市商来负责。在纳斯达克市场,活跃的股票通常有30多个做市商,最活跃的股票有时会有60个做市商。做市商通常也是代理商,可以为自己、自己的客户或其他代理商进行交易。做市商之间通过价格竞争吸引客户订单。

二、特许交易商制

在纽约证券交易所,交易所指定一个券商来负责某一股票的交易,券商被称为特许交易商。交易所有将近400个特许交易商,而一个特许交易商一般负责几只或十几只股票。与纳斯达克市场相比,纽约证券交易所的特许交易商制有三个特点:第一,一只股票只能由一个特许交易商做市,可以看作垄断做市商制;第二,客户订单可以不通过特许交易商而在代理商之间直接进行交易,特许交易商必须和代理商进行价格竞争,所以纽约交易所是做市商制和竞价制的混合;第三,特许交易商有责任保持"市场公平有序"。

我国的"新三板"市场采用做市商制,其做市交易制度包括:

(1)投资者买入股票当日不得卖出,做市商买入股票当日可以卖出。

(2)开盘价为当日第一笔成交价,收盘价为当日最后一笔成交价,无成交价的以前收盘价为当日收盘价。

(3)做市商双向报价,并在报价数量范围内按其报价履行与投资者的成交义务。

(4)投资者之间不能成交,做市转让撮合时间做市商之间不能成交。

(5)投资者限价申报,做市商做市申报。

(6)接受申报时间:9:15-9:30;

　　做市转让撮合时间:9:30-11:30,13:00-15:00;

　　做市商转让时间:15:00-15:30。

(7)做市商最迟履行报价时间:9:30。

(8)做市商每个转让日双向报价时间不少于做市转让撮合时间的75%。

(9)做市商的做市申报应同时包含买入和卖出,且相对买卖价差不超过5%,相对买卖价差计算公式为:相对买卖价差=(卖出价格-买入价格)÷卖出价格×100%。

(10)做市商提交新的做市申报后,前次做市申报的未成交部分自动撤销。

(11)做市商前次做市申报撤销或者其申报数量经成交后不足1 000股的,做市商应于5分钟内重新报价。

(12)做市商持有库存股不足1 000股时,可以免于履行卖出申报义务,但应及时向全国股份转让系统报告并调节库存股数量,并最迟于该情形发生后的第3个转让日恢复正常双向报价。

(13)单个做市商持有库存股达到挂牌公司总股本20%时,可以免于买入报价义务,但应及时向全国股份转让系统报告,并最迟于该情形发生后的第3个转让日恢复正常双向报价。

8.3.2 指令驱动制度

指令驱动制度也称竞价制度,其特征是:开市价格由集合竞价形成,随后交易系统对不断进入的投资者交易指令,按价格与时间优先原则排序,将买卖指令配对竞价成交。我国沪、深证券交易所以及新加坡、日本等证券市场均实行指令驱动制度。下面以我国上海证券交易所为例,对竞价制度进行简单介绍。

一、集合竞价

即对每个交易日上午9:15至9:25撮合系统接受的全部有效委托进行集合竞价处理,开出开盘价。集合竞价确定成交价的过程如下:

(1)系统对所有买入有效委托按照委托限价由高到低的顺序排列,限价相同者按照进入系统的时间先后排列;所有卖出有效委托按照委托限价由低到高的顺序排列,限价相同者按照进入系统的时间先后排列。

(2)系统根据竞价规则自动确定集合竞价的成交价,所有成交均以此价格成交。集合竞价的成交价确定原则是:以此价格成交,能得到最大成交量;优于此价格的买单和卖单必须全部成交;等于此价格的卖单和买单有一方必须全部成交。

(3)系统依序逐步将排在前面的买入委托和卖出委托配对成交,即按照"价格优先、同等价格下时间优先"的成交顺序依次成交,直到不能成交为止,即所有买入委托的限价均低于卖出委托的限价。未成交的委托排队等待成交。

二、连续竞价

连续竞价确定成交价格的过程是:对新进入的一个买入有效委托,若不能成交,则进入买入委托队列排队等待成交;若能成交,即其委托买入限价高于或等于卖出委托队列的最低卖出限价,则与卖出队列顺序成交,其成交价格取卖方叫价。对新进入的一个卖出有效委托,若不能成交,则进入卖出委托队列排队等待成交;若能成交,即其委托卖出限价低于或等于买入委托队列的最高买入限价,则与买入委托队列顺序成交,其成交价格取买方叫价。这样循环往复,直至收市。

8.3.3 报价驱动制度与指令驱动制度的比较

一、价格形成方式不同

采用做市商制度,证券的开盘价格和随后的交易价格是由做市商报出的,是从交易系统外部输入价格;而指令驱动制度的开盘价与随后的交易价格是竞价形成的,是在交易系统内部生成的。

二、信息传递的范围与速度不同

采用做市商制度,投资者买卖指令首先报给做市商,做市商是唯一全面及时知晓买卖信息的交易商,而成交量与成交价随后才会传递给整个市场;采用指令驱动制度,买卖指令、成交量与成交价几乎是同步传递给整个市场的。

三、交易量与价格维护机制不同

在报价驱动制度中,做市商有义务维护交易量与交易价格;而在指令驱动制度中不存在交易量与交易价格的维护机制。

四、处理大额买卖指令的能力不同

做市商报价驱动制度能够有效处理大额买卖指令;而在指令驱动制度中,大额买卖指令要等待交易对手的买卖盘,完成交易常常要等待较长时间。

8.3.4 做市商报价驱动制度的优缺点

一、做市商报价驱动制度的优点

(一)成交的及时性

投资者可按做市商报价立即进行交易,而不用等待交易对手的买卖指令。尤其是在处理大额买卖指令方面的及时性,是指令驱动制度所不可比的。

(二)价格的稳定性

在指令驱动制度中,证券价格随投资者买卖指令而波动,而买卖指令常有不均衡现象,过大的买盘会过度推高价格,过大的卖盘会过度推低价格,因而价格波动较大。做市商报价驱动制度则具有缓和价格波动的作用,因为:一是做市商报价受交易所规则约束;二是做市商可以及时处理大额指令,减缓它对价格变化的影响;三是在买卖盘不均衡时,做市商可以参与其中,承接买盘或卖盘,缓和买卖指令的不均衡,并抑制相应的价格波动。

(三)抑制股价操纵

做市商对某种股票做市,会使"庄家"有所顾忌,"庄家"不愿意"抬轿",也担心做市商抛压,可以起到抑制"庄家"操纵股价的作用。

二、做市商报价驱动制度的缺点

(一)缺乏透明度

在报价驱动制度下,买卖盘信息集中在做市商手中,交易信息发布到整个市场的时间相对滞后。为抵消大额交易对价格的可能影响,做市商可要求推迟发布或豁免发布大额交易信息。上述情况使得交易缺乏透明度。

(二)增加投资者负担

做市商承担做市义务,是有一定风险的。做市商会对其提供的服务和所承担的风险要求补偿,如提高交易费用、税收优惠等,这将会增大运行成本,也会增加投资者负担。

(三)可能增加监管成本

采用做市商制度,要加强监管,可能会增加监管成本。

8.3.5 证券交易制度的发展

由于做市商报价驱动制度存在的一些缺点,近年来投资者也不断对做市商制度提出批评,各国证券市场对交易制也进行了改进。如纳斯达克引入了竞价交易制度,从1997年以前的纯粹竞争性做市商制度逐渐演变到混合交易制度。

国际证券交易制度发展的趋势以及部分市场如纳斯达克股票市场的制度改革可以给我们带来这样的启示:连续电子竞价的方式有利于降低成本,适合于交易活跃的股票;做市商报价的交易方式能保证成交的即时性并有助于减小价格的波动,适合于大宗交易和交易不活跃的股票。因此以一种方式为主、多种方式为辅的交易制度证券交易制度的发展方向。

8.4 证券交易程序

证券交易的一般程序包括开户、委托、竞价、清算与交割、过户几个环节。

8.4.1 开户

一、选择证券公司

只有证券交易所会员才能进入交易所直接买卖证券,投资者必须选定一家证券公司,委托该公司帮助投资者买卖在证券交易所挂牌的证券。证券公司接受客户委托、代客户买卖证券并以此收取佣金,并向客户提供及时、准确的信息和咨询服务。投资者选择证券公司一般要考虑以下因素:证券公司的信誉和经济实力;证券公司的设施条件和服务质量;机构投资者还要考虑交易操作人员的工作环境和有利于保守商业秘密;个人投资者应考虑证券营业部的地理位置、交通是否便利、开户保证金的标准能否接受等。

二、开设证券账户

法人或自然人投资者到当地的证券公司申请开设证券账户。证券账户分为上海证券交易所证券账户和深圳证券交易所证券账户。当投资者需要同时参与上海和深圳证券交易所的证券交易时，应开设两个交易所的证券账户。

证券账户分为个人账户与法人账户两种。开设个人账户时，投资者必须持本人居民身份证。法人开户所需提供的文件包括有效的法人证明文件（营业执照）及其复印件、法定代表人证明书及其居民身份证、法人委托书及委托人身份证件等。

三、开设资金账户

投资者必须向选定的证券公司申请开设资金账户，存入交易保证金。交易保证金就是投资者用于交易的资金，交易保证金的起点金额由证券商根据营业部情况自行确定。

投资者须持证券账户卡、个人身份证件到证券公司的开户柜台，与证券公司签订证券买卖代理协议，开立证券交易结算资金账户，领取资金账户卡；也可以通过证券公司网站或者 App 进行网上开户。投资者可根据证券公司的设备条件选择人工委托交易（当面委托）、电话自助委托交易、网上交易、手机交易等交易手段，并办理相应的手续。投资者缴存的交易保证金（包括支票、汇票、储蓄存折和储蓄卡转账）由投资者自主支配，用于购买证券、转账等，证券公司不得挪用，并应按活期储蓄利率支付投资者利息，也可选用银证联网转账存取。客户的交易结算资金存入指定的商业银行，单独立户管理。

四、办理证券指定交易和托管

全面指定交易制度是指凡是在上海证券交易所交易市场从事证券交易的投资者，均应事先明确指定一家证券营业部作为其委托、交易清算的代理机构，并将本人所属的证券账户指定于该机构所属席位号后方能进行交易的制度。投资者应就买卖上海证券交易所挂牌证券与证券商之间签署指定交易协议，指定交易后，投资人就只能在指定的券商营业部买卖上海证券交易所挂牌证券。如果要换一家证券商，应撤销原指定交易，重新指定交易。办理指定交易有利于保护投资者利益，防止投资的证券被盗卖。

托管制度是深圳证券交易所采取的交易制度及股份存管结算服务，涉及证券交易和结算环节。深圳证券交易所的投资者需要将自己持有的股份托管在自己选定的一家或几家证券营业部。证券托管是自动实现的，投资者在哪一个营业部买入证券，该证券就自动托管在该营业部。投资者可以利用自己的深圳证券交易所证券账户在国内任何一个证券营业部买入证券，但是卖出该证券必须在买入的那个营业部才能卖出。在托管中投资者若要将其托管股份从一家券商处转移到另一家券商处托管，必须办理相关的手续，实现股份委托管理的转移。

8.4.2 委托

投资者开户后，就可通过券商进行证券交易。委托是投资者将证券交易的具体要求告知券商，券商受理后代为进场申报，参加竞价成交的指令传递过程。

一、委托的形式

在我国，投资者为买卖证券而向券商发出的委托指令可以采用电话、网络或亲自前往等多种方式，目前委托的形式主要有当面委托和自助委托。

当面委托由投资者填写委托单，携带身份证、股东账户卡与资金账户卡（"三证"）等证件亲自到券商的营业部，在柜台直接递交证券公司业务员，由证券公司场内代表将指令输入证券交易所交易主机，完成委托。当面委托现在已较少采用。

自助委托是由投资者亲自操作传送委托指令的交易方式，现已被广泛采用，方便了投资者。目前使用最普遍的自助委托方式有电话委托和网上委托。

电话委托是利用电话专线,通过语音提示,指导投资者输入委托指令。电话委托的所有过程均由证券公司的电脑主机控制,安全可靠,差错率极低。投资者即使远在外地,也可进行委托,十分便捷。

网上委托是指证券公司通过互联网,向在本机构开户的投资者提供用于下达证券交易指令、获取成交结果的一种服务方式。网上委托通过互联网使投资者的电脑与券商的服务器连在一起,投资者可以享受券商提供的各种信息服务,包括即时行情、走势分析、成交概况等,可以进行场外报单,而且网上委托的成本是各种委托形式中最低的。

二、委托指令

委托指令的内容包括证券账号、日期、品种、数量、价格、委托方向等。

(一)委托买卖的数量

可分为整数委托和零数委托。整数委托,是指委托买卖证券的数量为一个交易单位或交易单位的整数倍。一个交易单位,俗称"一手"(股票为100股)。零数委托,是指投资者委托证券经纪商买卖证券时,买进或卖出的证券不足交易所规定的一个交易单位。目前,只有在卖出证券时才有零数委托。

(二)出价方式及委托价格

按证券的委托价格可分为市价交易指令、限价交易指令、止损交易指令、止损限价交易指令。

(1)市价交易指令(随行就市委托)。即投资者只提交交易数量而不指定成交价格的指令。经纪人在接到该指令后应以最快的速度并尽可能以当时市场上最优的价格执行这一交易指令。该指令的特点是:成交迅速,价位不确定,适用于股价处于下跌过程和投资者急需套现离场。

(2)限价交易指令(限制性委托)。在限价买入指令中,投资者为股票的价格规定上限;在限价卖出指令中,投资者为股票的价格规定下限。该指令的特点是:价位理想,成交不确定。

(3)止损交易指令(止损委托),即有条件的市价交易指令。当市场价格达到或超过止损价格时,该指令马上成为市价交易指令。买入止损交易指令,止损价格必须高于下指令时的市价;卖出止损交易指令,止损价格必须低于下指令时的市价。

(4)止损限价交易指令,即有条件的限价交易指令。投资者要注明两个价格,即止损价和限价。当市场价格达到或超过止损价格时,该指令马上成为限价交易指令。

(三)委托有效期

有当日有效、本周有效、本月有效、撤销前有效、一次成交有效、立即成交有效、开市有效等。我国现行规定的委托期为当日有效。

8.4.3 竞价

在证券交易所内,证券买卖双方通过公开竞价方式成交。竞价成交机制使证券市场成为公开、公正、公平和高效率的市场。

(一)竞价原则

证券交易竞价的原则是价格优先及时间优先。价格优先指的是在买入申报时,买价高的申报优先于买价低的申报;卖出申报时,卖价低的申报优先于卖价高的申报。时间优先指的是同价位申报时,按照时间的先后顺序进行申报。

(二)竞价方式

证券交易所的竞价方式有两种,即集合竞价和连续竞价。这两种方式是在不同的交易时段上采用的。集合竞价是在开盘前一段时间内来确定一个开盘价,而连续竞价是在开盘价确定后的时间内进行的。

(三)竞价结果

竞价的结果有三种:全部成交、部分成交、不成交。全部成交,即委托买卖全部成交,证券经营机构应及时通知委托人按规定的时间办理交割手续;部分成交,委托人的委托如果未能全部成交,证券经营机构在委托有效期内应继续执行,直到有效期结束;不成交,委托人的委托如果未能成交,证券经营机构在委托有效期内应继续执行,等待机会成交,直到有效期结束。

8.4.4 清算与交割

(一)清算与交割的概念

清算是指证券买卖双方在证券交易所进行的证券买卖成交以后,通过证券交易所将证券商之间买卖的数量和金额分别予以抵销,计算应收应付证券及应收应付金额的一种程序。清算包括资金清算和股票清算两个方面。不同的交易所可以采用不同的清算体系,如上海证券交易所与深圳证券交易所就采用不同的清算体系。

证券清算后,应办理交割手续。证券交易中的交割是指证券买卖双方互相支付资金与证券的行为。由于证券的买卖双方都是通过证券商代理进行的,买卖双方并不直接见面,证券的成交和交割等均由证券商代为完成,所以证券的交割分为证券商与委托人之间的交付和证券商之间的交付两个阶段。证券商与委托人之间的交付应该在证券商之间的交付之前进行。证券买方通常在委托证券经纪商买进证券时,就已将其要买进证券的价款存入交易账户;证券卖方同样是在卖出证券时先将其证券交给经纪商,以避免不能交割的危险。证券商之间的交割一般应当在证券成交当日收市后在证券交易所主持下进行。证券交易所应当根据需要,分别采用个别交割和集中交割两种形式。其中集中交割是证券交易所经常采用的形式。

(二)清算与交割的原则

证券在清算及交割过程中应遵循两条基本原则:

1. 净额交收原则

净额交收又称差额清算,就是在一个清算期中,对每个证券商价款的清算只计其各笔应收应付款项相抵后的净额,对每一种证券的清算只计应收应付相抵后的净额。这种清算方式的优点是可以简化操作手续,提高清算效率。在清算价款时,同一清算期内的不同证券的买卖价款可以合并计算,但不同清算期发生的价款不能合并计算;而在清算证券时,只有在同一清算期内且同种证券才能合并计算。

2. 钱货两清原则

证券交易中的钱货两清是指在办理交收的同时完成证券的交割,这是清算交割业务中的基本原则。钱货两清的主要目的是防止买空卖空行为的发生,维护交易双方正当权益,保护证券市场正常运行。

(三)交割的方式

在证券买卖中,交割的方式可分为以下几种:

1. 当日交割($T+0$)

证券买卖双方在成交的当日进行证券和价款的收付,完成交割。这种方法一般适用证券商的自营买卖。

2. 次日交割($T+1$)

即在证券买卖双方交易达成后的下一个营业日进行证券和价款的收付。

3. 例行日交割

证券买卖双方在交易达成后,按所在交易所的规定,在成交日后的某个营业日内进行交割。

4. 特约日交割

证券交易的双方在达成交易后,由双方根据具体情况商定,在从成交日算起 15 天以内的某一特定契约日进行交割。这种交割方式是为了方便那些无法进行例行交割的客户而设立的。

8.4.5 过户

过户是指买入记名股票的投资者到证券发行机构或其指定代理机构办理变更股东名册记载事项的手续。我国发行的股票都是记名股票,股份公司以股东名册为依据,进行股利分配及参与公司决策。投资者在买入股票时,必须办理过户手续,才能保障其合法权益。在无纸化交易时,过户只存在形式上的意义,这一手续已在清算交割时由券商代为办理了,投资者不需要亲自去有关机构办理手续。在公司分配股利或召开股东大会时,需要对股东名册进行重新清理,以免重复或遗漏,然后将核准无误的股东名册交付证券交易所。

8.5 证券交易方式

证券交易方式主要有:现货交易、期货交易、信用交易和期权交易等。

8.5.1 现货交易

现货交易方式是证券交易最早的方式,又称现金交易,指的是证券的买卖双方在规定的时间内(通常为两个营业日内)进行现金与证券交割的行为。现货交易的主要特点是成交和交割基本上同时进行,卖方向买方支付证券,而买方向卖方支付现金。传统的现货交易通过人工完成,而现代的现货交易则通过电脑网络来进行。

8.5.2 期货交易

证券的期货交易是相对于证券的现货交易而言的,它是指买卖双方就某一证券交易对象(可以是一种上市证券,也可以是证券交易所的股票价格指数)按照标准化合约在将来特定的时间内进行交割的证券交易方式。

证券的期货交易是证券远期交易中的一种，但它与一般的证券远期交易相比具有标准化的特点，包括：标准的交易单位；标准的到期日；交易保证金制度；佣金制度；对冲交易等。证券期货交易的主要功能在于可以用来进行套期保值，或用来进行投机、套利。

8.5.3 信用交易

证券的信用交易又称融资融券交易，是指投资者凭借自己的信誉，缴纳一定数额的保证金，在委托买进证券时由证券商贷给资金，或在委托卖出证券时由证券商贷给证券，到期投资者按规定归还证券商资金或证券，并向证券商支付利息的交易方式。

证券的信用交易方式在实际操作过程中可以划分为保证金的多头交易和保证金的空头交易两种。保证金的多头交易是指投资者预测某种证券的价格将会上涨，向证券商融通资金买进该证券的交易方式；保证金的空头交易则是指投资者预测某证券价格将会下跌，为了日后低价买进而向证券商融通该证券后卖出的交易方式。

证券的信用交易方式对投资者和证券商来说各有利弊。对投资者来说，有利的一面在于可以增加投资盈利的机会，不利的一面在于加大了投资的风险；对于证券商来说，有利的一面在于可以增加收入，不利的一面在于容易引起纠纷。

8.5.4 期权交易

证券的期权交易是在证券期货交易的基础上发展起来的，与期货交易的最大区别在于其买方具有选择权，可以行使权力，也可以放弃。证券的期权交易是指买卖双方对某种证券对象在将来某一特定的时间内按照协议价格进行买卖的一种具有选择权的交易方式。

证券的期权按照不同的标准可以划分为不同的类型。按照期权合同的买卖方向可将其划分为买入期权和卖出期权。买入期权又称为看涨期权，卖出期权又称为看跌期权。看涨期权是指期权的买方有权在规定的时间内买进某种证券的期权合约；而看跌期权是指期权的买方有权在规定的时间内卖出某种证券的期权合约。同时，按照期权合同的交割时间可以分为欧式期权和美式期权。欧式期权指的是期权的合同只能在规定的到期日进行交割的期权合约；而美式期权则指的是期权的合同在规定到期前的任何一天都可以进行交割的期权合约。

8.6 证券价格指数

证券市场价格变化的总体情况一般通过证券市场价格指数来反映。不同种类的证券对应不同的价格指数，如股票指数、债券指数和基金指数等。

8.6.1 股票价格指数

股票价格指数是由证券交易所或金融服务机构编制的表明股票行情变动的一种参考指数。

在股票市场上,有成百上千种股票在不断地买进卖出,价格水平此起彼落,变化不定。为了衡量整个股市的涨跌情况,需要有一个总的尺度标准,人们就设计了股票价格指数。用股票价格指数来衡量整个股票市场总的价格水平,能够比较正确地反映股票行情的变化和股票市场的发展趋势,从而有利于投资者进行投资选择和观察分析经济形势。

一、股票价格指数的类型

根据股价指数的编制目的,可以编制不同的指数。常见的股票指数有综合指数、样本指数(成分指数)和分类指数。

综合指数是以某一市场所有的股票作为样本而编制的股价指数,如上证综合指数就是以在上海证券交易所挂牌上市的全部股票为计算范围而编制的股价指数。

样本指数又称成分指数,是通过科学客观的方法挑选出最具代表性的样本股票,建立一个反映整个证券市场的概貌和运行状况、能够作为投资评价尺度及金融衍生产品基础的基准指数,如上证180指数和沪深300指数。上证180指数选取上海证券交易所最具代表性的180只股票作为样本,因此上证180指数基本上可以反映上海证券交易所的股价情况。沪深300指数选取上海证券交易所和深圳证券交易所最具代表性的300只股票作为样本,该指数基本反映了中国证券市场股票价格的情况。

分类指数是将某一类型的股票作为样本而编制的股价指数。常见的是根据行业分类选取样本,如上证工业类指数、上证商业类指数、上证公用事业类指数以及上证综合企业类指数等。

二、股票价格指数的作用

股价价格指数不仅是反映股票市场行情变动的重要指标,而且是观测经济形势和经济周期状况的参考指标,被视为股市行情的"指示器"和经济景气变化的"晴雨表"。股价指数主要有以下基本功能:

(1)综合反映一定时期内某一证券市场上股票价格的变动方向和变动程度。

(2)为投资者和证券分析者研究、判断股市动态提供信息,便于对股票市场趋势做出分析。

(3)作为投资业绩评价的基准,提供一个股市投资的"基准回报"。

(4)作为指数衍生品和其他金融创新的基础,如股指期货等金融衍生品就是以某类股价指数作为标的的。

三、股票价格指数的编制要求

编制股票价格指数,通常以某年某月某日为基期,以这个基期的股价平均数作为100或1 000,用以后各时期的股价平均数和基期股价平均数比较,计算出比率,乘以100或1 000,就是该时期的股票价格指数。

股票价格指数一般具有客观性、准确性、代表性和敏感性的特征。为反映这些特征,在编制过程中应符合如下要求:

(一)要正确选择若干种股票作为计算对象

选择的计算对象又称样本,这些采样股票必须具有典型性、普遍性或一定的影响力。在选择样本股票时,必须综合考虑其行业分布、市场影响力、股票等级、适当数量等因素。

(二)要采用恰当的计算方法进行科学的编制计算

计算方法要有高度的适应性,能对不断变化的股市行情做出相应的调整或修正,使股价指数有较强的敏感性。

(三)要有科学的计算依据和手段

对于股价指数的计算,其计算口径必须一致,一般均以交易所的收盘价为计算依据。但随着计算频率的增加,有的以每小时价格甚至更短的时间价格来计算,因此计算依据一般与计算时间间隔相适应,随着科技的发展,计算手段也需不断完善,使股价指标能更准确、更客观地反映股市行情。

(四)选好计算股价指数的基期

基期应有较好的代表性和均衡性,要能够代表正常情况下股票市场的均衡水平。基期只有定得合适才有可比性,据此计算出的股价指数才能如实地反映股市活动的全貌。

四、股票价格指数的编制方法

股票价格指数是报告期股价与某一基期股价相比较的相对变化指数。首先假定某一时点为基期,基期值为 100 或 1 000,然后用报告期股价与基期股价相比较而得出。

(一)简单算术平均法

即在计算出采样股票个别价格指数的基础上加总求其算术平均数。公式为:

$$P = \frac{1}{n}\sum_{i=1}^{n}\frac{P_{1i}}{P_{0i}} \times 100$$

其中,P 为股价指数,$P_{0i}(i=1,2,\cdots,n)$ 为基期第 i 种股票价格,$P_{1i}(i=1,2,\cdots,n)$ 为报告期第 i 种股票价格,n 是股票样本数。

(二)综合平均法

即分别把基期和报告期的股价加总后,用报告期股价总额除以基期股价总额,其计算公式为:

$$P = \frac{\sum_{i=1}^{n}P_{1i}}{\sum_{i=1}^{n}P_{0i}} \times 100$$

简单算术平均和综合平均法都没有考虑到,由于采样股票的发行量和交易量的不同会对整个股市股价产生不同的影响,计算的指数不够准确。

为了使股价指数计算精确,需要加入权数,这个权数可以是交易量,也可以是发行量。

(三)加权法

根据权数不同,计算公式有:

(1)以基期交易量(Q_{0i})为权数:

$$P = \frac{\sum_{i=1}^{n}P_{1i}Q_{0i}}{\sum_{i=1}^{n}P_{0i}Q_{0i}} \times 100$$

(2)以报告期交易量(Q_{1i})为权数:

$$P = \frac{\sum_{i=1}^{n}P_{1i}Q_{1i}}{\sum_{i=1}^{n}P_{0i}Q_{1i}} \times 100$$

(3) 以报告期发行量(W_{1i})为权数:

$$P = \frac{\sum_{i=1}^{n} P_{1i} W_{1i}}{\sum_{i=1}^{n} P_{0i} W_{1i}} \times 100$$

(4) 加权几何平均法。即以交易量或发行量作为权数,其计算公式为:

$$P = \sqrt{\frac{\sum_{i=1}^{n} P_{1i} Q_{0i} \cdot \sum_{i=1}^{n} P_{1i} Q_{1i}}{\sum_{i=1}^{n} P_{0i} Q_{0i} \cdot \sum_{i=1}^{n} P_{0i} Q_{1i}}}$$

五、股价的修正(除息、除权)

(一)除息和除权

除息是指除去交易中股票领取股息的权利。当股份公司决定对股东发放现金股息时就要对股票进行除息处理。

除权是指除去交易中股票配送的权利。当股份公司发放股票股息、公积金转赠股份及对原有股东按一定比例配股时要对股票进行除权处理。

(二)股权登记日、除权除息日

上市公司的股份每日在交易市场上流通,上市公司在送股、派息或配股的时候,需要确定出某一天,确定可以参加分红或参与配股的股东,定出的这一天就是股权登记日。也就是说,在股权登记日这一天仍持有或买进该公司股票的投资者,可以享有此次分红或参与此次配股。这部分股东名册由证券登记公司记录在案,届时将应送的红股、现金红利或者配股权划到这部分股东的账户上。所以,如果投资者想得到一家上市公司的分红、配股权,就必须弄清楚这家公司的股权登记日在哪一天,否则就会失去分红、配股的机会。

股权登记日后的第一天就是除权日或除息日,这一天或以后买入该公司股票的投资者,不再享有该公司此次分红配股的权利。

(三)除权价、除息价的计算

上市公司进行分红、配股后,除去可享有分红、配股权利,在除权、除息日这一天会产生一个除权价或除息价,除权价或除息价是在股权登记日这一天的收盘价基础上产生的,其计算公式为:

除息价＝股权登记日收盘价－每股所派现金

除权价计算分为送股除权和配股除权,送股除权计算公式为:

送股除权价＝登记日收盘价÷(1＋送股比例)

配股除权价计算公式为:

配股除权价＝(股权登记日收盘价＋配股价×配股比例)÷(1＋配股比例)

有分红、派息、配股的除权除息价计算公式为:

除权除息价＝(股权登记日收盘价＋配股比例×配股价－每股所派现金)÷(1＋送股比例＋配股比例)

除权价、除息价是除权日或除息日当天股票的开盘标价。

【例 8-1】 某证券交易所采用样本股编制股价指数,以报告期交易量为权数,并将基期指数值定为100,采样股票的有关资料见表8-4：

表8-4　　　　　　　　　　采样股票有关资料

项目 种类	市价(元) 基期	市价(元) 报告期	交易量(万股) 基期	交易量(万股) 报告期	发行量(万股) 基期	发行量(万股) 报告期
A	5	8	1 000	1 500	3 000	5 000
B	8	12	500	900	6 000	6 000
C	10	14	1 200	700	5 000	6 000
D	15	18	600	800	7 000	10 000

要求：

(1)用平均法计算报告期股价指数。

(2)用综合法计算报告期股价指数。

(3)用加权法(报告期流通量为权数)计算报告期股价指数。

(1)平均法指数 $=\dfrac{1}{4}\left(\dfrac{8}{5}+\dfrac{12}{8}+\dfrac{14}{10}+\dfrac{18}{15}\right)\times 100=142.5$

(2)综合法指数 $=\left(\dfrac{8+12+14+18}{5+8+10+15}\right)\times 100=136.8$

(3)加权法指数 $=\dfrac{8\times 1\,500+12\times 900+14\times 700+18\times 800}{5\times 1\,500+8\times 900+10\times 700+15\times 800}\times 100=139.465$

六、国际主要股票价格指数

(一)道·琼斯指数

道·琼斯指数是世界上最具影响力、使用最广泛的股票价格指数之一。它是以在纽约证券交易所挂牌上市的一部分有代表性的公司股票作为编制对象,分别由30家工业公司股票平均指数、20家交通运输业公司股票平均指数、15家公用事业公司股票平均指数以及上述三种股价平均指数所涉及的65家公司股票为编制对象的道·琼斯股价综合平均指数构成。在四种道·琼斯股票指数中,以道·琼斯工业股价平均指数最为著名,它被大众传媒广泛地报道,并作为道·琼斯指数的代表加以引用。

(二)标准普尔指数

标准普尔公司是美国最大的证券研究机构,它于1923年开始编制股票价格指数,最初选择的股票是233种,后来编制两种股票指数：一种是包括90种股票的价格指数,每天计算和公布一次;另一种是包括400种股票的价格指数,每周计算和公布一次。到1957年选择股票扩大到500种(称为S&P 500),包括工商行业400种,航空、铁路、公路等运输行业20种,金融、保险行业40种,公用事业40种,采用高速电子计算机,将500种普通股票加权平均编制成一种股票价格指数,每小时计算和公布一次。

标准普尔股票价格指数以1941—1943年为基期,基期指数定为10,采用加权平均法计算。

标准普尔股票价格指数具有采样面广、代表性强、精确度高、连续性好等特点,被普遍认为是一种理想的股票指数期货合约标的。

(三)纳斯达克综合指数

纳斯达克综合指数是反映纳斯达克证券市场行情变化的股票价格平均指数,基期指数值为100。纳斯达克的上市公司涵盖所有高新技术行业,包括软件和计算机、电信、生物技术、零售和批发贸易等,包括美国数百家发展最快的先进技术、电信和生物公司,因而成为美国"新经济"的代名词。

纳斯达克综合指数是代表各工业门类的市场价值变化的晴雨表。因此,纳斯达克综合指数相比标准普尔500指数、道·琼斯工业指数(仅包括30家大公司)更具有综合性。目前,纳斯达克综合指数包括5 000多家公司,超过其他任何单一证券市场,已成为最有影响力的证券市场指数之一。

(四)伦敦金融时报指数

伦敦金融时报指数是《金融时报》工商业普通股票平均价格指数的简称,由英国《金融时报》于1935年7月1日起编制,并以该日期作为指数的基期,基期股价指数为100,采用几何平均法进行计算。该指数最早选取在伦敦证券交易所挂牌上市的30家代表英国工业的大公司的股票为样本,是欧洲最早和最有影响的股票价格指数。

伦敦金融时报指数有三种:一是由30种股票组成的价格指数;二是由100种股票组成的价格指数;三是由500种股票组成的价格指数。

通常所讲的英国金融时报指数指的是第一种,即由30种有代表性的工商业股票组成并采用加权算术平均法计算出来的价格指数。

(五)日经指数

日经指数原称为"日本经济新闻社道·琼斯股票平均价格指数",是由日本经济新闻社编制并公布用以反映日本东京证券交易所股票价格变动的股票价格平均指数。

该指数的前身为1950年9月开始编制的"东证修正平均股价"。1975年5月1日,日本经济新闻社向美国道·琼斯公司买进商标,采用修正的美国道·琼斯公司股票价格平均数的计算方法计算,并将其所编制的股票价格指数定为"日本经济新闻社道·琼斯股票平均价格指数",1985年5月1日在合同满十年时,经两家协商,将名称改为"日经平均股价指数"(简称日经指数)。

日经指数按其计算对象的采样数目不同,分为两种:

一是日经225种平均股价指数,它是从1950年9月开始编制的;该指数因连续时间较长,具有良好的可比性,成为考察日本股票市场股价长期演变及最新变动最常用和最可靠的指标。传媒日常引用的日经指数就是指这个指数。

二是日经500种平均股价指数,它是从1982年1月开始编制的。

(六)香港恒生指数

香港恒生指数是香港股票市场上历史最悠久、影响最大的股票价格指数,由香港恒生银行于1969年11月24日开始发布。

恒生股票价格指数包括33家有代表性且经济实力雄厚的大公司股票作为成分股,分为四大类:4种金融业股票、6种公用事业股票、9种地产业股票和14种其他工商业(包括航空和酒店)股票。该股票指数涉及香港的各个行业,具有较强的代表性。

恒生股票价格指数的编制以1964年7月31日为基期,基期指数确定为100点。其计算方法是将33种股票按每天的收盘价乘以各自的发行股数为计算日的市值,再与基期的市值相比较,乘以100就得出当天的股票价格指数。

七、我国股票价格指数

(一)上海证券交易所股价指数

上证指数共包括3类10项指数:

(1)综合指数类,包括:上证综合指数、上证A股指数、上证B股指数。

(2)样本指数类(成分股指数),包括:上证50指数、上证180指数。

(3)分类指数类,包括上证工业类指数、上证商业类指数、上证房地产业类指数、上证公用事业类指数、上证综合企业类指数。

通常所说的上证指数即上证综合指数。上证指数以1990年12月19日为基期,基期指数值为100,以全部的上市股票为样本,以股票发行量为权数进行编制。

(二)深圳证券交易所股价指数

深圳证券交易所股价指数共有3类13项,其中最常用的是深证成分指数和深证综合指数。

(1)综合指数类,包括深证综合指数、深证A股指数、深证B股指数。

(2)成分股指数类,包括深证成分指数、成分A股指数、成分B股指数、深证100指数。

(3)分类指数类,包括工业分类指数、商业分类指数、金融分类指数、地产分类指数、公用事业指数、综合企业指数。

深圳证券交易所成分股价指数(简称深证成指)是深圳证券交易所的主要股指。它是按一定标准选出40家有代表性的上市公司作为成分股,用成分股的可流通数作为权数,采用综合法进行编制而成的股价指标。从1995年5月1日起开始计算,基期指数为1 000点。

深圳证券交易所综合股价指数是1991年4月4日开始编制和发布的,以1991年4月3日为基期,基期指数为100,属于发行量加权指数。

其计算公式为:

$$当日即时指数 = 上一营业日收市指数 \times \frac{当日现时总市值}{上一营业日收市总市值}$$

(三)中证指数有限公司及中证指数

中证指数有限公司于2005年8月由沪深证券交易所共同出资成立,是中国规模最大、产品最多、服务最全、最具市场影响力的金融市场指数提供商,管理各类指数近4 000条。

1. 沪深300指数

沪深300指数由上海和深圳证券市场中市值大、流动性好的300只股票组成,综合反映我国A股市场上市股票价格的整体表现,沪深300指数以2004年12月31日为基日,基点为1 000点。

2. 中证流通指数

中证流通指数由在沪深市场上市的符合条件的A股与存托凭证组成样本,反映沪深市场上市公司的整体表现,该指数以2005年12月30日为基日,以1 000点为基点。

8.6.2 债券指数

债券指数是反映债券市场价格总体走势的指标。债券指数是一个比值,其数值反映了当前市场的平均价格相对于基期市场平均价格的变化。

我国的债券指数主要有上证国债指数、上证企业债指数和中证全债指数。

一、上证国债指数

上证国债指数是以上海证券交易所上市的所有固定利率国债为样本,按照国债发行量加权而成。自2003年1月2日起对外发布,其基日为2002年12月31日,基点为100点,代码为000012。上证国债指数是上证指数系列的第一只债券指数,它的推出标志着我国证券市场股票、债券、基金三位一体的指数体系基本形成。上证国债指数的目的是反映我国债券市场整体变动状况,它是我国债券市场价格变动的"指示器"。上证国债指数既为投资者提供了精确的投资尺度,也为金融产品创新夯实了基础。

指数采用派许加权综合价格指数公式计算。以样本国债的发行量为权数进行加权,计算公式为:

报告期指数 = [(报告期样本债券总市值 + 报告期样本券利息及再投资)/除数] × 100

其中,总市值 = $\sum$(全价 × 发行量);全价 = 净价 + 应计利息。

二、上证企业债指数

上证企业债指数是上海证券交易所编制的反映我国证券市场企业债整体走势和收益状况的指数。上证企业债指数基日为2002年12月31日,基点为100点,指数代码为000013,于2003年6月9日正式发布。

三、中证全债指数

为综合反映沪、深证券交易所和银行间债券市场价格变动的趋势,为债券投资者提供投资分析工具和业绩评价基准,中证指数有限公司于2007年12月17日正式发布了中证全债指数。该指数从沪、深证券交易所和银行间市场挑选国债、金融债及企业债组成样本券,其基日为2002年12月31日,基点为100点。

8.6.3 基金指数

为反映基金市场的综合变动情况,深圳证券交易所和上海证券交易所均以现行的基金编制基金指数。

一、深市基金指数

深圳证券交易所于2000年7月3日终止以老基金为样本的原"深证基金指数"的编制与发布,同时推出以证券投资基金为样本的新基金指数:深市基金指数(代码为9905)。深市基金指数的编制采用派氏加权综合指数法进行计算,权数为各证券投资基金的总发行规模。该指数的基日为2000年6月30日,基点为1 000点。

二、上证基金指数

上证基金指数选样范围为在上海证券交易所上市的所有基金,上证基金指数同各指数一样通过行情库实时发布,代码为000011,自2000年6月9日起正式发布,计算方法为采用派氏指数公式计算,以发行的基金单位总份额为权数。

8.7 融资融券交易

融资融券即证券信用交易,是指投资者向证券公司提供担保物,借入资金买入上市证券或借入上市证券并卖出的行为。融资融券交易分为融资交易与融券交易。

融资是指投资者向所在的具有融资融券资格的证券公司提供保证金以借入资金买入证券,通常又称为"做多"或"买空"。

融券是指投资者向所在的具有融资融券资格的证券公司提供保证金以借入上市证券并卖出,通常又称为"做空"或"卖空"。

8.7.1 融资融券的优势

融资融券的优势包括:

(1)融资融券具有杠杆性,能放大投资者的投资规模。

(2)融资融券具有双向性,即可以通过先买后卖的传统交易,"做多"盈利;也可以通过融券交易先卖后买,"做空"盈利。

(3)通过融资与融券实现风险对冲,投资者可以持有一部分股票多头,同时持有一部分股票的空头,有效降低市场风险和选股风险,获得更高的收益风险比。

8.7.2 融资融券相关概念

一、征信

征信指根据制定的融资融券客户适当性评估标准,对收集到的客户财产状况、投资能力、融资融券业务知识水平及风险承受能力等相关信息进行综合评定,确定客户参与融资融券业务的适当性。

二、授信

授信指在征信的基础上,审定客户参与融资融券业务的资格和融资融券授信额度。

三、授信额度

授信额度是指证券公司根据投资者资信状况、担保物价值、市场情况及自身财务安排等因素,授予投资者可融入资金或证券的最大限额。授信额度分为融资融券授信额度、融资授信额度、融券授信额度。

在融资融券交易中,投资者实际融入资金加融入证券按卖出价计算资金的总金额不得大于融资融券授信额度;投资者融入的资金不得大于融资授信额度;投资者融入证券按卖出价折算资金的金额不得大于融券授信额度。

四、信用账户

信用账户是指投资者为参与融资融券交易向证券公司申请开立的信用证券账户及在证券公司指定存管银行开设的信用资金账户。

五、保证金

投资者融资融券交易前,应当向证券公司提交一定比例的保证金。保证金可以是现金,也可以是可充抵保证金的证券。

六、可充抵保证金证券

可充抵保证金证券是指在融资融券业务中证券公司认可的可用于充抵保证金的证券。

七、折算率

折算率是指投资者以证券充抵保证金,在计算保证金金额时对证券市值所用的折算比例。

八、保证金可用余额

保证金可用余额是指投资者用于充抵保证金的现金、证券市值及未了结融资融券交易产生的浮盈经折算后形成的保证金总额,减去投资者未了结融资融券交易已占用保证金和相关利息、费用的余额。即还可用于融资、融券交易的担保物。

投资者融资买入或融券卖出时所使用的保证金不得超过其保证金可用余额。

九、保证金比例

保证金比例是指投资者融资买入或融券卖出交付的保证金与融资交易金额或融券交易金额的比例。

融资保证金比例是指投资者融资买入时交付的保证金与融资交易金额的比例。其计算公式为:

$$融资保证金比例 = 保证金 / (融资买入证券数量 \times 买入价格) \times 100\%$$

例如:某投资者信用账户中有50万元保证金可用余额,拟融资买入融资保证金比例为80%的证券A,则该投资者理论上可融资买入62.5万元市值(50万元保证金÷80%)的证券A。

融券保证金比例是指投资者融券卖出时交付的保证金与融券交易金额的比例。其计算公式为:

$$融券保证金比例 = 保证金 / (融券卖出证券数量 \times 卖出价格) \times 100\%$$

例如:某投资者信用账户中有50万元保证金可用余额,拟融券卖出融券保证金比例为80%的证券B,则该投资者理论上可融券卖出62.5万元市值(50万元保证金÷80%)的证券B。

投资者融资买入或融券卖出时,融资保证金比例或融券保证金比例不得低于证券公司规定的比例。证券公司一般规定的保证金比例为:

$$融资保证金比例 = 融资基准保证金比例 + (1 - 证券折算率)$$
$$融券保证金比例 = 融券基准保证金比例 + (1 - 证券折算率)$$

十、标的证券

标的证券是指证券交易所和证券公司认可的可以融资买入或融券卖出的证券。投资者融资买入或融券卖出的证券不得超出证券公司规定的标的证券的范围。

十一、担保物

投资者提交的保证金、融资买入的全部证券和融券卖出所得的全部资金及上述资金、证券所产生的孳息等,整体作为担保物,用于担保证券公司对投资者的融资融券债权。

8.7.3 信用账户的操作

信用账户担保品买入的范围为可充抵保证金证券内的证券;融资买入、融券卖出的范围为标的证券内的证券。

信用账户不能进行新股申购、定向增发、债券回购、预受要约、LOF 申购及赎回、现金选择权申报、LOF 和债券的跨市场转出、证券质押以及融资配股等操作。

8.7.4 融资融券流程

融资融券的流程如图 8-1 所示。

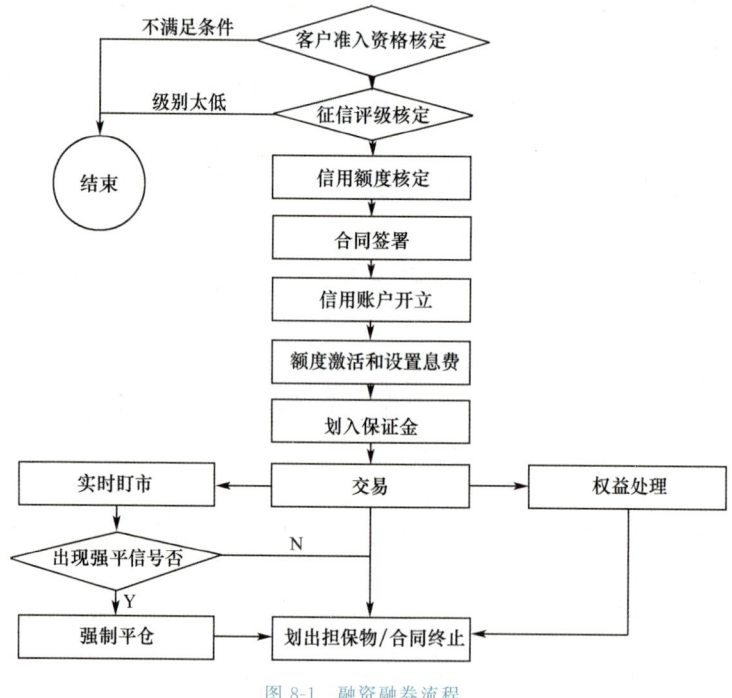

图 8-1 融资融券流程

8.7.5 维持担保比例的计算及作用

一、维持担保比例的计算

维持担保比例是指投资者担保物价值与其融资融券债务之间的比例,即信用账户总资产除以总负债。其计算公式为:

维持担保比例＝(现金＋信用证券账户内证券市值)/(融资金额＋融券卖出证券数量×当时市价＋利息及费用)

例如：某投资者信用账户内，有现金100 000元，折算率为0.6的A证券5 000股，投资者融资买入折算率0.7的B证券10 000股，买入价格为20元；过了一段时间后，A证券的价格为20元/股，B证券的价格为15元/股，此时投资者信用账户的维持担保比例计算为（交易费用忽略不计）：

维持担保比例＝(100 000＋5 000×20＋10 000×15)/(10 000×20)＝175%

融资买入股票和融券卖出股票的价格发生变化，会使维持担保比例出现降低或升高的情况；通过偿还融资融券债务或转入担保物，可以提高维持担保比例。

二、维持担保比例的作用

证券公司通过维持担保比例来衡量投资者账户的风险状况。

证券公司对维持担保比例设置了提取线、警戒线、追保线、清偿平仓线，对应的维持担保比例值分别为300%、150%、130%、110%。

根据清算后投资者信用账户的维持担保比例值，证券公司采取了如下的处理及交易限制：

（1）当投资者信用账户维持担保比例高于提取线（300%）时，投资者可以提取保证金可用余额中的现金或充抵保证金的有价证券，但提取后维持担保比例不得低于300%。

（2）当投资者信用账户维持担保比例低于警戒线（150%）但不低于追保线（130%）时，限制投资者进行担保品买入、融资买入、融券卖出、担保物划出的操作。

（3）当投资者信用账户维持担保比例低于追保线（130%）但不低于清偿平仓线（110%）时，限制投资者进行担保品买入、融资买入、融券卖出、担保物划出的操作。

（4）当投资者信用账户维持担保比例低于清偿平仓线（110%）时，限制投资者进行担保品买入、担保品卖出、卖券还款、直接还款、融资买入、融券卖出、买券还券、直接还券、担保物划出的操作。

8.7.6 追加担保物

每日（T日）清算后，当投资者的维持担保比例低于追保线（130%）但不低于清偿平仓线（110%）时，投资者应该在后两个交易日（T＋2日）之内追加担保物。如果投资者信用账户在T＋1日或T＋2日当天日终清算完成后维持担保比例在警戒线（150%）以上时，则投资者追加担保物完成。

投资者追加担保物的方式包括：转入资金、转入可充抵保证金证券或偿还债务。

8.7.7 强制平仓

强制平仓是指当投资者未能按期交足担保物或者到期未偿还融资融券债务以及其他约定情形时，证券公司对投资者担保物予以处分的行为。

当出现下列情况之一时，证券公司对投资者信用账户进行强制平仓：

（1）未在规定的时间内补足担保物。

（2）合约到期未按时了结债务的。

（3）合同到期或终止，尚有未了结债务。

（4）维持担保比例低于清偿平仓线。

（5）投资者出现合同约定其他强制平仓的情形。

对投资者信用账户实行强制平仓时,证券公司限制其信用账户进行信用买入、信用卖出、卖券还款、直接还款、融资买入、融券卖出、买券还券、现券还券、担保物转出的操作,只允许进行担保物转入的操作。担保物的转入不影响强制平仓的执行。

8.7.8 融资利息、融券费用的计算

证券公司收取投资者的融资利息和融券费用,按实际自然日天数每日融资融券负债金额,乘以融资日利率(融券日费率)进行计算。公式为:

$$应收利息 = \sum (当日融资负债金额 \times 融资日利率)$$

$$应收费用 = \sum (当日融券负债金额 \times 融券日费率)$$

其中:

$$融资日利率 = 融资年利率/360$$

$$融券日费率 = 融券年费率/360$$

$$计息天数 = 自然日天数$$

$$当日融资负债金额 = 当日融资买入金额 + 当日日初融资负债余额$$

$$当日融券负债金额 = (当日融券卖出数量 + 当日日初融券卖出数量) \times 当日收盘价$$

本章小结   思考与练习题

第 9 章

证券市场监管

学习目标
1. 掌握证券市场监管的含义、目标、原则。
2. 了解证券市场监管的手段、模式。
3. 掌握证券市场监管的对象及内容。
4. 掌握指导我国证券市场发展的"法制、监管、自律、规范"方针。

9.1 证券市场监管概述

9.1.1 证券市场监管的含义

证券市场监管是金融市场监管的有机组成部分,指国家证券管理机关及其授权机构和证券自律管理机构,为确保证券市场高效配置资本、平稳和有序运行,维护证券发行者、投资者和交易者的正当权益,防止证券活动中的过度冒险、投机和欺诈活动,依照法律规定的权限对证券、证券发行和交易活动,以及从事证券活动的各类机构和个人等主体的行为,运用法律、经济和行政等手段,实施的规划、组织、协调、监督和控制的活动和过程。

证券市场的实践表明,垄断、经济外部性、信息不对称、过度竞争和公共物品属性等特性时常存在,引致市场失灵和价格扭曲,证券产品独特的权利特性以及证券市场的高投机性和高风险性特点,使得证券市场市场失灵的负面效应更具爆发性和破坏性。因此,政府主导的证券市场监督管理成为经济中的一个现实选择。

9.1.2 证券市场监管的意义

证券市场监管是一国宏观经济监督体系中不可缺少的组成部分,对证券市场的健康发展意义重大。

(1) 加强证券市场监管是保障广大投资者权益的需要。投资者是证券市场的重要参与者，他们参与证券交易、承担投资风险是以获取收益为前提的。为保护投资者的合法权益，必须坚持"公开、公平、公正"的原则，加强对证券市场的监管。只有这样，才便于投资者充分了解证券发行人的资信、证券的价值和风险状况，从而使投资者能够比较正确地选择投资对象。

(2) 加强证券市场监管是维护市场良好秩序的需要。为保证证券发行和交易的顺利进行，一方面国家要通过立法手段，允许一些金融机构、中介机构和个人在国家政策法律许可的范围内买卖证券并取得合法收益；但另一方面，在现有的经济基础和条件下，市场也存在着蓄意欺诈、垄断市场、操纵交易和哄抬股价等弊端。为此，必须对证券市场活动进行监督检查，对非法证券交易活动进行严厉查处，以保护正当交易，维护证券市场的正常秩序。

(3) 证券市场监管有利于防范证券市场特有的高风险。证券产品本身的价格波动和预期特性使得证券产品具有内在的高投机性和高风险性，证券交易中普遍使用的信用交易更是加剧了证券市场的投机性和风险性。如果缺乏必要的证券市场监管，投机导致的风险就会迅速积累并快速向外扩散，甚至超过市场能够承受的极限，酿成危机。

(4) 证券市场监管有利于证券市场自身健康和稳定发展。证券市场监管遵循的公开、公平和公正原则，创造了促进证券市场健康发展的环境。公开原则保证证券发行和交易行情信息及时和全面公开，减少内幕交易和舞弊行为；公平原则保证投资者在竞争中的公平环境，为投资者提供均等机会，减少操纵和欺诈行为；公正原则使得证券领域的违纪违法行为能够得到及时制止和公正处理。

9.1.3 证券市场监管的主体

一、中国证监会

中国证监会是国务院直属机构，是全国证券期货市场的主管部门，按照国务院授权履行行政管理职能，依法对全国证券、期货市场进行集中统一监管，维护证券市场秩序，保障其合法运行。通过中国证监会的监管，能够使上市公司披露的信息更加真实、全面，同时中国证监会对内幕交易、操纵市场、欺诈客户、虚假陈述等证券欺诈行为进行监督，以保护投资者的利益。

二、中国证监会派出机构

各地证券监管机构是中国证监会的派出机构，依据中国证监会的授权对其辖区内的上市公司，证券、期货经营机构，投资咨询机构，证券中介服务机构进行监督管理，依法查处辖区内及其监管范围内的违法、违规案件，调解证券、期货业务纠纷和争议并履行中国证监会授予的其他职责。

三、证券交易所

证券交易所的监管职责包括对证券交易活动进行监管，对会员进行监管，对上市公司进行监管。

四、证券业协会

中国证券业协会正式成立于1991年8月28日，是依法注册的具有独立社会法人资格的、由证券公司自愿组成的行业协会性自律组织。证券业协会的设立是为了加强证券业之间的联系、协调、合作和自我控制，以利于证券市场的健康发展。

9.1.4 证券市场监管的目标

证券市场监管的目标是保护广大投资者的利益,减少或避免证券市场由于信息不对称或一些违法、违规行为给投资者造成的损失,通过证券市场监管,避免不良竞争,促使证券市场有序、高效、良性运行。通过证券监管降低交易成本,防止价格垄断、操纵市场和欺诈行为的发生,减小市场风险,维护市场秩序。具体体现在以下几个方面:一是促进全社会金融资源的配置与政府的政策目标相一致,从而得以提高整个社会资金的配置效率;二是消除因证券市场和证券产品本身的原因而给某些参与者带来的信息的收集和处理能力上的不对称性,以避免因这种信息的不对称而造成交易的不公平性;三是克服超出个别机构承受能力的、涉及整个证券业或者宏观经济的系统性风险;四是促进整个证券业的公平竞争。

9.1.5 证券市场监管的原则

证券市场监管的原则包括依法监管原则、合理监管原则、适度监管原则和高效监管原则。

一、依法监管原则

依法监管原则是指证券市场监管必须以法律为依据。首先,证券市场监管机关地位的确立和监管权力的赋予须有法律依据;其次,证券市场监管机关应依法定内容和程序行使监管职权,不得随意超越权限干涉证券市场主体和市场机制运作空间;再次,证券市场监管机关监管权的行使应受到法律限制,滥用监管权者应受到严厉的法律制裁,权利受到非法侵害的证券交易所、证券中介机构以及其他投资者应享有行政救济权和司法救济权。

二、合理监管原则

合理监管原则是指证券市场监管机关自由裁量权的行使须遵循证券市场监管目的。证券市场监管法律制度不可能规范所有各种可能事件,为防止法律调整出现空白,法律通常赋予证券市场监管机关一定的自由裁量权,以实现监管目的。但监管自由裁量权的行使必须受到限制:首先,证券市场监管的行为动机须是善意的,并符合证券市场监管目的;其次,证券市场监管行为应建立在正当考虑的基础上,即仅仅以与证券市场监管相关的因素作为依据,而排除与证券市场监管不相关的因素;再次,证券市场监管行为的内容应合乎情理,能够为一般人所理解并得到普遍遵守;最后,监管行为应采取合理的步骤与方式,遵守合理程序。

三、适度监管原则

适度监管原则是指证券市场监管机关的监管行为必须以保证证券市场功能得到充分发挥为前提,不得借助证券市场监管而抑制证券机构的竞争和市场发展活力。监管者自身的局限性和监管成本的存在,决定监管效能并非万能。证券市场监管者应为证券机构设置安全隐患和预防风险的指标体系,使证券机构经营管理者对自身风险状况有准确把握,提高防范风险的意识、能力。切忌证券市场监管者直接微观管制证券机构,否则,可能导致证券机构对监管机关的依赖,抑制市场活力。同时,监管者应充分发挥证券交易所和证券业协会的一线自律监管作用,以及社会中介机构的他律作用。

四、高效监管原则

高效监管原则是指证券市场监管机关应以最小成本实现监管目标。证券市场监管效率的实现取决于以下因素：市场的公开程度，即证券市场内信息传播的广度、速度、密集度和失真度；证券市场的竞争程度、运作机制、操作成本和稳定程度；证券市场的发育程度和市场容量；证券市场的调控机制、手段和调控信号的反应灵敏度。所以，证券市场监管机关实施监管时，应进行成本与效益分析，若监管成本超过证券机构从安全保障体系中所获取的收益，则意味着监管行为已成为行业竞争的障碍。当然，证券市场监管所追求的效益应指整个社会的综合效益，而不是单个证券机构的效率和效益的提高。

9.1.6 证券市场监管的手段

对证券市场的监管通常采用三种手段，即法律手段、经济手段和行政手段。另外，自律管理也是证券监管的重要手段之一。

一、法律手段

法律手段指国家通过立法和执法，以法律规范形式将证券市场运行中的各种行为纳入法制轨道，证券发行与交易过程中的各参与主体按法律要求规范其行为。这是证券市场监管部门的主要手段，具有较强的威慑力和约束力。运用法律手段管理证券市场，主要是通过立法和执法抑制和消除欺诈、垄断、操纵、内幕交易和恶意投机等，维护证券市场的良好运行秩序。目前我国已经形成了一个以证券基本法为核心，专门证券管理法规或规则相补充，其他相关法律相配套的证券法律体系。

二、经济手段

经济手段指政府以管理和调控证券市场（而不是其他经济目标）为主要目的，采用间接调控方式影响证券市场运行和参与主体的行为。这种手段相对比较灵活，但调节过程可能较慢，存在时滞。在证券监管实践中，常见的有以下两种经济调控手段。

（一）金融货币政策

运用金融货币政策对证券市场的影响较为显著。在股市低迷之际放松银根，降低贴现率和存款准备金率，可增加市场货币供应量从而刺激股市回升；反之则可抑制股市暴涨。运用"平准基金"在证券市场公开操作可直接调节证券的供求与价格。利用金融货币政策可以有效地平抑股市的非理性波动和过度投机，有助于实现稳定证券市场的预期管理目标。

（二）税收政策

由于以证券所得税和证券交易税（印花税）为主的证券市场税收直接计入交易成本，税率和税收结构的调整直接造成交易成本的增减，从而可产生抑制或刺激市场的效应。

三、行政手段

行政手段是指政府监管部门采用计划、政策、制度、办法等对证券市场进行直接的行政干预和管理。与经济手段相比，运用行政手段对证券市场的监管具有强制性和直接性的特点。例如，对证券交易所、证券经营机构、证券咨询机构、证券清算和存管机构等实行严格的市场准入和许可证制度；交易过程中的紧急闭市等。

早期证券市场受社会经济诸方面条件制约，往往是法律手段不健全而经济手段效率低，造成监管不足的局面，需要行政手段的积极补充。然而，证券市场毕竟是市场经济高度发达的伴生物，其充分的市场经济特性必然要求伴随市场的成熟与完善，逐步减少行政干预。因为过多的不恰当的行政干预容易形成监管过度，扭曲市场机制。

四、自律管理

一般证券市场监管均采取政府管理与自律管理相结合的形式。证券交易的高度专业化和证券从业者之间的利益相关性与证券市场运作本身的庞杂性决定了对自律管理的客观需要。应该看到,政府监管与自律管理之间存在主从关系,自律管理是政府监管的有效补充,自律管理机构本身也是政府监管框架中的一个监管对象。

9.2 证券市场监管模式

由于各国证券市场发育程度不同,政府宏观调控的手段不同,各国证券市场的监管模式也不一样。概括起来,主要有以下三种类型。

9.2.1 集中型证券市场监管模式

在这种模式下,由政府下属的部门,或由直接隶属于立法机关的国家证券监管机构对证券市场进行集中统一监管,而各种自律性组织,如证券交易所、证券行业协会的自律管理起协助作用。

以美国为例,根据1934年其《证券交易法》设立了证券交易管理委员会(SEC),它直接隶属于国会,独立于政府,对全国的证券发行、证券交易、券商、投资公司等依法实施全面监管。其他国家的证券监管机构都由以前的附属于某一政府部门而成为一个独立的机构,统一对证券市场进行监管,如日本、法国和巴西等。

集中型证券市场监管模式的优点包括:

(1)集中型证券市场监管模式可以避免重复监管和监管真空,能公平、公正、高效、严格地发挥其监管作用,并能协调全国各证券市场,防止出现过度投机的混乱局面。

(2)集中型证券市场监管模式可以使得监管机构统一实施证券法律,使证券市场行为有合理的预期,提升了证券市场监管的权威性。

(3)集中型证券市场监管模式使得监管者地位独立,更注重保护投资者的利益。

集中型证券市场监管模式的不足包括:

(1)证券法规的制定者和监管者远离市场,缺乏市场一线监管实践经验,从而使市场监管可能脱离实际,缺乏效率。

(2)若不辅之以自律监管,集中型证券市场监管模式下中央监管机关对市场发生的意外行为反应较慢,可能处理不及时。

9.2.2 自律型证券市场监管模式

自律型证券市场监管模式是指通常没有制定直接的证券市场管理法规,而是通过一些间接的法规来制约证券市场的活动,也没有设立全国性的证券管理机构,而是靠证券市场的参与者,如证券交易所、证券业协会等进行自我监管。英国、德国、意大利、荷兰等国曾经是自律模式的代表。以英国为例,英国没有证券法或证券交易法,只有一些间接的、分散的法规;英国虽然设立了专门的证券管理机构,称为证券投资委员会,依据法律享有极大的监管权力,但它既不属于立法机关,也不属于政府内阁,实际监管工作主要通过以英国证券业理事会和证券交易所协会为核心的非政府机构进行自我监管。

自律型证券市场监管模式的优点包括:

(1)能充分发挥市场的创新和竞争意识,有利于活跃市场。

(2)允许券商参与制定证券市场监管规则,从而使市场监管更切合实际,制定的监管法规具有更大的灵活性,效率较高。

(3)自律组织对市场发生的违规行为能做出迅速而有效的反应。

自律型证券市场监管模式也存在缺陷,主要包括:

(1)通常把重点放在市场的有效运转和保护证券交易所会员的经济利益上,对投资者利益往往没有提供充分的保障。

(2)由于没有立法和强制手段作后盾,监管手段较软弱。

(3)由于没有统一的监管机构,难以实现全国证券市场的协调发展,容易造成混乱。

基于这些原因,不少原来实行自律型证券市场监管模式的国家,现已开始逐渐向集中型监管模式转变。例如,2001年英国政府改变了证券市场的传统监管方式,加强了政府监管力度。其他一些实行自律型证券市场监管模式的国家,如德国、意大利、泰国、约旦等,也开始走向集中型证券市场监管模式。

9.2.3　中间型证券市场监管模式

中间型证券市场监管模式是指既强调立法管理又强调自律管理,是集中型证券市场监管模式和自律型证券市场监管模式的融合。中间型证券市场监管模式又称为分级管理型体制,包括二级监管和三级监管两种模式。二级监管是中央政府和自律型机构相结合的监管;三级监管是指中央、地方政府和自律机构相结合的监管。目前,由于集中型证券市场监管模式和自律型证券市场监管模式二者都存在一定的缺陷,因此,有些以前实行集中型证券市场监管模式或者自律型证券市场监管模式的国家开始向中间型证券市场监管模式过渡,这种监管模式取长补短,能够发挥各自的优势,从而使得证券监管更加有效。

9.3　证券市场监管的对象及内容

证券市场监管的对象是指参与证券市场活动的机构与个人及其相关行为。监管对象包括证券交易所、证券投资者(个人或机构)、证券公司、证券登记结算机构、证券交易服务机构及证券业协会、证券发行人、证券投资者,同时对证券发行程序、流通过程进行审查、管理和监督。

9.3.1　对证券发行的监管

证券发行监管是指证券监管部门对证券发行的审查、核准和监控。修订后的《证券法》于2020年3月1日起正式施行,明确在不同板块和市场分步实施股票公开发行注册制,相关板块和市场在注册制改革正式落地前,仍继续实施核准制。股票公开发行分步实施注册制的同时,公司债公开发行注册制也启动实施。依据新证券法,公开发行公司债须依法经证监会或国家发展改革委注册。

9.3.2 对证券市场交易的监管

对证券市场交易的监管主要包括以下几个方面:

一、对操纵市场的监管

证券交易中的操纵市场,是指某一组织或个人以获得利益或者减少损失为目的,利用其资金、信息等优势,或者滥用职权,背离自由竞争或供求关系,人为地控制证券价格,制造证券市场假象,诱导或者致使投资者在不了解事实真相的情况下做出证券投资决定,扰乱证券市场秩序的行为。中国证监会《证券市场操纵行为认定办法》和《证券市场内幕交易行为认定办法》,认定了以下交易行为属于市场操纵行为:

(一)连续交易操纵

连续交易操纵是指单独或者通过合谋,集中资金优势、持股优势或者利用信息优势联合或者连续买卖,操纵证券交易价格或者证券交易量的行为。

(二)约定交易操纵

约定交易操纵是指与他人串通,以事先约定的时间、价格和方式相互进行证券交易,影响证券交易价格或者证券交易量的行为。

(三)自买自卖操纵

自买自卖操纵是指在自己实际控制的账户之间进行证券交易,影响证券交易价格或者证券交易量的行为。

(四)蛊惑交易操纵

蛊惑交易操纵是指操纵市场的行为人故意编造、传播、散布虚假重大信息,误导投资者的投资决策,使市场出现预期中的变动而使自己获利的行为。

(五)抢先交易操纵

抢先交易操纵是指操纵市场的行为人提高了对某只股票的评级,开始在研究报告正式发布之前,抢先一步提前建仓的行为。

(六)虚假申报操纵

虚假申报操纵是指行为人持有或者买卖证券时,进行不以成交为目的的频繁申报和撤销申报,制造虚假买卖信息,误导其他投资者,以便从期待的交易中直接或间接获取利益的行为。

(七)特定价格操纵

特定价格操纵是指行为人通过拉抬、打压或者锁定等手段,致使相关证券的价格达到一定水平的行为。

(八)特定时段交易操纵

特定时段交易操纵行为分为尾市交易操纵和开盘价格操纵。尾市交易操纵是指在收市阶段,通过拉抬、打压或者锁定等手段,操纵股票收市价格的行为。开盘价格操纵是指在集合竞价时段,通过抬高、压低或者锁定等手段,操纵开盘价的行为。

二、对证券欺诈行为的监管

证券欺诈行为是指券商或证券交易所在接受客户委托买卖证券的过程中,以获取非法利益为目的,违反证券管理法规,在证券发行、交易及相关活动中从事欺诈客户、虚假陈述等行为。

三、对内幕交易的监管

内幕交易是指公司董事、监事、经理、职员、主要股东、证券市场内部人员和市场管理人员,以获取利益或减少经济损失为目的,利用工作、职务等便利条件,获取发行人未公开的、可以影响证券价格的重要信息,进行证券交易,或泄露该信息的行为。

(一)内幕信息

内幕信息是指在证券交易活动中,涉及公司的经营、财务或者对该公司证券的市场价格有重大影响的尚未公开的信息。内幕消息不包括运用公开的信息和资料,对证券市场做出的预测和分析。

(二)内幕交易主体

内幕交易主体包括内幕信息知情人和非法获取内幕信息的人两大类主体。内幕信息知情人包括自然人的配偶及有共同利益关系的亲属、参与内幕信息形成过程或在内幕信息形成中起决定、批准等主要作用的人及其配偶、有共同利益关系的亲属,以及发行人、上市公司,控股股东、实际控制人控制的其他公司及其董事、监事、高级管理人员,上市公司并购重组参与方及有关人员,基于职务或者控制原因知悉内幕信息的人。非法获取内幕信息的人则涵盖通过骗取、套取、偷听、监听或私下交易等非法手段获取内幕信息的人,以及违反所在机构关于信息管理和使用的规定而获取内幕信息的人。

(三)内幕交易的法律责任

证券交易内幕信息的知情人或者非法获取内幕信息的人,在涉及证券的发行、交易或者其他对证券的价格有重大影响的信息公开前,买卖该证券,或者泄露该信息,或者建议他人买卖该证券的,责令依法处理非法持有的证券,没收违法所得,并处以违法所得一倍以上五倍以下的罚款;没有违法所得或者违法所得不足三万元的,处以三万元以上六十万元以下的罚款。单位从事内幕交易的,还应当对直接负责的主管人员和其他直接责任人员给予警告,并处以三万元以上三十万元以下的罚款。

证券监督管理机构工作人员进行内幕交易的,从重处罚。

四、对券商的监管

对券商的监管主要是对券商的资格要经过严格的审查和限制,同时对券商的资本额度有所规定。凡是专营证券业务的证券公司和兼营证券业务的信托投资公司必须经过中国证监会批准,发给经营许可证后,再到工商管理部门办理营业执照。

证券公司风险控制指标无法达标,严重危害证券市场秩序、损害投资者利益的,中国证监会可以区别情形,对其采取下列措施:责令停业整顿;指定其他机构托管、接管;撤销经营证券业务许可。

五、对信息披露的监管

信息披露制度,也称公示制度、公开披露制度,是上市公司为保障投资者利益、接受社会公众的监督而依照法律规定必须将其自身的财务状况、经营状况等信息和资料向证券管理部门和证券交易所报告,并向社会公开或公告,以便使投资者充分了解情况的制度。它既包括发行前的披露,也包括上市后的持续信息公开,它主要由招股说明书制度、定期报告制度和临时报告(包括重大事件报告、收购报告书、公司合并公告)制度组成。

(一)网络证券发行的信息披露制度

网络证券发行期间信息披露主要涉及招股说明书和上市公告书。网络证券招股说明书除了遵守信息披露的一般原则和必须采用网络为披露媒介外还必须发出电子招股说明书,它与传统的招股说明书内容大致相同。传统的招股说明书,公司的全体发起人或董事及主承销商应当在上面签字,保证招股说明书没有虚假、严重误导性陈述或重大遗漏,并保证对其承担连带责任。为了使其应用于网络发行上,规定发行人必须在其他媒体披露招股书的同时在网上公告招股书。

(二)网络证券交易的信息披露制度

网络证券交易的信息披露也称持续阶段的信息披露,是指网络证券发行上市后的发行人所要承担的信息披露义务。主要是公告中期报告、年度报告、临时报告。网络证券信息必须在发行人或发行中介人的网站、证券交易所、中国证监会指定的专门网站上发布信息。中期报告包括半年度报告和季度报告。内容有:公司财务会计报告和经营情况,涉及公司的重大诉讼事项,已发行的股票、债券变动情况,提交股东大会审议的重要事项,国务院证券监督管理机构规定的其他事项。年度报告内容包括:公司概况,公司财务会计报告和经营情况,董事、监事、经理及高级管理人员简介及其持股情况,已发行的股票、债券变动情况包括持有公司股份最多的前10名股东名单和持股数额,国务院证券监督管理机构规定的其他事项。临时报告是指上市公司在发生重大事件后,立即将该信息向社会公众披露,说明事件的实质,并报告证券监督管理机构和证券交易所的法定信息披露文件。临时报告包括重大事件报告、收购报告书和公司合并公告三种。

六、对交易资金的监管

为了保证客户资产的安全性,我国《证券公司监督管理条例》规定:证券公司从事证券经纪业务,其客户的交易结算资金应当存放在指定商业银行,以每个客户的名义单独立户管理。指定商业银行应当与证券公司及其客户签订客户的交易结算资金存管合同,约定客户的交易结算资金存取、划转、查询等事项,并按照证券交易净额结算、货银对付的要求,为证券公司开立客户的交易结算资金汇总账户。客户的交易结算资金的存取,应当通过指定商业银行办理。指定商业银行应当保证客户能够随时查询自己的交易结算资金余额及变动情况。指定商业银行的名单,由国务院证券监督管理机构会同国务院银行保险业监督管理机构确定并公告。

本章小结　　思考与练习题

第 10 章

证券投资价值分析

学习目标

1. 掌握证券价格的确定及其影响因素。
2. 掌握股票、债券投资价值分析的方法。
3. 了解基金投资价值分析。
4. 树立价值投资理念。

10.1 债券投资价值分析

10.1.1 影响债券投资价值的因素

一、影响债券投资价值的内部因素

(一)债券的期限

一般来说,在其他条件不变的情况下,债券的期限越长,其市场价格变动的可能性就越大,投资者要求的收益率补偿也越高。

(二)债券的票面利率

债券的票面利率越低,债券价格的易变性也就越大。在市场利率提高的时候,票面利率较低的债券的价格下降较快。但是,当市场利率下降时,它们的增值潜力也很大。

(三)债券的提前赎回条款

债券的提前赎回条款是债券发行人所拥有的一种选择权,允许债券发行人在债券到期前按约定的赎回价格部分或全部偿还债务。这种规定在财务上对发行人是有利的,因为发行人可以在市场利率降低时发行较低利率的债券,取代原先发行的利率较高的债券,从而降低融资成本。但对投资者来说,提前赎回使他们面临较低的再投资利率。这种风险要从价格上得到补偿。因此,具有较高提前赎回可能性的债券应具有较高的票面利率,其内在价值相对较低。

(四)债券的税收待遇

一般来说,免税债券的到期收益率比类似的应纳税债券的到期收益率低。此外,税收还以其他方式影响着债券的价格和收益率。例如,由于附息债券提供的收益包括息票利息和资本收益两种形式,而美国把这两种收入都当作普通收入而进行征税,但是对于后者的征税可以等到债券出售或到期时才进行。因此,在其他条件相同的情况下,大额折价发行的低利附息债券的税前收益率必然略低于同类高利附息债券。也就是说,低利附息债券比高利附息债券的内在价值要高。

(五)债券的流动性

债券的流动性是指债券可以随时变现的性质,反映债券规避由市场价格波动而导致的实际价格损失的能力。流动性较弱的债券表现为其按市价卖出较困难,持有者会因此面临遭受损失(包括承受较高的交易成本和资本损失)的风险。这种风险必须在债券的定价中得到补偿。因此,流动性好的债券与流动性差的债券相比,前者具有较高的内在价值。

(六)债券的信用级别

债券的信用级别是指债券发行人按期履行合约规定的义务、足额支付利息和本金的可靠性程度。一般来说,除政府债券以外,一般债券都有信用风险(或称违约风险),只是风险大小不同而已。信用级别越低的债券,投资者要求的收益率越高,债券的内在价值也就越低。

二、影响债券投资价值的外部因素

(一)基础利率

基础利率是债券定价过程中必须考虑的一个重要因素。在证券的投资价值分析中,基础利率一般是指无风险证券利率。一般来说,短期政府债券风险最小,可以近似看作无风险证券,其收益率可被用作确定基础利率的参照物。此外,银行的信用度很高,银行存款的风险较低,而且银行利率应用广泛,因此基础利率也可参照银行存款利率来确定。

(二)市场总体利率水平

市场总体利率水平是投资于债券的机会成本。在市场总体利率水平上升时,债券的收益率水平也应上升,从而使债券的内在价值降低;反之,在市场总体利率水平下降时,债券的收益率水平也应下降,从而使债券的内在价值增加。

(三)其他因素

影响债券定价的外部因素还有通货膨胀水平以及外汇汇率风险等。通货膨胀的存在可能使投资者从债券投资中实现的收益不足以抵补由于通货膨胀而造成的购买力损失。当投资者投资于某种外币债券时,汇率的变化会使投资者的未来本币收入受到贬值损失。这些损失的可能性都必须在债券的定价中得到体现,使债券的到期收益率增加、债券的内在价值降低。

10.1.2 债券价格的确定

一、债券的理论价格

债券价格是未来各期债券的利息收入,与某年后出售(或兑付)债券所得收入的现值之和。

根据现值(贴现)公式：

$$p = F \cdot \frac{1}{(1+i)^n}$$

可将债券的理论价格表示为：

$$p = \frac{C_1}{(1+i)^1} + \frac{C_2}{(1+i)^2} + \frac{C_3}{(1+i)^3} + \cdots + \frac{C_n}{(1+i)^n} + \frac{S}{(1+i)^{n+1}}$$

$$= \sum_{t=1}^{n} \frac{C_t}{(1+i)^t} + \frac{S}{(1+i)^{n+1}}$$

式中：F 表示债券本息和；

P 表示债券价格；

C_t 表示第 t 期可以预期得到的债券利息收入；

i 表示债券持有人要求得到的实际收益率(折现率)；

S 表示第 $n+1$ 期出售债券的预期收入。

二、债券的发行价格

债券发行一般分为平价发行、溢价发行和折价发行三种情况。

(一)附息票债券发行价格的计算(复利)

$$发行价格 = \frac{N + C \cdot (1+N)^n - C}{N \cdot (1+N)^n} \times 票面价格$$

式中：N 表示债券收益率；

C 表示债券的票面利率；

n 表示债券的偿还期限。

(二)贴现债券的发行价格

一般情况下，1年以内的贴现债券用单利计算，超过1年的贴现债券则用复利计算。

1. 1年以内的贴现债券发行价格

已知年贴现率求发行价格，其计算公式为：

$$发行价格 = 票面金额 - 票面金额 \times 年贴现率 \times 期限 \div 365$$

其中，期限含头尾两天。

已知收益率求发行价，其计算公式为：

$$发行价格 = 票面价值 \div (1 + 年收益率 \times 期限 \div 365)$$

其中，期限计算一头。

2. 1年以上的贴现债券发行价格

1年以上的贴现债券通常采用复利计算，其计算公式为：

$$发行价格 = \frac{票面价格}{(1+年收益率)^{年数}}$$

三、债券的转让价格

(一)附息票债券转让价格的复利计算

设：r 表示复利到期收益率；C 表示年利息(年利率×面额)；P 表示购买价格(投资本金)；m 表示每年付息次数；N 表示距到期年数；R 表示偿还价格(面额)。

当 $m=1$ 时(债券每年付息一次)，

假如以价格 P 买入某种债券后按复利方式计算,则:
1 年后债券的价值为:
$$P_1=P+P\cdot r=P\cdot(1+r)$$
2 年后,债券的价值为:
$$P_2=P_1+P_1\cdot r=P_1(1+r)=P\cdot(1+r)^2$$
n 年后,债券的价值为:
$$P_n=P\cdot(1+r)^n$$
再假如年利息为 C,复利计算:
2 年后,利息的价值为:
$$C_2=C+C(1+r)$$
n 年后,利息的价值为:
$$C+C(1+r)+\cdots+C\cdot(1+r)^{n-1}$$
当 n 年后偿还债务时,该债券的价值应该为利息与面值总和。
$$P_n=C+C(1+r)+\cdots+C\cdot(1+r)^{n-1}+R=[(1+r)^n-1]\cdot C/r+R$$
由此得到:
$$P_n=P\cdot(1+r)^n=[(1+r)^n-1]\cdot C/r+R$$
得到债券市场价格:
$$P=[C/r\cdot[(1+r)^n-1]+R]/(1+r)^n$$
当 $m=2$ 时(债券每年付息 2 次):
按美式计算:
$$p=\frac{C}{r}\left[\frac{\left(1+\frac{r}{2}\right)^{2n}-1}{\left(1+\frac{r}{2}\right)^{2n}}\right]+\frac{R}{\left(1+\frac{r}{2}\right)^{2n}}$$

按欧式计算:
$$p=\frac{C}{2(\sqrt{1+r}-1)}\left[\frac{(1+r)^n-1}{(1+r)^n}\right]+\frac{R}{(1+r)^n}$$

(二)贴现债券转让价格的计算

1. 美国方式的计算公式

$$市场价格=面额-\left(\frac{距到期天数}{360}\times 年贴现率\%\right)\times 面额$$

2. 日本方式的计算公式

$$购买价格=\frac{偿还价格}{(1+年收益率)^{剩余年数}}$$

$$卖出价格=购买价格+购买价格\times 持有期间收益率\times 持有年限$$

(三)一次还本付息债券转让价格的计算:

$$市场价格=\frac{面额+利息总额}{(1+到期收益率)^{待偿年数}}$$

10.1.3 债券投资价值分析

一、债券认购收益的分析

债券的认购收益是指投资者在债券发行时购入并持有到期时的预期收益。

（一）一般债券认购收益的计算

一般来说，多数债券的面值中都不包含利息，而利息是每期或终期计付的。对于这类债券，其认购者的收益可按以下公式计算：

$$认购每单位债券的预期总收益 = 债券票面值 - 认购价格 + 年利息 \times 债券期限$$

$$年利息 = 票面值 \times 债券年利息率$$

$$认购每单位债券的预期年收益 = (票面值 - 认购价格) \div 债券期限 + 年利息$$

$$认购债券的年收益率 = \frac{年利息 + (票面值 - 认购价格) \div 债券期限}{认购价格（或发行价格）} \times 100\%$$

（二）零息债券认购收益的计算

假如我们设零息债券的票面值为 U，发行价格为 P，债券期限为 n 年，则根据贴现原理存在着下列公式：

$$P \cdot (1 + 债券认购者收益率)^n = U$$

从这一公式可以推导出以下公式：

$$债券认购者收益率 = \sqrt[n]{U/P} - 1 = (\sqrt[债券期限]{债券面值/认购价格} - 1) \times 100\%$$

对于期限在1年以内的零息债券，其认购者收益率可按单利计算，即：

$$认购者收益率 = \frac{债券面值 - 认购价格}{认购价格 \times 期限（年）} \times 100\%$$

二、债券转让收益分析

债券投资者购买债券后并不一定持有到期满时兑现本息，可以根据证券市场的价格涨落情况及需要现金的情况，将债券转让给他人。另外，债券投资者并非一定要在债券发行时购买，可以根据需要随时购入各种已在证券市场上流通的债券。因此应该针对债券转让各种情况进行投资分析。

（一）到期一次还本付息债券转让的收益计算

到期一次还本付息债券没有中间支付利息问题，因此，卖出者的收益就只是价差部分，其收益率的计算与债息无直接关系。而买入债券者的收益则包括全部债息及部分偿还亏损。

1. 卖出者持有期收益率

$$持有期收益率 = \frac{卖出价格 - 债券成本}{债券成本 \times 持有期限（年）} \times 100\%$$

2. 买入者的到期收益率

$$到期收益率 = \frac{债券面额 - 购买价格 + 利息总额}{购买价格 \times 剩余期限（年）} \times 100\%$$

$$利息总额 = 债券面额 \times 债息率 \times 债券期限$$

（二）附息票债券转让收益率的计算

付息票债券的特点是每隔半年或一年付息一次，转让债券时只要卖者的持有时间超过了一个支付周期,买者的收益中就只能获得持有期内的债息。

1. 以单利方式计算债券收益率

(1)到期收益率(买者最终收益率)的计算

附息票债券到期收益率应根据债券的利息收入及债券买入后的偿还损益(面额与购买价格之差)来计算。其计算公式为:

$$单利到期收益率 = \frac{每年利息 + \dfrac{面额 - 市场价格}{距到期年数}}{市场价格} \times 100\%$$

有时也可以利用下面公式计算:

$$单利到期收益率 = \frac{每年利息 + \dfrac{面额 - 市场价格}{距到期年数}}{\dfrac{面额 + 市场价格}{2}} \times 100\%$$

在上面两个公式中,"距到期年数"的计算是这样的:当年数不足一整年时,美国一般用剩余天数除以360计算,日本则用剩余天数除以365计算。

(2)持有期间收益率的计算

与期满一次还本付息债券一样,附息票债券持有期间的收益率也是指从购入债券之日开始,到卖掉之日止这段时间的收益率。不同的是,附息票债券持有人不仅获得价差收益(或亏损),而且在持有期间内也获得了利息收入。其计算公式为:

$$持有期间收益率 = \frac{年利息 + \dfrac{卖出价格 - 原买入价格}{持有年数}}{原买入价格} \times 100\%$$

在不同国家的证券市场上,债券的距到期年数和持有年数是根据不同的惯例计算的,除了算式分母的每年天数有365天和360天之别外,分子的天数计算也不一样,美国和日本一般按各月实际天数计算,而欧洲一些国家则按每月30天计算。

2. 以复利方式计算债券到期收益率

假定:复利到期收益率为 r,债券年利息为 c,购买价格为 P,每年付息次数为 m,距到期年限为 n,债券面额为 R。

当 $m=1$,即每年付息一次时,

一年后债券价值为:

$$P_1 = P + P \times r = P \cdot (1+r)$$

两年后债券价值为:

$$P_2 = P_1 + P_1 \times r = P_1 \cdot (1+r) = P \cdot (1+r)^2$$

n 年后债券价值为:

$$P_n = P \cdot (1+r)^n$$

附息票债券的利息是分年逐次支付的,因此,对持有债券者而言,利息还可继续"产生利息"。由于每年的债息额都相同,故到期满时,按复利原则计算的总利息是:

$$C(1+r)^{n-1} + C(1+r)^{n-2} + \cdots + C$$

因此,该债券的到期价值还可表示为:

$$P_n = C + C(1+r) + \cdots + C \cdot (1+r)^{n-1} + R = C/r \cdot [(1+r)^n - 1] + R$$

$$P_n = P \cdot (1+r)^n = C/r \cdot [(1+r)^n - 1] + R$$

设 $Y = P \cdot (1+r)^n - C/r \cdot [(1+r)^n - 1] - R$

需要求解 r：先取实验值 r_1，使对应的 Y_1 大于 0，再取实验值 r_2，使得 Y_2 小于 0，由弦切法得到到期收益率：

$$r = r_1 + \frac{r_2 - r_1}{Y_1 - Y_2} Y_1$$

当 $m = 2$ 时：

设 r 为半年收益率，C 是半年利息，此时，按美国有关规定：$r = 2r, C = 2C$。

按欧洲的有关规定：$r = (1+r)^2 - 1, C = 2C$

按美国规定，公式为：

$$Y = P(1 + 1 \div 2r)^{2n} - \frac{C}{r}[(1 + 1 \div 2r)^{2n} - 1] - R$$

按欧洲方式，公式为：

$$Y = P(1+r)^n - \frac{C}{2(\sqrt{1+r} - 1)}[(1+r)^n - 1] - R$$

(三) 零息债转让收益率

1. 零息债单利到期收益率

零息债到期收益率计算，有日式计算和美式计算。

日式计算：

$$到期收益率 = \frac{债券面值 - 购买价格}{购买价格 \times 距到期年数} \times 100\%$$

$$距到期年数 = \frac{距到期天数}{365}$$

美式计算：

$$距到期年数 = \frac{距到期天数}{360}$$

$$到期收益率 = \frac{债券面值 - 购买价格}{购买价格 \times 距到期年数} \times 100\%$$

2. 持有期收益率的计算

$$持有期收益率 = \frac{卖出价格 - 原买入价格}{买入价格 \times 持有年数} \times 100\%$$

3. 零息债复利到期收益率

$$到期收益率 = (\sqrt[债券期限]{债券面值 \div 认购价格} - 1) \times 100\%$$

(四) 直接收益率的计算

只考虑债券利息收入的收益率称为直接收益率（或称当期收益率）。

当期收益率是债券利息与其市场价格的比率，其计算公式为：

$$直接收益率 = \frac{年利息收入}{市场价格} \times 100\%$$

10.2　股票投资价值分析

10.2.1　影响股票投资价值的因素

一、影响股票投资价值的内部因素

一般来讲,影响股票投资价值的内部因素主要包括公司净资产、盈利水平、股利政策、股份分割、增资和减资以及资产重组等。

（一）公司净资产

净资产或资产净值是总资产减去总负债后的净值,它是全体股东的权益,是决定股票投资价值的重要基准,公司经过一段时间的营运,资产净值必然有所变动。股票作为投资的凭证,每一股代表一定数量的净值。从理论上讲,净值应与股价保持一定比例,即净值增加,股价上涨;净值减少,股价下跌。

（二）公司盈利水平

公司业绩好坏集中表现于盈利水平高低。公司的盈利水平是影响股票投资价值的基本因素之一。在一般情况下,预期公司盈利增加,可分配的股利也会相应增加,股票市场价格上涨;预期公司盈利减少,可分配的股利相应减少,股票市场价格下降。但值得注意的是,股票价格的涨跌和公司盈利的变化并不完全同时发生。

（三）公司的股利政策

股份公司的股利政策直接影响股票投资价值。在一般情况下,股票价格与股利水平成正比。股利水平越高,股票价格越高;反之,股利水平越低,股票价格越低。股利来自公司的税后盈利,但公司盈利的增加只为股利分配提供了可能,并非盈利增加股利一定增加。公司为了合理地在扩大再生产和回报股东之间分配盈利,都会有一定的股利政策。股利政策体现了公司的经营作风和发展潜力,不同的股利政策对各期股利收入有不同影响。此外,公司对股利的分配方式也会给股价波动带来影响。

（四）股份分割

股份分割又称拆股或拆细,是将原有股份均等地拆成若干较小的股份。股份分割一般在年度决算月份进行,通常会刺激股价上升。股份分割给投资者带来的不是现实的利益,因为股份分割前后投资者持有的公司净资产和以前一样,得到的股利也相同。但是,投资者持有的股份数量增加了,给投资者带来了今后可多分股利和更高收益的预期,因此股份分割往往比增加股利分配对股价上涨的刺激作用更大。

（五）增资和减资

公司因业务发展需要增加资本额而发行新股的行为,对不同公司股票价格的影响不尽相同。在没有产生相应效益前,增资可能会使每股净资产下降,因而可能会促使股价下跌。但对那些业绩优良、财务结构健全、具有发展潜力的公司而言,增资意味着将增加公司经营实力,会给股东带来更多回报,股价不仅不会下跌,可能还会上涨。

当公司宣布减资时,多半是因为经营不善、亏损严重、需要重新整顿,所以股价会大幅下降。

(六)公司资产重组

公司重组总会引起公司价值的巨大变动,因而其股价也随之产生剧烈的波动。但需要分析公司重组对公司是否有利,重组后是否会改善公司的经营状况,因为这些是决定股价变动方向的决定因素。

二、影响股票投资价值的外部因素

一般来讲,影响股票投资价值的外部因素主要包括宏观经济因素、行业因素及市场因素。

(一)宏观经济因素

宏观经济走向和相关政策是影响股票投资价值的重要因素。宏观经济走向包括经济周期、通货变动以及国际经济形势等因素。国家的货币政策、财政政策、收入分配政策和对证券市场的监管政策等都会对股票的投资价值产生影响。

(二)行业因素

产业的发展状况和趋势对于该产业上市公司的影响是巨大的,因而产业的发展状况和趋势、国家的产业政策和相关产业的发展等都会对该产业上市公司的股票投资价值产生影响。

(三)市场因素

证券市场上投资者对股票走势的心理预期会对股票价格走势产生重要的影响。市场中的散户投资者往往有从众心理,对股市产生助涨助跌的作用。

10.2.2 零增长模型

假设 W 代表股票的投资价值,n 代表股票持有年数,未来各期每股预期股息分别为 D_1,D_2,$\cdots$,D_n,n 年后股票卖出价格为 S,折现率为 i,则:

$$W = \frac{D_1}{(1+i)} + \frac{D_2}{(1+i)^2} + L + \frac{D_n}{(1+i)^n} + \frac{S}{(1+i)^n} = \sum_{t=1}^{n} \frac{D_t}{(1+i)^t} + \frac{S}{(1+i)^n}$$

现在假设未来各期的预期股息为一固定值 D,持有时间等于无限长,则

$$D_1 = D_2 = L = D_n = D \quad n \to \infty$$

$$W = \frac{D}{i}\left[1 - \frac{1}{(1+i)^n}\right] + \frac{S}{(1+i)^n}$$

因为 $n \to \infty$,

$$W = \frac{D}{i}$$

零增长模型的应用受到相当的限制,毕竟假定对某一种股票永远支付固定的股息是不合理的,但在特定的情况下,对于决定普通股票的价值仍然是有用的。在决定优先股的内在价值时这种模型相当有用,因为大多数优先股支付的股息是固定的。

10.2.3 不变增长模型

不变增长模型可以分为两种形式:一种是股息按照不变的增长率增长;另一种是股息以固

定不变的绝对值增长。相比之下,前者比后者更为常见。因此,我们主要对股息按照不变增长率增长这种情况进行介绍。

假设,股息每年增长率为 g,则:

$D_1 = D$
$D_2 = D(1+g)$
$D_3 = D(1+g)^2$
$D_n = D(1+g)^{n-1}$

$$W = \frac{D}{(1+i)} + \frac{D(1+g)}{(1+i)^2} + \frac{D(1+g)^2}{(1+i)^3} + \cdots + \frac{D(1+g)^{n-1}}{(1+i)^n} + \frac{S}{(1+i)^n}$$

$$= \sum_{t=1}^{n} \frac{D(1+g)^{t-1}}{(1+i)^t} + \frac{S}{(1+i)^n}$$

$$= \frac{D}{i-g}\left[1 - \frac{(1+g)^n}{(1+i)^n}\right] + \frac{S}{(1+i)^n}$$

假定 $n \to \infty$, $i > g$,

得到:$W = \dfrac{D}{i-g}$

一般来说,$0 < g < i$,因此公式适用于对每年收益或股息持续增长的股票进行投资价值评估。当然在实际中不一定股息每年都有增长,即 g 不一定大于 0。如果当公司的股息出现负增长时,即 $-1 < g < 0$,公式照样可以适用,也就是说,它能够对股息逐渐减少的企业的股票进行投资价值分析。

另外,零增长模型实际上是不变增长模型的一个特例。假定增长率 g 等于零,股息将永远按固定数量支付,这时不变增长模型就是零增长模型。

10.2.4 可变增长模型

零增长模型和不变增长模型都对股息的增长率进行了一定的假设。事实上,股息的增长率是变化不定的,因此,零增长模型和不变增长模型并不能很好地在现实中对股票的价值进行评估。下面,我们主要对可变增长模型中的二元增长模型进行介绍。

在有限期条件下,假定某公司股息增长期为 m 年,但自 $m+1$ 年以后,股息则不再增长。其评估模型应为:

$$W = \frac{D}{(1+i)} + \frac{D(1+g)}{(1+i)^2} + \frac{D(1+g)^2}{(1+i)^3} + L + \frac{D(1+g)^{m-1}}{(1+i)^m} + \frac{D(1+g)^{m-1}}{(1+i)^{m+1}} + L +$$

$$\frac{D(1+g)^{m-1}}{(1+i)^n} + \frac{S}{(1+i)^n}$$

$$= \frac{D}{(i-g)}\left[1 - \left(\frac{1+g}{1+i}\right)^m\right] + \frac{D(1+g)^{m-1}}{(1+i)^m} \cdot \frac{1}{i}\left[1 - \frac{1}{(1+i)^{n-m}}\right] + \frac{S}{(1+i)^n}$$

当 $n \to \infty$ 时,

$$W = \frac{D}{(1-g)}\left[1 - \left(\frac{1+g}{1+i}\right)^m\right] + \frac{D(1+g)^{m-1}}{(1+i)^m} \cdot \frac{1}{i}$$

10.2.5 考虑未分配盈余的评估模型

之前的成长评估模型,主要都是在有股息增长情况下进行股票投资价值分析的理论模型,即都是分析股息增长对股票投资价值的影响,但未能考虑股息的来源问题。

假设某公司未来各期税后纯收益为 $E_1,E_2,\cdots,E_n$,未分配盈余占税后纯收益的比率为 b,该企业的投资获利率(税后纯收益与资产总额即使用总资本之比)为 r,并且假定该公司没有负债,因此获利全部属于股东。因此,存在公式:

$D_1 = D = E_1(1-b)$

$E_2 = E_1 + rbE_1 = E_1(1+rb)$

$D_2 = E_2(1-b) = E_1(1+rb)(1-b) = D(1+rb)$

$E_3 = E_2 + rbE_2 = E_2(1+rb) = E_1(1+rb)^2$

$D_3 = E_3(1-b) = E_1(1+rb)^2(1-b) = D(1+rb)^2$

$E_n = E_{n-1} + rbE_{n-1} = E_{n-1}(1+rb) = E_1(1+rb)^{n-1}$

$D_n = E_n(1-b) = E_1(1+rb)^{n-1}(1-b) = D(1+rb)^{n-1}$

$$W = \frac{D}{(1+i)} + \frac{D(1+rb)}{(1+i)^2} + \frac{D(1+rb)^2}{(1+i)^3} + L + \frac{D(1+rb)^{n-1}}{(1+i)^n} + \frac{S}{(1+i)^n}$$

$$= \frac{D}{i-rb}\left[1 - \frac{(1+rb)^n}{(1+i)^n}\right] + \frac{S}{(1+i)^n}$$

当 $n \to \infty, i > rb$,

得到:$W = \dfrac{D}{i-rb}$

未分配盈余使每股使用的总资本增加,而这种增加又导致了下期税后纯收益的相应增加,从而又使未分配盈余进一步增加。这样,公司处于一种良性财务循环之中,股息持续地以一定比率 $g=rb$ 增长,从而提高了公司股票的投资价值。

10.2.6 股票投资价值的评价方法

在股票市场上,投资者必须先对各种股票的市场价格进行分析和评价,然后才能决定其投资行为。

对股票市场价格进行评价的主要方法有以下几种:

一、每股净值法

每股净值的计算,通常是用公司的资本总额减去公司的负债总额,得到资产净值总额,再除以普通股股数,即得每股净值。

由于净资产总额是属于股东全体所有的,因此也称为股东权益。为了充分衡量股价的合理性,一般以股价为每股净值的倍数作为衡量的指标。

$$股价净资产倍率 = 股票市价/每股净资产$$

如果倍数越高,则表示投资价值越低;如果倍数越低,则表示投资价值越高。

投资者一般把净资产倍率高的股票卖出,而买进净资产倍率低的股票。

投资者也可以计算上市股票的平均净资产倍率,对各个不同时期的平均净资产倍率进行比较,以判断现今股票市场价格是处于较高或较低的水平,从而决定是买进或卖出所持股票。

二、每股盈余法

每股盈余法是表示每一普通股所能获得的纯收益为多少的方法。其计算公式为：

$$每股盈余 = (税后利润 - 特别股股利) / 普通股股数$$

利用每股盈余衡量普通股价值的方法有以下几种：

(1) 将每股盈余与平均市盈率相乘，即为普通股的价格，这样计算出来的价格如果低于股票市价，则卖出；高于股票市价，则买入。

(2) 将上市公司股票的每股盈余，与同行业其他公司的每股盈余相比较，若该公司每股盈余高，则表示其获利能力强。

(3) 比较上市公司前后数年的每股盈余，如逐年增加，则公司股票成长性好，股价可能会不断上升；反之，股价可能会不断下降。

三、市盈率法

市盈率表示投资者为获取每1元的盈余，必须付出多少代价，也称投资回报年数，即现在付出的投资代价，需要经过多少年才能收回。其计算公式为：

$$市盈率 = 股票市价 / 每股盈余$$

影响股票市盈率变化的因素有以下几个方面：

(1) 预期上市公司获利能力的高低。如预期获利能力高，虽然上市公司目前市盈率较高，也值得投资，因为其市盈率会随获利能力的提高而不断下降。

(2) 公司的成长能力。上市公司的成长能力越强，成长的可能性越大，则投资者就越愿意付出较高的代价，以换取未来的成长利益。

(3) 投资者所获报酬率的稳定性。报酬率不稳定，表示投资风险高，市盈率也相应提高。

(4) 当利率水平变化时，市盈率也应该做相应调整。在实务操作中，常用1年期银行存款利率，作为衡量市盈率是否合理的标准。如1年期银行存款利率为10%，则合理的市盈率为10。而当利率上升到12.5%时，则合理的市盈率应降低到8。如利率下降到8%，则合理的市盈率会上升到12.5。

10.3 基金投资价值分析

10.3.1 投资基金价值的评价

对于主要将有价证券作为投资对象的基金而言，其资产净值能够比较准确地反映基金实际价值。基金的资产净值是基金经营业绩的指示器，也是基金单位买卖价格的计算依据。

一、基金的资产净值

$$资产净值 = \frac{基金资产的市场价值 - 各种费用}{基金证券数量}$$

投资基金的净资产值与基金单位价格的变动是一致的，投资基金的净资产值越高，基金单位价格也越高；反之，基金单位价格就越低。

二、开放式基金的价格

由于开放式基金的流通买卖是在证券交易所场外进行的。投资者买入基金证券时,除支付资产净值外,还要支付一定的销售附加费用。

$$申购价格 = \frac{资产净值}{1 - 附加费用}$$

$$赎回价格 = \frac{资产净值}{1 + 赎回费率}$$

三、封闭式基金的价格

封闭式基金的价格除受到基金资产净值的影响以外,还受到市场上基金供求状况的影响。由于封闭式基金不承担购回基金证券的义务,基金证券只能在交易市场上进行交易才能转让,这使封闭式基金的交易价格如同股票的价格一样,存在着波动性。

10.3.2 投资基金的投资选择

一、基金管理公司的选择

在选择基金管理公司时,主要看:基金管理公司业绩;基金管理公司服务品质与收费标准;基金管理公司的市场评价;基金管理公司诚信度;基金管理公司的持续经营能力

二、单个基金的选择

选择单个基金时,主要看:

（一）基金的历史业绩

投资者分析基金的历史业绩,主要是保证自己不选择正处于衰落期的"夕阳"基金。在大多数情况下,经营状况不良的基金不会倒闭,而只是更换名称或与其他基金合并。然而,经过合并或更名的基金业绩不可能一下子变好,投资者应尽量避开这些有问题的基金,才会提高自己的投资收益并减少投资风险。

（二）基金的投资组合

投资者还要重点分析基金的投资组合是否合理,因为同样是成长型基金,有的投资于成长快、风险大的小公司;有的投资于规模大、风险较小的大公司,并且它们持股比率与所投资公司的行业类别都不同,这都会影响投资基金的报酬及风险。另外,投资者还必须分析投资基金投资组合的风险分散程度,如果基金投资过分集中,风险就会很大,除非是追求高风险、高回报的投资者,否则就不要投资持股太集中的基金。

（三）基金周转率

基金周转率即换手率。在证券交易中,如果投资基金买卖证券所获得的收益远远大于其付出的成本,那么,基金的周转率高并没有什么不好。但考虑到基金的大额资金运作,其进出数额比较大,如果周转率过高,即短线进出过于频繁,会使交易成本过大,从而降低长期投资的收益。因此,如果一个投资基金的周转率高于同类型基金的平均周转水平,则投资于这一基金不一定好。

（四）基金规模

对于基金而言,并非规模越大收益就越高、风险便越低。由于证券市场是经常波动的,规

模大的基金投资于规模大、业绩稳定的大公司具有优势,所以大基金能做到业绩稳定、风险小。然而大基金不能及时地对证券市场的变化做出反应。小规模基金在这方面具有优势,而且小规模的基金在投资于成长性好的小公司时具有更大的优势。

本章小结　　思考与练习题

第 11 章

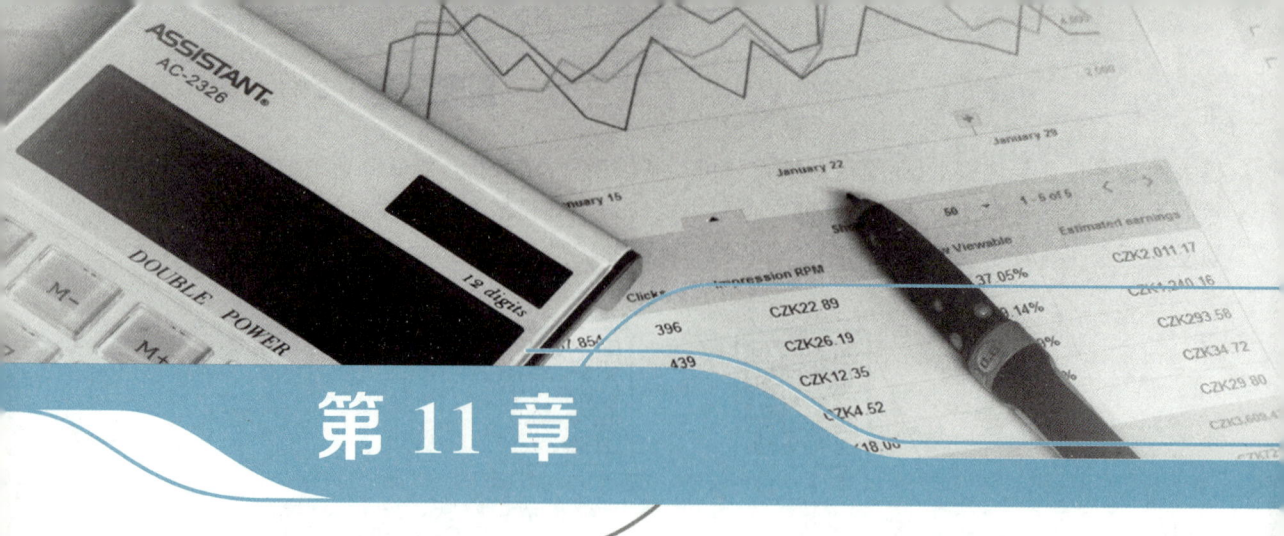

宏观经济分析

学习目标

1. 理解宏观经济分析的作用及意义。
2. 掌握宏观经济分析的主要方法及宏观经济分析的主要指标。
3. 掌握宏观宏观经济运行对证券市场的影响。
4. 了解当前的宏观经济政策及对证券市场的影响。

11.1 宏观经济分析概述

11.1.1 宏观经济分析的概念

宏观经济分析就是对宏观经济做出总体分析,分析公司的商业环境,即外部经济环境,这是证券投资活动赖以存在的总的背景条件。社会经济活动会周期性出现繁荣景象和衰退形势,这主要由社会经济活动的发展规律所决定,有时也受外部因素或偶然因素的影响。当社会经济发展处于不同阶段时,会引起货币、信贷、利率、物价等重要经济变量的变动,进而改变企业生产经营环境,企业必须做出相应的调整和安排,否则将会影响其生存和发展。宏观经济分析是中观行业分析和微观公司分析的基础。中观行业分析就是研究行业在社会经济结构中的地位和作用、行业本身的生命周期和发展前景,以及经济环境变化对不同行业的影响程度。微观公司分析是对某一具体公司的经营业绩、竞争能力、盈利能力等进行分析,以判断其发展前景。

11.1.2　宏观经济分析的意义

宏观经济分析方法以整个国民经济活动作为考察对象,研究各个有关的总量及其变动,特别是研究国内生产总值和国民收入的变动,以及国内生产总值与社会就业、经济周期波动、通货膨胀、经济增长等之间的关系。因此,宏观经济分析又称总量分析或整体分析。

证券市场与宏观经济密切相关,所以,宏观经济分析对于证券投资来说非常重要,不仅投资对象要受宏观经济形势的深刻影响,而且证券业本身的生存、发展和繁荣也与宏观经济因素息息相关。证券投资活动效果的好坏和效率的高低,不仅受国民经济基本单位的影响,更受宏观经济形势的直接制约。因此,宏观经济分析无论是对投资者和投资对象,还是对证券业本身乃至整个国民经济的快速健康发展都具有非常重要的意义。

一、把握证券市场的总体变动趋势

在证券投资领域中,宏观经济分析非常重要,只有把握了经济发展的大方向,才能把握证券市场的总体变动趋势,做出正确的长期决策;只有密切关注了宏观经济因素的变化,尤其是货币政策和财政政策因素的变化,才能抓住证券投资的市场时机。

二、判断整个证券市场的投资价值

证券市场的投资价值与国民经济整体素质、结构变动息息相关。这里的证券市场的投资价值是指整个市场的平均投资价值。从一定意义上说,整个证券市场的投资价值就是整个国民经济增长质量与速度的反映,因为不同部门、不同行业与成千上万的不同企业相互影响,互相制约,共同影响国民经济发展的速度和质量。宏观经济是各个体经济的总和,因而企业的投资价值必然在宏观经济的总体中综合反映出来,所以,宏观经济分析是判断整个证券市场投资价值的关键。

三、掌握宏观经济政策对证券市场的影响力度与方向

证券市场与国家宏观经济政策息息相关。在市场经济条件下,国家通过财政政策和货币政策来调节经济,或挤出泡沫,或促进经济增长,这些政策直接作用于企业,从而影响经济增长速度和企业效益,并进一步对证券市场产生影响。因此,证券投资必须认真分析宏观经济政策,掌握其对证券市场的影响力度与方向,以准确把握整个证券市场的运动趋势和各个证券品种的投资价值变动方向。

11.1.3　宏观经济分析的主要方法

宏观经济分析的主要方法有以下几种:

一、经济指标

宏观经济分析可以通过一系列经济指标的计算、分析和对比来进行。经济指标是反映经济活动结果的一系列数据和比例关系。经济指标有三类:一是先行指标,这类指标可以对将来的经济状况提供预示性的信息;二是同步指标,通过这类指标计算出的国民经济转折点大致与总的经济活动的转变时间相同;三是滞后指标,滞后指标主要有银行短期商业贷款利率、工商业未还贷款等。

二、计量经济模型

所谓计量经济模型,是指表示经济现象及其主要因素之间数量关系的方程式。经济现象

之间的关系大都属于相关或函数关系,建立计量经济模型并进行运算,就可以探寻经济变量间的平衡关系,分析影响平衡的各种因素。

三、概率预测

概率预测的重要性是由客观经济环境和概率预测自身的功能决定的。要了解经济活动的规律性,必须掌握它的过去,进而预测其未来。过去的经济活动都反映在大量的统计数字和资料上,根据这些数据,运用概率预测方法,就可以推算以后若干时期各种相关的经济变量状况。

11.1.4 宏观经济分析的主要指标

宏观经济指标是体现经济情况的一种方式,宏观经济指标对宏观经济调控具有重要的分析和参考作用。宏观经济指标主要包括以下五大类:

一、国民经济的总体指标

(一)国内生产总值

国内生产总值(GDP)是指一个国家(或地区)所有常住单位在一定时期内生产活动的最终成果,是最常用的综合性指标,也是进行国际经济比较的一项重要指标。

国内生产总值有三种表现形态,即价值形态、收入形态、产品形态。对应这三种表现形态,在实际核算时,国内生产总值有三种计算方法:生产法、收入法、支出法。

在宏观经济分析中,一般采用支出法计算国内生产总值,其计算公式为:

$$GDP = C + I + G + X$$

式中,C 为消费;I 为投资;G 为政府购买;X 为净出口。

(二)失业率

失业率是指失业人口占劳动人口的比例。劳动人口是指年龄在 16 岁以上且具有劳动能力的人。过去我国统计部门公布的失业率是城镇登记失业率,即城镇登记失业人数占城镇从业人数与城镇登记失业人数之和的百分比。从 2011 年开始,不再使用城镇登记失业率这个指标,而采用调查失业率。调查失业率是通过城镇劳动力情况抽样调查所取得的城镇就业与失业汇总数据进行计算的,具体是指城镇调查失业人数占城镇调查从业人数与城镇调查失业人数之和的百分比。

(三)通货膨胀

通货膨胀一般指物价水平在一定时期内持续、普遍的上升过程,或者指货币价值在一定时期内持续、普遍的下降过程。衡量通货膨胀的指标包括消费者价格指数 CPI、生产者价格指数 PPI、平减指数 GDP。

平减指数 GDP 是名义 GDP 与实际 GDP 的比值,表示现期生产成本与基期生产成本之比,反映了一国生产的所有商品和服务价格水平。

(四)国际收支

国际收支是一种流量概念,反映的是两个时点之间存量的变化额。国际收支平衡表的基本结构包括经常项目、资本项目与平衡项目。

进口和出口是国际收支最主要的部分。中国海关一般在每月的 10 日发布上月进出口情况的初步数据,详细数据在下旬发布。美国的月度贸易数据由美国商务部在每月的第二周发布。

二、投资指标

投资指标是衡量一定时期内在国民经济各部门、各行业再生产中投入资金的数量、速度、比例和使用方向等的综合性指标。

按照投资主体的不同,投资分为政府投资、企业投资和外商投资三个方面。

(一)政府投资

政府投资是指政府为了实现其职能,满足社会公共需要,实现经济和社会发展战略,投入资金转化为实物资产的行为和过程。政府投资是国家宏观经济调控的必要手段,在社会投资和资源配置中具有重要的宏观导向作用。政府投资可以弥补市场失灵,协调全社会的重大投资比例关系,进而推动经济发展和结构优化。

(二)企业投资

企业投资可分为对内投资和对外投资,对内投资是指把资金投放在企业内部,购置各种生产经营用资产的投资。对外投资是指企业以现金、实物、无形资产等方式或者以购买股票、债券等有价证券的方式对其他单位的投资。从理论上讲,对内投资的风险要低于对外投资,对外投资的收益应高于对内投资,随着市场经济的发展,企业对外投资机会越来越多。

(三)外商投资

外商投资是指外国的公司、企业、其他经济组织或者个人依照中华人民共和国法律的规定,在中华人民共和国境内进行私人直接投资。我国吸收外商投资的方式一般分为直接投资方式和其他投资方式。采用最多的直接投资方式是中外合资经营企业、中外合作经营企业、外商独资经营企业和合作开发。其他投资方式包括补偿贸易、加工装配等。

三、消费指标

(一)社会消费品零售总额

社会消费品零售总额是国民经济各行业直接销售给城乡居民和社会集团的消费品总额。社会消费品零售总额反映各行业通过多种商品流通渠道向居民和社会集团供应的生活消费品的总量,是研究国内零售市场变动情况、反映经济景气程度的重要指标。

社会消费品零售总额的统计调查方法采用全面统计方法和抽样调查两种方法相结合。按照国家统一规定的划分标准,限额以上的批发和零售业、住宿和餐饮业单位建立名录库,实施全面统计调查,由这些企业按月向当地政府统计部门报送统计报表,逐级汇总得出限额以上的社会消费品零售额。限额以下的批发和零售业、住宿和餐饮业采用抽样调查推算得出限额以下的社会消费品零售额。限额以上与限额以下的社会消费品零售额汇总,就形成了社会消费品零售总额。

(二)全国城乡居民储蓄存款余额

全国城乡居民储蓄存款余额是指某一时点全国城乡居民存入银行及农村信用社的储蓄金额,包括城镇居民储蓄存款和农民个人储蓄存款,不包括居民的手存现金和工矿企业、部队、机关、团体等单位存款。城乡居民储蓄存款是居民可支配收入与消费支出之间的差额,因而城乡居民储蓄的多少取决于居民可支配收入和居民消费支出,以及消费支出在居民可支配收入中所占的比例。

四、金融指标

(一)总量指标

1. 货币供应量

货币供应量是指一国在某一时点上为社会经济运转服务的货币存量,由包括中央银行在内的金融机构供应的存款货币和现金货币两部分构成。

我国从 1994 年第三季度起由中国人民银行按季向社会公布货币供应量统计监测指标。参照国际通用原则,根据我国实际情况,中国人民银行将我国货币供应量指标分为以下四个层次。

M_0＝流通中的现金

M_1＝M_0＋企业活期存款＋机关团体部队存款＋农村存款＋个人持有的信用卡类存款

M_2＝M_1＋城乡居民储蓄存款＋企业存款中具有定期性质的存款＋外币存款＋信托类存款

M_3＝M_2＋金融债券＋商业票据＋大额可转让存单等

式中,M_1 是通常所说的狭义货币量,流动性较强;M_2 是广义货币量,M_2 与 M_1 的差额是准货币,流动性较弱;M_3 是考虑到金融创新的现状而设立的,暂未测算。

2001 年,中国人民银行修订货币供应量统计口径,我国现行对货币层次的划分如下。

M_0＝流通中现金

M_1＝M_0＋可开支票进行支付的单位活期存款

M_2＝M_1＋居民储蓄存款＋单位定期存款＋单位其他存款＋证券公司客户保证金

M_3＝M_2＋金融债券＋商业票据＋大额可转让定期存单等

式中,M_1 是狭义货币量,反映经济中的现实购买力;M_2 是广义货币量,不仅反映现实的购买力,还反映潜在的购买力,M_2 与 M_1 的差额是准货币;M_3 是根据金融工具的不断创新而设置的。

若 M_1 增速较快,则消费和终端市场活跃;若 M_2 增速较快,则投资和中间市场活跃。中央银行和各商业银行可以据此采取相应的货币政策。M_2 过高而 M_1 过低,表明投资过热、需求不旺,有危机风险;M_1 过高 M_2 过低,表明需求强劲、投资不足,有涨价风险。

2. 金融资产总量

金融资产是经营资产的对称,是指单位或个人所拥有的以价值形态存在的资产,是一种索取实物资产的无形权利,也是一切可以在有组织的金融市场上进行交易、具有现实价格和未来估价的金融工具的总称。金融资产的最大特征是能够在市场交易中为其所有者提供即期或远期的货币收入流量。

3. 社会融资规模

社会融资规模是全面反映金融与经济之间的关系,以及金融对实体经济资金支持的总量指标。社会融资规模是指一定时期内(每月、每季或每年)实体经济从金融体系获得的全部资金总额,是增量概念。这里的金融体系为整体金融的概念。

(二)利率

利率又称利息率,表示一定时期内利息量与本金的比率,通常用百分比表示。利率按年计算则称为年利率。利率是宏观调控的重要工具之一,从宏观经济分析的角度来说,利率的波动反映了市场资金供求的变动情况。一国政府可以通过利率调整来干预经济。在萧条时期,降低利息率,扩大货币供应,刺激经济发展;在膨胀时期,提高利息率,减少货币供应,抑制经济过快发展。

(三)汇率

汇率是指一国货币兑换另一国货币的比率,是以一种货币表示另一种货币的价格。一国汇率会因该国的国际收支状况、通货膨胀率、利率、经济增长率等的变化而波动;同时,汇率的波动又会影响一国的进出口额和资本流动,从而影响一国的经济发展。一般来说,本币汇率降低,即本币对外的比值贬低,能起到促进出口、抑制进口的作用;若本币汇率上升,即本币对外的比值上升,则有利于进口,不利于出口。

(四)外汇储备

外汇储备是指一国政府所持有的国际储备资产中的外汇部分,即一国政府保有的以外币表示的债权,是一个国家货币当局持有并可以随时兑换外国货币的资产。狭义而言,外汇储备是一个国家经济实力的重要组成部分,是一国用于平衡国际收支、稳定汇率、偿还对外债务的外汇积累。广义而言,外汇储备是指以外汇计价的资产,包括现钞、国外银行存款、国外有价证券等。外汇储备是一个国家国际清偿力的重要组成部分,同时对于平衡国际收支、稳定汇率有重要的影响。

五、财政指标

(一)财政收入

财政收入是指政府为履行其职能、实施公共政策和提供公共物品与服务需要而筹集的一切资金的总和。财政收入表现为政府部门在一定时期内(一般为一个财政年度)所取得的货币收入。财政收入是衡量一国政府财力的重要指标,政府在社会经济活动中提供公共物品和服务的范围与数量,在很大程度上取决于财政收入的充裕状况。

财政收入的内容包括以下方面:

(1)各项税收,包括增值税、消费税、土地增值税、城市维护建设税、资源税、城市土地使用税、印花税、个人所得税、企业所得税、关税、农牧业税和耕地占用税、契税、教育费附加、车船使用税、房产税、屠宰税等。

(2)专项收入,包括征收排污费收入、征收城市水资源费收入、教育费附加收入等。

(3)其他收入,包括基本建设贷款归还收入、基本建设收入、捐赠收入等。

(4)国有企业计划亏损补贴,该项为负收入,冲减财政收入。

(二)财政支出

财政支出通常是指国家为实现其各种职能,由财政部门按照预算计划,将国家集中的财政资金向有关部门和方面进行支付的活动,因此也称预算支出。在我国,由于存在预算外资金,所以财政支出的概念也就有狭义与广义之分:狭义的财政支出仅指预算内支出;广义的财政支出则包括预算内支出和预算外支出。

11.2 宏观经济运行对证券市场的影响

11.2.1 经济周期分析

国民经济运行常表现为收缩与扩张的周期性交替。每个周期表现为4个阶段:高涨、衰退、萧条、复苏。当经济从衰退和萧条中开始复苏,继而进入又一个高涨阶段,这就是所谓的经济周期循环即景气变动。经济周期的变动对证券市场的影响力是十分显著的。

一、经济周期分析指标

要把握经济的周期性波动,需要借助于反映经济周期性变化的一系列指标。具体包括:

(一)先行指标

它又称超前指标,指在总体经济活动发生波动之前,先行到达顶峰或谷底的时间序列指标。先行指标一般能在总体经济活动发生变化之前6个月达到顶峰或谷底。正是由于先行指标具有这一特点,投资者采用该指标可以事先知道经济波动的转折点,从而采取恰当的投资策略。先行指标包括货币政策指标、财政政策指标、劳动生产率、消费支出、住宅建设、周工时和商品订单等。

(二)重合指标

它指与经济活动同时达到顶峰或谷底的时间序列指标。重合指标达到顶峰或谷底的时间大致与总体经济活动变化的时间相同。投资者采用重合指标预测经济周期性变化,可以确定经济活动达到顶峰或谷底的具体时间。重合指标包括实际国民生产总值、公司利润率、工业生产指数和失业率等。

(三)后续指标

它又称滞后指标,指在总体经济活动发生波动之后才到达顶峰或谷底的时间序列指标。后续指标一般在总体经济活动发生变化后6个月到达顶峰或谷底,后续指标主要有优惠贷款利率、存货水平、资本支出和商品零售额等。

二、经济周期变动分析

经济的周期性波动对于证券市场具有较大的冲击力。投资者对于经济复苏来临的信心,或对于经济危机发生的恐惧,均足以改变其投资意愿。

当经济开始走出低谷时,批发商和零售商逐步扩大商品的购买,增加存货;生产企业因产品的销路扩大,开始恢复和扩大生产,增加固定资产投资,生产者对于各种生产要素的需求量也随之增加,这就会引起利率、工资、就业水平和收入的上升。在这种情况下,投资者从过分悲观的预期中走出,重新参与证券投资。生产和销售情况的好转也支撑了股息、债息和证券价格的上升。显然,此时购买证券获得较高差价收益的可能性较大。即使证券价格上升缓慢,投资者也可以从公司利润增加中分取较高的红利。

在经济从复苏、高涨到达顶峰以后,就会走向衰退。此时,由于工资和利率都已上升,生产成本增加,生产者利润开始下降;又由于产销情况的变化和利润减少,生产者逐步压缩生产规模,减少固定资产投资。结果,利率、物价、收入和就业水平都会下降,并且一直降到谷底。在这种情况下,投资者从过分乐观的预期中醒悟、抛售证券、抽回本金,证券价格不断下跌,投资者分取的股息和债息也因发行者利润的减少而下降。显然,此时参与证券投资就有可能遭受损失。

由此可见,经济的周期性波动会引起证券价格和证券投资收益的相应变化。如果投资者能够准确预测经济波动发生的具体时间,就可以在投资时机和投资对象的选择上做出相应的调查,以避免不必要的损失。

11.2.2 通货膨胀分析

通货膨胀可以表述为：因货币供应量超过了流通中对货币的客观需求量而带来的物价上涨的现象，其实质是货币的贬值。通货膨胀是纸币流通条件下的经济现象。根据通货膨胀的成因不同，可以将其区分为：需求拉上型、成本推动型和结构失调型的通货膨胀。通货膨胀对整个社会经济生活的影响是严重的，只要出现了通货膨胀，就一定会伴随着治理通货膨胀的政策。而无论是财政政策还是货币政策，在对付通胀的问题上，都要减缓货币流通量的增加速度。其有效的调控就是使资金流入各类市场的量减少，这样，股市哪有不跌之理。所以，证券投资者在已知国民经济运行中发生了严重的通货膨胀的时候，就不要再寄希望于股市的火爆。即使不想将资金撤离股市，还希望从股市中赚取一些收益来冲抵通胀的损失的话，也必须按照市场的思维方式来控制自己的投资节奏。

通货膨胀对证券投资特别是股票投资的影响，没有一成不变的规律可循。对这些影响进行分析和比较必须从该时期通货膨胀的原因以及程度、配合当时的经济结构和形势、政府可能采取的干预措施等方面入手，其分析的结论才具有可参考性。通常情况下可以有如下基本判断：①温和的、稳定的通货膨胀对股价的影响较小；②适度的通货膨胀，而经济处于景气（扩张）阶段，此时的股价也将持续上涨；③严重的通货膨胀是很危险的，将会造成股市的恐慌；④政府往往不会长期容忍通货膨胀的存在，通常将实施某些宏观经济政策，这些政策必然会对股市运行造成影响。

从另一方面看，通货膨胀也将对证券投资产生影响。通货膨胀将损伤消费者和投资者的积极性，导致经济衰退和经济萧条，与通货膨胀一样不利于币值稳定和经济增长。通货膨胀甚至被认为是导致经济衰退的"杀手"。通常因货币紧缩带来的经济负增长，会使股票、债券及房地产价格大幅下跌，银行资产状况严重恶化，这种现象又将大大影响投资者对证券市场走势的信心。

11.2.3 财政、货币政策分析

一、财政政策分析

财政政策对证券市场的影响

（一）财政政策的基本含义

财政是以国家为主体的，为满足社会公共需要而进行的集中性分配和再分配中形成的经济关系。财政收支是以财政方式集中社会资金和使用社会资金的全过程，国家通过组织财政收入和安排财政支出实现国家的职能。财政收支的状况对整个国民经济的影响是十分显著的，当然也是影响证券市场供求关系，进而影响市场价格及其走势的重要因素。

财政政策是政府依据客观经济规律制定的指导财政工作和处理财政关系的一系列方针、准则和措施的总称。财政政策分为长期、中期、短期财政政策。各种财政政策都是为相应时期的宏观经济控制总目标和总政策服务的。财政政策的短期目标是促进经济稳定增长，主要通过预算收支平衡或财政赤字、财政补贴和国债政策手段影响社会总需求数量，促进社会总需求和社会总供给趋向平衡。中长期政策的首要目标是资源的合理配置，总体上说，是通过对供给方面的调控来制约经济结构的形成，为社会总需求的均衡提供条件；中长期政策的另一个重要目标是收入的公平分配，如运用财政政策中的税收和转移支付手段来调节各地区和各阶层的收入差距,达到兼顾公平与效率、促进经济社会协调发展的目的。

(二)财政政策的实施及其对证券市场的影响

财政政策手段上面已涉及,它主要包括国家预算、税收、国债、财政补贴、财政管理体制、转移支付制度等。这些手段可以单独使用,也可以配合协调使用。从财政政策的运作看,它可以分为松的财政政策、紧的财政政策和中性财政政策。总的来说,紧的财政政策会使得过热的经济受到控制,证券市场也将走弱,而松的财政政策将刺激经济发展,影响证券市场走强。

在实施财政政策的过程中,财政收支状况及其变化趋势,对证券市场将会产生直接影响。从财政收入来看,财政收入主要来源于国家税收,也有一部分来源于国有企业的利润和国家信用。国家财政收入在国民生产总值中所占的比重是由国家所肩负的职能决定的。在这个比例确定下来之后,财政收入的增长说明国民经济运行健康、稳步发展。如果在经济增长速度一定的情况下,财政收入增加则说明相当一部分资金由国家集中起来使用了,会影响到证券市场的资金流入量,影响证券市场的大势。

从财政支出的角度看,按使用的性质划分,可分为经常性项目支出和资本性项目支出。经常性项目支出包括非生产性基建支出、事业发展和社会保障支出、国家行政支出、价格补贴支出等。资本性项目支出包括生产性基建支出、企业挖潜改造和新产品试制费支出、支农支出等经济建设支出。分析国家财收支出在国民经济各部门的分配比例,了解经济结构变动的趋势,有助于在证券市场中选择投资行业和研判个股走势。整体上财政支出的增加是证券市场中的利好。

二、货币政策分析

货币政策是中央银行为实现特定的经济目标而采取的各种控制、调节货币供应量或信用的方针、政策、措施的总称。其内容主要包括执行货币政策的机构、货币政策的目标、货币政策工具和货币政策传导机制等。货币政策是一国重要的宏观经济政策,主要用于调控社会总需求。其政策目标一般有4个,即稳定物价、充分就业、经济增长和国际收支平衡。其中保持一般物价水平的正常状态,不发生剧烈的波动,是货币政策的首要目标。

货币政策按照调节货币供应量的程度可划分为3种类型:①扩张性货币政策,是在社会总需求严重不足的情况下所采取的政策。推行此政策的主要目的是通过扩大货币供应量,改变原有货币量的供需关系,刺激社会需求的增长。②紧缩性货币政策,是在社会总需求严重膨胀的经济状况下所采取的政策。实施此政策的目的是通过控制货币供应量,抑制社会需求的膨胀。③均衡性货币政策,是在社会总需求与总供给基本平衡状态下所采取的政策,其目的是维持原有的货币供应量与需求量之间大体平衡的关系。

由于货币政策的类型不同,对证券市场的影响也不一样。总的来说,货币政策是通过影响证券市场资金面的状况来影响证券市场的价格的。

我国中央银行的货币政策手段主要有:法定存款准备金制度、贷款的规模控制、再贷款手段和再贴现业务、公开市场业务、逐步放开同业拆借市场使利率市场化等。

(一)存款准备金率的调整

存款准备金率是指一国金融当局规定商业银行提缴存款准备金的比率。存款准备金率是国家以法律形式加以确定的,商业银行必须执行,因而又称法定存款准备金率。中央银行调整存款准备金率,增加或减少商业银行应缴存的存款准备金,从而影响商业银行的贷款能力和派生存款能力,以达到调节货币供应量的目的。

存款准备金率的调整对于证券市场而言,其影响需要一个传导的过程。这种传导要经过两个层次:第一个层次是中央银行调整存款准备金率,影响商业银行行为,商业银行调整其经营方式;第二个层次是居民和企业对商业银行行为做出反应,相应调整投资和消费支出,影响社会需求。因此,存款准备金率的调整虽然可以影响社会货币流通量、影响社会需求,进而影响证券市场的资金供给和价格,但其时滞性较大。调整存款准备金率,最先影响的是证券投资者的投资信心,真正带来资金间的变化则要经过一段时间。所以,证券投资者在关注这一金融宏观调控政策时,切不可只注意它的即时市场反应,还要看到它对以后的实质性影响。

(二)再贴现率调整

再贴现率是指商业银行向中央银行办理再贴现时使用的利率。而再贴现则是指商业银行将贴现买入的未到期商业票据提交中央银行,由中央银行扣除再贴现利息后支付贴现款项。中央银行通过调高或调低再贴现率以影响商业银行的信用量,达到信用扩张或信用收缩的目的。如果中央银行提高再贴现率,商业银行的借入资金成本增大,就会迫使其提高贷款利率,从而起到紧缩企业的借款需求、减少贷款量和货币供应数量的作用;反之,则会刺激贷款的扩大和货币供应规模。

在我国,再贴现业务开展得并不广泛,这主要是因为再贴现业务必须以商业信用票据作为前提条件。随着商业信用票据化的推进,再贴现业务可能取代目前的再贷款,从而对证券市场产生影响。现在其作用还仅局限于有区别地对某些商业票据进行贴现。因此,它对证券市场的影响主要是通过影响某些行业的资金需求间接实现的。

(三)公开市场业务

公开市场业务是指中央银行通过买进或卖出有价证券来控制和影响市场货币供应量的一种业务。中国人民银行公开市场业务的主要方式是由人民银行总行进行公开市场业务操作,总行设立公开市场操作室,主要工具是国债和外汇。当市场银根紧时,就买进有价证券;当市场银根松时,就卖出有价证券。具体分为两类:一类是买卖双方不承担义务的;另一类是买卖双方承担一定义务的,双方订有回购和回售协议。回购,就是中央银行买进有价证券,按协议规定期限,由卖方再把证券买回去。回售,就是中央银行售出有价证券,按协议规定期限,由中央银行再买回来。公开市场业务是中央银行强有力的货币政策工具,以范围广、灵活、主动和温和的优越性为世界各经济发达国家广泛采用。

1996年4月9日,我国中央银行的公开市场业务正式启动,首选14家银行为交易对象。通过公开市场业务,调节各家商业银行的头寸,影响同业拆借市场、回购市场和国债市场的供求关系,进而影响利率水平,并通过传导机制影响证券市场的资金状况。由于现阶段可供公开市场业务调控的工具有限,只以短期国债为交易工具,所以对债券市场的影响还不大,一段时期以后其影响会逐渐增加。

(四)利率政策

利率是借贷资金的利息收入与借贷资金量的比率。利率是主要的货币政策工具,也是对证券市场影响最为直接和迅速的金融因素。一般来讲,利率下降时,证券价格就会上涨;利率上升时,证券价格就会下跌。具体影响如下:

利率的调整,最先影响到的是存款人和贷款人的利益分配。上调利率,存款人可以从多得的利息中直接受益,因而提高了将手持货币转化为存款的积极性,从而使流通中货币量收缩,而贷款人考虑到资金成本,必然压缩对贷款的需求,其结果也是使流通中的货币量收缩;降低利率则完全相反。在这个意义上,利率调整对证券市场的影响就是影响着市场资金流入量的大小。

调整利率,通过影响上市公司业绩影响证券市场。在利率下调的情况下,企业贷款成本下降,利润相应提高。预期收益的提高是股票价格上升的促进因素。另外,由于利率下降使一些储蓄转化为现实的商品购买力,这样就会提高社会商品销售总额,使商业企业利润上升,使工业产品积压减轻,资金周转加速,效益提高。这也是促使股票价格上升的因素。利率上调,情况则完全相反。

在利率调整中,存款利率与贷款利率调整的幅度也对证券市场中金融板块股票产生直接的影响。如果贷款利率下调的幅度没有存款利率下调的幅度大,那么商业银行和其他金融机构就都会从中得到因调整而加大的存贷利差,有利于改善银行和其他金融机构的经营环境,其股价自然上升。但如果在利率下调的过程中,存款利率的下调幅度没有贷款利率下调的幅度大,则会对金融股构成直接的利空。

在实际经济生活中,我们可以根据所能得到的有关信息预测利率变动的方向和时机,从而取得在股市中的主动权。对利率变动方向和时机影响较大的因素有:①市场商品购销状况;②国外金融市场的利率水平;③工业企业的平均资金利润率水平等。

(五)汇率变动

汇率是指两国货币相互兑换的比率,是通过一国货币来衡量另一国货币的价格,因而又称汇价。其表示方法有两种:直接标价法,即以一定单位的外币来计算应收或应付多少本国货币;间接标价法,即一定数额的本币值多少外币。我国采用直接标价法,实行浮动汇率制度。自1994年1月1日起人民币市场汇率与官定汇率并轨,4月设在上海的中国外汇交易中心正式启用;1996年12月1日起实行人民币经常项目可兑换。影响汇率的主要因素是国际收支,1996年我国已经连续3年成为世界第二大资金流入国,外汇储备已突破1 000亿美元,形成了外汇供大于求的局面;影响汇率的内在因素是本国货币的实际购买力、通货膨胀以及国内利率的高低等。

汇率变动对证券市场的影响是复杂的,对于外向型的上市公司来讲,汇率变动对其股价影响较大。因为汇率变动会使其产品在国际市场上的竞争力和公司盈利水平受到影响。而对于以国内市场为中心的上市公司来说,汇率的影响还是通过对内资金供应量的增减来实现的。

一般来讲,汇率变动对短期资本的流动影响较大,短期资本主要是在金融市场上做投机交易,当一国汇率下降时,外国投机者为了避免损失,会竞相抛售拥有的该国金融资产,转兑外汇,而这种行为会进一步加剧该国汇率的下跌,有可能导致金融危机。现阶段,我国人民币在资本项目上尚不能自由兑换,因此不会出现上述严重的金融危机。

本章小结　　思考与练习题

第 12 章

证券投资的行业分析

> **学习目标**
> 1. 理解行业分析的含义和行业分析的意义。
> 2. 了解行业的类型及分类方法。
> 3. 掌握行业的基本特征分析,理解影响行业发展的主要因素。
> 4. 掌握产业结构升级在促进国民经济发展中的重要作用。

12.1　行业分析概述

12.1.1　行业分析的含义

行业是从事国民经济中同性质的生产或其他经济社会活动的经营单位和个体等构成的组织结构体系。行业分析是指根据经济学原理,综合应用统计学、计量经济学等分析工具对行业经济的运行状况、产品生产、销售、消费、技术、行业竞争力、市场竞争格局、行业政策等行业要素进行深入的分析,从而发现行业运行的内在经济规律,进而进一步预测未来行业发展的趋势。

12.1.2　行业分析的意义

行业分析可以解释行业本身所处的发展阶段及其在国民经济中的地位,分析影响行业发展的各种因素并判断这些因素对行业影响的力度,预测并引导行业的未来发展趋势,判断行业投资价值,揭示行业投资风险,从而为政府部门、投资者及其他机构提供决策依据或投资依据。

行业经济是宏观经济的构成部分,宏观经济活动是行业经济活动的总和。宏观经济分析主要分析社会经济的总体状况，但没有对社会经济的各个组成部分进行具体分析。宏观经济的发展水平和增长速度反映了各行业经济的平均水平和速度，但各行业之间却有很大的差别。

从证券投资分析的角度来看，宏观经济分析是为了了解证券投资的宏观环境，把握证券市场的总体趋势，但宏观经济分析并不能提供具体的投资领域和投资对象的建议，此时，深入的行业分析及公司分析就显得格外重要。

行业分析又是公司分析的前提，行业有自己特定的生命周期。处在生命周期不同发展阶段的行业，其投资价值也不一样，公司的投资价值会由于所处行业的不同而有明显差异。可见，行业是决定公司投资价值的重要因素之一。

12.2 行业分类与市场类型

12.2.1 行业分类

目前，对行业的分类有多种方法，如按行业要素集约度分类、联合国标准行业分类法以及我国的国民经济行业分类法等。这些分类方法都是与不同的需要相适应的，如我国的国民经济行业分类法旨在提高我国的宏观经济管理水平，而联合国标准行业分类法则希望由此统一世界各国的行业分类，以便进行国际比较和交流。这些分类一般都是根据行业的技术特点进行的。从证券投资的角度看，一般的投资者既不可能懂得各种各样的技术，也不实际参与公司的经营管理，他们所关心的只是其证券投资能否保值增值。因此，证券市场的行业分类要重点反映行业的盈利前景，而按技术特征进行行业分类对证券投资来说意义不大，除非行业的发展具有显著的技术特征。

行业的发展前景与许多因素有关，因此行业的分类也有多重标准。

根据行业的发展与国民经济周期性变化的关系，可分为以下几类：

一、成长型行业

成长型行业的运行状态与经济活动总水平的周期及其振幅无关。这些行业销售收入和利润的增长速度不受宏观经济周期性变动的影响，特别是经济衰退的消极影响。它们依靠技术进步、推出新产品、提供更优质的服务及改善经营管理，可实现持续成长。例如，在过去的二十年内，信息产业和生物制药行业就是典型的成长型行业。

二、周期型行业

周期型行业的运行状态直接与经济周期相关。当经济处于上升时期，这些行业会紧随其扩张；当经济衰退时，这些行业也相应跌落。产生这种现象的原因是，当经济衰退时，对这些行业相关产品的购买被延迟到经济改善之后，如珠宝业、耐用品制造业及其他依赖于需求的具有收入弹性的产业就属于典型的周期性行业。

三、防御型行业

防御型行业与周期型行业刚好相反，这种类型产业的运行状态并不受经济周期的影响。也就是说，无论宏观经济处在经济周期的哪个阶段，产业的销售收入和利润均呈缓慢增长态势或变化不大。正是由于这个原因，对其投资便属于收入投资，而非资本利得投资。例如，食品业和公用事业就属于防御型产业,因为社会需求对其产品的收入弹性较小,所以这些公司的收入相对稳定。

按照行业所采用技术的先进程度,可分为新兴行业和传统行业。新兴行业是指采用新兴技术进行生产、产品技术含量高的行业,如电子业。传统行业是指采用传统技术进行生产、产品技术含量低的行业,如资源型行业。由于技术的不断更新和发展,新兴行业和传统行业之间的区分是相对的。目前,两者之间的区分是以第三次技术革命为标志,以微电子技术、基因工程技术、海洋工程技术、太空技术等为技术基础的行业称为新兴行业,而以机械、电力等为技术基础的行业称为传统行业。新兴行业和传统行业内部也可进一步分类。一般来说,新兴行业多为朝阳行业,传统行业多为夕阳行业。

按照行业的要素集约度,可以分为资本密集型行业、技术密集型行业和劳动密集型行业。资本密集型行业是指需要大量资本投入的行业,技术密集型行业的技术含量较高,而劳动密集型行业主要依赖于劳动力。它们之间并没有严格的界限,有些行业同时是资本密集型行业和技术密集型行业,如汽车行业。一般来说,由于通常情况下资本是不可替代的短缺资源,因而资本密集型行业容易产生垄断;技术密集型行业由于技术的不断更新,容易导致十分残酷的竞争;至于劳动密集型行业,由于劳动是一种可替代性较强的生产要素,根据"机器排挤工人"的经济发展规律,它特别容易受到技术革新的冲击。

中国证券监督管理委员会的行业分类。按照中国证监会的行业分类方法,我国上市公司的行业分类所采用的财务数据为经过会计师事务所审计并已公开披露的合并报表数据。当上市公司某类业务的营业收入比重大于或等于50%,则将其划入该业务相对应的行业。当上市公司没有一类业务的营业收入比重大于或等于50%,但某类业务的收入和利润均在所有业务中最高,而且均占到公司总收入和总利润的30%以上(包含本数),则公司归属该业务对应的行业类别。不能按照上述分类方法确定行业归属的,由上市公司行业分类专家委员会根据公司实际经营状况判断公司的行业归属;归属不明确的,划为综合类。由此,上市公司可分为19大类:

- 农、林、牧、渔业
- 采矿业
- 制造业
- 电力、热力、燃气及水生产和供应业
- 建筑业
- 批发和零售业
- 交通运输、仓储和邮政业
- 住宿和餐饮业
- 信息传输、软件和信息技术服务业
- 金融业
- 房地产业
- 租赁和商务服务业
- 科学研究和技术服务业
- 水利、环境和公共设施管理业
- 居民服务、修理和其他服务业
- 教育

- 卫生和社会工作
- 文化、体育和娱乐业
- 综合类

12.2.2 市场类型

根据行业中企业的数量、产品性质、价格的制定和其他一些因素,各种行业基本上可分为如下四种市场类型:

一、完全竞争

完全竞争指许多生产者生产同质产品的市场情形。其特点是:①生产者众多,各种生产资料可以完全流动;②生产的产品(有形与无形)是同质的,无差别的;③生产者不是价格的制定者,生产者的盈利基本上由市场对产品的需求来决定;④生产者和消费者对市场情况都非常了解,并可自由进入或退出这个市场。从上述特点可以看出,完全竞争其实质在于所有的企业都无法控制市场的价格和使产品差异化。初级产品的市场类型多与此相近似。

二、垄断竞争

垄断竞争指许多生产者生产同种但不同质产品的市场情形。其特点是:①生产者众多,各种生产资料可以流动;②生产的产品同种但不同质,即产品之间存在着差异;③由于产品差异性的存在,生产者可借以树立自己产品的信誉,从而对其产品的价格有一定的控制能力。制成品的市场类型一般都属于这种。

三、寡头垄断

寡头垄断指相对少量的生产者在某种产品的生产中占据极大市场份额的情形。在这个市场上通常存在着一个起领导作用的企业,其他的企业则随该企业定价与经营方式的变化而相应地进行某些调整。领头的企业不是固定不变的,它随企业实力的变化而异。资本密集型、技术密集型产品,如钢铁、汽车等,以及少数储量集中的矿产品,如石油等的市场类型多属这种。

四、完全垄断

完全垄断指独家企业生产某种特质产品(指没有或缺少相近的替代品)的情形。完全垄断可分为政府完全垄断和私人完全垄断两种。在这种市场中,由于市场被独家企业所控制,产品又没有(或缺少)合适的替代品,因此垄断者能够根据市场的供需情况制定理想的价格和产量,在高价少销和低价多销之间进行选择,以获取最大的利润。但垄断者在制定产品的价格与生产数量方面的自由性是有限度的,它要受到反垄断法和政府管制的约束。公用事业和某些资本、技术高度密集型或稀有资源的开采等行业就属于这种完全垄断的市场类型。

四种市场类型的比较见表12-1。

表12-1　　　　　　　　　　四种市场类型的综合比较

比较项目	完全竞争	垄断竞争	寡头垄断	完全垄断
生产者特点	众多	众多	相对少量	独家企业
生产资料特点	完全流动	可以流动	很难流动	不流动
产品特点	同质,无差别	存在差别	—	—

(续表)

比较项目	完全竞争	垄断竞争	寡头垄断	完全垄断
价格特点	企业接受价格而不能制订价格	对价格有一定的控制力	对价格具有垄断能力	垄断定价,受法律管制
典型行业	初级产品	制成品	资本密集型行业、技术密集型行业	公用事业或稀有金属矿藏开采等

12.3 行业的周期分析

一个行业如同一个生命体,也会逐步经历酝酿、成长至成熟、衰亡。行业的周期一般分为四个阶段,即萌芽期(初创阶段、幼稚期)、成长期(成长阶段)、成熟期(成长阶段)和衰退期(衰退阶段)。每个行业根据不同的阶段,体现出不同的行业特征。

12.3.1 萌芽期的行业特征

第一个阶段是萌芽期,也就是初创阶段,也被称为幼稚期,是指一个行业刚刚兴起,如同一个婴儿刚刚出生,未来可能性较大,但是各种状况都不够成熟。

在产业组织方面,只有少数初创企业在此行业中,企业数量少、集中程度高。在产品方面,由于企业尚未出萌芽期,没有一定的行业标准和规范,产品的范式较广,质量不够稳定,但是样式繁多。在市场方面,企业对市场需求把握不够精准,有些市场需求甚至需要进行引导。由于产业和产品草创,市场需求的价格弹性较大,产品属于一种非必需品。

在财务方面,初创阶段的企业需要投入较多资源在产品研发,因此研发成本可能较高;需要投入较多精力在市场需求分析和产品推介方面,因此可能财务费用相对较高。

除了较高的费用,处于萌芽期的企业,其利润可能并不尽如人意。一方面,由于萌芽期的行业需求端并不固定,企业的利润和现金流都不充裕;另一方面,萌芽期行业的壁垒较低,各个企业都在处于摸索试探阶段,其"护城河"不深不牢,市场份额随时会被新闯入的企业冲击抢夺,营业收入上并不稳定。收入的不稳定叠加较高的固定成本,萌芽期的企业利润情况可能较差。如同动物处于幼儿时期,这个阶段的企业最容易出现破产的情况,从而退出该行业,因此该阶段的企业的信用状况较为一般。

总的来说,萌芽期的企业,在经营上风险较大,在财务上收益较低。

12.3.2 成长期的行业特征

在经历了萌芽期后,随着整个行业的管理技术和科学技术的发展,存活下来的企业的对市场情况更加熟悉、产业组织更加合理、产品更加成熟。整个行业会进入快速增长的成长期。

在成长期,无论是企业的组织形态、产品技术还是财务方面,都有了一定的发展。成长期的组织形态较萌芽期有明显的提升,主要因为此时市场的需求已经被初步开发,市场规模有所增加。在技术方面,该行业的技术日臻成熟和稳定,产品更加切合市场需求。在财务方面,产品的固定支出有所下降,但是该时期的广告费用等可变成本需要增加。此时的利润水平开始增长,利润率有所上升。

但是成长期的企业进入的壁垒仍然较低,由于市场容量迅速扩大,新的竞争对手纷纷进入该行业,形成从完全竞争市场逐步过渡到垄断竞争阶段。该阶段,企业之间主要是价格竞争,实力更加雄厚的企业,凭借其资本优势,通过降低产品价格,打压其他企业,构建行业"护城河"。其他小企业对价格更加敏感、对实现盈利更迫切,在价格战中,往往处于下风。这个阶段资本、技术和经营能力更差的企业往往面临着兼并、破产。

在成长阶段的后期,由于产业优胜劣汰,完全竞争的厂商逐步转变为垄断竞争,市场上生产厂商的数量也逐步稳定。整个产业趋于成熟。

12.3.3 成熟期的行业特征

成熟阶段往往是一个行业长期处于的一个阶段,该时期的企业都是经过"大浪淘沙"留存下来的企业。在组织结构上,成熟期的企业可能仅有少数几个巨型企业,处于绝对领导地位,巨型企业的"护城河"较深,无论是资本、技术的积累还是管理经营水平,都处于较高水平,且在行业深耕多年,新进入企业难以撼动其地位。

在市场方面,成熟的行业市场潜力挖掘殆尽,继续拓展的空间微乎其微。产品较为成熟稳定,功能齐全且固定,产品技术的创新可能需要科技更大跃升才能带来。各家厂商可能在售后服务等非价格方面进行角逐。在财务数据方面,成熟的行业固定投资明显减少,利润水平较为稳定。

成熟阶段的行业增长跟国民经济增长同步性较强。当整个经济增速明显衰退的时候,该行业将较大概率面临萎缩。

> **相关资料**
>
> 目前家电行业、钢铁、矿产等行业就是典型的成熟期行业。比如白色家电(空调、冰箱和洗衣机),经过几十年的发展,我国白色家电的市场已经出现明显饱和,市场结构出现了以美的、格力和海尔为龙头的寡头垄断格局,整个行业进入了明显的成熟期。
>
> 市场饱和程度方面,农村每百户对三大白色家电拥有量超过50台的时间分别为:洗衣机在2009年、电冰箱在2011年、空调在2017年。根据2018年统计局给出的数据,我国居民每百户空调保有量是94台左右,而日本与美国这一比率在300台上下,日本在进入人口老龄化后几乎所有家电销量都在下滑,唯独空调仍有增长。

12.3.4 衰退期的行业特征

由于产品和技术的革新,某些产业在经历了长时间的成熟期后,可能会进入衰退阶段。衰退期的产业,主要是替代品或者市场需求有明显变化,原有产品销售量下降,价格降低,利润空间明显缩窄。当企业的利润不能维系投资成本时,厂商会逐步减少产能,直至整个行业解体。

相关资料

目前来看胶卷行业是典型处于衰退期的行业,胶卷使用的技术是卤化银涂在聚乙酸脂片基上,当有光线照射到卤化银上时,卤化银转变为黑色的银,经显影工艺后固定于片基。在20世纪,胶卷是主要的成像载体。曾经该行业也经历过处于群雄逐鹿的成长阶段,后来乐凯、美国柯达和日本富士成为世界三大胶片生产商,标志着该行业正式进入成熟阶段。该行业20世纪90年代处于成熟期,但是随着数码相机的崛起,胶卷行业出现重大危机。

与胶片机依靠化学变化来记录图像的原理不同,数码相机是当光线通过镜头进入相机后,利用成像元件将其转化为数字信号,再通过影像运算芯片储存在存储设备中。相对于数码相机,胶片机的经济成本和时间成本都更高,在信息时代,胶卷无法做到便捷、个性化和规模化传播。整个胶卷日渐式微,三大巨头逐步退出行业,2012年柯达宣布破产,2011年乐凯转型进入新能源、新材料领域。目前胶卷行业已经成为小众产业。

12.3.5 行业周期与证券投资

由于各个周期阶段的风险与收益、业绩表现各有特点。不同周期阶段的产业在证券市场上的表现也不尽相同。萌芽期的初创企业更需要"天使投资",成长期的行业更受权益型证券的追捧,固定收益类证券更加偏好成熟期企业。

萌芽期的初创企业,在收益上受制于狭小的市场空间,成本上被不断投入的研发成本、销售费用拖累,在业绩表现上可能存在较大变数。萌芽期的企业,更加适合天使投资。

相关资料

天使投资,此词源于纽约百老汇,1978年在美国首次使用。指具有一定净财富的人士,对具有巨大发展潜力的高风险的初创企业进行早期的直接投资,属于自发而又分散的民间投资方式。这些进行投资的人士被称为"投资天使",用于投资的资本称为"天使资本"。自由投资者或非正式风险投资机构对原创项目公司或小型初创企业进行的一次性的前期投资,天使投资是风险投资的一种,是一种非组织化的创业投资形式。

虽然成长期的企业的市场在快速扩大,但是该阶段行业壁垒不高,会有大量的厂商介入。快速增长的市场,会带来销售收入的扩张;更加成熟的技术会摊低前期高昂的研发成本,因此成长前期的企业会有明显的收益增加,但是该阶段的后期,行业可能进入"洗牌"阶段,在价格战中,实力较弱的企业可能面临出局的风险,因此,业绩仍然有不稳定的可能。但是处于成长期的企业,其业绩增长迅速。比较适合权益型投资。

在成熟期,市场相对饱和,技术和产品相对成熟,业绩变化可能较小。行业的组织结构可能相对简单,仅剩余少数几个寡头,但是业绩会更加稳定,比较适合债务型的投资。目前各类发行债券融资的企业中,成熟型的企业更加受到固定收益型的投资者的青睐。

> **相关资料**
>
> 截至2020年8月底,我们统计了根据中国证监会行业分类的行业发行的股本和债券余额的规模与占比,由于金融行业在证券发行方面的特殊性,我们仅考虑实体经济行业。数据显示,相对于股本占比比重,电力、建筑、交通运输和房地产等行业的发行债券余额占全部债券余额的比重更大,这些行业更加偏向成熟行业。而更多政策、技术变革的行业相对于股本占比比重,债券余额的占比比重更低。各行业发行证券规模及占比见表12-2。
>
> 表12-2　　　　　各行业发行证券规模及占比　　　　　单位:亿元
>
> | 行业名称 | 债券余额 | 占比 | 总股本 | 占比 |
> | --- | --- | --- | --- | --- |
> | 农林牧渔业 | 503 | 0.21% | 411 | 0.80% |
> | 采矿业 | 17 464 | 7.42% | 5 496 | 10.70% |
> | 制造业 | 28 116 | 11.94% | 25 184 | 49.03% |
> | 电力、热力燃气及水生产和供应业 | 26 611 | 11.30% | 3 866 | 7.53% |
> | 建筑业 | 66 969 | 28.44% | 2 330 | 4.54% |
> | 批发和零售业 | 9 114 | 3.87% | 1 916 | 3.73% |
> | 交通运输、仓储和邮政业 | 44 663 | 18.96% | 4 080 | 7.94% |
> | 住宿和餐饮业 | 277 | 0.12% | 76 | 0.15% |
> | 信息传输、软件和信息技术服务业 | 1 545 | 0.66% | 2 831 | 5.51% |
> | 房地产业 | 21 818 | 9.26% | 2 744 | 5.34% |
> | 租赁和商业服务业 | 12 732 | 5.41% | 811 | 1.58% |
> | 科学研究和技术服务业 | 96 | 0.04% | 233 | 0.45% |
> | 水利、环境和公共设施管理业 | 3 529 | 1.50% | 507 | 0.99% |
> | 居民服务、修理和其他服务业 | 1 122 | 0.48% | 1 | 0.00% |
> | 教育 | 14 | 0.01% | 94 | 0.18% |
> | 卫生和社会工作 | 28 | 0.01% | 156 | 0.30% |
> | 文化体育和娱乐业 | 914 | 0.39% | 625 | 1.22% |

12.4　影响行业的因素分析

12.4.1　政府的影响

政府对行业的影响是相当广泛的,政府的政策取向对于行业的发展至关重要。政府对于行业的管理和调控主要是通过产业政策来实现的。产业政策是国家干预或参与经济的一种形式,是国家系统设计的有关产业发展的政策目标和政策措施的总和。一般认为,产业政策包括产业结构政策、产业组织政策、产业技术政策和产业布局政策等。现实中,各行各业通过各种产业政策受到政府的管理。政府的管理措施可以影响到行业的经营范围、增长速度、价格政策、利润率和其他许多方面。当政府做出政策决策鼓励某一行业的发展,对行业的促进作用可通过补贴、税收优惠、限制外国竞争的关税、保护某产业的附加法规等措施来实现。例如,相应增加该行业的优惠贷款量,限制该行业国外产品的进口,降低该行业的所得税,这些措施都将促进该行业的发展。相反,如果政府要限制某一行业的发展,政府会对该行业实施限制性规定,加重该行业的负担。例如,对该行业的融资进行限制,提高该行业的公司税收,并允许国外同类产品进口,结果导致该行业的发展速度下降。

政府实施管理的主要行业包括：公用事业、运输部门和金融部门。另外,政府除了对这些关系到国计民生的重要行业进行直接管理外,通常还制定有关的反垄断法来间接地影响其他行业。

12.4.2 社会环境的影响

社会环境的改变对企业的经营活动、生产成本和利润收益等方面都会产生一定的影响,足以使一些不再适应社会需要的行业衰退,同时激发新兴行业的发展。例如,随着我国经济水平的发展,人们生活水平和受教育程度日渐提高,消费习惯和社会责任感也逐步改变。人们已经不再简单满足于基本的温饱水平,开始追求生活质量以及更高层次的精神消费,由此引起了对健身、旅游、娱乐等方面的消费,极大地促进了这类产业的发展。社会环境对关系经济增长的消费、储蓄、投资、贸易等诸方面产生影响,因而也就必然对产业的发展和生命周期各阶段的更替产生重要的影响。例如,社会公众对安全性的强烈要求促使汽车产业加固汽车保险杠、安装乘员安全带、改善燃油系统、提高防污染系统的质量等,而大众环保意识的觉醒则推动了环保产业的迅速发展。在社会大环境的变迁过程中,国际文化交流起着重要的作用。例如,我国传统上以勤俭为持家原则,但在国际交往过程中逐渐接受了超前消费的观念,这一转变将会对许多行业(如金融信贷业)的发展产生深远的影响。

12.4.3 技术进步的影响

技术进步对行业的影响是巨大的,它往往催生了一个新的行业,同时迫使一个旧的行业加速进入衰退期。技术进步是厂商生产新产品以满足社会潜在需求的关键。一方面,技术进步创造新产品、开拓新领域,从而使新产业不断出现。例如,生物技术的发展,推动了生物制药产业的产生和发展。另一方面,技术进步在不断推出新产业的同时,也在不断淘汰旧产业。例如,电灯的出现极大地削减了对煤气灯的需求;蒸汽动力产业则被电力产业逐渐取代;激光排版技术诞生后,传统的铅字排版技术便告消亡。技术进步可以推动现有产业的技术升级。例如,生物科技领域的成果应用于农业,最终带来了更高的粮食产出率;电脑游戏软件的不断创新,推动了电脑硬件设备的迅速发展;新能源技术应用于汽车制造领域,正在逐渐改变汽车业的发展。技术进步不仅使新产品的推出成为可能,而且能够提高新产业的生产效率,降低成本,从而加速产业的市场扩张,使产业进入快速成长期。技术进步行业的特征使得新兴行业能够很快超越并取代旧行业,或严重地威胁旧行业的生存。新兴行业将伴随新的技术创新而到来,例如,处于技术尖端的基因技术、纳米技术、量子技术等将催生新的优势行业。

技术进步还使产业实现更大规模的规模经济,使厂商能够从生产规模的扩大中获利,从而壮大新产业。此外,通过技术进步改变产业的生产方式以降低成本,通过技术进步所带来的创新产品还可以刺激和创造市场需求,为产业的发展拓展空间。例如,移动互联网的出现带来了智能终端设备的不断发展。

12.4.4 相关行业之间的影响

从行业之间的关系来看,相关行业的变动对某一行业的发展也会产生相应影响。如果相关行业的产品是该行业生产的投入品,那么相关行业产品价格上升,就会造成该行业的生产成本提高,利润下降,从而股价会出现下降趋势;相反的情况在此也成立,如钢材价格上涨,就可能会使生产汽车的公司盈利下降。如果相关行业的产品是该行业产品的替代产品,那么相关行业产品价格上涨就会提高对该行业产品的市场需求,从而使市场销售量增加,公司盈利也因此提高;反之亦然,如果茶叶价格上升,可能对经营咖啡制品的公司股票价格产生利好影响。如果相关行业的产品与该行业生产的产品是互补关系,那么相关行业产品价格上升,对该行业内部的公司股票价格将产生利淡反应。如1973年石油危机爆发后,美国消费者开始偏爱小汽车,结果对美国汽车制造业形成相当大的打击。

12.4.5 经济全球化的影响

经济全球化是指商品、服务、生产要素与信息跨国界流动的规模和形式不断增加,通过国际分工,资源配置效率在世界范围内得到了提高,从而使各国经济相互依赖的程度有日益加深的趋势。经济全球化使每一个行业和企业都置身于全球性竞争中,同时也使各行各业可以获得全球性的市场和资源。分析经济全球化对行业的影响,关键要看经济全球化是否有利于这一行业整合全球性的资源,是否有利于这一行业面向全球市场满足全球性的需求。

一、经济全球化的主要表现

第一,生产活动全球化,传统的国际分工正在演变成世界性的分工。第二,世界贸易组织的成立标志着世界贸易进一步规范化,世界贸易体系开始形成。第三,各国金融日益融合在一起,金融国际化进程加快,地区性经贸集团的金融业出现一体化,金融市场的规模迅速扩大。第四,投资活动遍及全球,全球性投资规范框架开始形成,投资成为经济发展和增长的新支点。第五,跨国公司的作用进一步加强。

二、经济全球化对各国产业发展的重大影响

第一,经济全球化导致产业的全球化转移。发达国家将低端制造技术加速向发展中国家进行产业化转移。随着高新技术行业逐渐成为发达国家的主导产业,传统的劳动密集型行业(如纺织服装、消费类电子产品)甚至是低端技术的资本密集型行业(如中低档汽车制造)将加速向发展中国家转移。发达国家在将发展中国家变成它的加工组装基地和制造工厂的同时,仍然可以掌握传统行业的核心技术,并通过不断向发展中国家转让其技术专利获得市场利润。例如,中国虽然是世界鞋业的"全球性工厂",但是美国的公司却拥有最先进的运动鞋设计制造技术。制造业结构正在加速向技术密集型行业和高新技术行业转移。从高新技术行业在整个制造业中的增加值和占出口总值的比重来看,欧洲、北美和日本自1970年以来都有明显的增长。选择性发展将是未来各国形成优势行业的重要途径。战略性产业的发展思路成为许多国

家的战略,如美国的信息技术和生物技术行业、日本的机器人行业、印度的计算机软件业等。第二,国际分工出现了重大变化,其中,国际分工的基础和国际分工的模式都出现了重大变化。其主要表现在:国际分工的基础出现了重要变化,一个国家的优势行业不再主要取决于资源禀赋,后天因素的作用逐步增强,即政府的效率、市场机制完善的程度、劳动者掌握知识与信息的能力、受到政策影响的市场规模等。国际分工的模式也出现了重要变化,即行业内贸易和公司内贸易的比重大幅提高。

本章小结　　思考与练习题

第 13 章

上市公司分析

学习目标

1. 掌握公司行业地位分析、经济区位分析、产品分析、经营能力分析、盈利能力及成长性分析。
2. 熟悉资产负债表、利润表、现金流量表的内容。
3. 掌握公司财务指标分析，了解公司财务综合分析。
4. 掌握提高上市公司质量的关键是强化公司治理。

13.1 上市公司分析概述

13.1.1 公司及上市公司的含义

由于经济、文化、社会习惯及法律体系的差异，不同的国家对公司的定义不尽相同。即使在同一国家，随着社会、经济及有关立法的发展，公司的定义也在不断发展变化。

从经济学角度来看，公司是指依法设立的从事经济活动并以营利为目的的企业法人；从立法角度而言，根据《公司法》有关条款所揭示的公司本质特征，我国的公司应指全部资本由股东出资构成，股东以其认缴的出资额或认购的股份为限对公司承担责任，公司以其全部财产对公司债务承担责任的依《公司法》成立的企业法人。

根据不同的划分标准，公司可分为不同的类型。按照公司股票是否上市流通为标准，可将公司分为上市公司和非上市公司。根据《公司法》的规定，我国的上市公司是指其股票在证券交易所上市交易的股份有限公司。

13.1.2 上市公司分析的意义

在实际投资活动中,投资者对于上市公司的了解是必要的,否则其收益将面临很大的风险。因此,无论是进行判断投资环境的宏观经济分析,还是进行选择投资领域的中观行业分析,对于具体投资对象的选择最终都将落实在微观层面的上市公司分析上。公司分析中最重要的是财务状况分析。财务报表通常被认为是最能够获取有关公司信息的工具。在信息披露规范的前提下,已公布的财务报表是上市公司投资价值预测与证券定价的重要信息来源。证券分析师对真实、完整、详细的财务报表的分析,是其预测公司股东收益和现金流的各项因素的基础,也是其做出具体投资建议的直接依据之一。

13.2　公司基本分析

13.2.1 公司行业地位分析

行业地位分析的目的是判断公司在所处行业中的竞争地位,如是否为领导企业,在价格上是否具有影响力,是否有竞争优势等。在大多数行业中,无论其行业平均盈利能力如何,总有一些企业比其他企业具有更强的获利能力。企业的行业地位决定了其盈利能力是高于还是低于行业平均水平,决定了其在行业内的竞争地位。衡量公司行业竞争地位的主要指标是行业综合排序和产品的市场占有率。

13.2.2 公司经济区位分析

经济区位是指地理范畴上的经济增长点及其辐射范围。上市公司的投资价值与区位经济的发展密切相关,处在经济区位内的上市公司,一般具有较高的投资价值。我们对上市公司进行区位分析,就是将上市公司的价值分析与区位经济的发展联系起来,以便分析上市公司未来发展的前景,确定上市公司的投资价值。具体来讲,可以通过以下几个方面进行上市公司的区位分析:

一、区位内的自然条件与基础条件

自然与基础条件包括矿产资源、水资源、能源、交通、通信设施等,它们在区位经济发展中起着重要作用,也对区位内上市公司的发展起着重要的限制或促进作用。分析区位内的自然条件和基础条件,有利于分析该区位内上市公司的发展前景。如果上市公司所从事的行业与当地的自然和基础条件不符,公司的发展可能会受到很大的制约。

二、区位内政府的产业政策

为了促进区位经济的发展,当地政府一般都会相应地制定经济发展的战略规划,提出相应的产业政策,确定区位优先发展和扶植的产业,并给予相应的财政、信贷及税收等诸多方面的优惠措施。这些措施有利于引导和推动相应产业的发展,相关产业内的公司将因此受益。如果区位内上市公司的主营业务符合当地政府的产业政策,一般会获得诸多政策支持,对上市公司的进一步发展有利。

三、区位内的经济特色

经济特色是指区位内经济与区位外经济的联系和互补性、龙头作用及其发展活力与潜力的比较优势。它包括区位的经济发展环境、条件与水平、经济发展现状等有别于其他区位的特色。特色在某种意义上意味着优势,利用自身的优势发展本区位的经济,会让上市公司在经济发展中找到很好的切入点。比如,某区位在电脑软、硬件方面,或在汽车工业方面已经形成了优势和特色,那么该区位内的相关上市公司,在同等条件下比其他区位主营业务相同的上市公司具有更大的竞争优势和发展空间。

13.2.3 公司产品分析

一、产品的竞争能力

产品的竞争能力主要体现在成本优势、技术优势和质量优势上。

(一)成本优势

成本优势是指公司的产品依靠低成本获得高于同行业其他企业的盈利能力。在很多行业中,成本优势是决定竞争优势的关键因素,理想的成本优势往往成为同行业价格竞争的抑制力。如果公司能够创造和维持成本领先地位,并创造出与竞争对手价值相等或近似的产品,那么它只要将价格控制在行业平均或接近平均的水平,就能获取优于行业平均水平的经营业绩。成本优势的来源各不相同,并取决于行业结构。一般来讲,产品的成本优势可以通过规模经济、专有技术、优惠的原材料、低廉的劳动力、科学的管理、发达的营销网络等实现。其中,由资本的集中程度决定的规模效益是决定产品生产成本的基本因素。当公司达到一定的资本投入或生产能力时,根据规模经济的理论,生产成本和管理费用将会得到有效降低。

(二)技术优势

技术优势是指公司拥有的比同行业其他竞争对手更强的技术实力及其研究与开发新产品的能力。这种能力主要体现在生产的技术水平和产品的技术含量上。在现代经济中,公司新产品的研究与开发能力是决定公司竞争成败的关键因素,因此,公司一般都确定了占销售额一定比例的研究开发费用。这一比例的高低往往决定公司的新产品开发能力。在分析上市公司的技术优势时,应注意分析公司产品的创新,一般来说,产品的创新包括:

(1)通过研发新的核心技术,开发出一种新产品或提高产品的质量。
(2)通过新工艺的研究,降低现有的生产成本,开发出一种新的生产方式。
(3)根据细分市场进行产品细分,实行产品差别化生产。
(4)通过研究产品组成要素的新组合,获得一种原料或半成品的新的供给来源等。

(三)质量优势

质量优势是指公司的产品以高于其他公司同类产品的质量赢得市场,从而取得竞争优势。由于公司技术能力及管理等诸多因素的差别,不同公司间相同产品的质量是有差别的。消费者在进行购买选择时,产品的质量始终是影响他们购买倾向的一个重要因素。当一个公司的产品价格溢价超过了其为追求产品的质量优势而附加的额外成本时,该公司就能获得高于其所属行业平均水平的盈利。在与竞争对手成本相等或成本近似的情况下,具有质量优势的公司往往在该行业中占据领先地位。

二、产品的市场占有率分析

产品的市场占有情况在衡量公司产品竞争力方面占有重要地位。通常可以从两个方面进行考察：

(一)公司产品销售市场的地域分布情况

可将公司的销售市场划分为地区型、全国型和世界范围型，根据销售市场地域的范围能大致估计一个公司的经营能力和实力。

(二)公司产品在同类产品市场上的占有率

公司的市场占有率是利润之源，通常用两个指标来衡量。

1. 产品覆盖率

$$产品覆盖率 = 产品行销地区 / 同种产品行销地区总数$$

2. 产品市场占有率

$$产品市场占有率 = 产品销售量 / 同种产品的市场销售总量$$

根据二者的组合产生四种情况：

(1)市场占有率和市场覆盖率都较高，说明公司产品的销量和广度在同行业中占有优势地位，产品竞争力较强。

(2)市场占有率和市场覆盖率都较低，说明公司产品前途不佳。

(3)市场占有率低而市场覆盖率高，说明公司销售网络比较完善，但产品竞争力不强。

(4)市场占有率高而市场覆盖率低，说明公司产品在一定范围内竞争力较强，但大范围内的竞争优势不明显，公司产品往往是地方性产品或生活必需品，公司较有竞争潜力。

三、品牌战略分析

品牌是一个商品名称和商标的总称，可以用来辨别一个企业的产品或服务，以便同竞争者相区别。品牌具有产品所不具有的开拓市场的多重功能，包括：品牌具有创造市场的功能；品牌具有联合市场的功能；品牌具有巩固市场的功能。

一个品牌不仅是一种产品的标识，而且是产品质量、性能、满足消费者效用可靠程度的综合体现。品牌竞争是产品竞争的深化和延伸，当产业发展进入成熟阶段，产业竞争充分展开时，品牌就成为产品及企业竞争力的一个越来越重要的因素。

13.2.4 公司经营能力分析

一、公司法人治理结构

公司法人治理结构有狭义和广义两种定义。狭义上的公司法人治理结构是指有关公司董事会的功能、结构和股东的权利等方面的制度安排；广义上的法人治理结构是指有关企业控制权和剩余索取权分配的一整套法律、文化和制度安排，包括人力资源管理、收益分配和激励机制、财务制度、内部制度和管理等。健全的公司法人治理机制至少体现在以下七个方面：

(一)规范的股权结构

股权结构是公司法人治理结构的基础，许多上市公司的治理结构出现问题都与不规范的股权结构有关。规范的股权结构包括三层含义：一是降低股权集中度，改变"一股独大"局面；

二是流通股股权适度集中,发展机构投资者、战略投资者,发挥其在公司治理中的积极作用;三是股权的流通性。

(二)有效的股东大会制度

股东大会制度是确保股东充分行使权力的最基础的制度安排,能否建立有效的股东大会制度是上市公司建立健全公司法人治理机制的关键。具体包括:具备规范的召集、召开与表决程序;股东大会应给予每个提案合理的讨论时间;对董事会的授权原则、授权内容应明确具体;股东大会会议时间、地点的选择应有利于让尽可能多的股东参加会议,充分运用现代信息技术手段扩大股东参与股东大会的比例;董事、监事选举时,单一股东及其一致行动人拥有权益的股份比例在30%及以上的上市公司应当采用累积投票制等。

(三)董事会权利的合理界定与约束

董事会作为公司的决策机构,对于公司法人治理机制的完善具有重要作用,股东大会应赋予董事会合理充分的权利,也要建立对董事会权力的约束机制。合理的董事会制度应制定规范、透明的董事选聘程序;在董事的选举过程中,应充分反映中小股东的意见,并积极推进累积投票制度;董事应根据公司和全体股东的最大利益,忠实、诚信、勤勉地履行职责;上市公司治理结构应确保董事会能够按照法律法规和公司章程的规定行使职权,公平对待所有股东,并关注公司其他利益相关者的利益;上市公司重大事项应当由董事会集体决策,不得将法定由董事会行使的职权授予董事长、总经理等行使等。

(四)完善的独立董事制度

在董事会中引入独立董事制度,可以加强公司董事会的独立性,有利于董事会对公司的经营决策做出独立判断。

(五)监事会的独立性和监督责任

一方面,应加强监事会的地位和作用,增强监事会的独立性和加强监督的力度,限制大股东提名监事候选人和作为监事会召集人;另一方面,应该加大监事会的监督责任,对公司的经营管理进行全面的监督。

(六)优秀的职业经理层

优秀的职业经理层是保证公司治理结构规范化、高效化的人才基础。形成高效运作的职业经理层的前提条件是上市公司必须建立和形成一套科学的、市场化、制度化的选聘制度和激励制度。

(七)相关利益者的共同治理

相关利益者包括员工、债权人、供应商和客户等主要利益相关者。相关利益者共同参与的共同治理机制可以有效地建立公司外部治理机制,弥补公司内部治理机制的不足。

二、公司经理层的素质

素质是指一个人的品质、性格、学识、能力、体质等方面特性的总和。在现代企业里,经理人员不仅担负着企业生产经营活动等各项管理职能,而且还要负责或参与对各类非经理人员的选择、使用与培训工作。因此,经理人员的素质是决定企业能否取得成功的一个重要因素。在一定意义上,是否有卓越的企业经理人员和经理层,直接决定着企业的经营成果。对经理人员的素质分析是公司分析的重要组成部分。一般而言,企业的经理人员应该具备这样几个素质;一是从事管理工作的愿望;二是专业技术能力;三是良好的道德品质修养;四是人际关系协调能力。

三、公司业务人员素质和创新能力

公司业务人员的素质也会对公司的发展起到很重要的作用。作为公司的员工,公司业务人员应该具有如下的素质:专业技术能力、对企业的忠诚度、责任感、团队合作精神和创新能力等。对员工的素质进行分析,可以判断该公司发展的持久力和创新能力。

13.2.5 公司盈利能力和公司成长性分析

一、公司盈利预测

对公司盈利进行预测,是判断公司估值水平及投资价值的重要基础。盈利预测是建立在对公司深入了解和判断之上的,通过对公司基本面进行分析,进而对公司的预测做出假设。所做假设应该与公司、行业和宏观经济环境相符,且与以往年度各项经济指标比率的变化相符。盈利预测的假设主要包括:

(一)销售收入预测

包括销售收入的历史数据和发展趋势、公司产品的需求变化、市场占有率和销售网络、主要产品的存货情况、销售收入的明细等方面。销售收入预测的准确性也是公司盈利预测中最为关键的因素。

(二)生产成本预测

包括生产成本的结构、主要原材料的价格走势和每年所需原材料的总量、成本变动和销售情况变动、能否将上涨的成本转嫁给下游、毛利率的变化情况等。

(三)管理和销售费用预测

包括销售费用和销售费用占销售收入的比例、管理费用的变化、市场的拓展、每年的研究和开发费用占销售收入的比例等。

(四)财务费用预测

包括新增长期贷款和短期贷款等。

(五)其他

包括主营业务利润占税前利润的百分比、非经常项目及其他利润占税前利润的比例、到目前为止利润的完成情况等。

二、公司经营战略分析

经营战略是企业面对激烈的市场变化与严峻挑战,为求得长期生存和不断发展而进行的总体性谋划。它是企业战略思想的集中体现,是企业经营范围的科学规定,同时又是制定规划的基础。经营战略是在符合和保证实现企业使命的条件下,在充分利用环境中存在的各种机会和创造新机会的基础上,确定企业同环境的关系,规定企业从事的经营范围、成长方向和竞争对策,合理地调整企业结构和分配企业的资源。

经营战略具有全局性、长远性和纲领性的特征，它从宏观上规定了公司的成长方向、成长速度及其实现方式。由于经营战略决策直接关系到企业的未来发展，其决策对象是复杂的，所面对的问题常常是突发性的、难以预料的，因此，对公司经营战略的评价比较困难，难以标准化。

根据企业所处的环境以及环境的未来发展趋势，有三种基本类型：

(一) 稳定战略

这种战略强调的是投入少量或中等程度的资源，保持现有的产销规模和市场占有率，稳定和巩固现有的竞争地位。这种战略适用于效益已相当不错、而暂时又没有进一步发展的机会、其他企业进入屏障又较大的企业。

按照不同情况又分为：

(1) 无变化战略，即按原定方向和模式经营，不做重大调整。

(2) 利润战略，即在已取得的市场优势基础上力图在短期更多地获利。

(3) 暂停战略，即为了巩固已有的优势，暂时放慢发展速度。

(二) 发展战略

这种战略适用于企业有发展和壮大自己的机会，其特点是：投入大量资源，扩大产销规模，提高竞争地位，提高现有产品的市场占有率或用新产品开辟新市场，这是一种进攻型的态势。具体包括：

(1) 垂直一体化战略，即在原有经营领域的基础上分别从前向或后向开拓发展。

(2) 水平一体化战略，即在技术经济性质类似的经营领域内横向扩大发展。

(3) 多角化战略，即向完全不同于原有的经营领域扩大发展。

(三) 紧缩战略

紧缩战略又称撤退战略，这种战略适用于外部环境与内部条件都十分不利，企业只有采取撤退措施才能避免更大的损失的情况。具体包括：

(1) 削减战略，即逐步减少生产或收回资金，但不完全放弃，以等待时机。

(2) 放弃战略，即对无法挽回的产品等经营领域予以转让，收回资金另作他图。

(3) 清算战略，即企业无力扭亏增盈，濒临破产时予以清算，整体转让。

三、公司规模变动特征及扩张潜力分析

公司规模变动特征及扩张潜力分析一般与其所处的行业发展阶段、市场结构、经营战略密切相关，可以从以下几个方面进行分析：

(1) 公司规模的扩张是由供给推动还是由市场需求拉动，是通过公司的产品创造市场需求还是生产产品去满足市场需求，是依靠技术进步还是依靠其他生产要素等，以此找出企业发展的内在规律。

(2) 纵向比较公司历年的销售、利润、资产规模等数据，把握公司的发展趋势：是加速发展、稳步扩张还是停滞不前。

(3) 将公司销售、利润、资产规模等数据及其增长率与行业平均水平及主要竞争对手的数据进行比较，了解其行业地位的变化。

(4) 分析预测公司主要产品的市场前景及公司未来的市场份额。对公司的投资项目进行分析，并预测其销售和利润水平。

13.3 公司重要事项分析

13.3.1 资产重组

资产重组是指企业资产的拥有者、控制者与企业外部的经济主体进行的,对企业资产的分布状态进行重新组合、调整、配置的过程,或对设在企业资产上的权利进行重新配置的过程。在具体的重组实践中,有公司扩张、公司调整、公司所有权和控制权转移这三大类既不相同又互相关联的资产重组行为。

一、扩张型公司重组

公司的扩张通常指扩大公司经营规模和资产规模的重组行为。

(一)购买资产

购买资产通常指购买房地产、债权、业务部门、生产线、商标等有形或无形的资产。收购资产的特点在于收购方不必承担与该部分资产有关联的债务和义务。以多元化发展为目标的扩张通常不采取收购资产而大多采取收购公司的方式来进行,这是因为缺乏有效组织的资产通常并不能为公司带来新的核心能力。

(二)收购公司

收购公司通常是指获取目标公司全部股权,使其成为全资子公司或者获取大部分股权处于绝对控股或相对控股地位的重组行为。购买公司不仅获得公司的产权与相应的法人财产,同时也是所有因契约而产生的权利和义务的转让。因此,通过收购公司不仅可以获得目标公司拥有的某些专有权利,如专营权、经营特许权等,更能快速地获得由公司特有组织资本而产生的核心能力。

(三)收购股份

收购股份通常指以获取参股地位而非目标公司控制权为目的的股权收购行为。收购股份通常是试探性的多元化经营的开始和策略性的投资,或是为了强化与上、下游企业之间的协作关联,如参股原材料供应商以求保证原材料供应的及时和价格优惠,参股经销商以求产品销售的顺畅、货款回收的及时等。

(四)合资或联营组建子公司

公司在考虑如何将必要的资源与能力组织在一起从而能在其选择的产品市场中取得竞争优势的时候,通常有三种选择,即内部开发、收购以及合资。对于那些缺少某些特定能力或者资源的公司来说,合资或联营可以作为合作战略的最基本手段。它可以将公司与其他具有互补能力和资源的合作伙伴联系起来,获得共同的竞争优势。

(五)公司合并

公司合并是指两家以上的公司结合成一家公司,原有公司的资产、负债、权利和义务由新设或存续的公司承担。《公司法》界定了两种形式的合并—吸收合并和新设合并。公司合并的目的是实现战略伙伴之间的一体化,进行资源、技能的互补,从而形成更强、范围更广的公司核心能力，提高市场竞争力。同时，公司合并还可以减少同业竞争，扩大市场份额。

二、调整型公司重组

公司的调整包括不改变控制权的股权置换、股权-资产置换、不改变公司资产规模的资产置换，以及缩小公司规模的资产出售、公司分立、资产配负债剥离等。

（一）股权置换

股权置换的目的通常在于引入战略投资者或合作伙伴，一般不涉及控股权的变更。股权置换的结果是实现公司控股股东与战略伙伴之间的交叉持股，以建立利益关联。

（二）股权-资产置换

股权-资产置换是由公司原有股东以出让部分股权为代价，使公司获得其他公司或股东的优质资产。其最大优点在于，公司不用支付现金便可获得优质资产，扩大公司规模。股权-资产置换的另一种形式是以增发新股的方式来获得其他公司或股东的优质资产，实质上也是一种以股权方式收购资产的行为。

（三）资产置换

资产置换是指公司重组中双方为了使资产处于最佳配置状态获取最大收益，或出于其他目的而对其资产进行交换。通过资产置换，双方能够获得与自己核心能力相协调、相匹配的资产。

（四）资产出售或剥离

资产出售或剥离是指公司将其拥有的某些子公司、部门、产品生产线、固定资产等出售给其他的经济主体。由于出售这些资产可以获得现金回报，因此从某种意义上来讲，资产剥离并未减小资产的规模，而只是公司资产形式的转化，即从实物资产转化为货币资产。

（五）公司的分立

公司的分立是指公司将其资产与负债转移给新建立的公司，把新公司的股票按比例分配给母公司的股东，从而在法律上和组织上将部分业务从母公司中分离出去，形成一个与母公司有着相同股东的新公司。通过这种资产运作方式，新分立出来的公司管理权和控股权也同时会发生变化。公司分立的结果是母公司以子公司股权向母公司股东回购母公司股份，而子公司则成为由母公司原有股东控股的与母公司没有关联的独立公司。

（六）资产配负债剥离

资产配负债剥离是将公司资产配上等额的负债一并剥离出公司母体，而接受主体一般为其控股母公司。这一方式在甩掉劣质资产的同时能够迅速减小公司总资产规模，降低负债率，而公司的净资产不会发生改变。对资产接受方来说，由于在获得资产所有权的同时也承担了偿债的义务，其实质也是一种以承担债务为支付手段的收购行为。

三、控制权变更型公司重组

公司的所有权与控制权变更是公司重组的最高形式。通常公司的所有权决定了公司的控制权，但两者不存在必然的联系。

（一）股权的无偿划拨

国有股的无偿划拨通常发生在属同一级财政范围或同一级国有资本运营主体的国有企业和政府机构之间。国有股的受让方一定为国有独资企业。由于股权的最终所有者没有发生改变,因而国有控股权的划拨实际是公司控制权的转移和管理层的重组。其目的或是调整和理顺国有资本运营体系,或是利用优势企业的管理经验来重振处于困境的上市公司。

(二)股权的协议转让

股权的协议转让是指股权的出让与受让双方通过面对面的谈判方式,在交易所外进行交易,故通常称之为场外交易。这些交易往往出于一些特定的目的,如引入战略合作者或被有较强实力的对手善意收购等。

(三)公司股权托管和公司托管

公司股权托管和公司托管是指公司股东将其持有的股权以契约的形式,在一定条件和期限内委托给其他法人或自然人,由其代为行使对公司的表决权。当委托人为公司的控股股东时,公司股权托管就演化为公司的控制权托管,使受托人介入公司的管理和运作,成为整个公司的托管。

(四)表决权信托与委托书

表决权信托是指许多分散股东集合在一起设定信托,将自己拥有的表决权集中于受托人,使受托人可以通过集中原本分散的股权来实现对公司的控制。表决权委托书是指中小股东可以通过征集其他股东的委托书来召集临时股东大会以达到改组公司董事会控制公司目的的一种方式。

(五)股份回购

股份回购是指公司或是用现金,或是以债权换股权,或是以优先股换普通股的方式购回其流通在外的股票的行为。它会导致公司股权结构的变化。由于公司股本缩减,而控股大股东的股权没有发生改变,因而原有大股东的控股地位得到强化。

(六)交叉控股

交叉控股是指母、子公司之间互相持有绝对控股权或相对控股权,使母、子公司之间可以互相控制运作。交叉控股产生的原因是母公司增资扩股时,子公司收购母公司新增发的股份。我国有关法律对对外投资占本公司净资产的相对比例有一定限制,这在一定程度上限制了母、子公司间的交叉控股,但可以通过多层的逐级控股方式迂回地达到交叉控股的目的。交叉控股的一大特点是企业产权模糊化,找不到最终控股的大股东,公司的经理人员取代公司所有者成为公司的主宰,从而形成内部人控制。

从理论上讲,资产重组可以促进资源的优化配置,有利于产业结构的调整,增强公司的市场竞争力,从而使一批上市公司由小变大、由弱变强。但在实践中,许多上市公司进行资产重组后,其经营和业绩并没有得到持续、显著的改善。究其原因,最关键的是重组后的整合不成功。重组后的整合主要包括企业资产的整合、人力资源配置和企业文化的融合、企业组织的重构。不同类型的重组对公司业绩和经营的影响也是不一样的。

对于扩张型资产重组而言,通过收购、兼并,对外进行股权投资,公司可以拓展产品市场份额,或进入其他经营领域。但这种重组方式的特点之一,就是其效果受被收购兼并方生产及经营现状影响较大,磨合期较长,因而见效可能较慢。有关统计数据表明,上市公司在实施收购兼并后,主营业务收入的增长幅度要小于净利润的增长幅度,每股收益和净资产收益率仍是负增长。这说明,重组后公司的规模扩大了,主营业务收入和净利润有一定程度的增长,但其盈利能力并没有同步提高。从长远看,这类重组往往能够使公司在行业利润率下降的情况下,通过扩大市场规模和生产规模,降低成本,巩固或增强其市场竞争力。

着眼于改善上市公司经营业绩、调整股权结构和治理结构的调整型公司重组和控制权变更型重组,是我国证券市场常见的资产重组类型。对于公司控制权变更型资产重组而言,由于控制权的变更并不代表公司的经营业务活动必然随之发生变化,因此,一般而言,控制权变更后必须进行相应的经营重组才会对公司经营和业绩产生显著效果。对于调整型资产重组而言,分析资产重组对公司业绩和经营的影响,首先需鉴别报表性重组和实质性重组。区分报表性重组和实质性重组的关键是看有没有进行大规模的资产置换或合并。实质性重组一般要将被并购企业50%以上的资产与并购企业的资产进行置换,或双方资产合并;而报表性重组一般都不进行大规模的资产置换或合并。

13.3.2 公司的关联交易

一、关联交易方式

关联方交易是指关联方之间转移资源、劳务或义务的行为,而不论是否收取价款。

《企业会计准则第36号——关联方披露》对关联方进行了界定,即"一方控制、共同控制另一方或对另一方施加重大影响,以及两方或两方以上同受一方控制、共同控制或重大影响的,构成关联方"。其中,控制是指有权决定一个企业的财务和经营政策,并能据以从该企业的经营活动中获取利益;共同控制是指按照合同约定对某项经济活动所共有的控制,仅在与该项经济活动相关的重要财务和经营决策需要分享控制权的投资方一致同意时存在;重大影响是指对一个企业的财务和经营政策有参与决策的权力,但并不能够控制或者与其他方一起共同控制这些政策的制定。

上市公司的关联交易具有形式繁多、关系错综复杂、市场透明度较低的特点。按照交易的性质划分,关联交易主要可划分为经营往来中的关联交易和资产重组中的关联交易。常见的关联交易主要有以下几种:

(一)关联购销

关联购销是关联交易的金额最大的一种类型,与关联方进行购销是日常经营业务的一种,大部分上市公司都存在这一业务。事实上,很多上市公司的关联方是上市公司的主要客户,有的上市公司甚至所有的购销业务都发生在关联方之间。关联购销类关联交易,主要集中在以下行业:一种是资本密集型行业,如冶金、有色、石化和电力行业等;另一种是市场集中度较高的行业,如家电、汽车和摩托车行业等。一些上市公司仅是集团公司的部分资产,与集团其他公司间产生关联交易,在所难免。除了集团公司以外,其他大股东如果在业务上与上市公司有所联系,就有可能产生关联交易。因此,此类关联交易在众多上市公司中或多或少地存在,交易量在各类关联交易中居首位。

(二)资产租赁

如果上市公司是非整体上市,就与其集团公司之间普遍存在着资产租赁关系,包括土地使用权、商标等无形资产的租赁和厂房、设备等固定资产的租赁。

(三)担保

上市公司与集团公司或者各个关联公司可以相互提供信用担保,关联公司之间相互提供信用担保虽能有效解决各公司的资金问题,但也会形成或有负债,增加了上市公司的财务风险,有可能引起经济纠纷。上市公司与其主要股东,特别是控股股东之间的关联担保是双向的,既可能是上市公司担保主要股东的债务,也可能反过来是主要股东为上市公司提供担保。

(四)托管经营、承包经营等管理方面的合同

绝大多数的托管经营和承包经营属于关联交易,关联方大多是控股股东。托管方或是上市公司,或是关联企业。所托管的资产要么质量一般,要么是上市公司没有能力进行经营和管理的资产。但自己的资产被关联公司托管或承包经营以后,可以获得比较稳定的托管费用和承包费用。另外,关联托管和承包往往是进行关联收购的第一步。因为在托管期间,可以对所托管或承包的企业进行深入细致的了解,考察企业的发展潜力以降低收购的风险。

(五)关联方共同投资

共同投资形式的关联交易通常指的是上市公司与关联公司就某一具体项目联合出资,并按事前确定的比例分配收益。这种投资方式因关联关系的存在达成交易的概率较高,但操作透明度较低。

二、关联交易对公司的影响

从理论上说,关联交易属于中性交易,它既不属于单纯的市场行为,也不属于内幕交易的范畴,其主要作用是降低交易成本,促进生产经营渠道的畅通,提供扩张所需的优质资产,有利于实现利润的最大化等。但在实际操作过程中,关联交易有其非经济特性。与市场竞争、公开竞价的方式不同,关联交易价格可由关联双方协商决定,特别是在评估和审计等中介机构尚不健全的情况下,关联交易就容易成为企业调节利润、避税和一些部门及个人获利的途径,往往使中小投资者利益受损。如当上市公司经营不理想时,集团公司或者调低上市公司应缴纳的费用标准,或者承担上市公司的相关费用,甚至将以前年度已缴纳的费用退回,从而达到转移费用、增加利润的目的。

投资者可以通过指定信息披露报刊、登录上海证券交易所和深圳证券交易所的官方网站查阅上市公司发布的相关公告,了解关联交易的主要内容:一是交易对手方及其关联关系,交易对手方的主营业务、主要股东和实际控制人,交易对手方与上市公司具体构成何种关联关系;二是交易具体情况,如标的资产权属是否存在瑕疵、标的资产审计评估情况、交易的定价政策及定价依据等;三是董事会审议情况,如关联董事是否回避表决,独立董事发表的关于事前认可以及对关联交易表决程序及公平性的独立意见。

投资者在详细了解上述内容后还应重点关注以下几点:

首先是关联交易的必要性。投资者应当特别关注三类关联交易:一是购买与主业不相关的资产或出售主业相关资产;二是通过放弃增资等稀释在核心子公司的权益;三是在关联财务公司中存款。投资者可以从两个方面分析关联交易的必要性:一是该关联交易作为一般的交易来讲是否必要;二是为何不与其他独立第三方进行此项交易,而必须与该关联方进行交易。

其次是关联交易定价的公允性。投资者应当关注关联交易的成交价格与标的资产账面值、评估值以及明确、公允的市场价格之间的关系。若成交价格与账面值、评估值或市场价格差异较大的,应当结合独立董事意见,谨慎判断交易定价的公允性。

再次是关联交易对上市公司的影响。投资者应当关注关联交易对上市公司的财务影响与非财务影响、长期影响与短期影响、一次性影响与持续性影响。

最后是相关风险提示。投资者应当关注交易过程中的相关风险,如标的资产估值过高风险、标的资产盈利能力波动风险、盈利预测的风险、审批风险、本次交易价格与历史交易价格存

在较大差异的风险、标的资产权属风险以及交易完成后对上市公司的风险。

此外,投资者在详细阅读上市公司公告的基础上,还可进一步查阅公司最近披露的定期报告和临时公告。只有通过综合分析,投资者才能确定上市公司的关联交易是否有利于中小投资者。

13.3.3 会计政策和税收政策的变化

一、会计政策的变化及其对公司的影响

会计政策是指企业在会计确认、计量和报告中所采用的原则、基础和会计处理方法。企业应在法规所允许的范围内选择适合本企业实际情况的会计政策。当会计制度发生变更,或企业根据实际情况认为需要变更会计政策时,企业可以变更会计政策。企业的会计政策发生变更将影响公司年末的资产负债表和利润表。如果采用追溯调整法进行会计处理,则会计政策的变更将影响公司年初及以前年度的利润、净资产、未分配利润等数据。

二、税收政策的变化及其对公司的影响

税收政策的变更也将对上市公司的业绩产生一定的影响。税率的升降和征税范围的变动都将直接影响上市公司的税后利润。

13.4 公司财务分析

财务报表是公司财务报告中极为重要的组成部分,而财务报告是反映企业财务状况与经营成果的一系列书面文件。我们通过阅读一个企业的财务报告,尤其是财务报表,可以比较全面地了解这个企业的经营状况,发现其存在的一系列问题,并做出宏观性的判断。

13.4.1 公司主要的财务报表

公司财务报表是公司对外提供的反映公司某一特定日期财务状况和某一会计期间经营成果、现金流量的文件。公司财务报表主要有资产负债表、利润表和现金流量表。

一、资产负债表

资产负债表是反映企业在一定时期内全部资产、负债和所有者权益的财务报表,是企业经营活动的静态体现,根据"资产=负债+所有者权益"这一平衡公式,依照一定的分类标准和一定的次序,将某一特定日期的资产、负债、所有者权益的具体项目予以适当的排列编制而成。

二、利润表

利润表是反映企业在一定会计期间(如月度、季度、半年度或年度)生产经营成果的会计报表。企业在一定会计期间的经营成果既可能表现为盈利,也可能表现为亏损,因此,利润表也称为损益表。它全面揭示了企业在某一特定时期实现的各种收入、发生的各种费用、成本或支出,以及企业实现的利润或发生的亏损情况。

利润表是根据"收入-费用=利润"的基本关系来编制的,其具体内容取决于收入、费用、利润等会计要素及其内容。利润表项目是收入、费用和利润要素内容的具体体现。从反映企

业经营资金运动的角度来看，它是一种反映企业经营资金动态表现的报表，主要提供与企业经营成果方面有关的信息，属于动态会计报表。

三、现金流量表

现金流量表是指以收付实现制为编制基础，反映企业在一定时期内现金收入和现金支出情况的报表。

现金流量按其产生的原因和支付的用途不同，分为三大类：经营活动产生的现金流量、投资活动产生的现金流量、筹资活动产生的现金流量。

（1）经营活动产生的现金流量，是指企业投资活动和筹资活动以外的所有交易活动与事项的现金流入和流出量，包括销售商品、提供劳务、经营租赁等活动收到的现金；购买商品、接受劳务、广告宣传、缴纳税金等活动支付的现金。

（2）投资活动产生的现金流量，是指企业长期资产的购建和对外投资活动的现金流入和流出量，包括收回投资、取得投资收益、处置长期资产等活动收到的现金，购建固定资产、在建工程、无形资产等长期资产和对外投资等活动所支付的现金等。

（3）筹资活动产生的现金流量，是指企业接受投资和借入资金导致的现金流入和流出量，包括接受投资、借入款项、发行债券等活动收到的现金，偿还借款、偿还债券、支付利息、分配股利等活动支付的现金等。

13.4.2　财务分析的概念与意义

一、财务分析的概念

财务分析是根据企业财务报表和其他相关资料，运用一定的定性分析和定量分析方法，对企业过去的财务状况、经营成果及未来发展前景进行剖析和评价，以揭示企业经营活动的未来发展趋势，从而为企业提高管理水平、优化决策和实现增值提供财务信息。

二、财务分析的意义

（1）财务分析是评价财务状况和衡量经营业绩的重要依据。
（2）财务分析是企业提高经营管理水平、实现理财目标的重要手段。
（3）财务分析是利益相关者进行相关决策的重要依据。

13.4.3　财务报表分析方法与原则

一、财务报表分析方法

财务报表分析的方法有比较分析法和因素分析法两大类。

财务报表的比较分析法是指对两个及以上有关的可比数据进行对比，揭示财务指标的差异和变动关系，是财务报表分析中最基本的方法。

财务报表的因素分析法则是依据分析指标和影响因素的关系，从数量上确定各因素对财务指标的影响程度。

比较分析法与因素分析法这两类分析方法又各自包含了不同种类的具体方法。如财务比率分析、结构百分比分析、趋势分析、差额分析、指标分解、连环替代、定基替代等。在实际分析过程中，各种方法往往需要结合使用。

其中,最常用的比较分析方法有单个年度的财务比率分析、对公司不同时期的财务报表比较分析、与同行业其他公司之间的财务指标比较分析三种。

单个年度的财务比率分析是指对公司一个财务年度内的财务报表各项目之间进行比较,计算比率,判断年度内偿债能力、资产管理效率、经营效率、盈利能力等情况。

对公司不同时期的财务报表比较分析,可以对公司持续经营能力、财务状况变动趋势、盈利能力做出分析,从一个较长的时期来动态地分析公司状况。

通过与同行业其他公司之间的财务指标比较分析,可以了解公司各种指标的优劣,在群体中判断个体。使用这一方法时经常选用行业平均水平或行业标准水平,通过比较得出公司在行业中的地位,认识优势与不足,真正确定公司的价值。

二、财务报表分析的原则

(一)坚持全面原则

财务分析可以得出很多比率指标,每个比率指标都从某个角度、方面揭示了公司的状况,但任何一个比率都不足以为评价公司提供全面的信息;同时,某一指标的不足可以由其他方面得到补充。因此,分析财务报表要坚持全面原则,将多个指标、比率综合在一起得出对公司全面客观的评价。

(二)坚持考虑个性原则

一个行业的财务平均状况是行业内各公司的共性,但一个行业的各公司在具体经营管理活动中会采取不同的方式,这会在财务报表数据中体现出来。比如,某公司的销售方式以分期收款为主,会使其应收账款周转率表现出差异。又如,某公司本年度后期进行增资扩股,会使公司的资产收益率、股东权益收益率指标下降,但这是由于资本变动而非经营变动带来的,并不表示公司经营真正滑坡,所以,在对公司进行财务分析时,要考虑公司的特殊性,不能简单地与同行业公司直接比较。

13.4.4 财务比率分析

财务比率是指同一张财务报表的不同项目之间、不同类别之间、在同一年度不同财务报表的有关项目之间,各会计要素的相互关系。

财务比率分析,亦即财务指标分析,是根据同一时期财务报表中两个或多个项目之间的关系,计算其比率,以评价企业的财务状况和经营成果。财务比率分析可以消除规模的影响,用来比较不同企业的收益与风险,从而帮助投资者和债权人做出正确的决策。

分析财务报表所使用的比率以及对同一比率的解释和评价,因使用者的着眼点、目标和用途不同而异。例如,一家银行在考虑是否给一个公司提供短期贷款时,它关心的是该公司的资产流动性比率;长期债权人则不然,它们着眼于公司的获利能力和经营效率,对资产的流动性则较少注意;投资者的目的在于考虑公司的获利能力和经营趋势,以便取得理想的报酬;而公司的管理当局,则需要关心财务分析的一切方面,既要保证公司具有偿还长、短期债务的能力,又要替投资者赢得尽可能多的利润。

比率分析涉及公司管理的各个方面,比率指标也比较多,主要分为以下几类:变现能力分析、营运能力分析、长期偿债能力分析、盈利能力分析、投资收益分析、现金流量表分析等。

一、变现能力分析

变现能力是公司产生现金的能力,它取决于可以在近期转变为现金的流动资产的多少,是考察公司短期偿债能力的关键。反映变现能力的财务比率主要有流动比率和速动比率。

(一)流动比率

流动比率是流动资产除以流动负债的比值。其计算公式为：

$$流动比率 = \frac{流动资产}{流动负债}$$

流动比率可以反映短期偿债能力。流动资产越多，短期债务越少，则偿债能力越强。如果用流动资产偿还全部流动负债，公司剩余的是营运资金(流动资产－流动负债＝营运资金)。营运资金越多，说明不能偿还的风险越小。因此，营运资金的多少可以反映偿还短期债务的能力。但是，营运资金是流动资产与流动负债之差，是个绝对数，如果公司之间规模相差很大，绝对数相比的意义很有限。而流动比率是流动资产与流动负债的比值，是个相对数，排除了公司规模不同的影响，更适合公司间以及同一公司不同历史时期的比较。

一般认为，生产型公司合理的最低流动比率是2。这是因为流动资产中变现能力最差的存货金额，约占流动资产总额的一半，剩下的流动性较大的流动资产至少要等于流动负债，公司的短期偿债能力才会有保证。

计算出来的流动比率，只有和同行业平均流动比率、本公司历史的流动比率进行比较，才能知道这个比率是高还是低。流动比率如果过高或过低，必须分析流动资产与流动负债所包括的内容以及经营上的因素以找出其原因。一般情况下，营业周期、流动资产中的应收账款数额和存货的周转速度是影响流动比率的主要因素。

(二)速动比率

流动比率虽然可以用来评价流动资产总体的变现能力，但人们(特别是短期债权人)还希望获得比流动比率更进一步的有关变现能力的比率指标。这个指标被称为速动比率，也被称为酸性测试比率。速动比率是从流动资产中扣除存货部分，再除以流动负债的比值。速动比率的计算公式为：

$$速动比率 = \frac{流动资产－存货}{流动负债}$$

在计算速动比率时，要把存货从流动资产中剔除的主要原因是：
(1)在流动资产中，存货的变现能力最差。
(2)由于某种原因，部分存货可能已损失报废，还没做处理。
(3)部分存货已抵押给某债权人。
(4)存货估价还存在着成本与当前市价相差悬殊的问题。

通常认为正常的速动比率为1，低于1的速动比率被认为是短期偿债能力偏低。需要注意，因为行业不同，速动比率会有很大差别，没有统一标准的速动比率。例如，采用大量现金销售的商店，几乎没有应收账款，大大低于1的速动比率是很正常的。相反，一些应收账款较多的公司，速动比率可能要大于1。

影响速动比率可信度的重要因素是应收账款的变现能力。账面上的应收账款不一定都能变成现金，实际坏账可能比计提的准备金要多。季节性的变化，可能使报表的应收账款数额不能反映平均水平。

由于行业之间的差别，在计算速动比率时，除扣除存货以外，还可以从流动资产中去掉其他一些可能与当期现金流量无关的项目(如待摊费用等)，以计算更进一步的变现能力，如采用保守速动比率(或称超速动比率)。其计算公式为：

$$保守速动比率 = \frac{现金＋交易性金融资产＋应收账款＋应收票据}{流动负债}$$

另外,一些财务报表资料中没有反映出的因素,也会影响公司的变现能力及短期偿债能力。

以下几种因素会增强公司的变现能力:

(1)可动用的银行贷款指标。银行已同意公司未办理贷款手续的银行贷款限额,可以随时增加公司的现金,提高支付能力。

(2)准备很快变现的长期资产。由于某种原因,公司可以将一些长期资产很快出售变为现金,增强短期偿债能力。

(3)偿债能力的声誉。如果公司的长期偿债能力一贯很好,有一定的声誉,在短期偿债方面出现困难时,可以通过发行债券和股票的方法解决资金的短缺问题,提高短期偿债能力。这个增强变现能力的因素,取决于公司自身的信用声誉和当时的筹资环境。

以下几种因素会减弱公司的变现能力:

(1)未做记录的或有负债。或有负债是指公司有可能发生的债务,包括售出产品可能发生的质量事故赔偿、尚未解决的税额争议可能出现的不利后果、诉讼案件和经济纠纷案可能败诉并需赔偿等。按《企业会计准则》和《企业会计制度》规定,只有预计很可能发生损失并且金额能够可靠计量的或有负债,才可在报表中予以反映,否则只需作为报表附注予以披露。这些没有记录的或有负债一旦成为事实上的负债,将会加大公司的偿债负担。

(2)担保责任引起的负债。公司有可能为他人向金融机构借款提供担保,为他人购物担保或为他人履行有关经济责任提供担保等。这种担保有可能成为公司的负债,增加偿债负担。

二、营运能力分析

营运能力是指公司经营管理中利用资金运营的能力,一般通过公司资产管理比率来衡量,主要表现为资产管理及资产利用的效率。因此,资产管理比率通常又称为运营效率比率,主要包括存货周转率(存货周转天数)、应收账款周转天数(应收账款周转率)、流动资产周转率和总资产周转率等。

(一)存货周转率和存货周转天数

在流动资产中,存货所占的比重较大。存货的流动性将直接影响公司的流动比率,因此,必须重视对存货的分析。存货的流动性一般用存货的周转速度指标来反映,即存货周转率或存货周转天数。

存货周转率是营业成本被平均存货所除得到的比率,即存货的周转次数。它是衡量和评价公司购入存货、投入生产、销售收回等各环节管理状况的综合性指标。用时间表示的存货周转率就是存货周转天数。其计算公式为:

$$存货周转率 = \frac{营业成本}{平均存货}(次)$$

$$存货周转天数 = \frac{360}{存货周转率}(天) = \frac{平均存货 \times 360}{营业成本}(天)$$

公式中的"营业成本"数据来自利润表,"平均存货"数据来自资产负债表中的"存货"期初数与期末数的平均数。

一般来说,存货周转速度越快,存货的占用水平越低,流动性越强,存货转换为现金或应收账款的速度越快。提高存货周转率可以提高公司的变现能力,存货周转速度越慢则变现能力越差。存货周转天数(存货周转率)指标的好坏反映存货管理水平,它不仅影响公司的短期偿债能力,也是整个公司管理的重要内容。

(二)应收账款周转率和应收账款周转天数

应收账款周转率是营业收入与平均应收账款的比值。它反映年度内应收账款转为现金的平均次数,说明应收账款流动的速度。应收账款周转天数是应收账款周转率的倒数乘以360天,也称应收账款回收期或平均收现期。它表示公司从取得应收账款的权利到收回款项转换为现金所需要的时间,是用时间表示的应收账款周转速度。

应收账款在流动资产中占有举足轻重的地位。及时收回应收账款,不仅能增强公司的短期偿债能力,也能反映出公司管理应收账款方面的效率。应收账款周转率和应收账款周转天数的计算公式分别为:

$$应收账款周转率=\frac{营业收入}{平均应收账款}(次)$$

$$应收账款周转天数=\frac{360}{应收账款周转率}=\frac{平均应收账款\times 360}{营业收入}(天)$$

公式中的营业收入数据来自利润表。平均应收账款是指未扣除坏账准备的应收账款金额,是资产负债表中的应收账款期初数与期末数及对应坏账准备的平均数。

一般来说,应收账款周转率越高,平均收账期越短,说明应收账款的收回越快;否则,公司的营运资金会过多地滞留在应收账款上,影响正常的资金周转。影响该指标正确计算的因素有:(1)季节性经营;(2)大量使用分期付款结算方式;(3)大量使用现金结算的销售;(4)年末销售的大幅度增加或下降。

分析时可以将计算出的指标与公司前期、与行业平均水平或其他类似公司相比较,判断该指标的高低。

(三)流动资产周转率

流动资产周转率是营业收入与全部流动资产的平均余额的比值。其计算公式为:

$$流动资产周转率=\frac{营业收入}{平均流动资产}(次)$$

公式中的平均流动资产是资产负债表中的流动资产合计期初数与期末数的平均数。

流动资产周转率反映流动资产的周转速度。周转速度快,会相对节约流动资产,等于相对扩大资产投入,增强公司盈利能力;而延缓周转速度,需要补充流动资产参加周转,形成资金浪费,降低公司盈利能力。

(四)总资产周转率

总资产周转率是营业收入与平均资产总额的比值。其计算公式为:

$$总资产周转率=\frac{营业收入}{平均资产总额}(次)$$

公式中的平均资产总额是资产负债表中的资产总计的期初数与期末数的平均数。

该指标反映资产总额的周转速度。周转越快,反映销售能力越强。公司可以通过薄利多销的方法,加快资产的周转,带来利润绝对额的增加。

三、长期偿债能力分析

长期偿债能力是指公司偿付到期长期债务的能力,通常以反映债务与资产、净资产的关系的负债比率来衡量。

(一)资产负债率

资产负债率是负债总额除以资产总额的比率,反映在总资产中有多大比例是通过借债来筹资的,也可以衡量公司在清算时保护债权人利益的程度。其计算公式为:

$$资产负债率 = \frac{负债总额}{资产总额} \times 100\%$$

公式中的负债总额不仅包括长期负债,还包括短期负债。

这项指标反映债权人所提供的资本占全部资本的比例,也被称为举债经营比率,它有以下几个方面的含义:

首先,从债权人的立场看,他们最关心的是贷给公司款项的安全程度,也就是能否按期收回本金和利息。如果股东提供的资本与公司资本总额相比,只占较小的比例,则公司的风险将主要由债权人负担,这对债权人是不利的。因此,他们希望债务比例越低越好,公司偿债有保证,贷款不会有太大的风险。

其次,从股东的角度看,由于公司通过举债筹措的资金与股东提供的资金在经营中发挥同样的作用,所以,股东所关心的是全部资本利润率是否超过借入款项的利率,即借入资本的代价高低。在公司全部资本利润率超过因借款而支付的利息率时,股东所得到的利润就会加大;相反,如果运用全部资本所得的利润率低于借款利息率,则对股东不利,因为借入资本的多余利息要用股东所得的利润份额来弥补。因此,从股东的立场看,在全部资本利润率高于借款利息率时,负债比例越大越好;否则相反。

再次,从经营者的立场看,如果举债规模很大,超出债权人心理承受程度,则被认为是不保险的,公司就借不到钱。如果公司不举债,或负债比例很小,说明公司畏缩不前,对前途信心不足,利用债权人资本进行经营活动的能力很差。借款比率越大(当然不是盲目地借款),越是显得公司具有活力。从财务管理的角度来看,公司应当审时度势,全面考虑,在利用资产负债率制定借入资本决策时,必须充分估计可能增加的风险和收益,在两者之间权衡利害得失,做出正确决策。

(二)产权比率

产权比率是负债总额与股东权益总额之间的比率,也称为债务股权比率。其计算公式为:

$$产权比率 = \frac{负债总额}{股东权益} \times 100\%$$

该指标反映由债权人提供的资本与股东提供的资本的相对关系,反映公司基本财务结构是否稳定。该指标越低,说明企业长期偿债能力越强,对债权权益的保障程度越高,财务风险越小,是低风险、低收益的财务结构;反之,则表明企业长期偿债能力弱,财务风险大。

(三)有形资产净值债务率

有形资产净值债务率是负债总额与有形资产净值的比率。其计算公式为:

$$有形资产净值债务率 = \frac{负债总额}{股东权益 - 无形资产净值} \times 100\%$$

有形资产净值债务率可以更谨慎、保守地反映企业清算时债权人投入资本受股东权益保障的程度。该比率越低,说明企业长期偿债能力越强,有形资产净值对债权权益的保障程度越高,财务风险越小;反之,则表明企业长期偿债能力越弱,财务风险大。

（四）已获利息倍数

已获利息倍数是企业税息前利润与利息费用的比率。其计算公式为：

$$已获利息倍数 = \frac{税息前利润}{利息费用}（倍）$$

公式中的税息前利润是指利润表中未扣除利息费用和所得税之前的利润。它可以用利润总额加利息费用来测算。利息费用是指本期发生的全部应付利息，不仅包括财务费用中的利息费用，还应包括计入固定资产成本的资本化利息。由于现行利润表中利息费用没有单列，一般以利润总额加财务费用来估计税息前利润。已获利息倍数衡量公司支付利息的能力，没有足够大的税息前利润，利息的支付就会发生困难。

四、盈利能力分析

盈利能力就是公司赚取利润的能力。一般来说，公司的盈利能力只涉及正常的营业状况。非正常的营业状况也会给公司带来收益或损失，但只是特殊情况下的个别情况，不能说明公司的能力。因此，在分析公司盈利能力时，应当排除以下因素：证券买卖等非正常项目、已经或将要停止的营业项目、重大事故或法律更改等特别项目、会计准则和财务制度变更带来的累计影响等。

（一）营业净利率

营业净利率是指净利润与营业收入的百分比，其计算公式为：

$$营业净利率 = \frac{净利润}{营业收入} \times 100\%$$

该指标反映每1元营业收入带来的净利润是多少，表示营业收入的收益水平。从营业净利率的指标关系看，净利额与营业净利率成正比关系，而营业收入额与营业净利率成反比关系。公司在增加营业收入额的同时，必须相应获得更多的净利润，才能使营业净利率保持不变或有所提高。通过分析营业净利率的升降变动，可以促使公司在扩大营业业务收入的同时，注意改进经营管理，提高盈利水平。

（二）营业毛利率

营业毛利率是毛利占营业收入的百分比。其计算公式为：

$$营业毛利率 = \frac{营业收入 - 营业成本}{营业收入} \times 100\%$$

营业毛利率表示每1元营业收入扣除营业成本后，有多少钱可以用于各项期间费用和形成盈利。营业毛利率是公司营业净利率的基础，没有足够高的毛利率便不能盈利。

（三）资产净利率

资产净利率是公司净利润与平均资产总额的百分比。其计算公式为：

$$资产净利率 = \frac{净利润}{平均资产总额} \times 100\%$$

资产净利率指标反映的是公司运用全部资产所获得利润的水平，即公司每占用1元的资产平均能获得多少元利润。该指标越高，表明公司投入产出水平越高，资产营运越有效，成本费用的控制水平越高。资产净利率体现出企业管理水平的高低。

（四）净资产收益率

净资产收益率是净利润与净资产的百分比，也称权益报酬率。其计算公式为：

$$净资产收益率=\frac{净利润}{平均净资产}\times100\%$$

净资产收益率反映企业自有资金的收益水平。该比率越高,获利水平越高。如果适度举债,则净资产收益率会超过总资产收益率,使企业享受财务杠杆作用。

五、投资收益分析

(一)普通股每股收益

普通股每股收益是净利润与公司发行在外普通股总数的比值。其计算公式为:

$$普通股每股收益=\frac{净利润-优先股股息}{发行在外的加权平均普通股总数}$$

普通股每股收益是衡量上市公司获利水平的指标,该指标越高,公司获利能力越强,但分红多少则取决于公司股利分配政策。每股收益不反映股票所含有的风险,比较公司间每股收益时,要注意其可比性。

(二)市盈率

市盈率是普通股每股市价与每股收益的比率。其计算公式为:

$$市盈率=\frac{每股市价}{每股收益}(倍)$$

市盈率越高,表明市场对企业未来越看好,投资风险越大;市盈率越低,表明市场对企业前景信心不足,投资风险越小。当市价确定时,每股收益与市盈率成反比;当每股收益确定时,市盈率与每股市价成正比。市盈率指标可比性差,一般成熟行业市盈率较低,而新兴行业市盈率较高。

(三)每股净资产

每股净资产是年末净资产(年末股东权益)与发行在外的年末普通股总数的比值。其计算公式为:

$$每股净资产=\frac{年末净资产}{发行在外的年末普通股股数}$$

这里的年末股东权益指扣除了优先股权益后的余额。

该指标反映发行在外的每股普通股所代表的净资产成本即账面权益。在进行投资分析时,只能有限地使用这个指标,因其是用历史成本计量的,既不反映净资产的变现价值,也不反映净资产的产出能力。每股净资产在理论上提供了股票的最低价值。

(四)市净率

市净率是每股市价与每股净资产的比值。其计算公式为:

$$市净率=\frac{每股市价}{每股净资产}(倍)$$

市净率是将每股股价与每股净资产相比,表明股价以每股净资产的若干倍在流通转让,评价股价相对于每股净资产而言是否被高估。市净率越小,说明股票的投资价值越高,股价的支撑越有保证;反之,则投资价值越低。

六、现金流量表分析

在市场经济条件下,企业现金流量在很大程度上决定着企业的生存和发展能力。即使企业有盈利能力,但若现金周转不畅、调度不灵,也将严重影响企业正常的生产经营。偿债能力的弱化直接影响企业的信誉,最终影响企业的生存。因此,现金流量信息在企业经营和管理中的地位越来越重要。

(一)现金净增加额的分析

现金流量表的分析,首先应该观察现金的净增加额。一个企业在生产经营正常,投资和筹资规模不变的情况下,现金净增加额越大,企业活力越强。如果企业的现金净增加额主要来自生产经营活动产生的现金流量净额,说明企业的收现能力强,坏账风险小,其营销能力一般较强;如果企业的现金净增加额主要是投资活动产生的,甚至是由处置固定资产、无形资产和其他长期资产而增加的,这可能反映出企业生产经营能力削弱,从而处置非流动资产以缓解资金矛盾,但也可能是企业为了走出困境而调整资产结构;如果企业现金净增加额主要是由于筹资活动引起的,意味着企业将支付更多的利息或股利,它未来的现金流量净增加额必须更大,才能满足偿付的需要,否则,企业就可能承受较大的财务风险。

当企业的现金流量净增加额是负值,即现金流量净额减少时,这一般是不良信息。

但如果企业经营活动产生的现金流量净增加额是正数,且数额较大,而企业整体上现金流量净额减少主要是由固定资产、无形资产或其他长期资产引起的,或主要是对外投资所引起的,这一般是由于企业进行设备更新或扩大生产能力或投资开拓市场,这种现金流量净额减少并不意味着企业经营能力不佳,而是意味着企业未来可能有更多的现金流入。

如果企业现金流量净额减少主要是由于偿还债务及利息引起的,这就意味着企业未来用于满足偿付需要的现金可能将减少,企业财务风险也随之变小,只要企业营销状况正常,企业不一定会走向衰退。

(二)企业现金流量比率分析

1.企业自身创造现金能力的比率

企业自身创造现金能力的比率是指企业经营活动的现金流量占企业现金流量总额的比率。这个比率越高,表明企业自身创造现金能力越强,财力基础越稳固,偿债能力和对外筹资能力越强。

2.企业偿付全部债务能力的比率

企业偿付全部债务能力的比率是指企业经营活动的净现金流量与企业债务总额的比率。这个比率反映企业一定时期,每1元负债由多少经营活动现金流量所补充,这个比率越大,说明企业偿还全部债务能力越强。

3.企业短期偿债能力的比率

企业短期偿债能力的比率是指企业经营活动的净现金流量与流动负债的比率。这个比率越大,说明企业短期偿债能力越强。

4.每股流通股的现金流量比率

每股流通股的现金流量比率是指经营活动的净现金流量与流通在外的普通股数的比率。这个比率越大,说明企业进行资本支出的能力越强。

5.支付现金股利的比率

支付现金股利的比率是指经营活动的净现金流量与现金股利的比率。这个比率越大,说明企业支付现金股利能力越强。

6.现金流量资本支出比率

现金流量资本支出比率是指经营活动的净现金流量与资本支出总额的比率。这个比率主要反映企业利用经营活动产生的净现金流量维持或扩大生产经营规模的能力,其值越大,说明企业发展能力越强,反之,则越弱。

7. 现金流入对现金流出比率

现金流入对现金流出比率是指经营活动的现金流入累计数与经营活动引起的现金流出累计数的比率。这个比率表明企业经营活动所得现金满足其所需现金流出的程度。一般应大于1,这样企业才能在不增加负债的情况下维持简单再生产,其值越大越好。

8. 净现金流量偏离标准比率

净现金流量偏离标准比率是指经营活动的净现金流量与净收益加折旧或摊销额的比率。这个比率表明经营活动的净现金流量偏离正常情况下应达到的水平程度,其标准值应为1。其值大于1时,说明企业在应收账款、管理存货等方面措施得当,产生正现金流量;其值小于1时,说明企业在应收账款、管理等方面措施不力,产生了负现金流量。

(三)结合资产负债表、损益表对现金流量表的分析

1. 现金流量表与资产负债表比较分析

(1)偿债能力的分析

$$短期偿债能力 = \frac{经营活动现金净流量}{流动负债}$$

$$长期偿债能力 = \frac{经营活动现金净流量}{总负债}$$

以上两个比率值越大,表明企业偿还债务的能力越强。但并非比率值越大越好,若现金流量表中"现金增加额"项目数额过大,则可能是资产过多地停留在盈利能力较低的现金上,从而降低企业的盈利能力。

(2)盈利能力及支付能力分析

经营活动现金净流量与总股本的比率反映每股资本获取现金净流量的能力,比率越高,表明企业支付股利的能力越强。

经营活动现金净流量与净资产的比率反映投资者投入资本创造现金的能力,比率越高,创造现金的能力越强。

2. 现金流量表与损益表比较分析

(1)经营活动现金净流量与净利润比较

经营活动产生的现金流量与会计利润之比若大于1或等于1,说明利润质量较好;若小于1,则说明会计利润可能受到人为操纵或存在大量应收账款,利润质量较差。

(2)销售商品、提供劳务收到的现金与主营业务收入比较

收到的现金数额所占比重大,说明销售收入实现后所增加的资产转换现金速度快、质量高。

(3)分得股利或利润及取得债券利息收入所得到的现金与投资收益比较

分得股利或利润及取得债券利息收入所得到的现金与投资收益比较,反映企业账面投资收益的质量。

13.4.5 财务综合分析

一、杜邦综合分析法

在财务综合分析中,杜邦分析法是比较常见的一种财务分析方法。它利用几种主要的财

务比率(如利润率、总资产周转率等)之间的关系,来综合分析企业的财务状况,尤其是可以评价公司赢利能力和股东权益回报水平,长期以来一直是从财务角度评价企业绩效的一种经典方法。该分析方法最早由美国杜邦公司使用,所以称为杜邦分析法。

杜邦分析法的基本思想是将企业净资产收益率逐级分解为多项财务比率乘积,层次感较强,而且有助于深入分析与比较企业的经营业绩。净资产收益率是公司税后利润除以净资产得到的百分比率,该指标反映股东权益的收益水平,并用以衡量公司运用自有资本的效率。净资产收益率越高,说明投资带来的收益就越高。通常情况下,我们在观察一家企业时,看这家企业的生命力是否旺盛,主要是看它的净资产收益率。

在杜邦分析法中,净资产收益率被分解为三部分进行分析,这三部分分别是利润率、总资产周转率和财务杠杆。利润率,可以表明企业的盈利能力;总资产周转率,可以表明企业的营运能力;财务杠杆,又称为融资杠杆或负债经营,一般用权益乘数衡量,可以表明企业的偿债能力。我们以树形结构来描述杜邦分析法的思路,如图13-1所示:

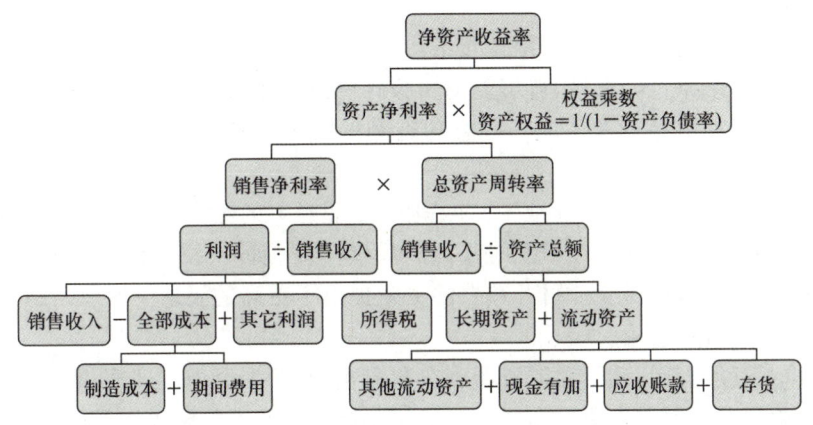

图13-1 杜邦分析法

总体来说,净资产收益率是一个综合性较强的财务分析指标,是杜邦分析系统的核心;另外,资产净利率是影响净资产收益率最重要的指标,也具有很强的综合性。其中,资产净利率又取决于销售净利率和总资产周转率的高低;总资产周转率可以反映总资产的周转速度。

对资产周转率的分析,需要对影响资产周转的各因素进行分析,从而判明影响公司资产周转的主要问题在哪里;销售净利率反映销售收入的收益水平,在这里面,扩大销售收入,降低成本费用是提高企业销售利润率的根本途径,而扩大销售,同时也是提高资产周转率的必要条件和途径。

另外,权益乘数表示企业的负债程度,反映了公司利用财务杠杆进行经营活动的程度。如果资产负债率高,权益乘数就会变大,这说明公司负债程度较高,公司会有较多的杠杆利益,但风险也随之升高;反之,如果资产负债率低,权益乘数就会变小,这说明公司负债程度低,公司会有较少的杠杆利益,但相应所承担的风险也低。

所以,我们一般将杜邦分析法所生成的指标体系模型称为"杜邦模型"。在该模型中,最显著的特点就是将若干个用以评价企业经营效率和财务状况的比率,按其内在联系有机结合起来,从而形成一个完整的指标体系,并最终通过净资产收益率来综合反映。我们通过上面的杜邦分析法示意图可以看出,该方法使财务比率分析的层次更清晰、条理更突出,为报表分析者全面而仔细地了解企业的经营和盈利状况提供方便。

在利用杜邦分析法进行财务分析时,一般采取以下步骤:

首先,从净资产收益率开始,根据相应会计资料,主要是资产负债表和利润表,来逐步分解计算各指标。

其次,将计算出的指标依次填入杜邦分析图。

再次,对于企业不同时期的会计报表数字,进行前后期纵向动态对比,还可以根据不同企业的财务报表数字进行横向对比,了解企业在行业中的排名位置。

在实际工作中,杜邦分析法得到了广泛的运用。主要原因是:杜邦分析法中最核心的指标"净资产收益率",体现了"股东价值最大化"的思想,符合公司的理财目标,它还是股东财富增值水平最为敏感的内部财务指标;另外,使用杜邦分析法,有助于资产所有者将资产委托给经营者来代理经营,在评估经营者经营效率时,有助于资产所有者获悉经营者的工作效益,从而为调整这种委托经营关系提供基础。

当然,杜邦分析法也有一定的局限性,尤其是它仅能反映出企业财务方面的信息,难以全面反映出企业的实际情况。所以,我们在采用杜邦分析法进行财务分析时,必须结合企业的其他信息加以分析。

一般而言,杜邦分析法的主要局限性包括:

(1)对短期财务结果过分重视,有可能助长公司管理层的短期行为,从而忽略企业长期的价值创造,甚至有可能引导企业采取一些急功近利的发展方法,从而为以后的长远发展带来不利。

(2)杜邦分析法中的财务指标所反映的一般是企业过去的经营业绩,这在工业时代尚能满足企业财务分析的要求;但在当今信息时代,顾客、供应商、雇员、技术创新等因素对企业经营业绩的影响越来越大,这就对企业财务数据的更新提出了更高的要求。所以,杜邦分析法在采集数据时,周期将不得不更短。

(3)企业除了有形资产,还有无形资产也在起着重要作用,比如企业的品牌、商誉等,它们甚至对企业的竞争力有至关重要的作用。而杜邦分析法显然不能解决无形资产的估价问题。

由于杜邦分析法存在上述缺陷,随着时代的发展,这些缺陷又日益突出,所以,这就要求我们在进行财务分析时,除了使用杜邦分析法,还要借助于其他有效的方法,从而使我们对企业的财务分析更加全面有效。

二、沃尔综合评分法

沃尔是一位著名的美国经济学家,他在1928年出版的《信用晴雨表研究》和《财务报表比率分析》中,提出了信用能力指数的概念,还选择了七个财务比率,并给定这些财务比率指标的比重,并以行业平均数为基础,确定了相应的标准比率,然后将实际比率与标准比率相比,得出相对比率,将此相对比率与各指标比重相乘,便得出了总评分。

这七个财务比率分别是流动比率、产权比率、固定资产比率、存货周转率、应收账款周转率、固定资产周转率和自有资金周转率。在这些比率的基础上,沃尔提出了一套完整的综合比率评价体系,把若干个财务比率用线性关系结合起来,以此来评价企业的财务状况。于是,人们逐渐把沃尔提出的这种分析方法称为"沃尔综合评分法",也被称为"沃尔评分法"。

由此可见,沃尔评分法是将选定的财务比率用线性关系结合起来,并分别给定各自的分数比重,然后通过与标准比率进行比较,确定各项指标的得分及总体指标的累计分数,从而对企业的信用水平做出评价的方法。我们在运用沃尔评分法时,一般会依据如下步骤进行:

(一)选择评价指标并分配指标权重

一般情况下,我们通过对一家企业的财务报表进行分析,主要需了解它的这些经营状况:

盈利能力、偿债能力、发展能力等。

企业盈利能力的指标主要有资产净利率、销售净利率、净值报酬率;企业偿债能力的指标主要有自有资本比率、流动比率、应收账款周转率、存货周转率;企业发展能力的指标主要有销售增长率、净利增长率、资产增长率。

在进行评分的时候,我们按照它们的重要程度确定各项比率指标的评分值,拟定总评分值为100,重要性高的指标,其分值相应的也会高。在分值分配上,企业的盈利能力、偿债能力与发展能力之间约为5∶3∶2;其中,盈利能力的三个指标间的比例约为2∶2∶1,偿债能力和发展能力中的各项具体指标的重要性大体相当。

(二)确定各项比率指标的标准值

略。

(三)计算企业在一定时期内各项比率指标的实际值

1. 盈利能力各项指标计算公式

$$资产净利率 = 净利润 \div 资产总额 \times 100\%$$

$$销售净利率 = 净利润 \div 销售收入 \times 100\%$$

$$净值报酬率 = 净利润 \div 净资产 \times 100\%$$

2. 偿债能力各项指标计算公式

$$自有资本比率 = 净资产 \div 资产总额 \times 100\%$$

$$流动比率 = 流动资产 \div 流动负债$$

$$应收账款周转率 = 赊销净额 \div 平均应收账款余额$$

$$存货周转率 = 产品销售成本 \div 平均存货成本$$

3. 发展能力各项指标计算公式

$$销售增长率 = 销售增长额 \div 基期销售额$$

$$净利增长率 = 净利增加额 \div 基期净利$$

$$资产增长率 = 资产增加额 \div 基期资产总额$$

4. 形成评价结果

沃尔比重评分法的计算公式为:

$$实际分数 = 实际值 \div 标准值 \times 权重$$

当"实际值>标准值"为理想时,此公式正确;若当"实际值<标准值"为理想时,意味着实际值越小得分应越高,那么用上面公式计算出的结果就会恰恰相反。当然,当某一单项指标的实际值畸高时,会导致最后的总分大幅度增加,这种掩盖情况不良的指标,往往会造成一种假象。

另外,沃尔评分法所得到的综合得分计算公式为:

$$综合得分 = 评分值 \times 关系比率$$

总体来说,沃尔评分法最主要的贡献,就是将互不关联的财务指标按照权重予以综合联动,从而使得对一家企业的财务状况进行综合评价成为可能。当然,沃尔评分法从技术上来说也存在一个问题,那就是当一个指标严重异常时,会对总评分产生不合逻辑的影响。这主要是由财务比率与其比重相"乘"引起的。比如说,财务比率提高100%,评分就会增加100%;而缩小100%,其评分却只减少50%。

为了规避这种不足,人们对沃尔评分法进行了改进,包括将财务比率的标准值由企业最优值调整为本行业平均值,并且设定评分值的上限(正常值的 1.5 倍)和下限(正常值的一半)。在对沃尔评分法进行了改进后,其对应的计算公式为:

综合得分＝评分值＋调整分

调整分＝(实际比率－标准比率)÷每分比率

每分比率＝(行业最高比率－标准比率)÷(最高评分－评分值)

本章小结　　思考与练习题

第 14 章

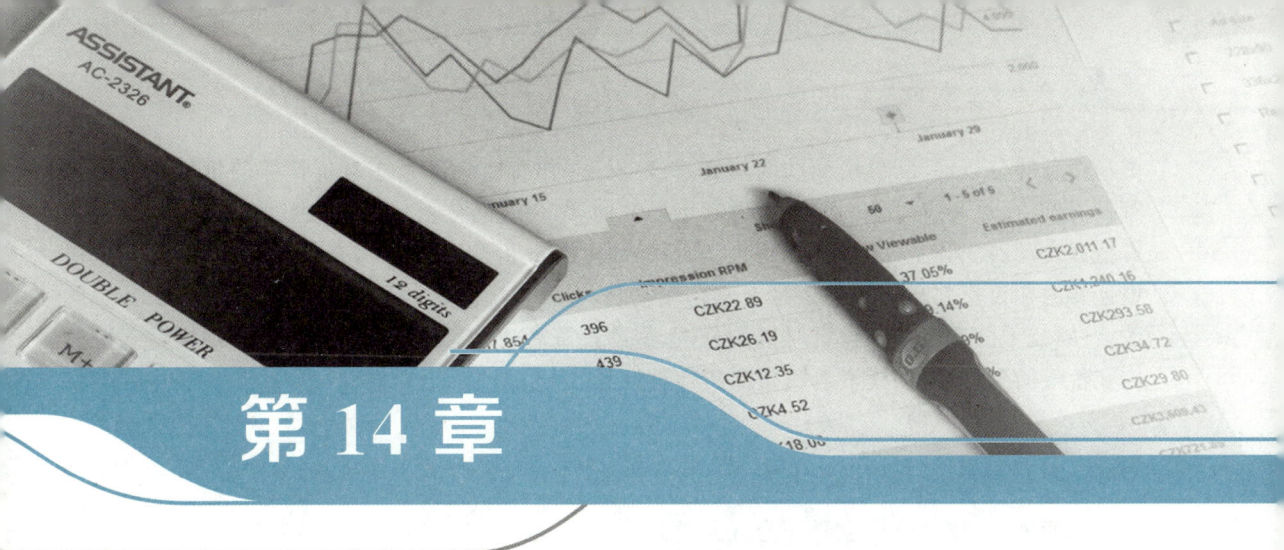

证券投资的技术分析

> **学习目标**
> 1. 理解道氏理论、波浪理论。
> 2. 掌握 K 线理论、切线理论、形态理论。
> 3. 理解并掌握技术指标。
> 4. 正确理解与掌握证券投资技术分析中所包含的辩证思维方法。

14.1 技术分析概述

进入 20 世纪，证券分析专家提出了证券市场分析的理论体系。哥罗丁斯基在《投资学》一书中，从研究供需角度来预测股价，并具体指出了两种方法：第一种方法是重视股价与其他经济现象的关系，从这些关系的变化来预测股价的变动，这种方法就是现在通称的"基本分析"；另一种方法不重视股价与其他经济现象的关系，而是通过股票市场内部的技术性因素的各种现象来预测股价，这种方法就是现在通称的"技术分析"。

14.1.1 技术分析的含义

技术分析是指直接从证券市场入手，以证券价格的变动为研究对象，结合对证券交易数量、时间和投资心理等因素分析，帮助投资者选择时机和方式，以获取投资收益的方法。

与基本分析相比，技术分析主要有以下几个特点：

（1）技术分析运用公开的市场信息。公开的市场信息来自市场本身，包括价格、成交量和技术指标；而基本分析则运用来自市场之外的基本信息，包括财务指标、经济增长率和产业政策等。

（2）技术分析的重点在于价格变动而不是价格水平。技术分析通过对价、量、技术指标等市场信息的分析,判断价格变动的趋势,决定投资的时机,它不考虑有价证券的价格水平是否有投资价值,过高或过低的股价会引起市场变动,结合时间分析,投资者通过预测趋势的空间,可把握变动时间和空间,从而找到买卖时机;而基本分析侧重于分析有价证券的内在价值,根据证券内在价值判断价格水平是否偏高或偏低,做出买卖决定。

(3)技术分析侧重于投资时机的分析,帮助投资者决定何时买卖;基本分析则侧重于证券内在价值的分析,帮助投资者决定买卖何种证券。

14.1.2　技术分析的分类

一般来说,技术分析主要分为五大类。

一、指标类分析

指标类分析是指根据价、量的历史资料,通过建立一个数学模型给出计算公式,从而得到一个体现金融市场的某个方面内在实质的指标值。指标反映的内容大多是无法从行情报表中直接看到的,但它可为我们的操作行为提供指导。常见的指标有相对强弱指标(RSI)、随机指标(KDJ)、趋向指标(DMI)、平滑异同移动平均线(MACD)、能量潮(OBV)、心理线(PSY)、乖离率(BIAS)等。

二、切线类分析

切线类分析是指按一定方法和原则,在根据价格数据所描绘的图表中画出一些直线,然后根据这些直线的情况推测价格的未来趋势,为我们的操作行为提供参考,这些直线就叫切线。常见的切线有趋势线、轨道线、黄金分割线、甘氏线、角度线等。

三、形态类分析

形态类分析是指根据价格图表中过去一段时间走过的轨迹形态来预测价格未来趋势的方法。价格走过的形态是市场行为的重要部分,从价格轨迹的形态中可以推测出证券市场处在一个什么样的大环境之中,由此对今后的投资给予一定的指导。主要的形态有 M 头、W 底、头肩顶、头肩底等。

四、K 线类分析

K 线类分析是指根据若干个交易日的 K 线组合情况,推测证券市场中多空双方力量的对比,进而判断证券市场行情的方法。

五、波浪类分析

波浪类分析是指把价格的上下变动和不同时期的持续上涨、下跌看成波浪的上下起伏,认为价格运动遵循波浪起伏的规律,数清了各个浪就能准确地预见跌势已接近尾声牛市即将来临,或者升势已接近尾声熊市即将来临。从理论上来说,波浪理论能提前很长时间预计行情的底和顶。

14.1.3　技术分析的一般步骤

第一步,学会看图。

技术分析多用图表和各种技术指标作为市场分析的工具,因此技术分析的第一步要学会看图,通过形态分析,可以判断行情什么情况下会延续,什么情况下将反转。

第二步，看趋势。

技术分析的一个关键就是要学会画趋势线、压力位、支撑位。支撑位是指存在较大支撑的价位，股价下跌到该价位附近时容易企稳反弹；压力位是指存在较大压力的价位，股价上升到该价位附近时容易遇阻回落。

在上升趋势中，将两个上升的低点连成一条直线，就得到上升趋势线。在下降趋势中，将两个下降的高点连成一条直线，就得到下降趋势线。要得到一条真正起作用的趋势线，要经过多方面的验证才能最终确认。

在这一步中，需要特别注意：

首先，必须确实有趋势存在。也就是说，在上升趋势中，必须确认两个依次上升的低点；在下降趋势中，必须确认两个依次下降的高点，才能确认趋势的存在，连接两个点的直线才有可能成为趋势线。

其次，画出直线后，还应得到第三个点的验证才能确认这条趋势线是有效的。一般来说，所画出的直线被触及的次数越多，其作为趋势线的有效性就越会得到确认，用它进行预测就越准确有效。另外，我们还要不断地修正原来的趋势线。

第三步，结合技术指标，来确认对市场趋势的判断。

14.1.4　技术分析的三大假设

技术分析的理论基础是基于三大市场假设：市场行为涵盖一切信息、价格沿着趋势移动、历史会重演。

一、市场行为涵盖一切信息

该假设是技术分析的前提基础，它认为影响股票价格的所有因素，包括经济的、政治的、心理的或其他信息，都反映在市场行为中。因此，技术分析应当将市场行为所包含的相关要素作为研究对象，没有必要关注影响证券价格的因素有哪些。

二、价格沿着趋势移动

该假设是对证券价格变动规律的总结，也是进行技术分析的核心依据。证券价格的运动遵循一定的规律，沿着趋势移动，并保持一定的惯性。证券价格的上涨或下跌是买卖双方力量对比的真实写照和反映，当供不应求即买方力量占据主导地位时，价格逐步上升，如果没有新的消息或新的外力介入，这种局面得以继续维持，反之亦然。

三、历史会重演

该假设基于市场参与者的心理反应。从统计学的角度来看，借助于统计方法与手段，能够帮助我们把握价格变动的规律，从而为预测提供了可能性。从心理学方面来说，市场行为是投资者行为的综合体现和展示，而人的行为离不开动机。根据心理学理论，在特定情境下，如果人的某种决策和行为取得了良好的结果，给自己带来满足感和成就感，就会产生正向激励，以后如果出现同样的情景，引发行为的动机将再一次被触发，该行为就会重复发生，"历史会重演"也就成为现实。需要注意的是，这里讲的历史重演不是指历史现象的简单重复，而是指历史规律和历史本质的不断反复作用。证券价格由供求关系决定，而左右供求的力量来自投资者的心理、行为和投资环境。当人们对某种证券预期乐观，就会影响人们的投资行为，价格就会出现上涨；反之，价格就会出现下跌。

14.1.5 技术分析的基本要素

市场行为最基本的表现就是成交价和成交量。技术分析就是利用过去和现在的成交量、成交价资料,以图形分析和指标分析工具来解释、预测未来的市场走势。因此,成交价、成交量就成为技术分析的要素。如果将时间也考虑进去,技术分析就可简单地归结为对价、量、时三者关系的分析,在某一时点上的价和量反映的是买卖双方在这一时点上共同的市场行为,是双方的暂时均势点,随着时间的变化,均势会不断发生变化。

一、价格

当我们看到市场中某一股票连创新高,吸引了大量资金的时候,首先,要分析是否有业绩的支撑,是否透支未来的成长,不要盲目追高;其次,要看证券目前价格在市场价格体系中的位置,可以把市场中的证券价格大致分成高价区、中价区和低价区,看看目标股目前处于什么位置,目标股目前价位越低,它的上涨空间也就越大;再次,因为同行业的证券之间比较有可比性,可以对比目标证券与同行业及相关行业证券的价格,看看目标股所处位置;最后,可以对照目标证券自身的历史价位分析证券目前的位置。一般来说,证券目前价格距离其自身历史高点、近期高点越远,上涨的概率越大。

二、量

在证券市场上,需要特别重视成交量的分析,因为对一个价格的认同与否,需要以成交量来体现。

一是当市场对价格认同度越高时,往往成交量越小。

二是当市场对价格分歧越大时,成交量往往会持续放大或突然放大。成交量大幅放大一般会出现在三个时期:市场价格经历低位缩量横盘后反转时、对重要价格进行向上突破时、经过一定上涨后引发市场抛售时。一般来说,成交量越大,越能说明市场主力活跃其中,投资者需要观察成交量放大后的价格运动方向和力度,分析其中利弊,做出有利的选择。

三是对成交量的研判,必须以其他三大要素为基础。研究成交量的价值,主要在于对中短期的价格波动,可以比较清晰地判断出较佳的介入时机。

三、时

一是市场价格在一个区域维持运动越久,那么市场成本会越集中于这个价格区域,当向上或向下有效突破该价格区间的时候,其所具有的意义也就越大。

二是证券价格下跌所花的时间越少,而跌幅越大时,说明该证券下跌动力充足,在短暂反弹后还会继续探底。如果证券的快速下跌处于下跌初期,那么要以回避为主;如果该证券绵绵阴跌之后,出现加速度大跌,则往往是重要底部将要出现的征兆。

三是证券上涨所花的时间越少,而涨幅越大时,它将来的调整幅度和速度自然也应该越大,但这里要考虑证券基本面因素的变化。如果个股大幅上涨后始终没有出现大幅度的成交量,或者在大成交量之后仍能以不高的换手率创新高,则该股成为长期牛股的希望很大。

四是证券在上涨或下跌途中,所花的时间越长,而价格波动幅度越小,则往往是该证券不活跃的象征,其在后来的下跌或上涨过程中大多也会相对缓慢,而且涨、跌幅度小。

五是价格运动过程中会形成一些规律性的周期,我们要善于认识和利用这种周期运动对股价的影响。

四、空

一是分析证券的上涨或下跌空间,首先要参考历史最高价和历史最低价,并以黄金分割理论相互印证。

二是当证券价格创出历史新高或新低时,需要对该证券进行重新认识。

三是证券短期涨跌空间可以参考该证券近期形态,并以形态理论为依据进行分析。

四是成交量的堆积位置对证券价格影响很大,要特别关注成交量突增的位置及其对证券价格的推动方向以及推动速度。

五是移动平均线系统对于证券价格有吸引、支撑和阻力作用,吸引作用在证券价格距离均线系统越远时越有效,而支撑、阻力作用则在证券价格调整幅度越大时越有效。

14.1.6 成交量与价格趋势的关系

成交量与价格趋势有如下关系。

(1)证券价格随着成交量的递增而上涨,为市场行情的正常特性。这种量增价涨关系,表示证券价格继续上升。

(2)在波段的涨势中,证券价格随着递增的成交量而上涨,突破前一波的高峰,创下新高,然而此波段的整个成交量水准却低于前一波段上涨的成交量水准,价格突破创新高,成交量却没有突破创新高,则此波段证券价格涨势令人怀疑;同时也是证券价格趋势潜在的反转信号。

(3)证券价格随着成交量的递减而回升,证券价格上涨,成交量却逐渐萎缩,成交量是证券价格上涨的原动力,原动力不足显示证券价格趋势潜在反转的信号。

(4)有时证券价格随着缓慢递增的成交量而逐渐上涨,渐渐地走势突然成为垂直上升的喷发阶段,成交量急剧增加。紧随着此波走势,随之而来的是成交量大幅度萎缩,同时证券价格急速下跌。这种现象表示涨势已到末期,上升乏力,走势力竭,显示出趋势反转的现象。

(5)证券价格走势因交易量递增而上涨,是十分正常的现象,并没有暗示趋势反转的信号。

(6)通过一波段的长期下跌,形成谷底后股价回升,成交量并没有因证券价格上涨而递增,证券价格上涨欲振乏力,然后再度跌落至先前谷底附近,或高于谷底。当第二谷底的成交量低于第一谷底时,是证券价格上涨的信号。

(7)证券价格下跌,向下跌破证券价格的某条重要支撑线,同时出现大成交量,是证券价格下跌的信号。

(8)证券价格跌落一段相当长的时间,出现恐慌卖出,随着日益扩大的成交量,证券价格大幅度下跌,则预期证券价格可能上涨;同时恐慌卖出所创的低价,将不可能在极短时间内跌破。随着恐慌大量卖出之后,往往是(但并非永远是)空头市场的结束。

(9)当市场行情持续上涨很久,出现急剧增加的成交量,而证券价格却上涨乏力,在高档盘旋,无法再向上大幅上涨。显示证券价格在高档大幅震荡,卖压沉重,从而形成证券价格下跌的因素。证券价格连续下跌之后,在低档出现大成交量时,价格却没有进一步下跌,仅小幅变动,此时表示有投资者正在进场。

(10)成交量是价格形态的确认。在形态分析中,如果没有成交量的确认,价格上的形态将是虚的,其可靠性也就差一些。

(11)成交量是证券价格的先行指标。一般说来,量是价的先行者。当量增时,价迟早会跟上来;当价增而量不增时,价迟早会掉下来。

14.1.7 技术分析的局限

技术分析有重要作用,大量的投资实践也证明技术分析为投资者确定买卖时机和判明趋势提供了有益的参考,提高了投资者对市场未来走势的研判能力。但是,技术分析作为一种分析工具,也有着自身的局限性。

技术分析的理论基础是三大假设前提,但三大假设前提和实际情况有一定的偏差。首先,"市场行为包含一切信息"的假设过于理想化,在证券市场中信息损失是难以避免的,也就是说,并非所有信息都能通过市场行为体现出来;其次,"价格沿着趋势移动,并保持趋势"的假设是基于没有外力影响的理想状态,实际上,证券市场会经常受到外部因素的影响,如宏观经济政策的变化、偶然事件等;再次,"历史会重演"是一个严格的假定,但由于市场环境的千变万化,基本上不可能出现完全一样的市场环境,因而相同的市场表现也就难以出现。

在进行技术分析时,会遇到两种情况:一是技术分析主要是预测短期内股价涨跌的趋势,不能指导投资者进行长期投资;二是可能由于个别主力机构的投机行为或市场因素的作用,技术图表存在"骗线",使技术分析结论出现偏差。

为减少分析出现偏差,在进行技术分析时,可采用以下方法:

(1)技术分析与基本分析结合使用。我国证券市场还是一个新兴市场,仅依靠过去和现在的图形数据来进行行情预测是不够的,还必须结合基本分析。

(2)使用多个技术分析方法或指标共同研判。任何一个技术分析方法或指标都有其不足之处,单独使用一种方法或指标进行判断,具有一定的片面性,应使用多种分析方法或指标进行行情研判,才能得出合理的结论。

14.2 道氏理论

道氏理论是技术分析的鼻祖,也是迄今为止最著名的技术分析理论之一。该理论的创始人是美国的查尔斯·道,大多数广泛使用的技术分析理论都起源于道氏理论,都是其各种形式的发扬光大。

19世纪末,道氏在《华尔街日报》上发表了一系列文章,阐述了他对证券市场行为的研究心得。1922年,道氏在《华尔街日报》的助手和传人威廉·彼得·汉密尔顿归纳整理了他的理论,出版了《股票市场晴雨表》,书中首次使用了"道氏理论"。

罗伯特·雷又把道氏理论进一步加以提炼,于1932年出版了《道氏理论》一书。

14.2.1 道氏理论的基本内容

一、市场平均价格指数能够解释和反映市场的大部分行为

为了反映股市的整体变化,道氏创立了平均价格指数,为后来的各种指数奠定了基础。按照道氏理论,通过选择一些具有代表性的股票来编制平均指数,实际上是将投资者的各种行为

综合起来,通过平均指数加以集中体现。也就是说,平均价格指数是对市场行为的整体反映。

二、市场存在三种趋势

虽然价格波动的表现形式不同,但最终可以将其区分为三种趋势,即主要趋势、次要趋势和短暂趋势。

主要趋势,也称长期趋势、基本趋势,是指连续1年或1年以上的股价变动趋势,体现市场价格波动的最主要的方向。

次要趋势,也称中期趋势,它经常与长期趋势的运行方向相反,并对其产生一定的牵制作用,是对主要趋势的修正和调整。

短期趋势,也称日常趋势,是指股价的日常波动。

道氏理论将价格趋势区分为不同等级,为以后的波浪理论打下了基础。

三、成交量验证趋势

一般来说,成交量跟随当前的主要趋势,体现出成交量对价格的验证作用。例如,牛市行情中,价格上升,成交量增加;价格回调,成交量萎缩。但是成交量并非总是跟随先前的主要趋势,如果出现价升量减,此时成交量所提供的信息可以为确定反转趋势提供依据。

四、收盘价是最重要的价格

道氏理论并不关注一个交易日当中的最高价、最低价,而非常关注收盘价。因为收盘价是对当天价格的最后评价,大部分投资者将这个价位作为委托的依据。只有收市价突破才意味着突破有效。

14.2.2 道氏理论的研判原理

道氏理论的研判原理包括:

一、两种指数必须相互验证

对同一个股市来说,某一单独的指数产生的变化不足以构成整个市场趋势改变的信号。查尔斯·道创建的道·琼斯指数初期由工业平均指数和铁路平均指数构成,除非两个指数都发出看涨或看跌的信号,否则市场基本运动的方向仍然处于不确定的状态。如果其中一个指数上涨,而另一个继续下跌,那么这一上涨的指数难以带动起整个市场,或迟或早,上涨的指数仍会回到下降通道之中。如果两个指数朝同一个方向运动,那么市场运动的方向就确定了。在我国由于沪深两市相互影响,我们既可以运用道氏理论的原则,对同一市场内部不同样本指数进行相互验证,也可以比较两市的综合指数或成分指数的变动方向,从而发现市场的转折点。

二、交易量跟随趋势

交易量跟随趋势是指成交量对价格的验证作用。一般来说,当价格沿着基本运动方向发展时,成交量也应随之递增。例如,牛市中,价格上升,成交量增加;价格回调,成交量萎缩。这一规律在次级运动中也同样适用,例如,熊市中的次级反弹,价格上涨时,成交量增加;反弹结束后,价格下降时成交量也减少。

成交量并非总是跟随趋势,也会有例外的情况,仅仅从一天或几天的交易量中得出结论,是缺乏依据的。道氏理论强调的是市场的总体趋势,是基本运动,其方向变化的结论性信号只能通过价格的分析得出,而交易量只是起辅助作用,是对价格运动变化的验证。

三、盘局可以代替中期趋势

一个盘局出现于一种或两种指数中,持续两到三周,有时达数月之久,价位仅在约5%的幅度内波动,这种情况显示买进和卖出两者的力量是平衡的。最终会出现两种情况,一是这个价位的卖方力量枯竭,那些想买进的人必须提高价位来吸引卖方出售;二是本来想要以盘局价位卖出的人发觉买方力量削弱了,他们必须降价来卖出自己持有的股票。因此,价位向上突破盘局的上限是多头市场的征兆,价位向下跌破盘局的下限是空头市场的征兆。一般来说,盘局的时间越长,价位波动幅度越窄,最终的突破就越容易。

盘局常发展成重要的顶部和底部,分别代表着出货和进货的阶段。但是,它们更常出现在主要趋势休息和整理的阶段,在这种情况下,盘局就取代了正式的次级波动。

四、把收盘价放在首位

略。

五、在反转趋势出现之前主要趋势仍将发挥作用

道氏理论揭示了股市本身所固有的运动规律,指出了股市循环与经济周期变动的联系,在一定程度上能对股市的未来变动趋势做出预测和判断。但道氏理论也存在不足之处:一是道氏理论偏重长期分析而不能对中短期行情做出分析,也不能指明最佳的买卖时机,因此道氏理论主要适合于长期趋势的判断,对于中短线投资帮助不大;二是道氏理论预测股市变动有滞后性,往往是在股市已经发生了实质性变动才发出趋势转变的信号,相对比较迟缓;三是道氏理论虽然能够判断和预测股市的长期变动方向,但对选股帮助不大。

14.3 波浪理论

波浪理论又称为艾略特波浪理论,是美国人艾略特创立的一种技术分析理论。

艾略特的波浪理论以周期为基础,他把大的运动周期分成时间长短不同的各种周期,在一个大周期之中可能存在一些小周期,而小周期又可以再细分成更小的周期。每个周期无论时间长短,都是以一种模式进行,即每个周期都是由上升(或下降)的5个过程和下降(或上升)的3个过程组成。这8个过程完结以后,才能说这个周期已经结束,将进入另一个周期。新的周期仍然遵循上述的模式。

一、波浪理论考虑的因素

波浪理论考虑的因素主要包括三个方面:一是股价走势所形成的形态;二是股价走势图中各个高点和低点所处的相对位置;三是完成某个形态所经历的时间长短。

三个方面可以概括为:形态、比例和时间。股价的形态是最重要的,它是指波浪的形状和构造;高点和低点所处的相对位置是波浪理论中各个波浪的开始和结束位置,通过计算这些位置,可以弄清楚各个波浪之间的相互关系,确定股价的回撤点和将来股价可能达到的位置;完

成某个形态的时间可以让我们预先知道某个大趋势即将来临。

二、波浪理论的基本形态

艾略特认为证券市场应该遵循一定的周期,股价的波动也是按照这种规律进行的。艾略特发现每一个周期(无论是上升还是下降)可以分成 8 个小的过程,这 8 个小过程一结束,一个周期就结束了,紧接着的是另一个周期。

图 14-1 是一个上升阶段的 8 个浪的全过程,0～1 是第 1 浪,1～2 是第 2 浪,2～3 是第 3 浪,3～4 是第 4 浪,4～5 是第 5 浪。这 5 浪中,第 1 浪、第 3 浪和第 5 浪称为上升主浪,第 2 浪和第 4 浪认为是对第 1 浪和第 3 浪的调整浪。上述 5 浪完成后,紧接着会出现一个 3 浪的向下调整,这 3 浪是:5～a 为 a 浪、a～b 为 b 浪、b～c 为 c 浪。

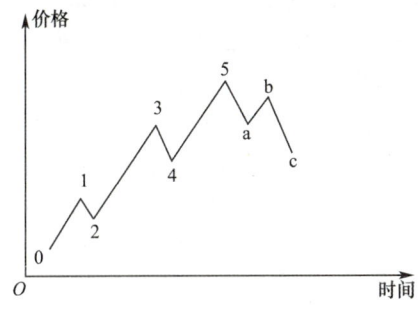

图 14-1 波浪理论的基本形态

三、波浪理论的要点

波浪理论的要点包括:

(1)趋势是分层次的,处于层次较低的几个浪可以合并成一个较高层次的大浪,而处于层次较高的一个浪又可以细分成几个层次较低的小浪,但无论趋势是何种规模,8 浪的基本形态结构是不会变化的。

(2)第 1 浪、第 3 浪、第 5 浪这三个推动浪中,第 3 浪不应是最短的一个浪。

(3)第 2 浪不能低于第 1 浪的起点。

(4)第 4 浪不能低于第 1 浪的顶点。

(5)常见回吐比率为 0.382、0.5、0.618。

(6)波浪理论中最重要的是波浪的形态,其次是比率与时间。

四、波浪理论的不足

(1)在波浪理论的实际应用中,由于每一个上升/下跌的完整过程中均包含有一个八浪循环,大循环中有小循环,小循环中有更小的循环,即大浪中有小浪,小浪中有细浪,使数浪变得相当复杂和难于把握。

(2)怎样才算是一个完整的浪,波浪理论并无明确定义。

(3)波浪理论有所谓的延伸浪,但在什么时候或者在什么准则之下波浪可以延伸,波浪理论也没有明确的界定。

(4)波浪理论中浪的时间难以确定。

(5)波浪理论不能用于个股的选择。

14.4　K线理论

14.4.1　K线的画法和基本形状

K线图是用来记录证券市场价格行情的,由于其形状如同蜡烛,因此在西方称为蜡烛图。K线图产生于日本德川幕府时代。1710年以后,日本大阪的堂岛大米会所开始经营世界最早的期货合约,K线图就是为记录大米每天涨跌的价格而发明的。

K线图有直观、立体感强、携带信息量大的特点,蕴涵着丰富的东方哲学思想,能充分显示股价趋势的强弱、买卖双方力量平衡的变化,预测后市走向较准确,是各类传播媒介、电脑实时分析系统应用较多的技术分析手段。

K线根据计算时间的不同,可以分为分钟K线、日K线、周K线、月K线、年K线等。它的形成取决于每一计算单位中的四个基本数据:开盘价、最高价、最低价、收盘价。在日K线图中,开盘价就是交易所在白天开始进行交易时的第一笔成交价格,收盘价就是当天结束交易时的最后一笔成交价格;在分钟K线图中,则是指每分钟的开盘价和收盘价;在周K线图中,则是指每周的开盘价和收盘价。

当收盘价高于开盘价时,K线为阳线(一般用红色或空心线表示);当收盘价低于开盘价时,K线为阴线(一般用绿色或实心线表示);当收盘价等于开盘价,且有新的最高价和最低价时,K线称为十字星。当K线为阳线时,最高价与收盘价之间的细线部分称为上影线,最低价与开盘价之间的细线部分称为下影线,开盘价与收盘价之间的柱状称为实体,具体如图14-2所示。

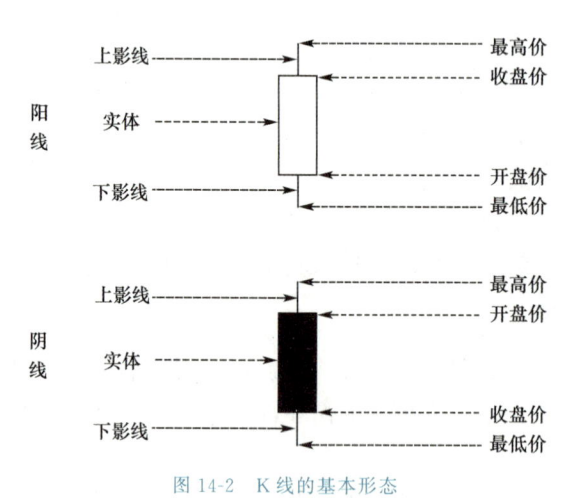

图14-2　K线的基本形态

14.4.2　单根K线的含义

一般来说,我们可以从K线的形态判断交易时间内的多、空情况。看"多",就是看"涨"的意思;看"空",就是看"跌"的意思。在交易市场中,"多""空"双方就像势均力敌的两支军队,它们总是在寻找机会把对方逼退。

我们可以将单根 K 线的形态归纳总结成 24 种阳线和 24 种阴线,以阳线为例,具体见图 14-3。

	全秃	光头	赤脚	影等长	下影长	上影长	含义
小阳线	▭	▯	▯	▯	▯	▯	多头主动 走势较软
中阳线	▭	▯	▯	▯	▯	▯	多头势力强大
大阳线	▭	▯	▯	▯	▯	▯	多头占据 绝对优势
阳十字	—	┬	┴	✛	┴	┬	多空平衡之 市场转折点
含义	局势一面倒	下有支撑越长支撑越强	上有压力越长压力越大	压力与支撑大致相当	下档支撑强于上档压力	上档压力大于下档支撑	

图 14-3　阳线的形态

每根 K 线都有其自身的含义,有代表性的单根 K 线及含义有:

一、光头光脚阳线

在各种阳线形态中,光头光脚阳线是一种攻击性较强的形态,未来继续上攻的概率极大。

光头光脚阳线(图 14-4),又称实体阳线,是一种没有任何影线的阳线。这种阳线以最低价开盘,又以最高价为收盘价。

图 14-4　光头光脚阳线

光头光脚阳线属于比较特殊的 K 线形态,它的出现是多方步步紧逼的一个结果。也就是说,从开盘到收盘,多方一直处于主导地位,空方几乎没有任何还手的余力。该类 K 线形态属于典型的看涨形态。

光头光脚阳线的基本操作策略如下:

第一,光头光脚阳线的出现,说明多方已经取得了绝对的优势,股价未来继续走高的概率很大。

第二,低价位区域或股价长时间下跌后出现光头光脚阳线,则属于多方突然发力,股价迎来拐点的概率很大。

第三,若股价经过一段时间的温和上攻后出现光头光脚阳线,则说明股价有加速上攻的可能,投资者宜追涨买入。

第四,若股价连续上涨多日后的顶部区域出现光头光脚阳线,则可能是多方的最后一攻,未来有反转下跌的可能,投资者需谨慎。

第五,光头光脚阳线的收盘价若位于涨停位,则股价次日高开的概率极大。

如图 14-5 所示,宝泰隆在 2017 年 8 月中旬进入盘整期,股价处于相对低位。8 月 28 日,该股以小阳线报收,并向上突破多条均线,说明该股未来继续上攻的可能性较大。9 月 4 日,该股收出一根光头光脚阳线,同时以涨停价收盘,这说明未来股价继续高开的可能性非常大,投资者宜积极入场参与交易。

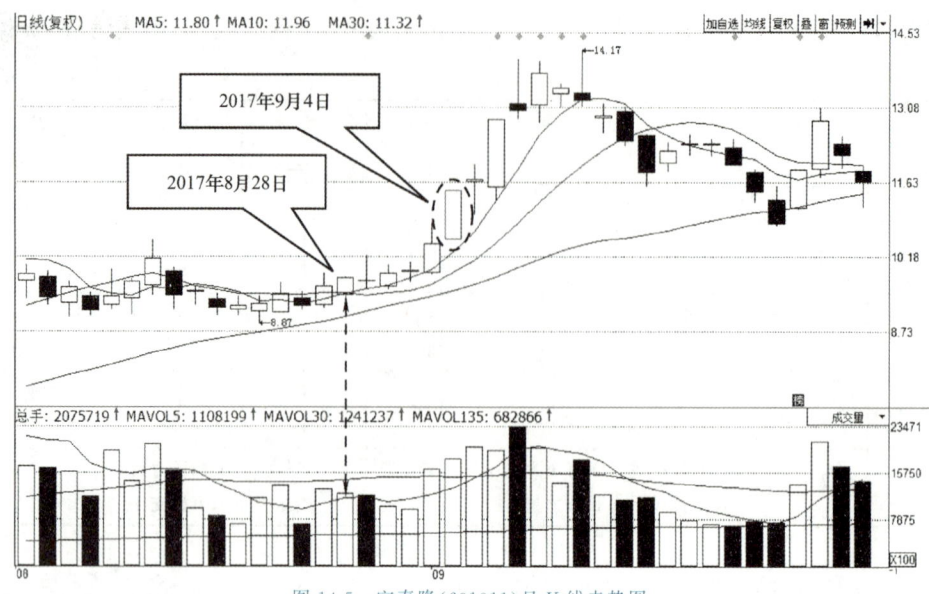

图 14-5　宝泰隆(601011)日 K 线走势图

二、光头光脚阴线

光头光脚阴线(图 14-6)又称实体阴线,是一种没有任何影线的阴线。这种阴线以最高价开盘,又以最低价为收盘价。

图 14-6　光头光脚阴线

光头光脚阴线属于比较特殊的 K 线形态,它的出现是空方步步紧逼的一个结果。也就是说,从开盘到收盘,空方一直处于主导地位,多方几乎没有任何还手的余力。该类 K 线形态属于典型的看跌形态。

光头光脚阴线的基本操作策略如下:

第一,光头光脚阴线的出现说明空方已经取得了绝对的优势,股价未来继续走低的概率很大。

第二,高价位区域或股价长时间上涨后出现光头光脚阴线,则属于空方突然发力,股价迎来拐点的概率很大。

第三,若股价经过一段时间的温和下跌后出现光头光脚阴线,则说明股价有加速下跌的可能,投资者应立即离场。

第四,若股价连续下跌多日后的底部区域出现光头光脚阴线,则可能是空方的最后一攻,未来有反转上涨的可能,投资者需谨慎。

第五,光头光脚阴线的收盘价若位于跌停位,则股价次日低开的概率很大。

如图 14-7 所示,梦舟股份的股价从 2017 年 3 月初开始进入震荡下跌阶段。2017 年 5 月初,该股股价出现加速下跌态势。5 月 10 日,梦舟股份收出一根光头光脚大阴线,这表明股价短期内有加速下跌的可能,投资者应果断卖出。股价加速下跌之后,下跌态势必然难以持久,并会在短期内出现筑底走势。其后,股价企稳反弹之后,投资者可适时进场买入。

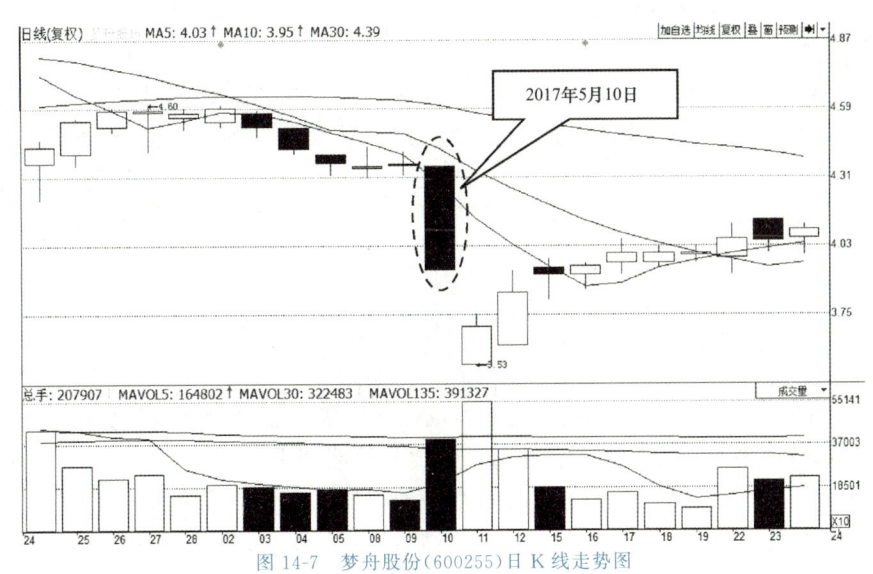

图 14-7　梦舟股份(600255)日 K 线走势图

三、光头阳线

光头阳线与光头光脚阳线所发出的交易信号强度相似，也是一种攻击性极强的形态，未来股价继续上攻的概率极大。

光头阳线(图 14-8)又称收盘秃阳线，是一种没有上影线的阳线。这种阳线通常以最高价收盘。

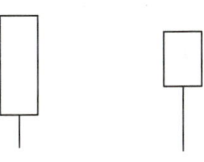

图 14-8　光头阳线

光头阳线是一种在强势上升趋势中容易出现的经典 K 线，它的出现是多方强势逼空的一个结果。也就是说，股价开盘后，尽管空方曾经试图将股价打压至较低水平，但多方很快收复失地，并迅速取得绝对优势地位，空方失去还手的力量。该类 K 线形态属于典型的看涨形态。光头阳线的操作策略与光头光脚阳线类似。

如图 14-9 所示，东方航空在 2015 年 2 月初进入盘整期。3 月中旬，该股重新开始上攻走势。3 月 16 日和 3 月 17 日，该股连续拉出两根以涨停价报收的光头阳线。投资者可于第一根光头阳线出现前入场建仓。其后，该股盘整几个交易日后再度启动了一波上升走势。

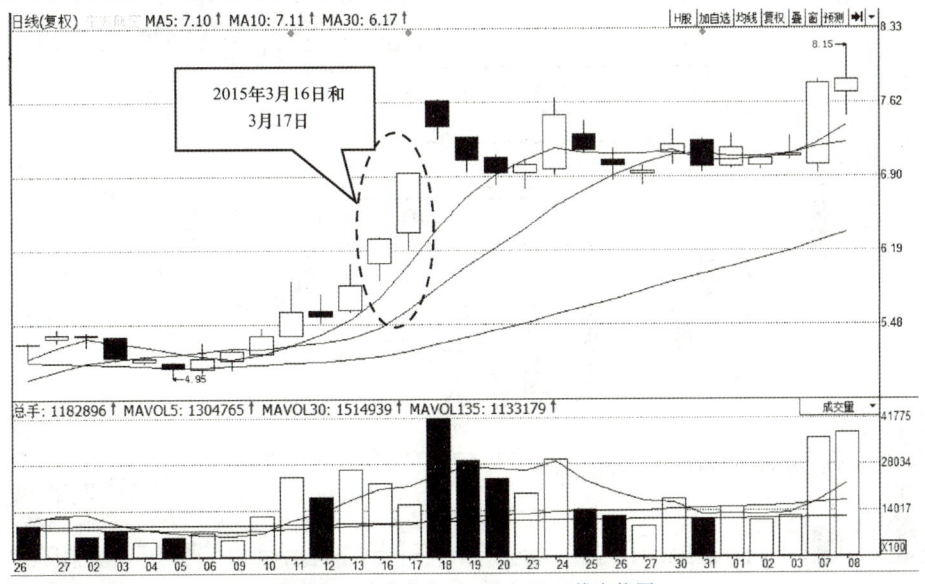

图 14-9　东方航空(600115)日 K 线走势图

四、十字线

十字线(图14-10)又称十字星,是一种没有实体或实体可以忽略不计的,带有较长上影线和下影线的K线形态。这种K线以开盘价为收盘价,即开盘价等于收盘价(开盘价和收盘价允许存在一定的差异)。

图 14-10 十字线

十字线属于比较特殊的K线形态,它的出现是多空双方经过激烈争斗后的一种势均力敌的结果,也可以看成多空双方暂时的休止符。其操作策略如下:

第一,十字线可以出现在各种趋势中,有趋势即将发生变化的意味。

第二,十字线形态中,上影线和下影线越长,则说明多空双方争斗越激烈,股价未来走势的不确定性越大。

第三,股价经过一段的下跌后出现十字线,此后股价开始上升,则说明多方开始准备反击,未来股价有拐头向上的可能。

第四,股价经过一段的上升后出现十字线,此后股价开始回落,则说明空方开始准备反击,未来股价有拐头向下的可能。

第五,股价在上升途中出现十字线后,能够很快突破十字线顶端,则可认定股价将会继续走高,十字线只是上涨途中一次短暂的"休息"。

第六,股价在下跌途中出现十字线后,能够很快跌破十字线底端,则可认定股价将会继续走低,十字线只是下跌途中一次短暂的"休息"。

如图14-11所示,亨通光电的股价在2015年1月初出现震荡走低行情,连续几根大阴线和中阴线将该股股价打到了一个比较低的水平。在此过程中,2015年1月22日和2月5日,连续出现十字线形态,这说明多空双方争夺十分激烈。随后,2月10日出现一根小十字线后,股价随机收出一根大阳线,这说明该股股价有反转向上的可能,投资者应保持关注。

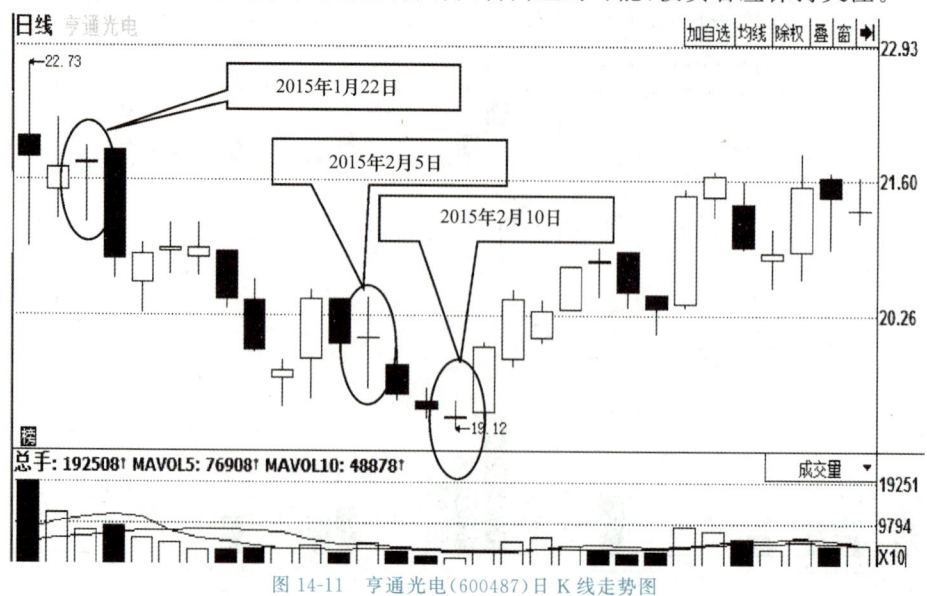

图 14-11 亨通光电(600487)日K线走势图

五、T字线

T字线(图14-12)是十字线的一种变形,相当于一种没有上影线的十字线。T字线的开盘价、最高价和收盘价这三个价格相等。

图14-12 T字线

T字线的出现多是在股价开盘后空方大力向下打压股价,此后,多方发力向上拉升股价收复失地,以开盘价的价位收盘。T字线经常会以涨停板收盘,具有较强的看涨意味,其操作策略如下:

第一,以涨停板报收的T字线具有较强的看涨意义,股价未来继续走高的可能性很大。

第二,股价经过一段的下跌后出现T字线,此后股价开始上升,则说明多方开始准备反击,未来股价有拐头向上的可能。

第三,股价经过一段的上涨后出现T字线,说明股价有加速上涨的迹象,不过此时也存在股价触顶的风险。

第四,投资者若按照T字线形态买入股票,可将T字线下影线的末端设置为止损位,一旦股价跌破此位置,则应坚决卖出止损。

如图14-13所示,2016年7月,处于震荡上升行情中的腾达建设的股价出现了横向震荡态势。7月20日,该股因有一系列消息需要公告停牌一天;7月21日,该股以涨停价4.85元开盘,之后卖压剧增,股价下跌,但在收盘时仍被拉回到开盘的价位上,这表明空方在逐渐蓄积力量并准备反攻,股价有见顶反转的可能。看到这样的信号,投资者为了避免被套牢应果断卖出。此后,该股出现了一波下跌走势。

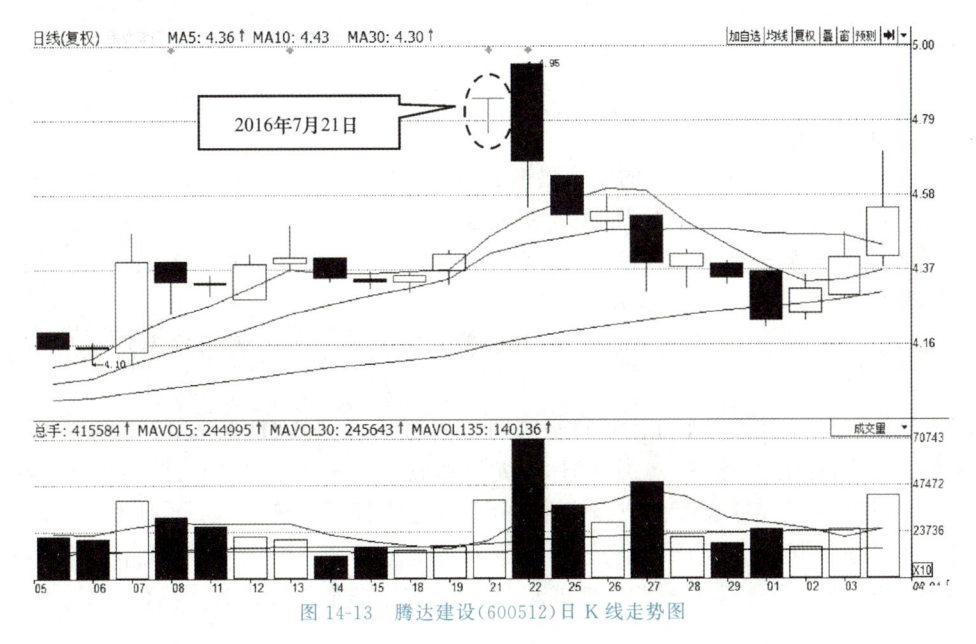

图14-13 腾达建设(600512)日K线走势图

综合这些K线形态,我们可以发现,阴线实体越长,越有利于下跌;阳线实体越长,越有利于上涨。但连续强势上涨后,谨防盛极而衰;连续强势下跌后,可能否极泰来。如果影线相对于实体来说非常小,则可以等同于没有。指向一个方向的影线越长,越不利于市场价格今后向这个方向变动。上下影线同时长,则说明多空双方战斗激烈,最后持平,后市不确定。十字线的出现往往是过渡信号而不是反转信号,它代表市场暂时失去方向感,稳健的操作方式是继续观察一个交易日。

14.4.3 K线组合

单个K线对于投资实践的指导意义不强,所以在实践中,需要分析不同K线组合的含义。下面介绍几种典型的K线组合。

一、早晨之星

早晨之星(图14-14)通常由三根K线组成,第一根大阴线将股价打压至较低位置,第二根拉出向下跳空十字星形态,第三根大阳线重新将股价拉升至较高位置。

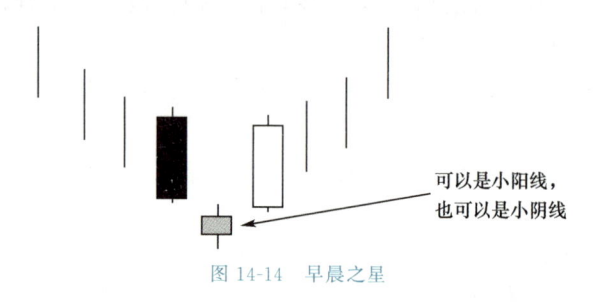

图14-14 早晨之星

可以是小阳线,也可以是小阴线

早晨之星形态中的第一根大阴线,表明空方仍占据绝对的优势,多方无任何还手之力;次日,空方再度发力,股价跳空低开,但多方开始发动反攻,双方经过激烈的交锋,最终形成了一个相对平衡的局面,在K线图上留下了一根小星线;第三个交易日,多方在前一交易日反攻的基础上再度发力,趁机巩固战果,将空方击退。至此,三根K线形成了一个趋势转折的形态,预示股价将企稳反弹。其操作策略如下:

第一,早晨之星形态是典型的多空转换形态,它的出现说明股价已经由空方主导转为多方主导,未来股价上升的可能性较大。

第二,早晨之星形态中的中间的十字星形态(也可以是锤头线、倒锤头线、十字线、T字线、倒T字线等)实体越小,与阴线之间的跳空距离越大,则未来股价反弹向上的概率越大。

第三,投资者按照早晨之星形态买入股票,可将中间十字星线的最低价设置为止损位,一旦股价跌破此位置即可执行卖出操作。

第四,早晨之星形态中,第三根阳线出现时,若成交量同步放大,则可加大股价进一步上升的概率。

如图14-15所示,金龙汽车在下跌行情末期的2017年6月1日、2日和5日这三个连续的交易日里形成了早晨之星形态。6月1日,金龙汽车收出一根中阴线。6月2日,该股跳空低开,并收出一根十字星。这表明多空双方你争我夺,行情具有不确定性。6月5日,该股高开高走,收出一根光头阳线,说明市场已经进入了多头状态。这三根K线共同组成了早晨之星形态。投资者应在6月5日这一天适量买入,并把十字星的最低价设为止损位。

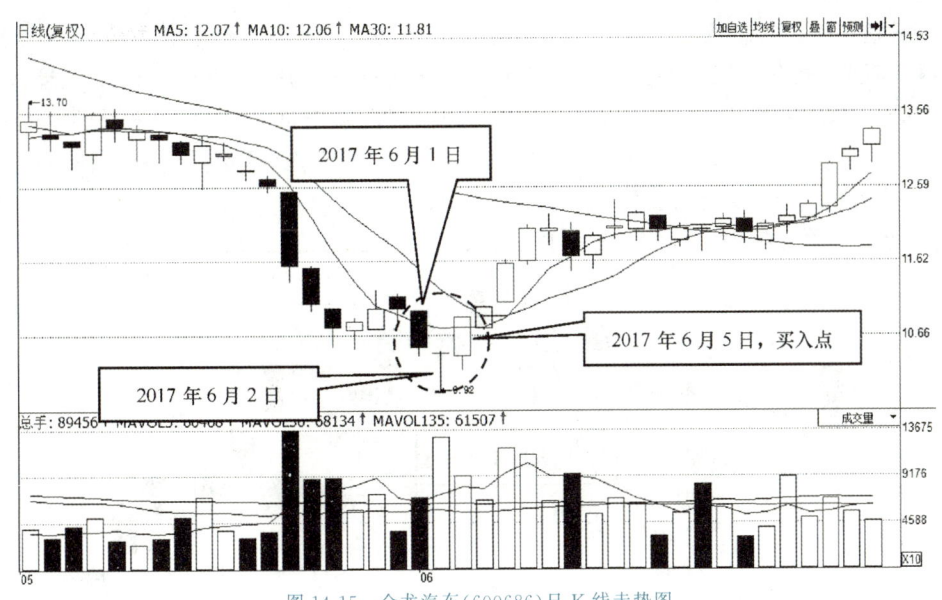

图 14-15　金龙汽车(600686)日 K 线走势图

二、黄昏之星

与早晨之星相对的是黄昏之星。黄昏之星(图 14-16)通常由三根 K 线组成,第一根大阳线将股价拉升至较高位置,第二根拉出向上跳空十字星形态,第三根大阴线重新将股价打压至较低位置。

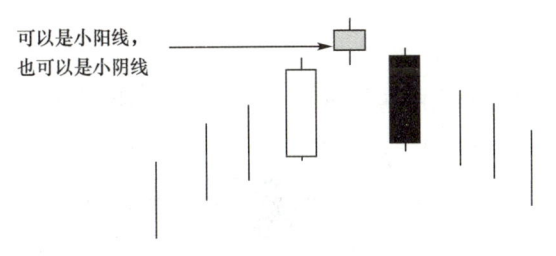

图 14-16　黄昏之星

黄昏之星形态中的第一根大阳线,表明多方仍占据绝对的优势,空方无任何还手之力;次日,多方再度发力,股价跳空高开,但空方开始发动反攻,双方经过激烈的交锋,最终形成了一个相对平衡的局面,在 K 线图上留下了一根小星线;第三个交易日,空方在前一交易日反攻的基础上再度发力,趁机巩固战果,将多方击退。至此,三根 K 线形成了一个趋势转折的形态,预示股价将触顶回落。其操作策略如下:

第一,黄昏之星形态是典型的多空转换形态,它的出现说明股价已经由多方主导转为空方主导,未来股价下跌的可能性较大。

第二,黄昏之星形态中的中间的十字星形态(也可以是锤头线、倒锤头线、十字线、T 字线、倒 T 字线等)实体越小,与阳线之间的跳空距离越大,则未来股价反转向下的概率越大。

第三,投资者按照黄昏之星形态卖出股票后,若股价不跌反涨,投资者可在股价重新向上突破中间十字星线的最高价时执行补仓操作。

第四,黄昏之星形态中,第三根阴线出现时,若成交量同步放大,则可加大股价进一步下跌的概率。

如图 14-17 所示,王府井在上涨行情末期的 2015 年 6 月 11 日、12 日(13 日、14 日周末休市)和15日这三个连续的交易日里形成了黄昏之星形态。6月11日,王府井收出一根带影线的中阳线,表明上档存在较大的抛压。6月12日,该股跳空高开,并收出一根十字星,这表明多空双方处于胶着状态,后市情况不明。6月15日,该股跳空低开,收出一根大阴线,说明市场已经进入了空头状态。这三根K线共同组成了黄昏之星形态,这都是后市看跌的征兆。因此,投资者应在6月15日卖出股票,出局观望。

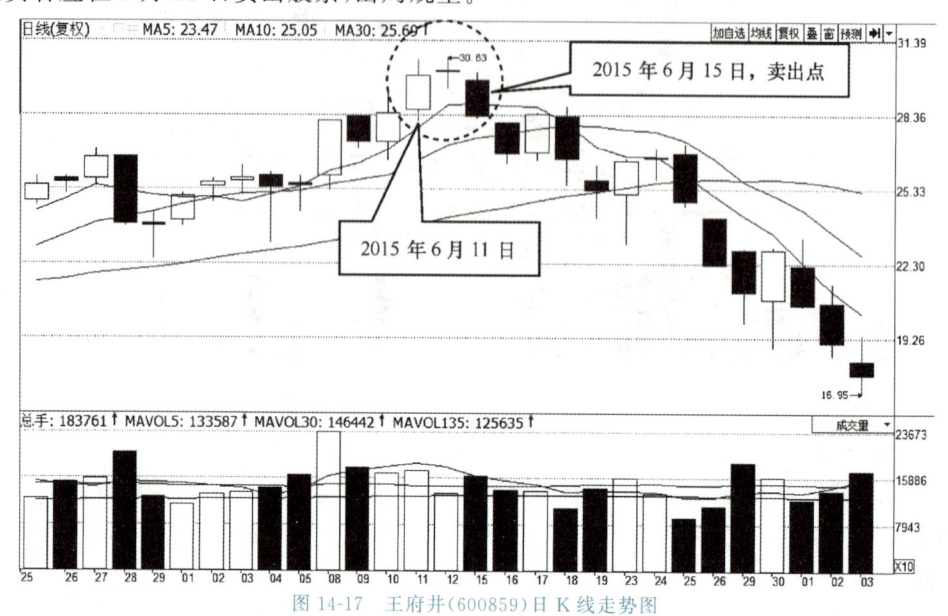

图14-17 王府井(600859)日K线走势图

三、乌云盖顶

乌云盖顶(图14-18)由一阳一阴两根K线组成,后一根阴线会深入阳线实体一半以上,其多出现在上涨行情中。

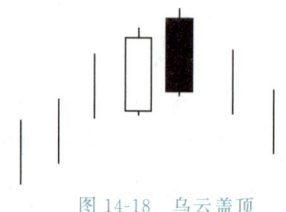

图14-18 乌云盖顶

乌云盖顶形态的出现说明在多方主导的行情中,空方开始奋力反击,并且取得了一定的成果。其第一根阳线表示股价延续了之前的趋势,多方仍占据较大的优势;其后第二根阴线低开后,空方开始反击,当其进攻至多方阵地一半以上时,因多方的阻力而停止进攻。此形态说明空方取得一定的优势,股价未来走低的可能性较大。其具体的操作策略如下:

第一,乌云盖顶的出现反映了在多方主导的行情中,空方开始反击,股价未来有结束上涨趋势的可能。

第二,乌云盖顶形态中,第二根阴线的实体越长,深入阳线的距离越大,未来股价下跌的可能性越大。

第三,乌云盖顶形态出现的次日,若股价向下跌破第一根阳线的最低价,则可考虑入场卖出该股。

第四,乌云盖顶形态中,阴线的最高价将会成为一个重要的参照位。投资者按照乌云盖顶形态卖出股票后,若股价反向上涨,突破阴线的最高价,则可执行补仓操作。

如图 14-19 所示，2017 年 9 月 25 日、26 日，祥源文化的日 K 线走势图上出现了乌云盖顶形态。9 月 25 日，祥源文化的股价经过一段时间的震荡上升后收出一根大阳线。9 月 26 日，该股跳空高开高走，但在上档遇到空方强有力的抛盘，股价开始回落，不仅成功弥补了开始的跳空缺口，还在收盘时将股价打压到了前一交易日的开盘价附近，形成了一根大阴线。这根阴线深入到前一根大阳线实体的中部以下位置，两根 K 线共同组成了乌云盖顶形态。这种形态的出现预示着股价已经到达阶段性顶部，投资者看到该形态后应该保持警觉。9 月 27 日，该股跳空低开，空方优势更加明显，投资者应择高卖出所有股票，出局观望。

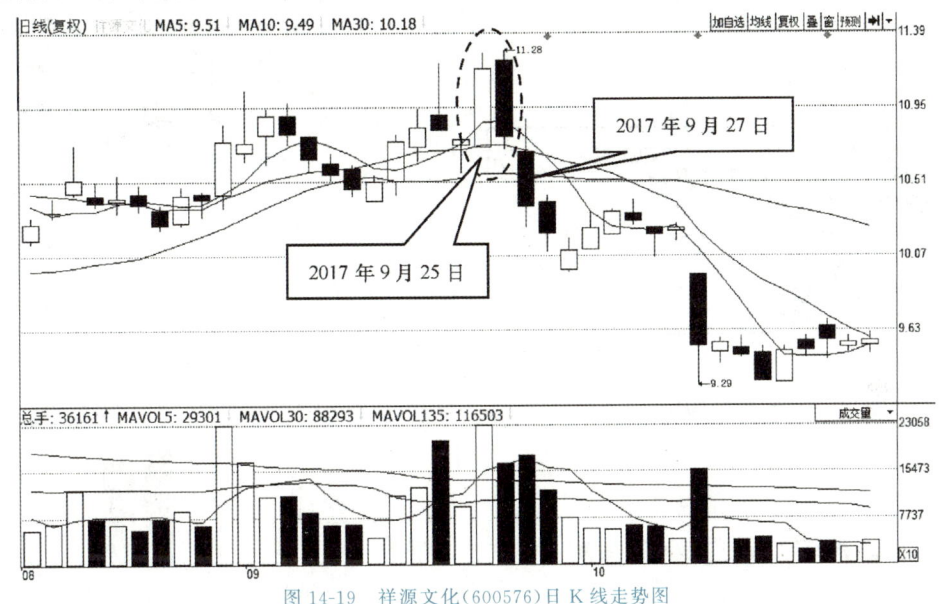

图 14-19　祥源文化(600576)日 K 线走势图

四、红三兵

红三兵(图 14-20)通常由三根屡创新高的小阳线组成，是一种典型的看涨形态。

图 14-20　红三兵

红三兵形态中屡创新高的小阳线反映了多方实力的不断增强，空方不断后退。当红三兵完成后，往往是多方已经积累了足够的引领股价上涨的实力，股价未来走高的可能性非常大。其具体操作策略如下：

第一，股价经过一段时间的下跌后出现红三兵形态，该形态属于典型的止跌反弹信号，具有很强的看涨意义。持币投资者见此信号后，可积极入场做多。

第二，股价经过一段时间的上涨后出现红三兵形态，说明股价还将继续走高，投资者可考虑加仓或追涨买入。

第三，股价已经到达顶部区域或红三兵形态出现前股价连续拉出多根大阳线，则此时红三兵可能会成为滞涨形态，投资者不应再加仓买入。

第四，投资者可在红三兵形态完成后，即第三根小阳线出现后执行买入操作。若此后股价不涨反跌，投资者可在股价向下跌破红三兵最低价时执行止损操作。

如图14-21所示,在深度下跌之后,煌上煌的股价于2017年6月2日、5日和6日(3日、4日周末休市)这三个连续的交易日里形成了红三兵形态。6月2日,煌上煌收出一根小阳线。6月5日,该股平开高走,又形成一根小阳线。6月6日,该股高开高走,收出一根小阳线。这三根K线共同组成了红三兵形态,由于该形态出现在低价位区域,且是在深度下跌之后,所以可以看作转势信号,投资者可在股价回调至红三兵最高价且不破该价位时买入该股。6月7日,煌上煌的股价一度高于前一根K线的最高价,此时投资者可以适量买入。当天该股收出一根小阴十字线。这证明了多方正在蓄积力量。投资者可考虑入场建仓该股。

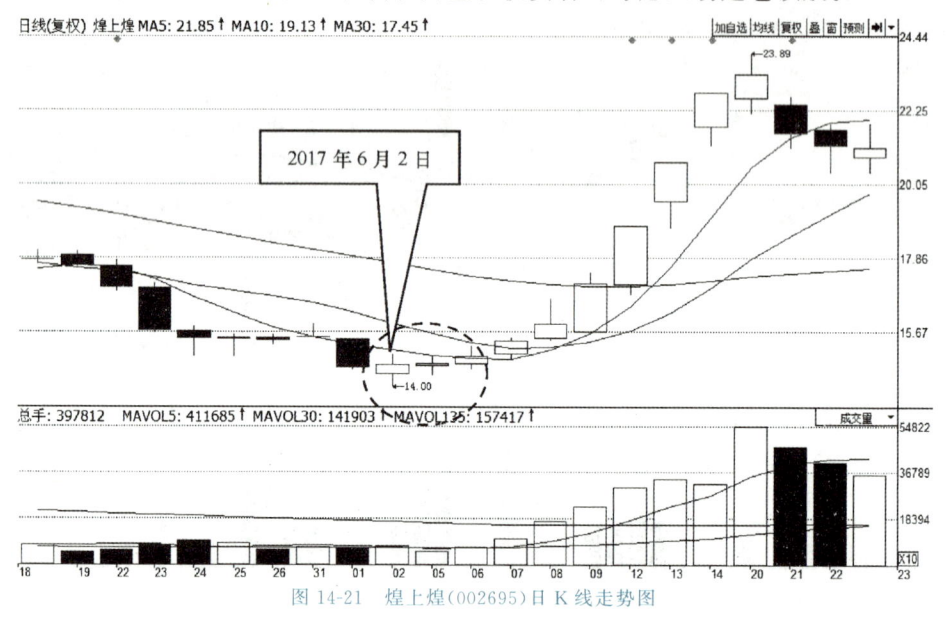

图 14-21 煌上煌(002695)日 K 线走势图

14.5 形态分析

14.5.1 形态理论的含义

形态理论是根据价格图表中过去一段时间走过的轨迹的形态,来预测股票价格未来趋势的方法。

形态分析是技术分析的重要组成部分,它通过对市场横向运动时形成的各种价格形态进行分析,并且配合成交量的变化,推断市场现存的趋势是持续还是反转。价格形态可分为反转突破形态和持续整理形态。反转突破形态表示市场经过一段时期的酝酿后,决定改变原有趋势,采取相反的发展方向。持续整理形态则表示市场将顺着原有趋势的方向发展。

14.5.2 股价移动的规律和两种形态类型

一、股价的移动规律

股价的移动是由多空双方力量大小决定的。股价移动的规律是完全按照多空双方力量对比的大小和所占优势的大小而形成的。

股价的移动遵循的规律是：第一，股价应在多空双方取得均衡的位置上下来回波动；第二，原有的平衡被打破后，股价将寻找新的平衡位置，也就是从保持平衡到打破平衡；建立新的平衡，再打破平衡，再寻找新的平衡。按照这个规律循环往复。

二、股价移动的两种形态类型

股价移动曲线的形态分成两种类型：一是反转突破形态；二是持续整理形态。前者打破平衡，后者保持平衡。

（一）反转突破形态

反转突破形态是指股票价格改变原有的运行趋势所形成的运动轨迹。反转突破形态的前提是市场原先确有趋势出现，经过横向运动后改变了原有的方向。反转突破形态的规模越大，新趋势的市场动作也越大。在底部区域，市场形成反转突破形态需要较长的时间，而在顶部区域则经历的时间较短，但波动性远大于底部形态。交易量是确认反转突破形态的重要指标，尤其是在向上突破时，交易量更具有参考价值。

反转突破形态包括双重顶和双重底、头肩顶和头肩底、三重顶和三重底、圆弧顶和圆弧底、V形反转。

1. 双重顶和双重底（图 14-22）

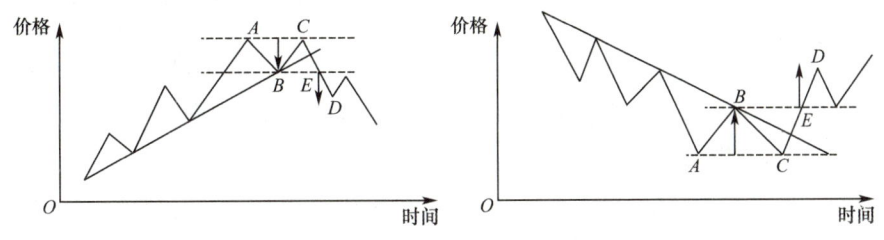

图 14-22　双重顶和双重底

（1）含义

一只股票上升到某一价格水平 A 点时，出现大成交量，股价随之下跌，成交量减少，接着股价又升至与前一个价格几乎相等的顶点 C 点，成交量再随之增加却不能达到上一个高峰的成交量，第二次下跌，股价的移动轨迹就像 M 字，这就是双重顶，又称 M 头走势。

一只股票持续下跌到某一水平后出现技术性反弹 A 点，但回升幅度不大，时间也不长，股价又再次下跌，当跌至上次低点 C 点时却获得支持，再一次回升，这次回升时成交量要大于前次反弹时的成交量，股价在这段时间的移动轨迹就像 W 字，这就是双重底，又称 W 走势。

无论是"双重顶"还是"双重底"，都必须突破颈线，形态才算完成。这里所说的颈线是指：双头的颈线是第一次从高峰回落的最低点；双底的颈线是第一次从低点反弹的最高点。

（2）应用要点

一是双头的两个最高点并不一定在同一水平，两者相差少于 3% 是可接受的。通常来说，第二个头可能较第一个头高出一些，原因是看多的力量企图推动股价继续上升，可是却没法使股价上升超过 3%。一般双底的第二个底较第一个底稍高，原因是先知先觉的投资者在第二次回落时已开始买入，令股价没法再次跌回上次的低点。

二是双头最少跌幅的量度，由颈线开始计算，至少会再下跌从双头最高点至颈线之间的差价距离。同样，对于双底，股价突破颈线后上涨的最小幅度是双底最低点和颈线之间的距离。

三是形成第一个头部时,其回落的低点是最高点的10%—20%,底部回升的幅度也是一样。

四是双重顶(底)不一定都是反转信号,有时也会是整理形态。

五是双头的两个高峰都有明显的高成交量,但第二个头部的成交量较第一个头部的成交量显著减少,反映出市场的买方力量已在转弱。双底第二个底部的成交量不高,但在突破颈线时,必须得到成交量激增的配合方可确认。双头跌破颈线时,则不需要成交量的配合。

六是通常突破颈线后,会出现短暂的反方向移动,称为反抽。双底只要反抽不低于颈线,双头反抽不高于颈线,则形态依然有效。

七是一般来说,双头或双底的升跌幅度都比量度出来的最少升跌幅度要大。

2. 头肩顶和头肩底(图14-23)

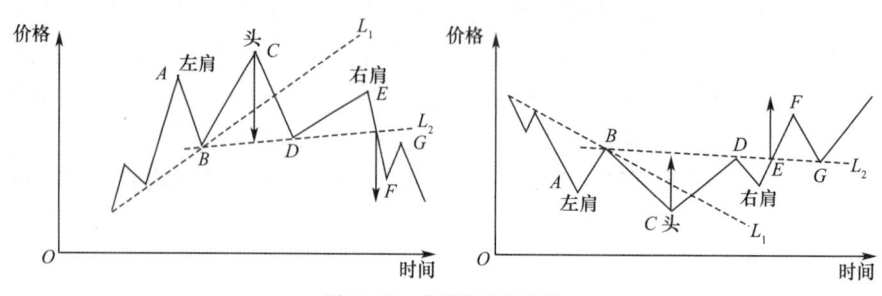

图14-23 头肩顶和头肩底

(1)头肩顶

头肩顶是重要的头部反转突破形态,如图所示,完成的时间至少要四周以上,形成五次局部的反向运动,即至少应有三个高点和两个低点,完成后的跌幅至少维持三浪以上的下跌,包含"左肩—头—右肩—跌破—回抽"五个步骤。

头肩顶的形成过程是:伴随巨大的成交量,市场表现出爆发性上涨特征,当达到某一高度A点时出现缩量回调,形成左肩;不久再度上涨并越过前一高点到达C点,由于不能有效地放量,之后回落至上次企稳处附近,形成头部;随后股价又一次涨升至左肩顶点(也就是E点)左右无力上攻,成交量也明显减少,形成右肩;头肩顶形态基本形成,市场转折已近在眼前。在跌破颈线之后往往会有回抽过程,颈线支撑变成压力,回抽过程为头肩顶形态的逃命点也就是G点。

头肩顶形态是一个长期趋势的转向形态,一般出现在一段升势的尽头。这一形态具有如下特征:

①一般来说,左肩与右肩高点大致相等,有时右肩较左肩低,即颈线向下倾斜。

②就成交量而言,左肩最大,头部次之,而右肩成交量最小,即呈现梯状递减。

③突破颈线不一定需要大成交量配合,但日后继续下跌时,成交量会放大。

当颈线被突破,反转确认以后,将出现下跌。下跌的深度,可以借助头肩顶形态的测算功能进行。

从突破点算起,股价将至少要跌到与形态高度相等的距离。

形态高度的测算是量出从"头"到颈线的直线距离(图中从C点向下的箭头长度),这个长度称为头肩顶形态的形态高度。

(2)头肩底

头肩底是重要的反转突破形态,如图所示,完成的时间至少要四周以上,完成后的涨幅至少维持三浪以上的上涨,包含"左肩－头－右肩－突破－回抽"五个步骤。

形成过程是:在长期下跌过程中,暂时因深跌获得支撑在 A 点反弹,形成了左肩,左肩开始的反弹至颈线时,出现新的下跌形成新的低点 C 点即头部;从头部开始成交量逐步增加,股价也逐渐回暖,直到涨至颈线位 D 点,受阻后形成右肩;随着右肩的形成,头肩底形态初步确立,多头开始大胆涌入并推高股价,突破颈线时伴随较大的成交量;在突破之后往往会有回抽颈线的过程,颈线压力随即变成支撑,回抽就是为了测试颈线的支撑力度,此时为头肩底的最佳买入点 G 点。

3. 三重顶底(图 14-24)

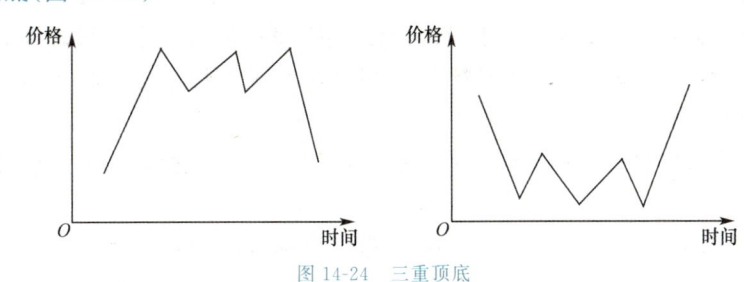

图 14-24 三重顶底

三重顶底从本质上讲是一种特殊的头肩顶和头肩底形态。

以三重顶为例,它与头肩顶形态的区别是,三重顶的颈线和顶部连线是水平的,这就使三重顶具有矩形整理形态的特征。和头肩顶形态相比,三重顶更容易演变成持续整理形态。三重顶比 M 头形态多一个顶,它的每个顶时间间隔都比较长,波动幅度比较深,而成交量从左到右依次减少。

三重底形态与三重顶相反,在突破颈线时需要得到成交量放大的配合,形态可信度才比较高。

三重顶或三重底相邻的波峰与波峰、波谷与波谷的间隔距离与时间不一定完全相等。3 个顶点(或 3 个低点)的价格不一定相等,一般相差 3% 以内比较常见。在三重顶的第三个顶形成时,成交量非常小,表示市场情绪低落,是将要出现下跌的征兆;在三重底的第三个底部上升时,成交量大增,显示股价具有突破颈线的趋势。从理论上讲,三重顶形态的顶部持续时间越长,跨度越大,则后市下跌的力量将越强;同样,三重底形态的底部持续时间越长,跨度越大,则后市上升的力量将越强。

在分析时需要注意,三重顶和三重底具有持续整理形态的特征,后市容易演变成持续整理形态。

4. 圆弧顶底(图 14-25)

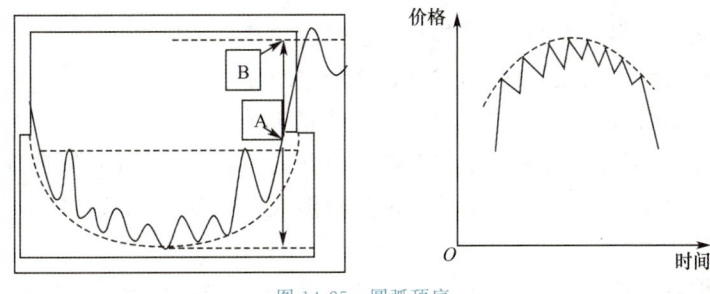

图 14-25 圆弧顶底

圆弧形又称碟形、圆形等。将股价在一段时间内的顶部高点用曲线连起来,得到类似圆弧的弧线,盖在股价之上,称为圆弧顶;将每一个局部的低点连在一起得到一条弧线,托在股价之下,称为圆弧底。

圆弧底的特征有:

(1)构成圆弧底时的成交量,在半圆形底部附近时应减至最低的水准,此时股价涨跌波动极缓,成交量也极小,是多空双方供需将发生变化的先兆。

(2)圆弧底的形态,多出现在较具投资价值的小盘股的行情中。

(3)圆弧底形成初期,股价涨速不快,但向上有效突破后,往往出现爆发性的急涨,上涨过程中极少出现回档整理,即涨的急结束得也快。

圆弧底具有预测能力,如图所示,从圆弧底向上突破颈线的突破点 A 算起,计算该点至圆形底最低价之间的幅度,再从 A 点向上量出同样距离,就是股价将会上涨的最小涨幅。

向上突破后,股价上涨的速度大多极快,可以在涨至预测最小涨幅时卖出,也可待股价止涨回跌时,按市价卖出。

当股价向上有效突破颈线时,成交量必须大幅增加,此时为积极的买入信号,否则会有骗线的可能。

一般来说,圆弧底完成所花费的时间越长,市场浮动筹码消化越彻底,向上突破后的上涨幅度越有力。

对于圆弧顶来说,当股价有效跌破圆弧顶颈线时,不管当时成交量是否增加,都应卖出。完成圆弧顶的时间越长,上档套牢浮筹越多,之后的下跌将会显得更为有力。

如果圆弧顶是出现在周线或月线图上时,其所代表的卖出意义,大多比出现在日线图时更为积极。

5. V 形反转(图 14-26)

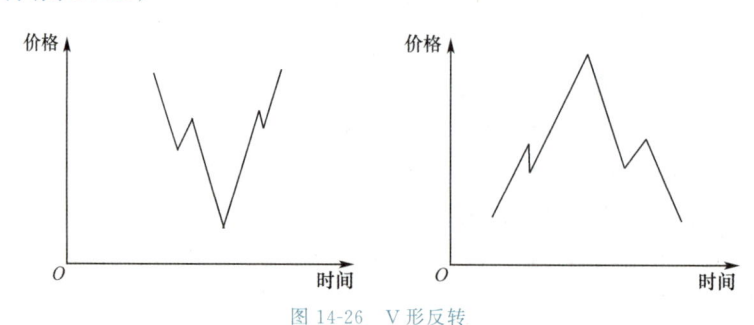

图 14-26 V 形反转

V 形反转可分为三个阶段:

第一,下跌阶段;通常 V 形的左方跌势十分陡峭,而且持续时间较短。

第二,转势点;V 形的底部十分尖锐,一般来说,形成该转势点的时间仅两三个交易日,而且成交量在低点明显增多。有时候,转势点就在恐慌交易日中出现。

第三,回升阶段;股价从低点回升,成交量亦随之增加。

V 形反转的市场含义是:由于市场中卖方的力量很大,令股价稳定而又持续地下跌,当这股沽售力量消失之后,买方的力量完全控制整个市场,使得股价出现戏剧性地回升,几乎以下跌时同样的速度收复所有失地。因此,股价的运行形成一个 V 形的移动轨迹。

6. 喇叭形(图 14-27)

喇叭形是一种重要的反转形态,大多出现在顶部,是一种较可靠的看跌形态。

一个标准的喇叭形态应该有三个高点,两个低点。投资者应该在第三峰(图中的 5)调头向下时卖出手中的股票。如果股价进一步跌破了第二个谷(图中的 4),则喇叭形完全得到确认,应果断卖出股票。

股价在喇叭形之后的下调过程中,会出现反弹,但只要反弹高度不超过下跌高度的一半(图中的7),股价的跌势会继续。

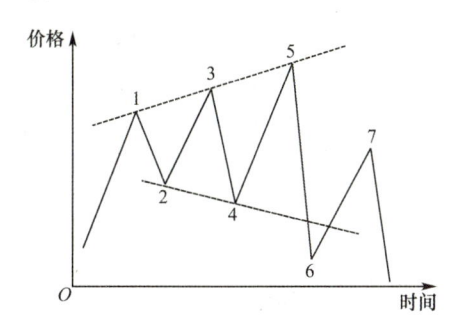

图 14-27 喇叭形

喇叭形态具有如下特征:
(1)喇叭形一般是一个下跌形态,暗示升势将到头,只有在少数情况下股价在高成交量配合下向上突破时,才会改变反转。
(2)在成交量方面,整个喇叭形态期间都会保持不规则的大成交量,否则难以构成该形态。
(3)喇叭形走势的跌幅是不可量度的,一般来说,跌幅会较大。

7. 菱形(图 14-28)

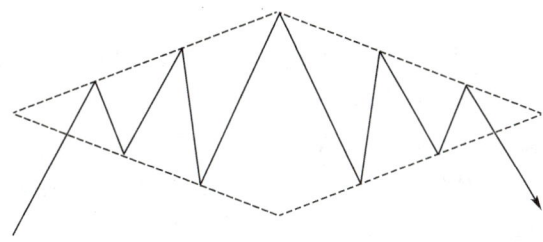

图 14-28 菱形

菱形又称钻石形,是喇叭形、对称三角形、头肩顶的综合体。菱形的左半部类似喇叭形,右半部类似对称三角形,喇叭形确定之后趋势就是下跌,而对称三角形又使下跌暂时推迟,但终究没有摆脱下跌,而喇叭形与对称三角形结合,成为错综复杂的菱形。与喇叭形相比,菱形更具向下的意愿。

(二)持续整理形态

持续整理形态是指股票价格维持原有的运动轨迹。市场经过一段趋势运动后,积累了大量的获利筹码,随着获利盘纷纷套现,价格出现回落,但同时对后市继续看好的交易者大量入场,对市场价格形成支撑,因而价格在高价区小幅震荡,市场采用横向运动的方式消化获利筹码,重新积聚了能量,然后又恢复原先的趋势。持续整理形态是市场的横向运动,是市场原有趋势的暂时休止。

持续整理形态包括三角形、矩形、旗形、楔形、菱形、喇叭形。

1. 三角形

三角形形态主要包括对称三角形、上升三角形和下降三角形。

(1)对称三角形

对称三角形(图 14-29)又称正三角形,在经过一段猛烈的上涨或下跌之后进入横盘整理,在两条逐渐聚拢的趋势线中越盘越窄,其变动幅度逐渐缩小,也就是说,每次变动的最高价低于前次的水平,最低价比前次水平高,形成一个由左向右的收敛三角形。

对称三角形反映多空双方的力量在该价格区域内势均力敌,形成一个暂时平衡的状态。

对称三角形被突破后,也有测算功能,以原有的趋势上升为例,如图 14-30 所示。

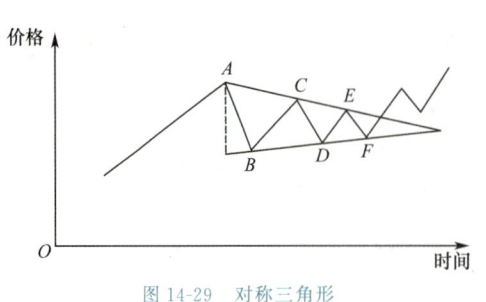

图 14-29　对称三角形

图 14-30　对称三角形的测算

进行测算时有两种方法:

①AB 连线的长度称为对称三角形的高度,箭头直线长度与 AB 连线长度相等,从 C 点向上带箭头直线的高度,是未来股价至少要达到的高度。也就是说从突破点算起,股价至少要运动到与形态高度相等的距离。

②过 A 点作平行于下边直线的平行线,即图中斜虚线 AD,是股价今后至少要达到的位置。

(2)上升三角形

上升三角形(图 14-31)是对称三角形的变形,是持续整理形态中最强势的上升中途持续整理形态,从统计角度来看多数将向上突破。其高位区基本在同一水平区域,股价反复地冲击这一压力区,表明市场积极攻击该区域以消化压力,主力收集筹码做多意愿极为强烈。在形态的多次回调中,最明显的特征是低位逐步上升,究其原因,在于市场对其看好而在回调中积极吸纳,反映主力惜售而不愿打压过深以免丢失筹码的心理。可见,上升三角形具备进攻时积极、回防时惜售的特征。

(3)下降三角形

下降三角形(图 14-32)是对称三角形的变形,与上升三角形相反,空头显得相当急迫,但由于多头在某特定的水平出现稳定的购买力,因此每回落至该水平便告回升,造成颈线和支撑线成一条水平线。同时,由于市场的沽售力量在不断加强,空头要求卖出的意愿越来越高涨,不断降低卖出委托的价格,造成连接波动高点的颈线形成由左向右下方倾斜的直线。

图 14-31　上升三角形

图 14-32　下降三角形

2. 矩形(图 14-33)

矩形形态是横向盘整形态,每一波反弹高点大约都在同一个位置遭遇压力回档,回档的低点也大约位于同一价位区。这种震荡会持续一个阶段,连接其反弹高点成为一条颈线压力即箱体的上沿;连接其回档低点成为一条颈线支撑即箱体的下沿,压力线与支撑线夹成一个矩形。

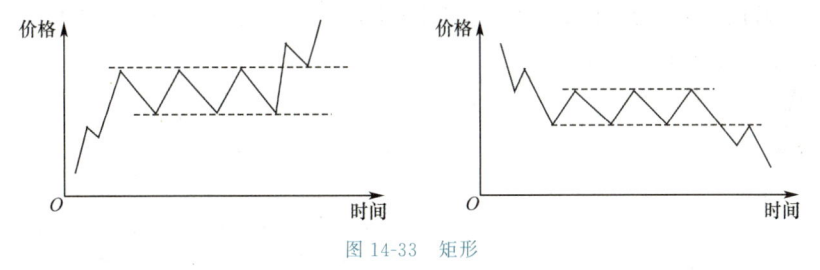

图 14-33 矩形

如果矩形的顶部和底部之间的距离足够大,会吸引到相当多的短线投机者,利用股价波动获取短线利润。

3. 旗形(图 14-34)

行情经过一段时间涨升或下跌后,进入盘整阶段,此时由于多空双方呈现拉锯战,致使股价仅能以较小幅度且形态紧密的价格产生类似于平行四边形的变动,这种看起来像是一面迎风飘扬的旗子的图形,即"旗形",分为上升旗形及下降旗形。

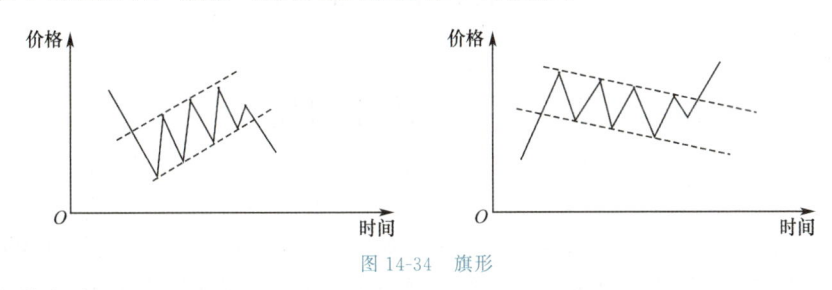

图 14-34 旗形

旗形的特征有:

(1)常出现在股价急速上升或急速下跌的走势之后,极少在顶部或底部出现。

(2)构成旗形的阶段,其成交量大多会逐渐减少,但在其向上突破压力或向下跌破支撑时,成交量却大多突然增加。这与其他形态向下突破时,成交量不需要增加的情形不同。

(3)市场一般在四周以内完成旗形。

旗形具有预测能力,如图 14-35 所示。

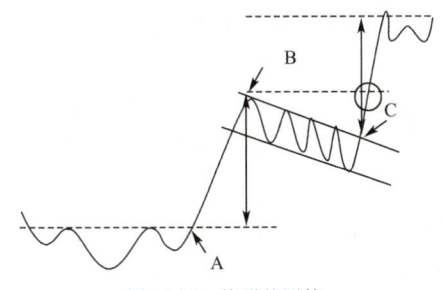

图 14-35 旗形的测算

利用旗形进行测算时,从之前的行情最初突破点 A 至旗形高点 B 的垂直距离,再从旗形突破点 C 向上量同样长度的价位,就是未来股价的最小涨幅。

上升旗形一般有两个买点:

买点 1 是股价配合成交量突破旗形上边(C 点)时。

买点 2 是股价向上突破上升旗形后,大多会在旗形的高价位置附近做短暂停留,以消化浮动筹码,此为第二个买入点。

同理可推导下降旗形的第一、第二卖出点,其中第二卖出点亦称多头的"逃命点"。向上突破旗形后的实际高点,大多超过预测能力的最小涨幅;但向下跌破旗形后的实际低点,有时候却只跌到预测能力的最小跌幅附近而已。

4. 楔形（图 14-36）

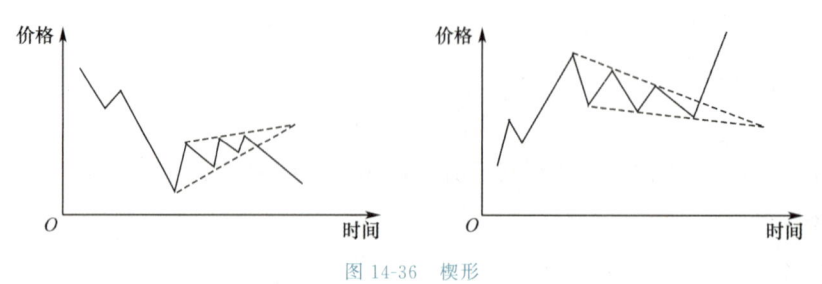

图 14-36　楔形

楔形是指一种类似楔子的形态,股价波动局限于两条收敛的趋势线,汇集于一个尖顶,成交量也随之逐渐减少,形成一个上倾或下倾的三角形,在原来趋势上选择突破方向。楔形分为上升楔形和下降楔形,通常前者为看跌形态,后者为看涨形态。

14.6　切线分析

切线分析是按照一定的方式和原则在由价格数据所绘制的图表中画出一些直线,然后根据这些直线的情况推测股票价格未来的趋势以及可能的转折位置（如支撑位、阻力位）和涨跌幅度。

画切线的方法较多,主要有：趋势线、轨道线、黄金分割线、百分比线、扇形线、速度线和甘氏线等。

14.6.1　趋势的定义

趋势是指价格的波动方向,或者说市场运动的方向。

14.6.2　趋势的方向

一、上升方向

如果图形中每个后面的峰和谷都高于前面的峰和谷,则称趋势为上升方向。这就是我们常说的一底比一底高或底部抬高。

二、下降方向

如果图形中每个后面的峰和谷都低于前面的峰和谷,则称趋势为下降方向。这就是常说的一顶比一顶低或顶部降低。

三、水平方向

如果图形中后面的峰和谷与前面的峰和谷相比,没有明显的高低之分,几乎呈水平延伸,这时的趋势就是水平方向。

14.6.3 趋势的类型

一、主要趋势

主要趋势是趋势的主要方向，它是价格波动的大方向，是投资者首先要辨别清楚的，只有把握住了主要趋势，才能顺势而为。

主要趋势一般持续的时间比较长，所以，有的人又称之为长期趋势或原始趋势。

二、次要趋势

次要趋势又称中期趋势或次级运动，是主要趋势过程中所进行的调整。因为趋势不是直来直去的，是在曲折中向前发展，总有局部调整和回撤的过程，次要趋势正是完成这一使命。

三、短暂趋势

短暂趋势是次要趋势中进行的调整。

三种趋势的区别主要在于时间的长短和波动幅度的大小不同。

14.6.4 支撑线与压力线

一、支撑线和压力线（图 14-37）的含义

（一）支撑线

支撑线又称抵抗线，主要是起阻止价格继续下跌的作用。当价格下跌到某个价位附近时，会停止下降，甚至可能回升，这是由于多方在此价位买进造成的。这个起着阻止价格继续下跌或暂时阻止价格继续下跌的价位就是支撑线所在的位置。

（二）压力线

压力线又称阻力线，主要是起阻止价格继续上升的作用。当价格上涨到某个价位附近时，价格会停止上涨，甚至回落，这是由于空方在此价位抛售造成的。这个起着阻止或暂时阻止价格继续上升的价位就是压力线所在的位置。

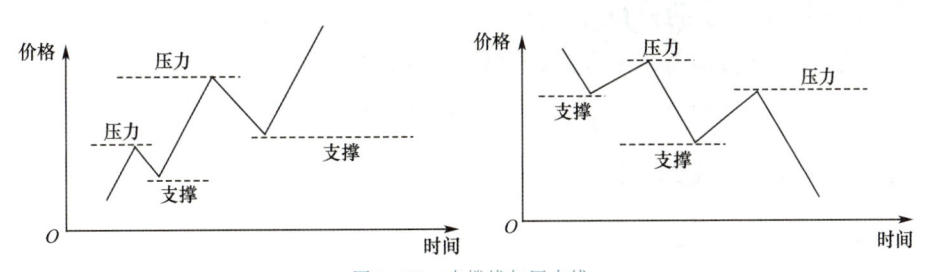

图 14-37 支撑线与压力线

二、支撑线和压力线的作用

（一）阻止或暂时阻止价格向一个方向继续运动

股价的变动是有趋势的，要维持这种趋势，保持原来的变动方向，就必须冲破阻止其继续向前的障碍。比如说，要维持下跌行情，就必须突破支撑线的阻力与干扰，创造出新的低点；要维持上升行情，就必须突破上升的压力线的阻力与干扰，创造出新的高点。由此可见，支撑线

与压力线迟早会有被突破的可能,它们不足以长久地阻止股价保持原来的变动方向,只不过使之暂时停顿而已。

(二)彻底阻止价格按原来方向变动的可能

当一个趋势终结了或者说到头了,它就不可能创出新的低价与新的高价,这样支撑线与压力线就显得异常重要,是取得巨大利益的地方。

上升趋势中,假如下一次未创出新高,即未突破压力线,这个上升趋势就已经处在很要害的位置了,假如再往后的股价又向下突破了这个上升趋势的支撑线(如双顶的颈线),这就产生了一个趋势有变得很强烈的警告信号,通常这意味着,这一轮上升趋势已经结束,下一步的走向是向下跌的过程。

同样,在下降趋势中,假如下次未创新低,即未突破支撑线,这个下降趋势就已经处于很要害的位置,假如下一步股价向上突破了这个下降趋势的压力线(如双底的颈线),这就发出了这个下降趋势将要结束的强烈的信号,股价的下一步将是上升的趋势。

三、支撑线和压力线的相互转化(图14-38)

(一)压力线转化为支撑线

一条压力线被突破后,当股价再次回跌到该线时,压力线将转化为支撑线,这时作为原来的压力线是失效了,而作为一个新的支撑线却是有效的。

(二)支撑线转化为压力线

一条支撑线被突破后,当股价回升到该线时,支撑线将转化为压力线,这时作为原来的支撑线是失效了,而作为一个新的压力线却是有效的。

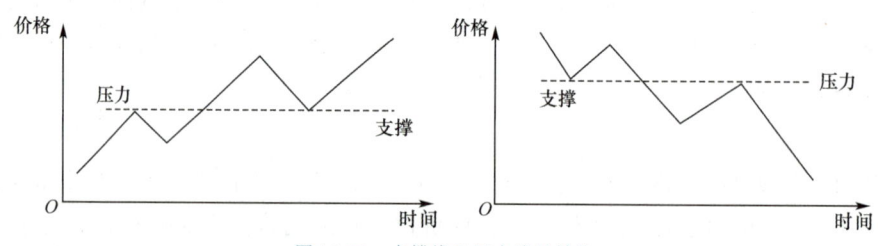

图14-38 支撑线和压力线的转化

四、支撑线和压力线的方向

支撑线和压力线的方向有水平方向和倾斜方向,如图14-39、图14-40所示。

图14-39 水平方向的压力线和支撑线

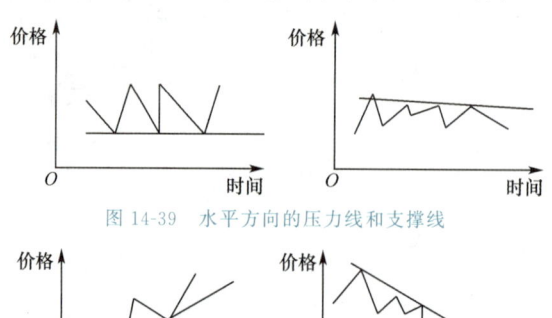

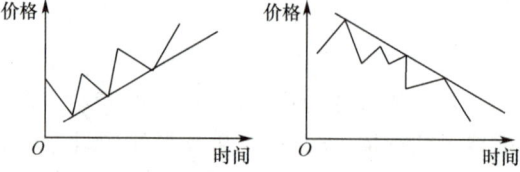

图14-40 倾斜方向的压力线和支撑线

五、支撑线和压力线的确认

一般来说,一条支撑线或压力线对当前影响的重要性有三个方面的考虑:

(1)股价在这个区域停留的时间的长短。

(2)股价在这个区域伴随的成交量的大小。

(3)这个支撑区域或压力区域发生的时间距离当前的远近。

股价停留的时间越长,伴随的成交量越大,离现在越近,则这个支撑或压力区域对当前的影响就越大;反之就越小。

六、支撑线和压力线的突破

只有当股价突破支撑线或压力线达3个交易日,并且突破的幅度达到3%以上时,才能称为有效突破。

七、常见的阻力位与常见的支撑位

常见的阻力位有:前收盘价、今开盘价、均线位置、前次高点、前次低点、整数关口、黄金分割位置、平台(或整理区)阻力位、颈线、轨道线、趋势线。

这里需要说明,整数价位主要是针对人的心理状态而言,它更注重心理,而不是注重技术。如4.99元与5.00元相差并不多,但4.99元给人的印象是跌破5元了,而5元则是还未跌破5元。

常见的支撑位有:今开盘价、前收盘价、均线位置、前次低点、前次高点、整数关口、黄金分割位置、平台(或整理区)阻力位、颈线、轨道线、趋势线。

14.6.5 趋势线与轨道线

一、趋势线

趋势线是用来描述一段时间内股价运行方向的直线。趋势线分为上升趋势线和下降趋势线,如图14-41所示。

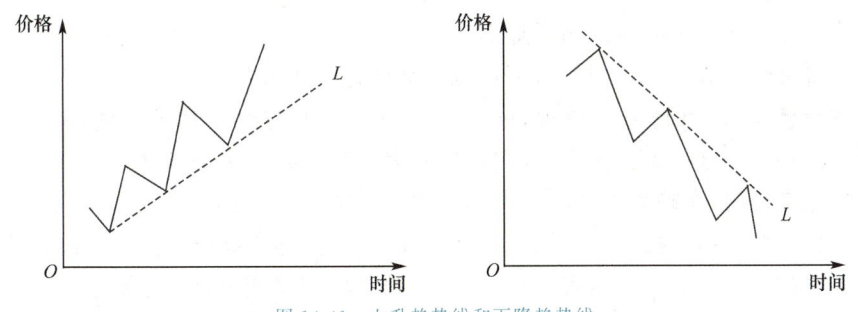

图14-41 上升趋势线和下降趋势线

(一)趋势线的画法

在上升趋势中,将两个低点连成一条直线即呈上升趋势线;在下降趋势中,将两个高点连成一条直线即呈下降趋势线。

(二)趋势线的确认

一是必须确实有趋势存在,即在上升的趋势中,必须确认出两个依次上升的低点,在下降的趋势中,必须确认出两个依次下降的高点。

二是必须经第三点的确认,即在上升的趋势中,所画出的直线被另外的低点所触及,在下降的趋势中,所画出的直线被另外的高点所触及。

判断一条趋势线的权威性及准确性应注意这样几点:

(1)一般说来,所画出的直线被触及的次数越多,其作为趋势线的有效性越强。

(2)趋势线越长,即第一点与第二点距离越长,就越显得有重要参考意义。

(3)趋势线越陡,有效性越低,反之越高。

(4)股价在趋势线附近的反应越大,则其确认突破的有效性越强(包括成交量、股价的变化幅度等)。

一般来说,向上突破下降趋势线时必须伴随着成交量的大幅增加;而向下跌破上升趋势线时,则无须成交量的确认。

(三)趋势线的作用

一是对今后价格的变动起约束作用,使价格始终保持在这条趋势线的上方(对于上升趋势线),或下方(对下降趋势线),起到支撑和压力的作用。

二是当趋势线被突破后,说明价格下一步的运动方向将是反方向的,也就是发生反转。被突破后的趋势线原来所起的支撑和压力作用,现在将相互变换角色,即原来是支撑线的,现在起压力作用,原来是压力线的,现在起支撑作用。趋势线突破后的作用转换如图14-42所示。

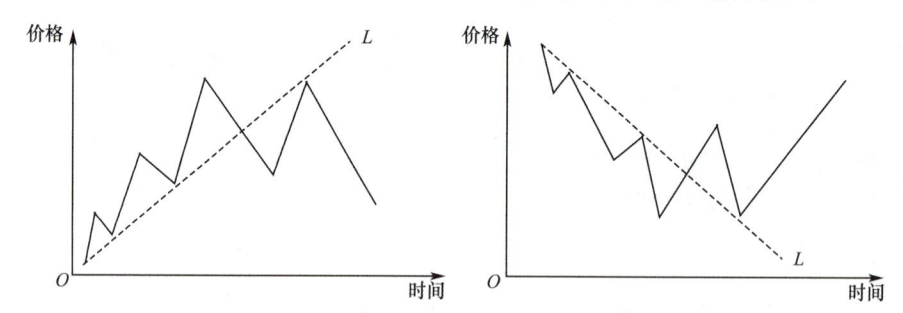

图14-42 趋势线突破后的作用转换

那么,趋势线怎样才能算有效突破?

这里,我们提供几个判断时的参考标准:

(1)收盘价突破趋势线比日内的最高最低价突破趋势线重要。

(2)穿越趋势线后,离趋势线越远,突破越有效。突破的幅度对于短线:3%,对于中线:5%,对于长线:10%。这里需要注意,以缺口形式完成的突破常常是异常有力的。

(3)穿越趋势线后,在趋势线的另一方停留的时间越长,突破越有效。

(4)出现技术性回抽。技术性回抽有两种情况:一是上升趋势线被向下突破后的技术性回抽,上升趋势线被向下突破后会出现短暂回升,回升时成交量明显减少,这时的短暂回升一般升至接近上升趋势线或未达上升趋势线时已有阻力,并再度掉头回落;二是下降趋势线被向上突破后的技术性回抽,下降趋势线被向上突破后会出现回试刚升破的下降趋势线,但跌至下降趋势线附近时已有相当支持,使股价再度掉头向上。

(四)趋势线的应用

若股票走势仍在上升趋势线之上运行,股票仍然可以持有;若跌破上升趋势线,就视为转势,要卖出股票。

若股价仍在下降趋势线之下游离,就应继续持币观望;若股价突破下降趋势线,即是买入信号,要改做多头。

(五)操作策略

上升趋势线的操作策略包括:

(1)回落下试上升趋势线获支撑时买进,即在上升趋势线附近停止下跌时买进。

(2)上升趋势线失守后可利用技术性回抽卖出。

下降趋势线的操作策略:

(1)在反弹上试下降趋势线遇阻力时卖出,即逼近下降趋势线无力再向上时卖出。

(2)升破下降趋势线后可利用技术性后抽回试下降趋势线时买入。此时也是投资者最后一次低位买进的机会。

二、轨道线(图 14-43)

在市场中,价格趋势经常整个地行走在两条平行线之间,构成一条美妙的走势通道－黄金走廊。在这两条线中,一条是基本的趋势线,而另一条就是通道线。

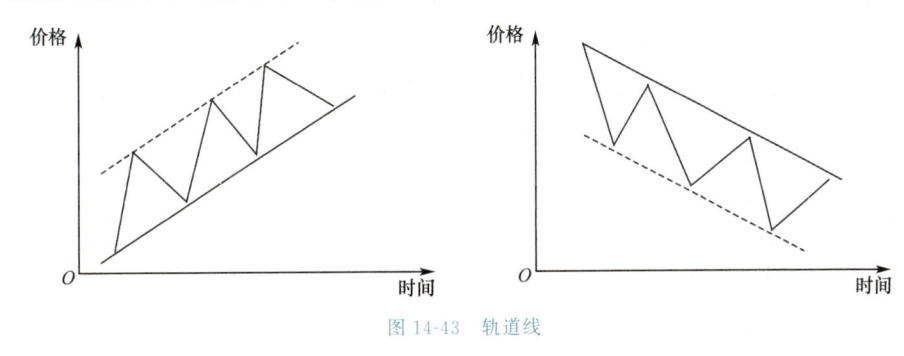

图 14-43 轨道线

(一)轨道线的画法

1. 上升轨道线

在得到上升趋势线后,通过第一个峰做出趋势线的平行线即可得到上升轨道线。两条线共同构成一条上升通道。

2. 下降轨道线

在得到下降趋势线后,通过第一个谷做出趋势线的平行线即可得到下降轨道线。两条线共同构成一条下降通道。

有时,还会在两条平行的轨道线中间确定中点,再画一条轨道线的平行线,称为轨道线的中轨,中轨之上的是上轨,中轨之下的是下轨。

(二)轨道线的作用

(1)限制价格的变动范围。

(2)提出趋势转向的预警:如果在一次波动中未触及轨道线,离得很远就开始掉头,这往往是原有趋势将要改变的信号,因为市场已经没有力量继续维持原有的上升或下降的规模了。

(三)轨道线的突破

突破轨道线是原来趋势加速的开始,即原来的趋势线的斜率将会增加。

轨道线突破后的趋势加速如图 14-44 所示。

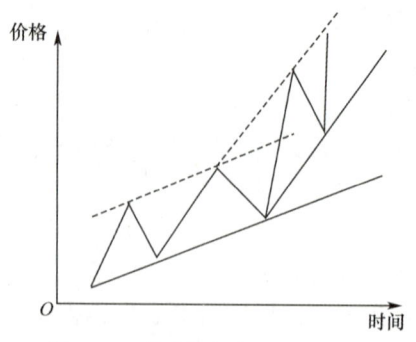

图 14-44　轨道线突破后的趋势加速

14.6.6　黄金分割线

黄金分割线是股市中最常见、最受欢迎的切线分析工具之一,在实际操作中,主要运用黄金分割原理来揭示上涨行情的调整支撑位或下跌行情中的反弹压力位。不过,黄金分割线没有考虑时间变化对股价的影响,所揭示出来的支撑位与压力位较为固定,投资者不知道什么时候会到达支撑位与压力位。因此,如果指数或股价在顶部或底部,横盘运行的时间过长,则其参考作用要打一定的折扣。

一、理论基础

黄金分割线的理论基础是费波南兹数列,即:

1,1,2,3,5,8,13,21,34,55,89,144,……

费波南兹数列的特性是:

(1)每前面两个数字相加,等于后面的一个数字。

(2)任何一个数字在比例上相当于后面一个数字的 0.618 倍(前后两个数字相除的结果大约是 0.618)。(除了前面 4 个数字)

(3)任何一个数字为前一个数字的 1.618 倍。

(4)任何一个数字为其前第二个数字的 2.618 倍。

(5)任何一个数字为其后第二个数字的 0.382 倍。

二、黄金分割技术分析方法

(1)记住若干个特殊的数字。

0.191　0.382　0.618　0.809

1.191　1.382　1.618　1.809

2.618　4.236　0.5

(2)找出一段行情的高点和低点,把这段高度看成 1,再乘上黄金分割比率(0.191、0.382、0.5、0.618、0.809),就得出相应的黄金差,再用高点减去黄金差就可以得到相应回档时的黄金分割支撑位,用低点加上黄金差,就可以得到相应反弹时的黄金分割压力位了。

这里需要注意,计算回档的支撑位与反弹的压力位时黄金分割从上到下的排列顺序是不同的。

【例 14-1】　价格从低点 7.85 上涨到高点 15.80 后回档,计算支撑位。

这时,黄金分割比率从上到下的排列顺序是由小到大,也就是 0.191,0.382,0.5,0.618,0.809。

我们计算其中的一个支撑位,如图 14-45 所示。

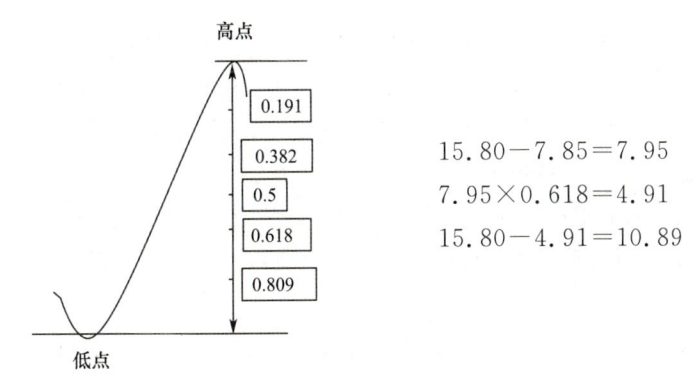

$15.80-7.85=7.95$
$7.95×0.618=4.91$
$15.80-4.91=10.89$

图 14-45 支撑位计算

【例 14-2】 价格从高点 14.23 跌到低点 10.43 后反弹,计算压力位。

这时,黄金分割比率从下到上的排列顺序是由小到大,也就是 0.191,0.382,0.5,0.618,0.809。

我们计算其中的两个压力位,如图 14-46 所示。

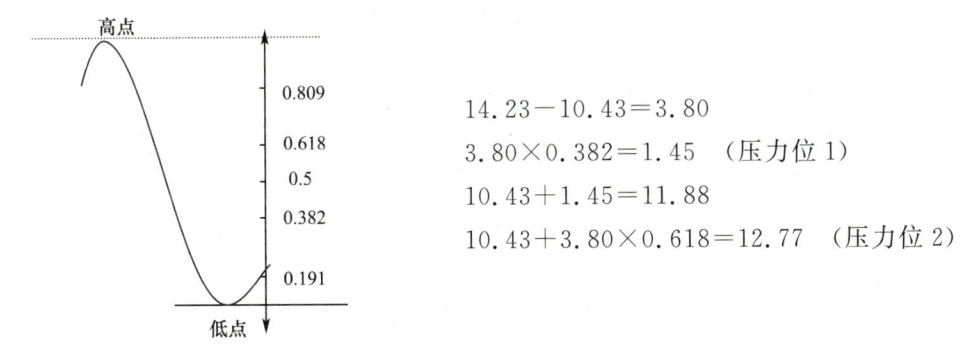

$14.23-10.43=3.80$
$3.80×0.382=1.45$ (压力位1)
$10.43+1.45=11.88$
$10.43+3.80×0.618=12.77$ (压力位2)

图 14-46 压力位计算

(3) 判断原则:

① 强势回档与弱势反弹的判断原则

通常情况下,上涨行情中的回档不超过 0.382 位置的回档被称作强势回档。一旦行情在该价位附近获得足够的支撑,还有继续创新高的能力,可以考虑逢低吸纳;下跌行情中的反弹不超过 0.382 位置的反弹被称作弱势反弹,一旦行情在该价位附近形成足够的压力,还有继续创新低的可能,可以考虑逢高派发。

② 弱势回档与强势反弹的判断原则

通常情况下,上涨行情的回档达到 0.618 以下的回档被称作弱势回档。一旦行情在该价位不能坚守支撑,则其原来整体的上升趋势将会改变性质而形成下跌趋势,可考虑破位停损杀跌;下跌行情的反弹超过 0.618 以上位置的反弹被称作强势反弹,一旦行情在该价位附近不能有效压制,则其原来整体的下跌趋势将会改变性质而形成上升趋势,可考虑破位后停损追涨。

14.6.7 百分比线

一、百分比线的原理

百分比线考虑问题的出发点是人们的心理因素和一些整数的分界点。

当价格连续向上,涨到一定程度,肯定会遇到压力,遇到压力后,就要向下回落,回落的位置是很重要的,百分比线可以提供几个位置:1/8、2/8、3/8、4/8、5/8、6/8、7/8、8/8、1/3、2/3。其中最为重要的是1/2、1/3和2/3。

在很大程度上,回撤到1/2、1/3和2/3的位置,是人们的一种心理倾向。如果没有回落到1/3以下,就好像没有回落够似的(上升后会再创新高),如果已经回落到2/3,人们自然会认为已经回落够了。

当价格连续向下,到一定程度,肯定会遇到支撑,遇到支撑后,就要往上升,上升的位置是很重要的。

二、百分比线的作用

百分比线的作用是计算回落或反弹的位置。

需要注意,使用百分比线之前,必须假设当前的市场波动是原来趋势的回落或反弹而不是趋势的反转。

例如,设最低点是10元,最高点是22元,百分比数是:1/8、1/4、3/8、1/2、5/8、3/4、7/8、1、1/3、2/3。

按上述方法可以得到10个价位,其中,以1/2、1/3、2/3这三条线最为重要。因此,股价在一轮上升趋势结束以后,在回调的过程中我们需要重点关注前一轮上涨幅度的33%、50%和66%的值,通常股价回调到这些位置的时候都会出现止跌或反弹,或是在一轮下跌趋势以后出现一波反弹。通常我们需要注意,当股价反弹到前一轮下跌的33%、50%、66%的价位的时候,就是需要防范风险的时候。因为股价反弹到这些位置的时候,会产生一定的压力。因此,我们可以应用百分比线来掌握股价回调或是反弹的目标位,使操作更有前瞻性。

14.6.8 扇形线、速度线和甘氏线

这三种直线的共同特点是找到一点(前次高点和低点),然后以此点为基础,向后画出很多条射线,这些射线就是未来可能的支撑线和压力线。

一、扇形线(图 14-47)

扇形线分为上升扇形线和下降扇形线。

(一)上升扇形线画法

(1)在上升趋势中,先以两个低点画出第一条上升趋势线1。

(2)如果价格向下回落,跌破了趋势线1,则以新出现的低点与原来的第一个低点相连接,画出第二条上升趋势线2。

(3)如果趋势线2又被突破,则同前面一样,用新的低点与最初的低点相连接,画出第三条上升趋势线3。

依次变得越来越平缓的这三条直线形如张开的扇子,扇形线和扇形原理由此而得名。

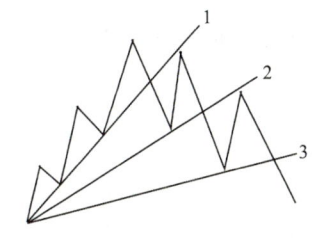

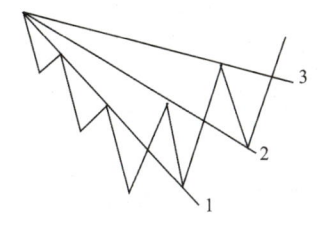

图 14-47　扇形线

(二)扇形线原理：

如果以上所画的三条趋势线一经被突破,则趋势将反转。下降扇形线,就是利用一个重要的高点作为原始点,以该点与其后的三个明显高点互相连线,类似于一把打开的折扇。

把握下降扇形线的特点至关重要。

第一,下降扇形线属于中长期的压力线,一般出现在长期下跌趋势里,当第三条下降扇形线向上突破通常表明长期下跌趋势结束,牛市开始的强烈信号,而不是市场局部的短暂的反弹。

第二,第3条下降扇形线突破之后,该下降趋势线可能会成为日后行情的支撑线。

第三,扇形线依据的是三次突破的原则,中国有句俗话,叫作"事不过三",前二次突破趋势线我们看成市场的正常回调,那么第三条下降扇形线又被突破,是趋势反转的有效信号,是中长线最佳的买入信号。

第四,第三条下降扇形线向上突破时的成交量应较前两次突破时成交量明显增加,前两次突破后升幅不大原因主要是没有足够大的成交量支持。

二、速度线(图 14-48)

(一)画法

(1)找到一个低点和高点,将低点和高点的垂直距离三等分。

(2)连接低点与1/3和2/3分界点,得到两条直线,这两条直线就是速度线。

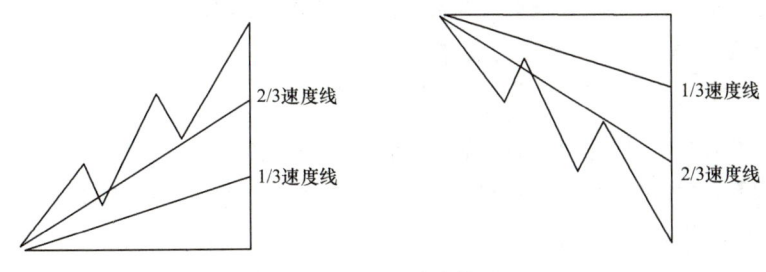

图 14-48　速度线

(二)原理

速度线用来判断趋势是否将要反转。

速度线一经被突破,其原来的支撑线和压力线的作用将相互变换位置。它可以用来判断一个趋势是被暂时突破还是长久突破(转势)。

在上升趋势向下调整之中,如果向下折返的程度突破了位于上方的2/3速度线,则价格将试探下方的1/3速度线。如果1/3速度线被突破,价格将一泻而下,预示这一轮上升的结束,也就是转势。

相比较而言,速度线给出的是固定的直线,而扇形原理中的直线是随着价格的变动而变动的。另外,速度线又具有一些百分比线的思想,它将每个上升或下降的幅度分成三等分进行处理。

三、甘氏线(图 14-49)

(一)原理

(1)甘氏线由时间单位和价格单位定义价格运动,每一甘氏线由时间和价格的关系所决定,其基本比率为 1∶1。1×1 甘氏线表示每单位时间内价格运动 1 单位,1×2 甘氏线表示每单位时间内价格运动 2 单位,依次类推。

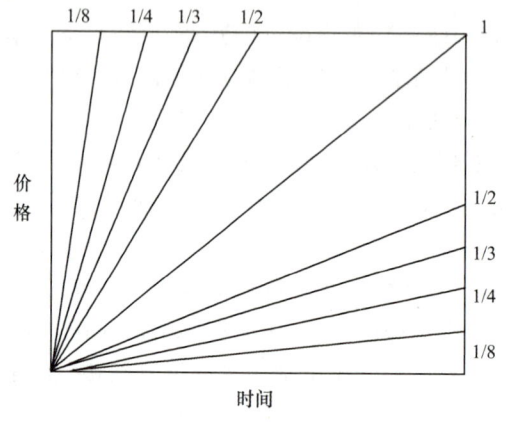

图 14-49 甘氏线

(2)甘氏线图中的每条直线都有一定的角度,这些角度的得到都与百分比线中的那些数字有关。

(3)每条直线都有支撑和压力的功能,即当价格由下而上接近一条直线时会受到压力,当价格由上而下接近一条直线时会受到支撑。

(4)在 9 条角度线中,比较重要的是 1×1 线(45 度线)、1×2 线(26.25 度线)和 2×1 线(63.25 度线)。其中又以 45 度线最重要,代表着市场的一种动态平衡态势。

(5)角度线在被市场突破后,也会发生角色反串的情况,即原来起支撑作用的角度线一旦被突破就会变成阻力线。反之,则成为支撑。

(二)使用技巧

(1)突破下降 45°(1×1)分界线,股价改变单边下行的跌势转入多空对峙的平衡箱体。

(2)突破下降 45°(1×1)线,下一个反弹目标是下降 26°(2×1)线;突破下降 26°(2×1)线,下一个反弹目标是 18.25°(3×1)线。

(3)突破 3×1、4×1 线直指 8×1 线,往往已具备创历史新高的机会。

(4)一些可靠的中长期均线往往与 26°(2×1)、18.25°(3×1)上升甘氏线相吻合,并且能够有效地辅佐研判个股的中长期大趋势。

14.7　常用技术分析指标

技术指标分析要考虑市场行为的各个方面,建立一个数学模型,给出数学上的计算公式,得到一个体现股票市场某个方面内在实质的数字,即指标值。指标值的具体数值和相互关系直接反映股市所处的状态,为我们的操作行为提供指导。应用技术指标主要是从六个方面来进行考虑:指标的背离;指标的交叉;指标的极值;指标的形态;指标的转折;指标的盲点。

目前,世界上用于证券市场的各种名称的技术指标数不胜数,至少有1 000个以上,主要用到的指标有市场趋势指标(移动平均线MA、平滑异同移动平均线MACD)、市场动量指标(相对强弱指标RSI、威廉指标WMS、随机指标KDJ、OBV指标)、市场大盘指标(腾落指标ADL、涨跌比ADR、超买超卖指标OBOS)、市场人气指标(乖离率BIAS、心理线PSY、AR、BR、CR)等。

14.7.1 技术指标分析法的定义

按固定方法对原始数据进行处理,计算出指标值,绘制成图表,对证券市场进行行情研判,这样的方法就是技术指标法。

原始数据指的是开盘价、最高价、最低价、收盘价、成交量和成交金额,简称"4价2量"。

14.7.2 技术指标运用的法则

技术指标运用的法则包括:指标的背离、指标的交叉、指标的高位与低位、指标的形态、指标的转折、指标的盲点。

一、指标的背离

指标的背离是指技术指标曲线的波动方向与价格曲线的趋势方向不一致。实际中的背离有两种表现形式:

第一种是顶背离。

第二种是底背离。

技术指标与价格背离表明价格的波动没有得到技术指标的支持。技术指标的波动有超前于价格波动的"功能",在价格还没有转折之前,技术指标提前指明未来的趋势。技术指标的背离是使用技术指标最为重要的一点,指标与价格的背离如图14-50所示。

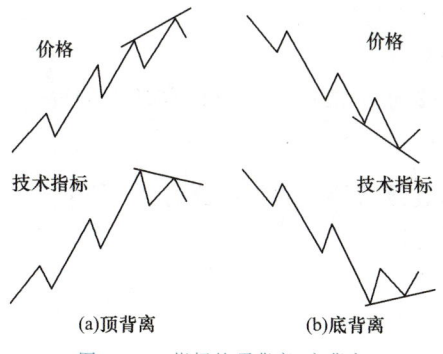

图14-50 指标的顶背离、底背离

二、指标的交叉

指标的交叉是指技术指标图形中的两条曲线发生了相交现象。实际中有两种类型的指标交叉。

第一种是同一个技术指标的不同参数的两条曲线之间的交叉,常说的黄金交叉和死亡交叉就属于这一类。

第二种交叉是技术指标曲线与固定的水平直线之间的交叉。水平直线通常是横坐标轴,横坐标轴是技术指标取值正负的分界线,技术指标与横坐标轴的交叉表示技术指标由正变负或由负变正。技术指标的交叉表明多空双方力量对比发生了改变,至少说明原来的力量对比受到了"挑战"。

三、指标的极值

技术指标取极端值是指技术指标的取值极其大或极其小,技术术语上将这样的情况称为技术指标进入"超买区"和"超卖区"。

大多数技术指标的"初衷"是用一个数字描述市场的某个方面的特征,如果技术指标值的数字太大或太小,就说明市场的某个方面已经达到了极端的地步,应该引起注意。

四、指标的形态

技术指标的形态是指技术指标曲线的波动过程中出现了形态理论中所介绍的反转形态。

在实际中,出现的形态主要是双重顶、底和头肩形。个别时候还可以将技术指标曲线看成价格曲线,根据形态使用支撑压力线。

五、指标的转折

技术指标的转折是指技术指标曲线在高位或低位调头。有时,这种调头表明前面过于极端的行动已经走到了尽头,或者暂时遇到了"麻烦";有时,这种调头表明一个趋势将要结束,而另一个趋势将要开始。

六、指标的盲点

指标的盲点指技术指标在大部分时间里是无能为力的。也就是说,在大部分时间里,技术指标都不能发出买入或卖出的信号。

这是因为在大部分时间技术指标是处于"盲"的状态,只有在很少的时候,技术指标才能"看清"市场,发出信号。相当一批对技术指标了解不深的投资者都是在这个问题上犯了错误。"每天都期待技术指标为我们提供有用的信息"是对技术指标的误解,也是极其有害的。如果没有认识到这一点,在使用技术指标的时候就会不断地犯错误。

14.7.3 市场趋势指标

市场趋势指标主要包括移动平均线、平滑异同移动平均线。

一、移动平均线

移动平均线 MA 就是求连续若干天的收盘价的算术平均。天数就是 MA 的参数。10 日的移动平均线常简称为 10 日线。

以日线为例:

$$5\text{日平均价} = (C_1 + C_2 + C_3 + C_4 + C_5) \div 5$$
$$\text{第六天}5\text{日平均价} = (C_2 + C_3 + C_4 + C_5 + C_6) \div 5$$

把计算出的平均价标在每天的股价图上再进行平滑连接,就得到 5 日、10 日等移动平均线。

(一)移动平均线的分类

根据时间长短的不同,移动平均线可分为短期、中期、长期移动平均线。一般而言,短期移动平均线指周期在10日以下的移动平均线;中期则指周期在10至20日间的移动平均线;长期则指周期在20日以上的移动平均线。

根据计算方法的不同,移动平均线又可分为简单移动平均线(MA)、加权移动平均线(WMA,也就是赋予不同日期不同的权数)和指数平滑移动平均线(EMA,平滑因子小时较圆滑,平滑因子大时较为尖锐)三种。

常用的时间长短不同的移动平均线包括:5日均线,又称周线;10日均线,又称半月线;20日均线,又称月线;30日均线;60日均线,又称季线;120日均线,又称半年线;250日均线,又称年线。

几种有代表性的均线的含义:股价跌破30日均线,强势市场结束;股价跌破60日均线,多头市场动摇;股价跌破120日均线,漫长雨季来临;股价跌破年线,熊市绵绵无绝期。

(二)移动平均线的实质

移动平均线是一种平滑工具,通过计算价格数据的平均值,可以求得一条起伏较为平缓的曲线。

移动平均线的变化滞后于市场行情的变化。但是,借助于较为平缓的移动平均线,可以大大简化探究潜在趋势的工作。

移动平均线实质上是一种追踪趋势的工具,其目的在于识别和显示旧趋势已经终结或反转、新趋势正在萌生的关键契机。

在成千上万个数据面前,找出"平均值"是打开盈利之门的钥匙。

一般来说,散户看短期均线,超级机构、证券投资基金看中长期均线。

(三)移动平均线的用途

1. 揭示股价平均成本

将一定期间的价格加起来平均,则知道目前价格的平均成本,再与当日价格做比较,并且从过去价格的变动可以看出平均成本增加或降低。

若移动平均线保持上行状态,对价格有不断上推的助涨作用;相反,若移动平均线保持下滑状态,则使市场买方的人气逐渐消散,对价格有助跌的作用。

将一段期间内购买股票者的平均成本公开,在知己知彼的情况下,买卖双方进而可以从未来成本变动中做出明智决定。

2. 显示股价变动的基本趋势

移动平均线是一条趋势线,移动平均的周期天数越长,平均线就越平滑,就越能反映市场价格趋势。短期移动平均线代表短期趋势,中长期移动平均线则代表中长期趋势。一般而言,行情价格在长期移动平均线下,属空头市场;行情价格在长期移动平均线之上,则为多头市场。

3. 股价支撑线和阻挡线

行情价格走在平均线之上,移动平均线具有对股价的支撑作用。价格即使下跌,只要多头市场尚未结束,跌到特定的移动平均线时,一定会获得相当的支撑。这是因为此时的移动平均线代表的是买入股票的平均成本。

行情价格走在平均线之下,移动平均线则可视为股价的阻挡线。价格即使回升,只要空头市场尚未结束,遇到特定的移动平均线时,一定会遇到压力。这是因为此时的移动平均线代表的是卖出股票的平均成本。

4. 自动发出买卖讯号

自动发出买卖讯号,不需要主观判断。葛兰维将其概括为八大买卖法则,要点是:平均线从下降转为水平且有向上波动趋势,价格从平均线下方向上突破平均线回跌中不跌破移动平均线,是运用短期移动平均线操作最佳买入时机;平均线从上升转为水平且有向下波动趋势,价格从平均线上方向下突破平均线,回升时无力穿过平均线,是运用短期移动平均线操作最佳卖出时机。

5. 预测一项交易的利润与风险

当股价在趋势线上呈锯齿状来回游动时,可以在主要的移动平均线上下,定出一个轨道。在价位向上突破逸出轨道时,即可买进做多头。此时该轨道的纵深,即是可能的风险损失,反之亦然。

移动平均线的上下轨道如何决定,一般由使用者根据各种证券的特性而定,有人喜欢用10日移动平均线,上下各乘以102%与98%来做轨道。

6. 组合长、短期移动平均线,使投资者把握买卖时机

短期移动平均线(10日左右),所代表的是短期内多空价位平衡点,变动较为快速。

长期移动平均线(25日左右)所代表的是长时间内的平衡点,变动较慢、较稳定。

投资者可以利用快、慢不同的移动平均线来决定买进与卖出的时机。

下面我们来看在技术分析中应用的最为普遍的葛兰维八大买卖法则,如图14-51所示。

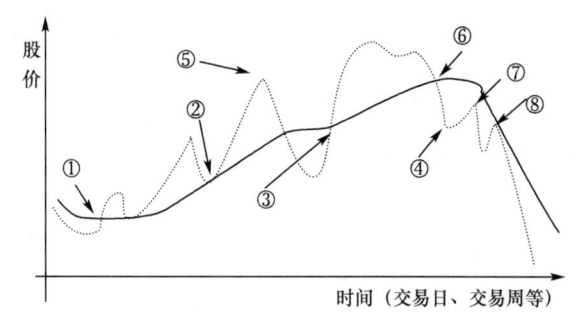

图14-51 葛兰维八大买卖法则

(1)法则一(图14-52):

平均线从下降逐渐转为水平,且有往上方抬头迹象,而价格从平均线的下方突破平均线时,便是买进讯号。

(2)法则二(图14-53):

价格趋势走在平均线上,价格下跌并未跌破平均线且立刻反转上升,则也是买进讯号。

(3)法则三(图14-54):

价格虽然跌破平均线,但又立即回升到平均线上,此时平均线仍然持续上升,仍为买进讯号。

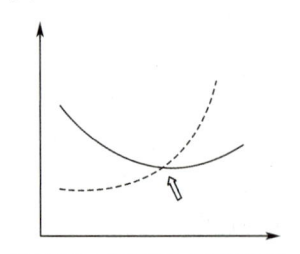

图14-52 葛兰维八大买卖法则一 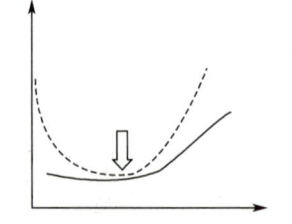　　图14-53 葛兰维八大买卖法则二 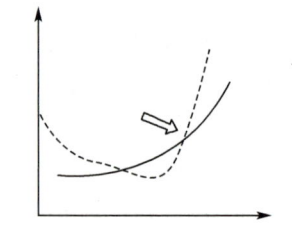　　图14-54 葛兰维八大买卖法则三

(4)法则四(图14-55):

价格突然暴跌,跌破平均线,而且远离平均线,则有可能反弹上升,亦为买进讯号。

(5)法则五(图 14-56)：

价格突然暴涨,突破平均线,且远离平均线,则有可能反弹回跌,为卖出讯号。

(6)法则六(图 14-57)：

平均线从上升逐渐转为盘局或下跌,而价格向下跌破平均线,为卖出讯号。

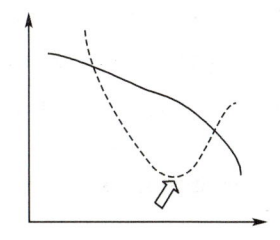

图 14-55　葛兰维八大买卖法则四 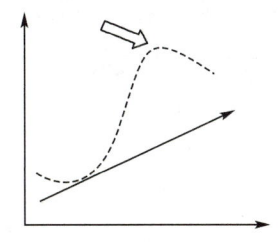　　图 14-56　葛兰维八大买卖法则五 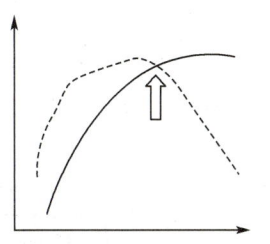　　图 14-57　葛兰维八大买卖法则六

(7)法则七(图 14-58)：

价格趋势走在平均线下,价格上升并未突破平均线且立刻反转下跌,也是卖出讯号。

(8)法则八(图 14-59)：

价格虽然向上突破平均线,但又立刻跌至平均线下,此时平均线仍然持续下降,仍为卖出讯号。

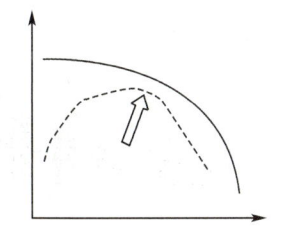

图 14-58　葛兰维八大买卖法则七 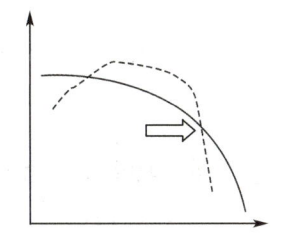　　图 14-59　葛兰维八大买卖法则八

这里需要注意的是：

葛兰维认为,第三与第八比较不能与实际配合,运用时较具风险,若是不熟悉平均线,投资者宁可放弃不用,以免承担不必要的风险。

葛兰维法则第四条与第五条虽是可使用的原则,但是没有明示投资人股价距平均线究竟多远才可买进或卖出,这是一大缺憾。

(四)移动平均线的优点

一是能够指示买卖时机,而且在强劲的走势中,它发出的买卖讯号极强。

二是可以判断市场行情价格的真正趋势。

三是在行情趋势持续发展时,买卖交易的利润非常可观。

(五)移动平均线的缺点

一是当市场进入横摆的牛皮盘档时,买卖讯号频繁,移动平均线会不断发出错误的讯号。

二是移动平均线的最佳周期日数与组合,难以判断、确认。

三是单凭移动平均线的买卖讯号,无法给投资者充足信心,通常须靠其他技术指标辅助。

(六)金叉与死叉

所谓"金叉",即短期均线走到上方,稍长些的均线居中,长期均线走到下方。例如,5 日均线翘头穿过 10 均线,10 日均线翘头穿过 30 日均线。总之,短期均线要翘头穿过比它长的均线才可看高一线。

所谓"死叉",即长期均线走到上方,稍短些的均线居中,最短的均线走到下方。例如,5日均线下穿10均线,10日均线下穿30日均线。总之,长一些的均线不能下穿稍短一些的均线,否则应暂时离场。

如图14-60所示,2017年9月初,处于整理走势中的跨境通的股价开始反弹,从而带动5日均线、10日均线向上移动。2017年9月14日,5日均线上穿了处于上升状态的10日均线,与此同时,该股股价位于黄金交叉点的上方,成交量也放大了很多倍。这属于比较明确的买入信号,投资者可考虑于此时买入。其后,该股股价一路上行,由此可见,黄金交叉发出的信号准确性较高。

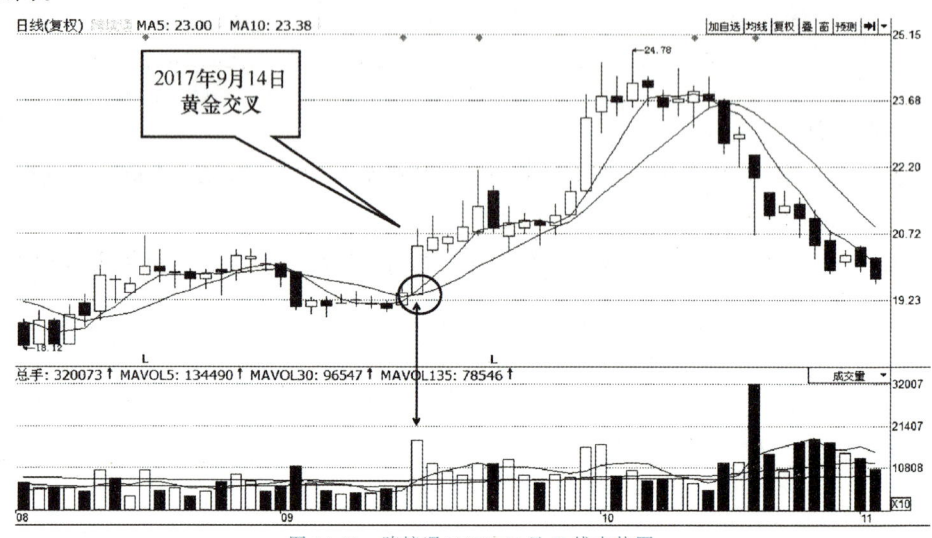

图14-60 跨境通(002640)日K线走势图

二、平滑异同移动平均线MACD

MACD由正负差(DIF)和异同平均数(DEA)两部分组成,DIF是核心,DEA是辅助。

DIF是快速平滑移动平均线与慢速平滑移动平均线的差。

DEA是DIF的移动平均线,也就是连续数日的DIF的算术平均。

(一)计算方法

首先,要求平滑系数:

$$平滑系数 = 2/(1+时间周期)$$

时间周期一般快速线取为12,慢速线取为26,则

12日EMA的平滑系数=2/(12+1)=2/13

26日EMA的平滑系数=2/(26+1)=2/27

其次,计算EMA(指数平滑移动平均值)。

$$今日的EMA = 平滑系数 \times (今日收盘价 - 昨日的EMA) + 昨日的EMA$$

12日的EMA =2/13×(今日收盘价-昨日的EMA)+昨日的EMA
　　　　　=2/13×今日收盘价+11/13×昨日的EMA

26日的EMA=2/27×今日收盘价+25/27×昨日的EMA

再次,计算DIF及DEA的值。

DIF=12日EMA-26日EMA

DEA为DIF的平滑值,即MACD值,通常计算DEA值(MACD值)取9天的平滑移

动值。

此时的平滑系数＝2÷(9＋1)＝0.2

$$DEA 值＝今日的 DIF 值×平滑系数＋昨日的 DIF×(1－平滑系数)$$
$$＝今日的 DIF 值×0.2＋昨日的 DIF×0.8$$

(二)指标应用法则

(1)DIF 与 DEA 均为正值,属多头市场,DIF 向上突破 DEA 是买入信号,DIF 向下跌破 DEA 只能认为是回档,可获利了结;DIF 和 DEA 均为负值时属空头市场,DIF 向下突破 DEA 是卖出信号,DIF 向上突破 DEA 只能认为是反弹,作暂时补空。

(2)DIF 向上突破 MACD(DEA)与 0 轴为买入信号,若在 0 轴以下交叉,适宜空头平仓。

(3)DIF 向下突破 MACD(DEA)与 0 轴均为卖出信号,若在 0 轴以上交叉,则仅适宜多头平仓。

(4)若 DIF 或 MACD 曲线与价格走势产生背离,是提前买入或卖出的信号。如果出现底背离,即价格出现近期低点,而 MACD 并未配合出现新低点,可买入;如果出现顶背离,即价格出现近期高点,而 MACD 并未配合出现新高点,可卖出。

14.7.4 市场动量指标

一、相对强弱指标(RSI)

(一)计算方法

计算相对强弱指标需要知道收盘价和参数,参数是时间区的长度,一般使用交易日的天数。下面以参数 14 为例,介绍 RSI(14)的计算方法。

找到包括当天在内连续 14 天的收盘价,每一天的收盘价减去前一日的收盘价,得到 14 个数字。

$$A＝14 个数字中正数之和$$
$$B＝14 个数字中负数之和×(－1)$$
$$RSI(14)＝A/(A＋B)×100$$

(二)应用法则

(1)根据相对强弱指标取值的大小判断行情。将 100 分成 4 个区域,根据相对强弱指标的取值落入的区域进行操作,80～100(超买),卖出信号;50～80,买入信号;20～50,观望;0～20(超卖),买入信号。

(2)两条或多条相对强弱指标曲线联合使用。参数小的相对强弱指标为短期相对强弱指标线,参数大的相对强弱指标为长期相对强弱指标线,两条或多条相对强弱指标曲线的联合使用法则与两条移动平均线的使用法则相同。

(3)从相对强弱指标的曲线形状判断行情。当相对强弱指标在较高或较低的位置形成头肩顶(底)形态和多重顶(底)形态,是采取行动的信号。这些形态一定要出现在较高位置和较低位置,离 50 越远结论越可靠。另外,也可以利用相对强弱指标上升和下降的轨迹画趋势线,此时,起支撑线和压力线作用的切线一旦被突破,就是采取行动的信号。

(4)从相对强弱指标与股价的背离方面判断行情。相对强弱指标处于高位,并形成一峰比一峰低的两个峰,而股价却一峰比一峰高,形成顶背离,这是比较强烈的卖出信号。与这种情况相反的是底背离,相对强弱指标在低位形成两个依次上升的谷底,而股价还在下降,是建仓的信号。

二、威廉指标($W\%R$)

威廉指标($W\%R$)是由拉里·威廉姆斯于1973年首创的,该指标通过分析一段时间内股价高低价位和收盘价之间的关系,来度量股市的超买超卖状态,以此作为短期投资信号的一种技术指标。

(一)计算方法

威廉指标的计算公式为

$$W\%R(n)=(H_n-C)/(H_n-L_n)\times 100\%$$

其中,C 为当天的收盘价;H_n 为最近 n 日内(包括当天)出现的最高价;L_n 为最近 n 日内(包括当天)出现的最低价。

威廉指标表示的含义是当天的收盘价在过去一段时间的全部价格范围内所处的相对位置。如果威廉指标的值比较小,则当天的价格处在相对较高的位置,要提防回落;如果威廉指标的值较大,则说明当天的价格处在相对较低的位置,要注意反弹;威廉指标取值居中,则价格上行或下行的可能性相当。

(二)应用法则

(1)威廉指标的值介于0~100,以50为中轴将其分为上下两个区域,顶部数值为0,底部数值为100,与相对强弱指标(RSI)指标区域划分相反。当威廉指标进入80~100区间,是超卖区,表明市场处于超卖状态,股价已近底部,可考虑买入,$W\%R=80$ 一般视为买入线;当威廉指标在0~20区间,是超买区,表明市场处于超买状态,股价已进入顶部,可考虑卖出,$W\%R=20$ 一般视为卖出线。

(2)威廉指标进入高位后一般要回头,如果这时股价继续上升,这就是顶背离,是卖出信号;威廉指标进入低位后一般要反弹,如果这时股价继续下跌,这就是底背离,是买进的信号;威廉指标连续几次触顶(底),局部形成双重顶(底)或多重顶(底)形态,则是卖出(买进)的信号。

三、随机指标(KDJ)

随机指标是根据统计学原理,通过一个特定的周期(常为9日、9周等)内出现过的最高价、最低价、最后一个计算周期的收盘价,以及这三者之间的比例关系来计算最后一个计算周期的未成熟随机值RSV,然后根据平滑移动平均线的方法来计算 K 值、D 值与 J 值,并绘成曲线图来研判股票走势。

(一)计算方法

首先计算周期(n 日、n 周等)的 RSV 值,即未成熟随机指标值。

以 n 日 KDJ 数值的计算为例,其计算公式为

$$n \text{ 日 } RSV=(C_n-L_n)/(H_n-L_n)\times 100$$

公式中,C_n 为第 n 日收盘价;L_n 为 n 日内的最低价;H_n 为 n 日内的最高价。

其次,计算 K 值与 D 值:

$$当日 K 值=2/3\times 前一日 K 值+1/3\times 当日 RSV$$

$$当日 D 值=2/3\times 前一日 D 值+1/3\times 当日 K 值$$

若无前一日 K 值与 D 值,则可分别用 50 来代替。
$$J = 3D - 2K$$

(二)应用

(1)从 KD 的取值方面考虑。从 0~100,80 以上为超买区,20 以下为超卖区,其余为徘徊区。当 KD 超过 80 时,是卖出信号;低于 20 时,是买入信号。

(2)从 KD 指标曲线的形态方面考虑。当 KD 指标在较高或较低的位置形成了头肩形和多重顶底时,是采取行动的信号。注意,这些形态一定要在较高位置或较低位置出现,位置越高或越低,结论越可靠,越正确。操作可按形态理论方面的原则进行。

(3)从 KD 指标的交叉方面考虑。K 上穿 D 是金叉,为买入信号。但需符合:金叉的位置是在超卖区,越低越好;与 D 相交的次数,在低位交叉次数以 2 次为最少,越多越好;交叉点相对于 KD 线低点的位置符合"右侧相交"原则,K 是在 D 已经抬头向上时才同 D 相交,比 D 还在下降时与之相交要可靠。

(4)从 KD 指标的背离考虑。在 KD 处在高位或低位,如果出现与股价走向的背离,是采取行动的信号。

这里需要注意:

一是 KD 指标不适于发行量小,交易不活跃的股票;

二是 KD 指标对大盘和热门大盘股有较高准确性。

四、能量潮(OBV)

(一)计算方法

今日的 OBV = 前一日的 OBV + sgn × 今日的成交量

把当天的收盘价与前一天的收盘价相比,如果上涨,则 sgn 取 1,意味着把当天的成交量加入 OBV 值中;如果下跌,sgn 取 -1,意味着从 OBV 值中减去当天成交量。最后将每日的 OBV 值连成线,与股价趋势线进行比较,进行量价关系分析。

(二)应用法则

(1)要与价格曲线结合使用。

(2)只能关注曲线的相对走势,绝对取值大小没有意义。

(3)其上升与下降对进一步确认当前价格走势有重要作用。

(4)价格在盘整区时,曲线会率先显露脱离盘整的信号,向上或向下突破。

(5)OBV 线下降,股价上升,表示买盘无力,为卖出信号。

(6)OBV 线上升,股价下降时,表示有买盘逢低介入,此时应是一次极佳的买入时机。

(7)当 OBV 横向走平超过三个月时,需注意随时有大行情出现。

14.7.5 市场大盘指标

一、腾落指数(ADL)

腾落指数也称涨跌线、升降指数,是测量大盘内部强度的指标。腾落指数是将每天收盘上涨的股票家数减去收盘下跌的股票家数后累积的值,无涨跌不计。

腾落指数的应用法则有:

(1)腾落指数的应用重在相对走势,并不看重取值的大小。

(2)腾落指数只适用于研判大盘未来走势,不能对个股研判提供帮助。

(3)腾落指数不能单独使用,要同股价曲线联合使用。腾落指数与股价同步上升(下降),创新高(低),则可以验证大势的上升(下降)趋势,短期内反转的可能性不大;腾落指数连续上涨(下跌)了很长时间(一般是3天),而指数却向相反方向下跌(上升)了很长时间,这是买进(卖出)信号,至少有反弹存在,这是背离现象;在指数进入高位(低位)时,腾落指数并没有同步行动,而是开始走平或下降(上升),这是趋势进入尾声的信号,也是背离现象;腾落指数保持上升(下降)趋势,指数却在中途发生转折,但很快又恢复原有的趋势,并创新高(低),这是买进(卖出)信号。

(4)形态分析和切线分析也可以用于腾落指数曲线。

(5)腾落指数用于多头市场比用于空头市场效果好。

二、涨跌比(ADR)

涨跌比的基本思想是观察股票上涨家数之和与下降家数之和的比例,借以反映目前市场所处的大环境,进而判断股票市场的实际情况。其计算公式为N日内上涨股票家数总和除以N日内下跌股票家数总和,计算时同移动平均线一样,采用逐日移动的方法。

涨跌比的应用法则有:

1. ADR 的取值范围是 0 以上

从理论上讲,ADR 的取值可以很大,但实际情况中,ADR>3 都很困难。一般来说,根据ADR 的取值可以把大势分成几个区域。ADR 取值在 0.5—1.5 是 ADR 处在常态的状况,多空双方谁也不占大的优势,这个区域是 ADR 取值较多的区间。超过了 ADR 常态状况的上下限就是非常态的状况。ADR 进入非常态状况就是采取行动的信号,因为这表示上涨或下跌的势头强了,有些不合理,股价将有回头。ADR 在常态状况说明多空双方对现状的认可,这个时候买进或卖出股票都没有太大的把握。

2. 从涨跌比与股价指数的配合使用看大势

(1)ADR 上升(或下降),而股价指数同步上升(或下降),则股价指数将继续上升(或下降),短期反转的可能性不大。

(2)ADR 上升(或下降),而股价指数向反方向移动,意味着短期内会有反弹(或回落),这是背离现象。

3. 从涨跌比曲线的形态看大势

ADR 从低向高超过 0.5,并在 0.5 上下来回移动几次,就是空头进入末期的信号。ADR从高向低下降到 0.75 之下,是短期反弹的信号。

ADR 先下降到常态状况的下限,但不久就上升并接近常态状况的上限,则说明多头市场已具有足够的力量将股价指数推高一个台阶。

三、超买超卖指标(OBOS)

超买超卖指标通过计算一定时期内市场涨跌股票数量(家数)之间的相关差异性,来反映整个市场买卖气势的强弱,以及未来大势的走向。与涨跌比指标相比,超买超卖指标含义更直观,计算更方便。

(一)计算方法

$$OBOS(N)=N\text{ 日内上涨家数移动总和}-N\text{ 日内下跌家数移动总和}$$

N 的参数一般取 10 天。从公式可以看到,OBOS 与 ADR 两个指标是从不同的侧面刻画多方与空方力量的差距,直观地看,OBOS的多空均衡点应该为0(ADR则以1为均衡位置)。

(二)应用法则

(1)当市场处于整理期时,OBOS应该在零轴上下来回摆动。当市场处在多(空)头市场时,OBOS应该是正(负)数,距离零轴应该较远,而且距离零轴越远,势头越强劲。

(2)将OBOS与价格指数配合使用。当OBOS走势与股价指数走势相背离时,是采取行动的信号,是大势可能反转的迹象。

(3)将OBOS与趋势分析或形态分析相结合。当OBOS有效突破其自身的趋势线时,表示原有趋势随时可能改变。特别是当OBOS在高位(或低位)走出M头(或W底)时,可按形态分析原理进行买进或卖出。

14.7.6 市场人气指标

一、乖离率(BIAS)

(一)计算方法

乖离率的计算是用当日指数或收盘价减去N日平均指数或收盘价的值除以N日平均指数或收盘价。

参数N一般确定为6日、12日、24日,并且同时设置成三条线。乖离率指标的计算方法由于选用的计算周期不同,包括N日乖离率指标、N周乖离率、N月乖离率和年乖离率,以及N分钟乖离率等多种类型。经常被用于股市研判的是日乖离率和周乖离率。

(二)应用法则

(1)乖离率可分为正乖离率与负乖离率,若股价大于平均线,则为正乖离;股价小于平均线,则为负乖离;当股价与平均线相等时,则乖离率为零。正的乖离率越大,表示短期超买越大,则越有可能见到阶段性顶部;负的乖离率越大,表示短期超卖越大,则越有可能见到阶段性底部。

(2)股价与6日平均线乖离率达+5%以上为超买现象,是卖出时机;当乖离率达-5%以下时为超卖现象,为买入时机。

(3)股价与12日平均线乖离率达+7%以上为超买现象,是卖出时机;当乖离率达-7%以下时为超卖现象,为买入时机。

(4)股价与24日平均线乖离率达+11%以上为超买现象,是卖出时机;当乖离率达-11%以下时为超卖现象,为买入时机。

(5)指数和股价因受重大突发事件的影响产生瞬间暴涨与暴跌,股价与各种平均线的乖离率有时会出奇的高或低,但发生概率极少,仅能视为特例,不能作为日常研判标准。

(6)每当股价与平均线之间的乖离率达到最大百分比时,就会向零值靠拢。

(7)在趋势上升阶段,股价如出现负乖离,正是逢低买入的有利时机。

(8)在趋势下降阶段,股价如出现正乖离,正是逢反弹出货的最佳时机。

二、心理线(PSY)

(一)计算方法

心理线是指根据一段期间内收盘价涨跌天数的多少来研究投资者的心理趋向,测算市场人气,分析多空对比,判断股价未来发展方向的技术指标。

计算公式为:

$$PSY = N\text{ 日内股价上涨天数}/N \times 100$$

(二)应用法则

(1)一段上升(或下跌)行情展开前,超买(或超卖)的最高(或最低)点通常会出现两次。在出现第二次超买(或超卖)的最高(最低)点时,一般是卖出(或买进)时机。

(2)PSY指标在25～75时为常态分布。PSY指标主要反映市场心理的超买超卖,因此当心理线指标在常态区域内上下移动时,一般应持观望态度。

(3)PSY指标超过75或低于25时,表明股价开始步入超买区或超卖区,此时需要留心其动向。当PSY指标百分比值超过83或低于17时,表明市场出现超买区或超卖区,价位回跌或回升的机会增加,投资者应该准备卖出或买进,不必在意是否出现第二次信号。

(4)当PSY指标<10,是极度超卖的时机。抢反弹的机会相对提高,此时为短期较佳的买进时机;反之,如果PSY指标>90,是极度超买的时机,此时为短期卖出的有利时机。

本章小结　　思考与练习题

第 15 章

证券投资组合

> **学习目标**
> 1. 掌握投资风险的含义、种类及分散化投资对总风险的影响。
> 2. 了解投资组合理论的应用与局限。
> 3. 掌握可行域与有效边界。

15.1 投资组合理论

15.1.1 投资组合的含义和类型

投资组合通常指投资者同时持有的各种有价证券的总称。投资组合并非证券品种简单的随意组合,而是体现投资主体的投资意愿和受到的约束。比如对投资风险和收益的权衡、投资比例分配、投资风险偏好限制等条件。

15.1.2 构建投资组合的原因

构建投资组合的前提是投资者是理性的,投资者具有风险厌恶和追求收益绝对化的特点,对证券投资组合的管理主要是在降低资产组合的风险的同时,实现收益的最大化。

构建投资组合主要就是为了实现风险可控和收益最大化两大目标。

具体而言,第一个原因,降低风险。俗语中"不把鸡蛋放在同一个篮子里"就是一种利用分散资产的方法降低风险的思路,鸡蛋放在不同的篮子里,即使有一个篮子掉在地上,里面的鸡蛋摔碎了,其他篮子里面的鸡蛋不受影响。资产投资组合的理论可以证明,投资组合的风险随着组合所包含的证券数量的增加,其非系统风险将会降低。利用组合的思路去控制管理风险,是构建投资组合的第一个原因。

第二个原因,实现收益最大化。就单个资产而言,风险和收益呈现正相关,但是通过各种资产不同比例的组合,可以实现投资组合在同等风险水平上收益最大,或者在同等收益水平上风险最小。

15.1.3 投资组合的分类

按照投资目标进行分类,投资组合主要有避税型、收入型、增长型、收入和增长混合型、货币市场型等。

避税型组合。避税型组合主要是利用某些资产如政府公债收益的免税政策,对一个投资组合通过调整免税资产的比例,达到一定的避税效果。

收入型组合。收入型组合追求的是低风险和固定收益,能够带来基本收益的证券有附息债券、优先股及一些避税债券。一般养老型基金和保守型投资者会优先考虑这样的组合。

增长型组合。增长型组合以资本升值(即未来价格上升带来的价差收益)为目标,多数情况下,投资者愿意通过延迟获得基本收益来求得未来收益的增长。这类组合重视选股,希望通过有效选择可以获得远超市场的收益。

货币市场型投资组合。货币市场型投资组合是由各种货币市场工具构成的,追求流动性。这类组合中主要是一些流动性较好的资产,投资者希望在保证流动性的同时,有一定的收益。因此,组合的投资标的主要集中在高流动性的利率债、高评级的商业银行存单等低风险高流动性的资产上。

国际投资组合。国际投资组合主要投资于海外不同国家的资产,是组合管理的时代潮流。由于全球不同国家的资本报酬率并不相同,当资产标的分布在全球不同国家,可以获得相对较高的投资回报率。

指数化型投资组合。指数化型投资组合模拟某一种市场指数,以求获得市场平均的收益水平。根据模拟指数的不同,该种组合可以分为两类,一类是模拟内涵广大的市场指数,另一类是模拟某种专业化的指数。

15.1.4 投资组合管理的意义及基本步骤

投资组合管理的意义在于为各种不同类型的投资者提供在收益率一定的情况下,风险最小的投资组合。通过分散化投资,投资者可以获得与自己风险承受能力相当的投资组合,从而实现风险管理和控制,在一定程度上克服投资管理过程中的随意性和不确定性,其特点是:第一,强调分散投资以降低风险。投资组合理论认为,非系统性风险是一个随机事件。通过充分的分散化投资,这种非系统性风险会相互抵消,使投资组合只具有系统性风险。第二,风险与收益相伴而行。承担了一份风险,就会有相应的收益作为补偿。风险越大,收益越高;风险越小,收益越低。第三,对风险、收益以及风险与收益的关系进行了精确的定量分析。在投资组合理论产生以前,人们对分散化投资会降低风险以及风险与收益的关系就有了一定程度的认识,但是这种认识是定性的。

投资组合管理的基本步骤如下:

第一，确定组合管理目标。所谓组合管理目标，从大的方面讲，一般按收入型、增长型、混合型等目标对投资进行分类；从小的方面讲，可以是在大目标下具体设定收益率水平等目标。确定投资组合管理目标是投资组合管理的第一步，它反映了投资组合及其管理者的投资风格特征，并最终反映在投资组合中所包含的金融资产类型特征上。确定组合管理目标能在金融产品营销中吸引特定的投资者群体，也方便投资者根据自身的需要和情况选择金融产品（如基金）。例如，养老基金定期有相对固定的货币支出，因此要求有稳定的资产收入，收入目标就是基本的目标。

第二，制定投资组合管理政策。制定投资组合管理政策是为实现组合管理目标、指导投资活动而设立的原则和方针。投资组合管理政策首先要规定的是投资范围，即确定投资组合所包含的证券种类和规模。例如，是单纯投资股票，还是进行股票、债券等多种证券的投资。更具体一些，还要决定投资于哪些行业或板块的股票、哪些种类的债券，亦即资金在它们之间的分配。确定投资政策还要考虑客户需求和市场监管要求，考虑税收因素等。例如，我国证券投资基金法律中对基金投资组合和禁止行为的规定就是基金管理人必须遵守的。此外，投资政策的制定还要遵守信息公开制度。

第三，组建投资组合资产。这一步骤就是在根据投资目标和投资政策选择了证券之后，确定如何将资金进行分配以使证券投资组合具有理想的风险和收益特征。在构建证券投资组合时，需要注意个别证券选择、投资时机选择和多元化三个问题。个别证券选择，主要是预测个别证券的价格走势及其波动情况；投资时机的选择涉及预测和比较各种不同类型证券的价格走势和波动情况（例如，预测普通股相对于公司债券等固定收益证券的价格波动）；多元化则是指在一定的现实条件下，构建一个在一定收益条件下风险最小的投资组合。

传统投资管理和现代组合管理的组合形成过程是不同的。现代组合管理构建投资组合的程序是：确定整体收益和风险目标→进行资源配置→确定个别证券投资比例。资源配置可以利用威廉·夏普的单一指数模型进行，个别证券投资比例可以利用哈里·马柯威茨的最小方差资产组合模型来确定。传统证券投资管理则是：证券分析→资产选择→自发形成一种组合。进行证券分析可选择的方法主要是基本分析方法和技术分析方法。

第四，投资组合的修正。实际上是定期重温前三步的过程。投资组合的目标是相对稳定的，但是，个别证券的价格及收益风险特征是可变的。根据上述原则构建的投资组合，在一定时期内应该是符合组合的投资目标的，但是，随着时间的推移和市场条件的变化，投资组合中一些证券的市场情况与市场前景也可能发生变化，如某一企业可能出现并购事件，导致生产和经营策略发生变化等，过去构建的投资组合对投资者来说，可能已经不再是最优组合了。当某种证券收益和风险特征的变化足以影响到组合整体发生不利的变动时，就应当对投资组合的资产结构进行修正，或剔除该证券，或增加有抵消作用的证券。然而，进行任何的调整都将支付交易成本，因此，投资者应该对投资组合在某种范围内进行个别调整，使得在剔除交易成本后，在总体上能够最大限度地改善现有投资组合的风险回报特征。

第五，投资组合资产的业绩评估。对投资组合资产的经济效果进行评价是投资组合管理的关键环节。评价经济效果除了比较收益率，还要看投资组合所承担的风险，在同一风险水平上的收益率数值才具有可比性。另外，对于收益应区分哪些是组合管理者主观努力的结果，哪些是市场客观因素造成的。

15.2　投资组合的效用分析

15.2.1　效用分析

所谓效用在经济学上是指人们从某种事物中所得到的主观上的满意程度。具体到投资领域,某种事物就是指投资者的投资。投资者效用是指投资者对不同投资组合的一种主观上的偏好尺度。效用分析分为两种:一种是确定情形下的效用分析;另一种是不确定情形下的效用分析。前者是指投资者进行证券投资后可预知其结果;后者是指投资者进行证券投资后无法预知其结果。这里分析的对象既然是投资组合,那么就是分析在确定情形下的投资组合效用。虽然我们在投资后对投资结果不能确定,但我们可以利用概率的概念事先掌握各种投资组合报酬率的概率分布状况。这里就涉及效用期望值这个概念,也就是说,投资者进行投资组合分析的目的在于使其效用期望值最大。

投资者投资证券时,其投资组合便会产生效用值,也就是说,不同投资组合的报酬率产生不同的效用值。这就要求推导出投资者的效用函数,推导出效用函数后,就可以计算出效用期望值。

设 U_i 为投资第 i 种投资组合所产生的效用,P_i 为其效用产生的概率,则效用期望值 $E(U)$ 的计算公式为:

$$E(U) = \sum_{i=1}^{n} P_i U_i$$

15.2.2　效用函数

不同投资组合的收益率产生不同的效用值,效用与证券收益率的对应关系就是效用函数。如一种投资组合的效用函数是 $E(R)=40R-20R^2$,则当收益率 $R=10\%$ 时,该投资组合的效用值是:

$$E(R) = 40 \times 0.1 - 20 \times 0.1^2 = 3.8$$

由于证券收益的不确定性,效用函数所反映的投资组合效用也是不确定的。依据投资者的偏好模式,效用函数的类型也不相同,主要有以下几种:

第一,凸性效用函数。如果效用函数对于任意的收益率 R_x,都能满足 $U(R_x)<1/2[U(R_x-R_0)+U(R_x+R_0)]$,则称此效用函数为凸性效用函数,如图 15-1 所示。

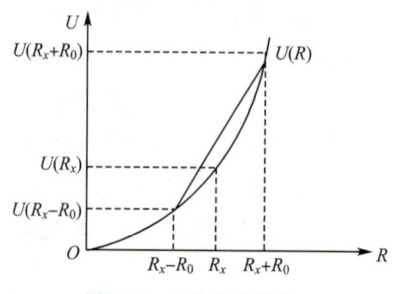

图 15-1　凸性效用函数

凸性效用函数的一阶导数和二阶导数均大于零,即:

$$U'(R) > 0 \quad U''(R) > 0$$

$$-\frac{U''(R)}{U'(R)} < 0$$

其经济含义是边际效用递增,投资者愿意冒风险,这样的投资者就是风险爱好者。

第二,凹性效用函数,如果效用函数对于任意的收益率 R_x,满足 $U(R_x) > 1/2[U(R_x - R_0) + U(R_x + R_0)]$,如图 15-2 所示。

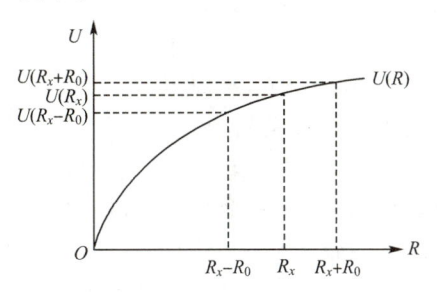

图 15-2 凹性效用函数

凹性效用函数的一阶导数大于零,但是二阶导数小于零,即:

$$U'(R) > 0 \quad U''(R) < 0$$

$$-\frac{U''(R)}{U'(R)} > 0$$

其经济含义是边际效用递减,投资者不愿意冒风险,这样的投资者就是风险规避者。

第三,线性效用函数。如果效用函数对于任意的收益率 R_x,都能满足 $U(R_x) = 1/2[U(R_x - R_0) + U(R_x + R_0)]$,则称此效用函数为线性效用函数,如图 15-3 所示。

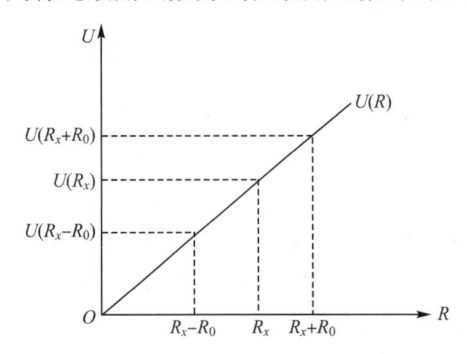

图 15-3 线性效用函数

线性效用函数的边际效用是常数,其一阶导数大于零,二阶导数等于零,即:

$$U'(R) > 0 \quad U''(R) = 0$$

其经济含义是边际效用是常数,表示投资者对风险不敏感,既不喜欢风险,也不厌恶风险,这样的投资者属于风险中立者。

15.2.3 效用函数期望无差异曲线

从效用函数期望的表达式可以看出,一定的投资组合对应着一定的效用期望值。由于理论上存在无数种投资组合方案,因此,有可能找到一些投资组合,在效用函数一定的条件下,这些组合都有相等的效用期望值。

例如,设效用函数是 $U=100R$,证券组合 A、B、C 的收益分布和对应概率见表 15-1。

表 15-1　　　　　　　　　A、B、C 的收益分布和对应概率

A		B		C	
R	P	R	P	R	P
-3%	0.5	0	0.5	3%	1
9%	0.5	6%	0.5	—	—

$E(U_A)=0.5\times U(-0.03)+0.5\times U(0.09)=3$ 单位

$E(U_B)=0.5\times U(0)+0.5\times U(0.06)=3$ 单位

$E(U_C)=1\times U(0.03)=1\times 100\times 0.03=3$ 单位

即,A、B、C 三种证券组合的效用都是相等的。

这些投资组合能产生相等的效用期望值,说明对于相应的投资者而言,这些投资组合是没有区别的,都是可取的。如果将能产生相同效用期望值的各投资组合对应的收益率期望值和标准差列出,在 $E(R),\sigma$ 坐标系中描出它们对应的点,并用平滑的曲线将这些点连接起来,就可以得到效用期望无差异曲线,也称风险收益无差异曲线。显然,在这条曲线上任意一点所对应的投资组合都能产生相等的效用期望值,对于具有相应偏好的投资者而言,这条曲线上任意一点所代表的投资组合都是没有差异的,因为它们都能产生相等的效用期望值。图 15-4 就是无差异曲线的一般形式。

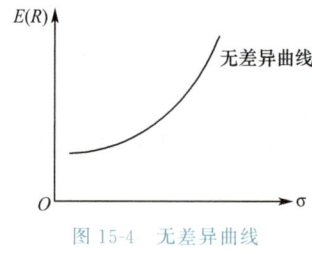

图 15-4　无差异曲线

既然某些投资组合能产生相同的某一效用期望值,那么也会有另一些投资组合能产生相同的另一效用期望值,即某一效用期望值对应着一些投资组合,另一效用期望值也对应着另一些投资组合。由于效用期望值可以有许多个,因此,投资者的无差异曲线也有许多条。当然,投资者会选择能提供最大效用期望值的无差异曲线,作为投资组合目标。因为在风险一定的条件下,这条曲线上的投资组合可产生最大的收益期望值,利用上述三种类型的效用函数可分别得到无差异曲线的具体求法。

15.3　投资组合分析

15.3.1　证券投资的收益与风险

在引入投资组合理论之前,先来看如何度量单个证券的投资收益和风险。

一、收益度量

任何一项投资的结果都可用收益率来衡量,通常收益率的计算公式为:

$$收益率 = \frac{收入 - 支出}{支出} \times 100\%$$

投资期限一般用年来表示,如果投资者投资期限不是 1 年整数,则需转换为年。在证券投资中,投资收益等于期内投资者所得到的现金收益和市场价格相对于初始购买价格的升值价差收益之和,其收益率的计算公式为:

$$收益率 = \frac{现金收入 + (期末价格 - 期初价格)}{期初价格} \times 100\%$$

通常情况下,投资的未来收益率是不确定的,因为未来收益受许多不确定因素的影响,因而是一个随机变量。为了对这种不确定的收益进行度量,我们假定收益率服从某种概率分布,把所有可能出现的投资收益率按其可能发生的概率进行加权平均计算,我们就对这一投资未来可能出现的收益率有一个综合估计,这就是期望收益率。数学中求期望收益率或收益率平均数的公式如下:

$$E(r) = \sum_{i=1}^{n} p_i r_i$$

式中,$E(r)$——期望收益率;p_i——情况 i 出现的概率;r_i——情况 i 出现时的收益率。

在实际分析中,我们经常使用历史数据来估计期望收益率:假设证券的月或年实际收益率 $r_i (i=1,2,3,\cdots\cdots n)$,那么估计期望收益率的公式为:

$$\bar{r} = \frac{1}{n} \sum_{i=1}^{n} r_i$$

二、证券投资风险及其度量

(一)证券投资风险的含义及种类

证券投资风险是指投资收益的不确定性。通俗地讲,也可以将证券投资风险描述为使投资者蒙受损失的可能性,即证券投资的实际成果与预期成果的偏差性。投资收益的可能分布发散性越强,证券投资的风险越大。若证券市场或个别证券的市价因政治、经济及个别公司状况等各方面因素的影响产生难以预测的波动时,投资者就可能蒙受损失,承担风险。

投资风险和收益之间是一种转换关系,风险越大,收益越高,风险越小,收益越低。从投资的证券种类看,政府债券比较安全,但收益率较低;普通股会因股价波动而风险较大,但收益率较高。从投资时机看,当股市行情下跌时,虽然进场投资风险很大,但一旦环境转好,行情必然大幅回升,给投资者带来较高收益;反之,投资环境良好时,股市比较平稳,投资的风险虽然较小,但投资者也只能获得一般的增值收益。

证券投资风险分为系统性风险和非系统性风险两大类。系统性风险是指因各种因素影响使整个市场发生波动而造成的风险,政治的、经济的以及社会环境的变化是系统性风险的来源。这类风险与所有的证券存在着系统性联系,利率风险、市场风险和购买力风险就属于系统性风险。投资者一般无法通过组合投资来消除或降低该类风险。非系统性风险是因个别证券和特殊状况造成的风险,这类风险通常与整个股市的状况不发生系统性的联系,企业经营风险、财务风险、流动性风险与违约风险即属于非系统性风险。由于非系统性风险强调的是对某一种(或某一类)证券的影响,说明该风险具有相互抵消的可能,所以这类风险可以通过投资组合方法来加以避免。

(二)证券投资风险的度量

如果投资者以期望收益率为依据进行决策,那么他必须意识到他正冒着得不到期望收益率的风险,实际收益率与期望收益率会有偏差,期望收益率是使可能的实际值与预测值的平均偏差达到最小(最优)的点估计值。可能的收益率越分散,它们与期望收益率的偏离程度就越大,投资者承担的风险也就越大,因而风险的大小可由未来可能收益率与期望收益率的偏离程度来反映。在数学上,这种偏离程度由收益率的方差来度量。如果偏离程度用$[r_i-E(r)]^2$来度量,则平均偏离程度被称为方差,记为σ^2,其平方根称为标准差,记为σ。用公式表示为:

$$\sigma^2 = \sum_{i=1}^{n}[r_i - E(r)]^2 p_i$$

式中,σ^2——方差;$E(r)$——期望收益率;p_i——情况i出现的概率;r_i——情况i出现时的收益率;n——可能发生的情况数。

例如,根据下表计算证券 A 的方差、标准差。

表 15-2　　　　　　　　　　　可能出现的收益率及概率

经济状况 i	可能的收益率 $r(\%)$	概率 $p(\%)$	$p_i r_i(\%)$
1	50	10	5
2	30	20	6
3	10	40	4
4	-10	20	-2
5	-30	10	-3
合计	预期收益率		10

$E(r)=0.1\times0.5+0.2\times0.3+0.4\times0.1+0.2\times(-0.1)+0.1\times(-0.3)=0.1$

$$\sigma_A^2 = \sum_{i=1}^{n}[r_i - E(r)]^2 p_i$$

$= 10\%\times(50\%-10\%)^2 + 20\%\times(30\%-10\%)^2 + 40\%\times(10\%-10\%)^2 + 20\%\times(-10\%-10\%)^2 + 10\%\times(-30\%-10\%)^2$

$= 4.8$

$\sigma_A = \sqrt{\sigma_A^2} = 2.19$

在实际中我们一般使用历史数据来估计方差。

(三)风险资产与无风险资产

对风险资产和无风险资产进行区分是非常重要的。风险资产是指将来要实现的收益具有不确定性的资产。例如,假设投资者今天买入某房地产公司的股票并打算持有 1 年,在购买股票时,他并不知道该股票的收益率多大,收益率取决于 1 年后公司的股票价格以及公司在 1 年中支付的股利。因此,某房地产公司股票和所有其他公司股票一样,都是风险资产。一些未来收益在当时就能确知的资产,被称为无风险资产。无风险资产一般被定义为短期国债。例如,投资者购买了 1 年期的国债并打算持有 1 年,在这种情况下,未来收益是确定的。因为投资者知道,在 1 年后的到期日,政府会支付明确的金额以偿还债务。

15.3.2 投资组合的收益和风险

投资组合是指投资者将不同的证券按照一定的比例组合在一起作为投资对象,我们已经学习了用期望收益率和方差来计量单个证券的收益和风险。投资组合的期望收益率和方差是通过构成组合的单一证券的期望收益率和方差来表达的。

一、两个资产组合的收益与风险

(一) 投资组合收益

投资组合的预期收益 $E(r_p)$ 是投资组合中所有证券预期收益的简单加权平均值,其中的权数 x 为各证券投资占总投资的比率。公式为：

$$E(r_p) = x_A E(r_A) + x_B E(r_B)$$

$$x_A + x_B = 1$$

例如,假设某投资组合由两个证券组成,两者各占投资总额的一半,证券 A 的预期收益率为 10%,证券 B 的预期收益率为 20%,则该投资组合的预期收益计算如下：

$$E(r_p) = 0.5 \times 10\% + 0.5 \times 20\% = 15\%$$

(二) 允许卖空与权数

上例中的权数均为正数,这是因为我们预测这两种证券的收益率都将上升故分别买入,这时我们处在多头的状态。有时,投资者预测某种证券价格将会下跌,他就可能到券商那里去借这种股票,按现行的市价售出,等行情下跌以后再以低价购回,从中赚取价差,这种投资策略叫卖空。卖空时,投资的权数为负值。

假设我们有 100 万元的本钱,投资于证券 A,证券 A 的收益率为 20%；我们还要在证券 B 上做 30 万元的卖空,即借 30 万元证券 B 售出。假设证券 B 的收益率为 10%,售后收入全部投资于证券 A,试问这一投资组合的预期收益是多少？

$$E(r_p) = 1.3 \times 20\% + (-0.3) \times 10\% = 23\%$$

非卖空投资的损失是有限的,最多为 100%,即投资 100 万元买的证券跌得一文不值；卖空的损失则是无限的,因为价格的上涨是无限的。在实际经济环境中,把借入证券的售后收入全部用来投资的做法,一般是大的机构投资者的行为。

(三) 投资组合的方差

计算投资组合的方差和计算预期收益不一样,投资组合的方差并不等于各证券方差的简单加权平均,而是投资组合的收益与其预期收益偏离数的平方。

由 A、B 两资产组成的资产组合的方差的计算公式为：

$$\sigma_p^2 = x_A^2 \sigma_A^2 + x_B^2 \sigma_B^2 + 2\mathrm{cov}_{AB} x_A x_B$$

式中,x_A、x_B——证券 A、B 在组合中所占的比例；σ_A^2、σ_B^2——证券 A、B 的方差；cov_{AB} 又可表示为 σ_{AB}^2,证券 A、B 的协方差。协方差是表示两个随机变量之间关系的变量。

方差是一个无限的量。当我们需要有限的量时,相关系数对我们就是很有用的。相关系数反映两个随机变量联系程度,计算公式为：

$$\rho_{AB} = \frac{\sigma_{AB}}{\sigma_A \sigma_B}$$

ρ_{AB} 为证券 A 与 B 的相关系数,ρ_{AB} 的最大取值为 +1,最小取值为 -1,正号表示正相关,负号表示负相关；ρ_{AB} 越是接近 +1,A 与 B 的正向相关度越大；ρ_{AB} 越是接近 -1,A 与 B 的负向相关度越大；当 $\rho_{AB} = 1$ 时,A 的变动与 B 的变动绝对一致,被称为完全正相关；当 $\rho_{AB} = -1$ 时,A 的变动与 B 的变动绝对相反,被称为完全负相关；当 $\rho_{AB} = 0$ 时,A 与 B 毫无关系,被称为互不相关。

两个投资组合的方差也可以由相关系数表示为：
$$\sigma_p^2 = x_A^2 \sigma_A^2 + x_B^2 \sigma_B^2 + 2\rho_{AB}\sigma_A\sigma_B x_A x_B$$

投资组合的方差并不等于各证券方差的加权平均。这是因为投资组合的风险不仅依赖于单个证券的风险，而且依赖于证券之间的相互影响（相关系数）。

相关系数 ρ_{AB} 的数值越大，σ_p^2 也越大；ρ_{AB} 的数值越小，σ_p^2 也越小。换句话说，资产的相关度越高，资产组合的风险就越大。选择互不相关或负相关的资产进行组合可降低风险。在实际经济生活中，由于各种资产对一些宏观经济信息都会做出不同程度的反应，因此，绝对负相关或不相关的资产是很难找到的，只能尽可能地选择相关系数低的资产。方差的计算需要借助计算机完成。

另外，选择不同的组合权数，可以得到包含证券 A 和证券 B 的不同的投资组合，从而得到不同的期望收益率和方差，投资者可以根据自己对收益率和方差的偏好，选择自己最满意的组合。

二、多个投资组合的收益与风险

把两个证券的组合的讨论拓展到任意多个证券的情形。设有 N 种证券，记作 A_1、A_2、A_3……A_n，投资组合 $P=(x_1,x_2,x_3……x_n)$ 表示将资金分别以权数 x_1、x_2、x_3，…，x_n 投资到证券 A_1、A_2、A_3…A_n。如果允许卖空，则权数可以为负，负的权数表示卖空相应证券占总资金的比例。正如两种证券的投资组合情形一样，投资组合的收益率等于各单个证券的收益率的加权平均数，即设 A 的收益率为 $r_i(i=1,2,3,……,n)$，则投资组合 $p=(x_1,x_2,x_3,……x_n)$ 的收益率为：

$$r_p = x_1 r_1 + x_2 r_2 + \cdots + x_n r_n = \sum_{i=1}^{n} x_i r_i$$

推导可得投资组合的期望收益率为：

$$E(r_p) = \sum_{i=1}^{n} x_i E(r_i)$$

对于多个资产的组合来说，计算方差的一般公式为：

$$\sigma_p^2 = \sum_{i=1}^{n} \sum_{j \neq i}^{n} x_i x_j \text{cov}(r_i, r_j)$$

由于当 $i=j$ 时，$\text{cov}(r_i,r_j) = \sigma_i^2$，资产组合方差的一般公式也可表示为：

$$\sigma_p^2 = \sum_{i=1}^{n} x_i^2 \sigma_i^2 + \sum_{i=1}^{n} \sum_{j \neq i}^{n} x_i x_j \text{cov}(r_i, r_j)$$

该公式表明，资产组合的方差是资产各自方差与它们之间协方差的加权平均，表明投资组合的风险取决于三个因素：第一，各种证券所占的比例；第二，各种证券的风险；第三，各种证券收益之间的相互关系。投资者无法改变某种证券的风险，所以，投资者能够主动降低风险的途径为给定不同的投资比例和给定不同的相互关系。

Fama 在 1976 年对资产组合风险与资产组合中证券数量的关系作了实证研究。他首先计算了 50 种从纽约股票交易所随意选出的股票从 1963 年 7 月至 1968 年 6 月间月收益率的标准差，然后逐一计算 1～50 种资产的资产组合的标准差。他先选了一种标准差为 11% 的股票，然后又随机选了另一种加进去，权数相同的这两种股票组合的结果使资产组合的标准差降到了 7.2%。依此类推，一种一种地增加股票，分别计算出各种组合的标准差。结果，法玛发现在最初几种股票被加入资产组合时，对标准差的降低作用非常大，股票从 4 种增加到 5 种时,标准差的降幅最大,当股票数增加到 20 种时,再增加股票,对资产组合标准差的降低作用就不大了。当股票数从 30 种增加到 34 种时,出现风险边际下降情况,这是因为进一步增加资产数量只能加大交易费用和管理的困难。因此,资产组合理论认为,要想有效地降低风险,至少要有 10 种左右的资产,15 种证券是比较好的数量,关于风险程度和资产数量的关系如图 15-5 所示。

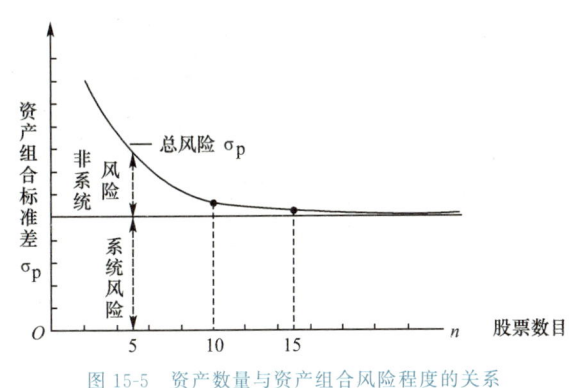

图 15-5 资产数量与资产组合风险程度的关系

15.3.3 投资组合的选择

在构建投资组合时,投资者谋求的是在他们愿意接受的风险水平既定的条件下使投资的预期收益最大化,满足这一要求的投资组合被称为有效组合(Efficient Portfolios)。因为马柯威茨是投资组合理论的创立者,有效组合有时又叫作"马柯威茨有效组合"。

一、马柯威茨对资产选择行为的基本假设

为了构建风险资产的有效组合,必须对投资者的投资决策行为做一些假设。马柯威茨模型所遵循的基本假设是:

(1)投资者都规避风险,规避风险是指在面对两项预期收益相同但风险不同的投资时,投资者将选择风险较低的投资。

(2)投资者都追求效用最大化原则(投资者都是非满足的)。

(3)投资者仅根据均值、方差以及协方差来选择最佳投资组合。

(4)投资期为 1 期。

(5)资金全部用于投资,但不允许卖空。

(6)证券间的相关系数都不是 -1,不存在无风险证券,即全部证券都存风险,而且至少有两个证券的预期收益是不同的。

二、可行域和有效边界

如果用前述两个数字特征—期望收益率和标准差来描述一种证券,那么任意一种证券可用在以期望收益率为纵坐标和标准差为横坐标的坐标系中的一点来表示;相应地,任何一个投资组合也可以由组合的期望收益率和标准差确定出坐标系中的一点,这一点将随着组合的权数变化而变化,其轨迹将是经过 A、B……N 的一条连续曲线,这条曲线称为证券 A、证券 B 等一直到证券 N 的结合线。可见,可行域是由所有可行投资组合的期望收益率与标准差构成的集合,或在坐标平面中形成的区域。

(一)两种投资组合的可行域与有效边界

一般情况下,两个证券构成的可行集是平面区域中的一条曲线。如果两个均是风险证券

则是曲线,其曲线的弯曲程度由它们的相关系数决定,随着两风险证券间的相关系数由 1 变为 －1,曲线向左变得愈来愈弯曲。

设由两项证券资产 A 和 B 构成投资组合,A 的期望收益率为 5%,标准差为 20%;B 的到期收益率为 15%,标准差为 40%,A 和 B 的相关系数为 ρ_{AB},A、B 在组合中的比例分别为 x_A, x_B。

以组合标准差为横轴,组合期望收益率为纵轴画图(图 15-6),当我们给定不同的投资比例 x_A, x_B 和不同的相关关系 ρ_{AB},可以得到不同的资产组合集合。

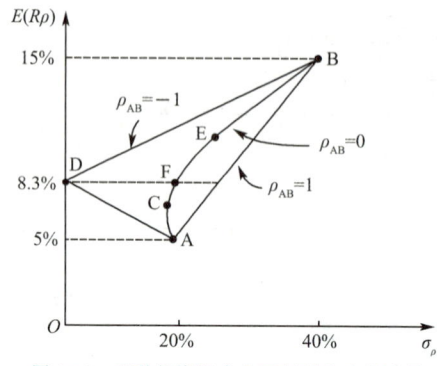

图 15-6 两种投资组合的可行域和有效边界

设 $\rho_{AB}=0$,当 x_A, x_B 取不同值时,不同组合的期望收益率与标准差连接成一条曲线 ACFEB,这条曲线就是 $\rho_{AB}=0$ 时所有由 A、B 构成的资产组合的集合。C 点所代表的是最小方差组合。

该点的计算如下:

$$x_A = \frac{\sigma_B^2}{\sigma_A^2 + \sigma_B^2} = \frac{0.16}{0.16 + 0.04} = 0.8$$

$$x_B = 1 - 0.2 = 0.2$$

$$E(r_p) = \sum_{i=1}^{n} x_i E(r_i) = 0.2 \times 0.15 + 0.8 \times 0.05 = 7\%$$

$$\sigma_p^2 = \frac{\sigma_A^2 \sigma_B^2}{\sigma_A^2 + \sigma_B^2} = 0.032$$

$$\sigma_p = 0.179$$

尽管投资者可以在曲线 ACFEB 上任意选择投资组合,但因为对应曲线段 AC 上的每一组合(如点 A),在曲线段 CFEB 上都有相应的一个组合(如点 F),其风险程度(标准差)与 AC 段上的对应组合相同,但期望收益率更高。根据风险回避型投资者追求效用最大化的假设,投资者只会在曲线段 CFEB 上选择其所需要的资产组合。曲线段 CFEB(最小标准差组合与资产 B 之间的全部组合)即为全部资产组合的效率边界,又称有效率资产组合。

设 $\rho_{AB}=1$,A 与 B 完全负相关,A、B 构成的资产组合集合为折线 ADB,D 为最小标准差组合,直线 DB 为效率边界。

(二)多种投资组合的可行域与有效边界

将每个证券的期望收益、标准差以及由单个证券所构成的全部组合的期望收益、标准差画在以标准差为横轴、以期望收益为纵轴的坐标中,就会生成证券资产组合集合,其基本形状如图 15-7 所示。

从图 15-7 中可以看出，多个证券构成的可行集是标准差－期望收益率坐标系中的一个弹头型平面区域。在不允许卖空的情况下，组合中每一种证券的投资比例系数均为正的，因此所形成的可行域是闭合区域。

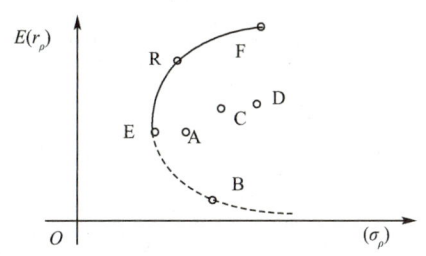

图 15-7 多中投资组合的可行域和有效边界

根据偏好收益、厌恶风险假设，我们可以将可行域的范围缩小，具体分析如下：在可行域 BERF 内，包括了全部单个证券与全部组合的风险与收益的坐标点。集合左边界 BERF 一段为最小方差边界，即在相同期望收益的条件下，由投资风险最低的资产组合所组成的曲线。

BERF 段的下半部 BE 段为无效率边界，在这一段，期望收益越高，风险越低，投资者只会选择这一段的最高点（E 点）。

BERF 段的上半部 ERF 段为效率边界，它包括全部有效资产组合。

综上所述，依据收益偏好，投资者将范围缩小到上边界，依据风险厌恶，投资者将范围缩小到左边界，可行域的左上边界即有效边界。只有有效边界上的点（代表一个投资组合）所代表的投资组合才是有效组合。效率边界是凹性的即凸向纵轴，与效用无差异曲线是凸性的形状正好相反，这是协方差效应的结果。

三、最优投资组合的选择

当给定若干有效组合供投资者选择，投资者最乐意选择的投资组合即为最优组合。由于每个投资者的偏好不同，因此需要根据投资者的个人偏好与无差异曲线进行选择。对于风险回避的投资者而言，其效用的无差异曲线是凸性的（向纵轴的相反方向凸出），能给投资者带来最大效用的就是最左上方的无差异曲线；而前面已经论证了效率边界是凹性的（凸向纵轴），因此能够与最左上方无差异曲线相切的效率边界的点，一定是给投资者带来最大效用的组合。风险规避者的最佳组合一定位于效率边界上，且由于有效边界的特性与无差异曲线的特性决定了它们之间的切点只有一个。

在图 15-8 中，无差异曲线 I_2 优于 I_3，投资者为获得 I_3 的效用，他可以有多种投资选择，但 I_2 投资给投资者带来的效用比 I_3 投资高。I_2 与效率边界相切于 Q 点，Q 组合就成为给投资者带来最大效用的投资组合。

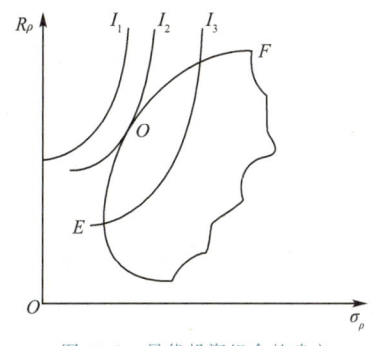

图 15-8 最优投资组合的确定

15.3.4 投资组合理论的应用与局限

资产组合理论对证券投资具有重要的指导意义和实践意义。特别是随着计算机技术的发展，人们可以利用计算机对大量数据进行处理，可以计算出有关资产的期望收益率、标准差和相关系数，并构造出资产组合集合。其基本原理是利用过去一段时间内各股票价格变动的历史数据，用回归的办法计算出各股票的期望收益率和标准差，以及每一种股票同其他所有股票的相关系数。这样，利用求得的期望收益率、衡量风险的标准差及相关系数，根据一定的模型，就可计算出各资产组合的最低风险，进而构造出资产组合集合的效率边界。

利用数学模型计算出资产组合的效率边界可以帮助投资者解决如何构造资产组合、实现风险分散等问题，但最终选择哪一种资产组合，需要投资者根据自己的风险承受能力和投资偏好做出最终决策。

资产组合理论在现代投资学中有着重要的影响和广泛的应用，但它的应用存在着一些明显的局限：第一，这一理论将收益率的期望值和标准差作为实际收益和风险的代表，但真实情况显然会与这一假设有所不同；第二，运用这一理论要求利用股票的历史数据求出其期望收益率、标准差及相关系数，但未来并不是历史的重演，用过去的数据来预测和判断未来显然是不够准确的；第三，需要利用复杂的计算机程序进行计算。

尽管如此，资产组合理论还是为投资管理提供了重要的启示和指导，这一理论的四项主要结论为：

(1)每一种资产的风险状况与其他资产间的相关关系决定了它在资产组合中所占的比重大小。

(2)少量的资产组合便可大幅度地减少投资风险。

(3)投资者的主要精力应放在估算各资产的期望收益、标准差和与其他资产的相关系数上。

(4)在一定的条件下，为构造理想的投资组合，投资者可以借钱买股票。

本章小结　　思考与练习题

第 16 章

资本资产定价分析

> **学习目标**
> 1. 掌握资本市场线、证券市场线。
> 2. 掌握资本资产定价模型的应用。
> 3. 掌握 β 系数的经济含义。
> 4. 了解套利定价理论的基本原理。

16.1 资本资产定价模型的原理

马柯威茨创立的投资组合分析的基本理论的出发点是投资者应该怎样选择适合自己偏好的最优投资组合。本章中资本资产定价模型要解决的问题则是，在资本市场中，假定每个投资者都采用上一章马柯威茨的投资组合理论来经营他们的投资时，这种集体行为将会对证券价格产生怎样的影响，或者说，资产的均衡价格是如何在收益与风险的权衡中形成的。收益与风险的关系是问题的核心。

16.1.1 假设条件

由于资本资产定价模型理论是以马柯威茨的投资组合理论为基础发展而成的，所以资本资产定价模型中包含了投资组合模型的假设。除此之外，还有如下的假设：

假设 1：所有的投资者都依据期望收益率评价投资组合的收益水平，依据方差（或标准差）评价投资组合的风险水平，并采用上一章介绍的方法选择最优投资组合。

假设 2：所有的投资者对投资的期望收益率、标准差及证券间的相关性具有完全相同的预期。

假设3：证券市场是完美无缺的，没有摩擦。这里的摩擦是指对整个市场上的资本和信息自由流通的阻碍。该假设意味着不考虑交易成本及对红利、股息和资本收益的征税，并且假定信息向市场中的每个人自由流动，在借贷和卖空上没有限制及市场上只有一个无风险利率。

在上述假设中，第1项和第2项假设是对投资者的规范，第三项假设是对现实市场的简化。

这些假设使CAPM得以清楚地反映在资本市场均衡状态下，资产收益与风险之间的关系。

16.1.2 资本市场线

第一，无风险资产与风险资产的组合。

马柯威茨风险资产最优组合理论的假设条件之一就是全部证券都存在风险，但如果把资产分投在一种风险资产和一种无风险资产上面，情况会怎样呢？

所谓的无风险证券，是指投资于该证券的回报率是确定的、没有风险的，如购买国债。既然是没有风险的，因此其标准差为零。由此可以推出，一个无风险证券的收益率与一个风险证券的收益率之间的协方差为零。由于无风险证券的回报率是确定的，与任何风险证券的收益率无关，因此，它们之间的相关系数为零。

当我们对无风险资产和风险资产进行组合投资时，这两种资产各种组合的预期收益和风险数据所构成的是一条直线，如图16-1所示，线段 AB 上的各种组合是按不同比例同时投资 A、B 这两种资产的情况。A 点右方的射线代表对 B 做卖空，并将收益全部投资于 A 资产的情况。很显然，只要卖空无风险资产就可以有效改善资产组合风险和收益状况。直线特征在无风险资产与风险资产的组合中也同样存在。

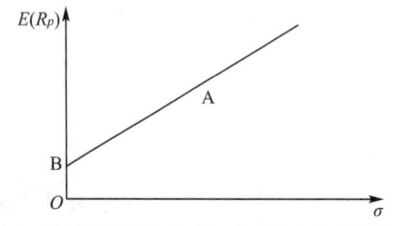

图16-1 无风险证券和风险证券进行组合的线性关系

第二，无风险证券对有效边界的影响。

由于可以将一个投资组合作为一个单个资产，因此，任何一个投资组合都可以与无风险证券进行新的组合。当引入无风险证券时，可行域发生了变化，如图16-2所示。

在图16-2中，由无风险证券 R_f 出发并与原有风险证券组合可行域的上下边界相切的两条射线所夹角形成的无限区域便是在现有假设条件下所有证券组合形成的可行域。由于可行域发生了变化，因此有效边界也随之发生了变化。新的效率边界变成了一条直线，即由无风险证券 R_f 出发并与原有风险证券组合可行域的有效边界相切的射线 R_fMT 便是在现有假设条件下所有证券组合形成的可行域的有效边界，如图16-3所示。R_fMT 这条直线就成了资本市场线(CML)，资本市场线上的点代表无风险资产和市场证券组合的有效组合。

在现有假设条件下，证券组合可行域及有效边界之所以具有如图16-2和图16-3所示的几何特征，即现有证券组合可行域比原有风险证券组合可行域之所以扩大并具有直线边界，主

要基于以下两方面的原因:

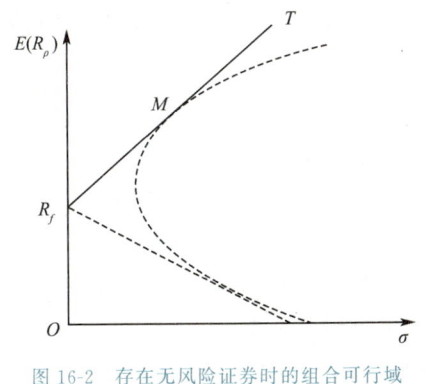

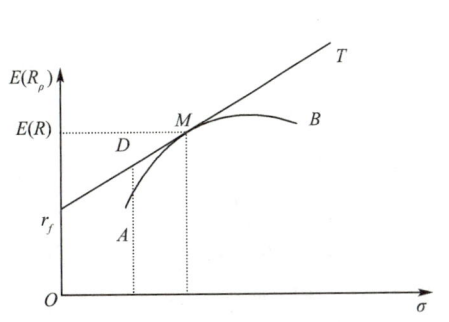

图 16-2　存在无风险证券时的组合可行域

图 16-3　无风险证券与风险证券组合的有效边界

一方面,因为投资者通过无风险证券 R_f 与每个可行的风险证券组合再组合的方式增加了证券组合的种类,从而使得原有的风险证券组合的可行域得以扩大。新的可行域既含有无风险证券,又含有原有风险证券组合,同时也含有因无风险证券 R_f 与原有风险证券组合再组合而产生的新型证券组合。

另一方面,因为无风险证券 R_f 与任意风险证券或证券组合 M 进行组合时,其结合线恰好是一条由无风险证券 R_f 出发,经过风险证券或证券组合 M 的射线 $R_f MT$,从而无风险证券 R_f 与切点证券组合 M 进行组合的结合线便是射线 $R_f MT$,并成为新可行域的上部边界——有效边界。

效率边界 $R_f MT$ 的斜率是 $\dfrac{R_m - R_f}{\sigma_m}$,该斜率表明单位总风险的市场价格。$R_m - R_f$ 代表风险溢价,即风险组合收益率超过无风险收益率的部分。

切点 M 所代表的是市场组合,是有效组合中唯一不含无风险证券而仅由风险证券构成的组合。也就是说,市场上仅有两种资产,一种是无风险资产,另一种是风险资产,而风险资产就是市场组合 M。如果投资者遵从效率原则,那么,任何一个投资者所选择的风险资产都是市场组合。不管投资者的效用函数如何,只要他是风险规避者,他的投资组合中的风险资产就一定包括市场组合。

第三,市场分割定理与投资者选择。

效用函数和效用曲线有什么作用呢?效用函数将决定投资者在效率边界上的具体位置。也就是说,效用函数将决定投资者持有无风险资产与市场组合的份额。效用函数这一作用被称为分割定理。

根据分割定理,投资者的投资决策分为两个阶段:

第一阶段是对风险资产的选择。在这一阶段,投资者对每一项风险资产的期望收益和风险状况以及各资产间的相互作用程度(相关系数)进行估计,在此基础上确定风险资产组合集合及其效率。随后,投资者经 R_f 点向风险资产组合的效率边界引切线,切点 M 所代表的资产组合即投资者应当持有的风险资产组合。在这一阶段内,投资者只需考虑每项资产期望收益、方差和相关系数,即只考虑风险资产本身的特性,而无须考虑自身的风险偏好。因此,不管投资者之间风险偏好差异多大,只要他们对风险资产的特性的判断相同,他们将选择同样的风险资产组合。

第二阶段是最终资产组合的选择。投资者将选定的风险资产组合 M 与无风险资产相组合，构成一个新的资产组合集合，即考虑风险资产和无风险资产后的总的资产组合集合的效率边界。在这一效率边界上，每个投资者将根据自己的风险偏好购买各种证券，即确定所持有的无风险资产与风险资产的比例，选择适当的资产组合。

投资者效用曲线的形状没有发生变化，但由于效率边界是一条直线，因此，效用曲线与新的效率边界的切点是投资者的最优投资选择。如果投资者的效用曲线为 U_1，那么，该投资者将同时持有无风险资产与风险资产。效用曲线与效率边界的切点离 R_f 越近，投资者持有无风险资产的比例就越大；切点离 R_f 越远，投资者持有风险资产（市场组合）的比例就越大。如果投资者的效用曲线为 U_2，那么投资者将按无风险利率借入资金，并将获得的资金与原有资金一起全部投资于风险资产组合—市场组合 M 上。在风险规避者中，完全不承受风险的投资者将不持有市场组合，愿意承受较低风险的投资者将同时持有无风险资产和市场组合，而愿意承受更多风险的投资者将借入资金来购买市场组合（图16-4）。

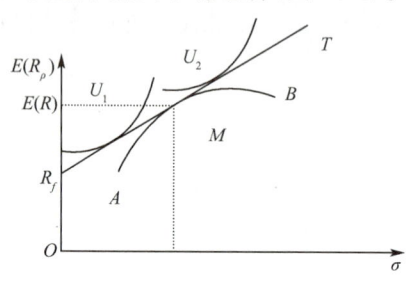

图 16-4 市场分割定理与投资者选择

市场组合是每一个愿意承担风险的投资者所必须持有的唯一风险资产，是独立于投资者效用函数的最佳组合。市场组合包括市场中的每一种风险证券，如果有一种风险证券没有被资产组合包括，那么将会产生套利行为。因为没有被市场组合包括的证券的价格将下降，收益率将提高，而风险并没有发生变化，因此套利者将这只证券纳入组合后，收益率提高，而组合的风险是既定的。这样，原来的市场组合将不是有效率的组合，这与在效率边界上的点都是有效率的组合的结论不一致。因此，全部的证券都将包括在市场组合中。

由于每种证券都包括在市场组合中，而市场组合又只有一个，因此，每种证券在市场组合中的比例就是该证券的市场价值占全部证券的市场价值的比例。也就是说，如果一种证券的市场价值为 10，而全部证券的市场价值为 100，那么在市场组合中该种证券所占比例就是 10%。

第四，资本市场线方程。

通过上面的讨论我们知道：在资本资产定价模型假设下，当市场达到均衡时，市场组合 M 成为一个有效组合；所有有效组合都可视为无风险证券 R_f 与市场组合 M 的再组合。

在均值标准差平面上，所有有效组合刚好构成连接无风险资产 R_f 与市场组合 M 的射线 R_fMT，这条射线被称为资本市场线。资本市场线揭示了有效组合的收益和风险之间的均衡关系，这种均衡关系可以用资本市场线的方程来描述：

$$E(R_p) = R_f + \frac{R_m - R_f}{\sigma_M} \times \sigma_P \tag{16-1}$$

式中，$E(R_p)$—有效组合 P 的期望收益率；σ_P—有效组合 P 的标准差；R_m—市场组合 M 的期望收益率；σ_M—市场组合 M 的标准差；R_f—无风险证券收益率。

资本市场线方程式对有效组合的期望收益率和风险之间的关系提供了十分完整的阐述。有效组合的期望收益率由两部分构成:一部分是无风险收益率 R_f,它是由时间创造的,是对投资者放弃即期消费的补偿;另一部分是风险溢价 $\frac{R_m - R_f}{\sigma_M} \times \sigma_P$,它与承担风险大小成正比,是对投资者承担风险 σ_P 的补偿。其中的系数即资本市场线方程式中的第二项(斜率)代表了对单位风险的补偿,通常称之为单位风险的市场价格。

16.1.3 资本资产定价模型与证券市场线

资本市场线只是揭示了有效组合的收益和风险的均衡关系,而没有给出任意证券或组合的收益风险关系。下面,我们首先建立任意单个证券的收益风险关系,之后将其推广到任意证券组合。

由资本市场线所反映的关系可以看出,在均衡状态下,市场对有效组合的风险(标准差)提供补偿,而有效组合的风险(标准差)由构成该有效组合的各单个成员证券的风险共同合成,因而市场对有效组合的风险补偿可视为市场对各单个成员证券的风险补偿的总和,或者说市场对有效组合的风险补偿可以按一定的比例分配给各单个成员证券。当然,这种分配应按各单个成员证券对有效组合风险贡献的大小来分配。不难理解,实现这种分配就意味着在单个证券的收益和风险之间建立某种关系。为实现这种分配,首先要知道各单个成员证券对有效组合风险的贡献大小。鉴于市场组合 M 也是有效组合,因此将市场组合 M 作为研究对象,分析 M 中各单个成员证券对市场组合风险的贡献大小,之后再按照贡献大小把市场组合的风险补偿分配到各单个成员证券。

为了能够分辨各单个成员证券对市场组合风险贡献的大小,我们要对衡量市场组合风险水平的指数—方差 σ_M^2 进行考察。可以证明,市场组合 M 的方差可分解为:

$$\sigma_M^2 = x_1 \rho_{1M} \sigma_1 \sigma_M + x_2 \rho_{2M} \sigma_2 \sigma_M + \cdots + x_n \rho_{nM} \sigma_n \sigma_M = x_1 \sigma_{1M} + x_2 \sigma_{2M} + \cdots + x_n \sigma_{nM} \tag{16-2}$$

式中,x_i—第 i 种成员证券在市场组合 M 中的投资比例;σ_{iM}—第 i 种成员证券与市场组合 M 之间的协方差。

把市场组合的方差改写成公式(16-2)分解的形式,就使我们能够清晰地从中分离出单个成员证券对市场组合风险的贡献大小。因为分解式中 $x_i \sigma_{iM}$ 可被视为投资比重为 x_i 的第 i 种成员证券对市场组合 M 的风险贡献大小的绝对度量,而 $\frac{x_i \sigma_{iM}}{\sigma_M^2}$ 被视为投资比重 x_i 的第 i 种成员证券对市场组合 M 的风险贡献大小的相对度量。期望收益率 $E(r_M) - r_f$ 可视为市场对市场组合 M 的风险补偿,即相当于对方差 σ_M^2 的补偿,于是分配给单位资金规模的证券 i 的补偿按其对 σ_M^2 做出的相对贡献应为:

$$\frac{x_i \sigma_{iM}}{\sigma_M^2} [E(r_M) - r_f]$$

单位资金规模的证券 i 的补偿又等于 $E(r_M) - r_f$,其中 $E(r_i)$ 表示证券 i 的期望收益率。于是有:

$$E(r_i) - r_f = [E(r_M) - r_f] \frac{\sigma_{iM}}{\sigma_M^2} \tag{16-3}$$

令 $\beta_i = \dfrac{\sigma_{iM}}{\sigma_M^2}$ 则上述方程可改写为：

$$E(r_i) = r_f + [E(r_M) - r_f]\beta_i \tag{16-4}$$

上式给出的就是资本资产定价模型，由此模型可知：单个证券 i 的期望收益率与其对市场组合方差的贡献率 $\beta_i = \dfrac{\sigma_{iM}}{\sigma_M^2}$ 之间存在着线性关系，而不像有效组合那样与标准差（总风险）有线性关系。因而，从定价角度考虑，单个证券的风险用 β_i 来测定更为合理。β_i 表示某一证券的收益率对市场收益率的敏感性和反映程度，用于测量某一证券风险相对于市场风险的比率。

对任何一个证券组合 P，设其投资于各种证券的比例分别为 $x_1, x_2, \cdots, x_n$ 则有：

$$\begin{aligned}E(r_p) &= x_1 E(r_1) + x_2 E(r_2) + \cdots + x_n E(r_n) \\ &= x_1\{[E(r_m) - r_f]\beta_1\} + x_2\{[E(r_m) - r_f]\beta_2\} + \cdots + x_n\{[E(r_m) - r_f]\beta_n\}\end{aligned} \tag{16-5}$$

令 $\beta_p = x_1\beta_1 + x_2\beta_2 + \cdots + x_n\beta_n$，称为证券组合 P 的 β 系数，于是上述等式被改写为：

$$E(r_p) = r_f + [E(r_m) - r_f]\beta_p \tag{16-6}$$

公式(16-4)与公式(16-6)具有相同的形式。可见，无论单个证券还是证券组合，均可将其 β 系数用作风险的合理测定，其期望收益与由 β 系数测定的系统风险之间存在线性关系，这个关系在以 $E(r_p)$ 为纵坐标、β_p 为横坐标的坐标系中代表一条直线，这条直线被称为证券市场线。图 16-5 给出的就是证券市场线或资本资产定价模型的图形。

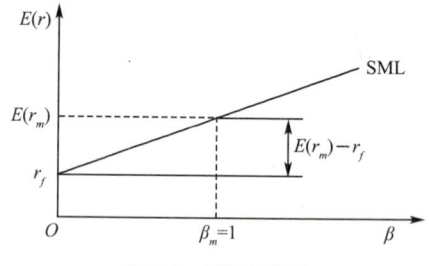

图 16-5 证券市场线

当 P 为市场组合 M 时，$\beta_p = 1$，因此证券市场线经过点 $[1, E(r_m)]$。当 P 为无风险证券时，β 系数为 0，期望收益率为无风险利率 r_f，因此证券市场线亦经过点 $(0, r_f)$。

证券市场线方程对任意证券或组合的期望收益率和风险之间的关系提供了十分完整的阐述。

首先，从 CAPM 模型可以看出，任意证券或组合的期望收益率由两部分构成：一部分是无风险利率 r_f，它是由时间创造的，是对放弃即期消费的补偿；另一部分则是 $[E(r_m) - r_f]\beta_p$，是对承担风险的补偿，通常称为风险溢价，它与承担的风险 β_p 的大小成正比，其中的 $E(r_m) - r_f$ 代表了对单位风险的补偿，通常称之为风险的价格。

其次，从 CAPM 模型可以看出，任意证券或组合的总风险也由两部分构成：一部分是因为市场组合 M 收益变动而使资产 i 收益发生的变动，即 β 系数值，这是系统风险；另一部分，即剩余风险被称为非系统风险。因为非系统风险可以通过多元化投资分散掉，所以当投资者持有市场组合时，就可以说是没有非系统风险。因此，单个资产的价格只与该资产的系统风险的大小有关，而与其非系统风险的大小无关。

β 系数在 CAPM 中成为衡量证券承担系统风险或市场风险的一个标准，用来反映证券或组合的收益水平对市场平均收益水平变化的灵敏度。一般来说，β 系数的绝对值越大，表明证券承担的系统风险越大；β 系数的绝对值越小，表明证券承担的系统风险越小。如果一只股票的 β 系数大于 1，则这只股票被称为进取型股票，因为该股票收益率的变化大于市场组合收益率的变化；如果一只股票的 β 系数小于 1，则这种股票被称为防守型股票，因为该股票的收益率变化小于市场组合收益率的变化。

资本市场线与证券市场线是资本资产定价模型中的两个重要结论，两者存在着内在的关系：

第一，资本市场线表示的是无风险资产与有效率风险资产再组合后的有效资产组合期望收益与总风险之间的关系，因此在资本市场线上的点就是有效组合；而证券市场线表明的是任何一种单个资产或组合的期望收益与其系统风险 β 之间的关系，因此在证券市场线上的点不一定在资本市场线上。

第二，证券市场线既然表明的是单个资产或组合的期望收益与其市场风险或系统风险之间的关系，因此在均衡情况下，所有证券都将落在证券市场线上。

第三，资本市场线实际上是证券市场线的一个特例，当一个证券或一个证券组合是有效率的，该证券或证券组合与市场组合的相关系数等于 1，此时证券市场线与资本市场线就是相同的。

16.1.4 特征线与资本资产价格

公式 $E(r_i) = r_f + [E(r_m) - r_f]\beta_i$ 可以写成：

$$E(r_i) - r_f = [E(r_m) - r_f]\beta_i \tag{16-7}$$

上式被称为特征线。特征线没有截距，换句话说，某一证券的超额收益是市场组合的超额收益与该证券系统风险的严格函数关系，如图 16-6 所示。

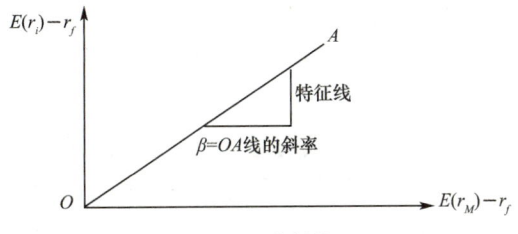

图 16-6 特征线

如果某一证券与市场组合相互独立，即 $\beta_{im} = 0$，那么 $R_i - R_f = 0$，即 $R_i = R_f$。如果 $\beta_{im} > 0$，那么该资产将得到风险溢价。在这个模型中我们唯一要确定的参数是 β_i，这与 CAPM 理论相符，即每一个证券的期望收益取决于它的系统风险。倘若市场是有效的，那么，每个证券的期望收益都应准确地落在证券市场线 SML 上。任何与期望收益的偏离都被看作不正常的收益，即 CAPM 没能估计到的收益。证券市场线与特征线的关系是，证券市场线用于估计一种证券的预计收益，在证券市场线的等式中，β 是自变量，市场组合的超额收益率是斜率；证券特征线则用于描述一种证券的实际收益，在证券特征线的等式中，β 是斜率。

全部有效定价的证券的特征线都经过原点，所以由这些证券构成的组合特征线也经过原点。即证券的预期收益率等于它的均衡预期收益率，但实际上在真实的市场中，即在市场模型中，某些证券的超额收益会高于由图 16-6 所确定的水平，如图 16-7 所示。

从上图可以看出，真实的市场中会有一些证券或证券组合位于原点之上，此时，市场处于不均衡状态，称为证券的错误定价。证券的错误定价程度用 α_i 系数来衡量。即一种证券的 α_i 系数是它的预期收益率与均衡预期收益率之差。产生 α_i 的原因有多种。例如，在证券市场线形式的特征线模型(16-7)式中没有包括但应该包括的对 R_i 产生系统性影响的变量；(16-7)式的函数形式不正确，即有可能 R_i 与 R_m 之间不是简单线性关系；R_i 与 R_m 的数据存在偏差或可能的虚构。所有这些因素对 R_i 产生的综合平均影响造就了 α_i，从而使得被估计的特征线(16-7)式产生了相对于 CAPM 模型的整体偏移。

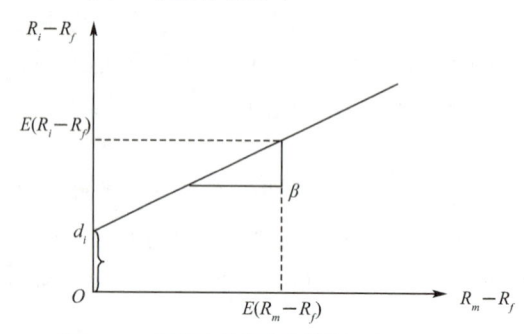

图 16-7 （证券市场线形式的特征线）市场模型

如果某证券的 α_i 系数不为零，说明该证券被错误定价。若某证券的 α_i 系数为正，则它位于 SML 的上方，说明价格被低估；若某证券的 α_i 系数为负，则它位于 SML 的下方，说明价格被高估；若某证券的 α_i 系数为零，则位于 SML 上，说明定价正确。

α_i 的大小也可以用来衡量一个投资组合的管理者的业绩水平，也就是说，$\alpha_i > 0$，则管理者能够实现正的非市场相关收益，说明管理者的水平较高；$\alpha_i < 0$，则管理者不能够获得正的非市场相关收益，说明管理者的水平较低。

当 $\alpha_i \neq 0$ 时就意味着市场处于非均衡的状态，说明该证券被错误定价，就会引发投资者的套利行为，而套利行为的存在将会使市场很快恢复到均衡状态。因此，代表一般市场条件的特征线回归模型可以写成：

$$r_i - r_f = \alpha_i + (r_m - r_f)\beta_i \tag{16-8}$$

该式表明，在未来持有证券的时间内预期超额收益率由两部分组成：一部分是证券 α_i 系数，另一部分是市场证券组合预期超额收益率与这种证券 β 系数的乘积。据此，可画出证券特征线，证券特征线的垂直轴测定这种证券的实际超额收益率，而水平轴则测定市场证券组合的实际超额收益率 $r_m - r_f$。某一证券的特征线通过以下两点：一是垂直轴上 α_i 系数所在点；二是该证券预期超额收益率和市场证券组合超额收益率的相交点。同时，证券特征线的斜率正好等于这一证券的 β 系数，反映该证券的预期收益率对市场证券组合预期收益率的灵敏度，即当市场证券组合预期收益率变化后该证券的变化幅度。

实际上，证券 i 的实际收益率仍有可能偏离它的证券特征线，这是因为模型反映了市场收益率 r_m 变动的结果，而没有反映其他因素变动的影响，这使得证券 i 的实际收益率与估计值必然会有偏差。为了全面反映影响证券收益率波动的原因，我们用随机误差项 ε_i 代表所有无法用市场收益率来解释的证券 i 的那部分收益。这样，当随机误差项 ε_i 不为零时，证券的实际超额收益率就应由 α_i 系数、市场证券组合的实际超额收益率与 β 系数之积、随机误差 ε_i 三项组成。因此，我们就可以把特征线的方程(16-7)修订为：

$$r_i = \alpha_i + r_m \beta_i + \varepsilon_i \tag{16-9}$$

式中，r_i 是证券 i 的实际收益率；α_i 是非市场相关收益，代表常数项或截距；r_m 是市场一揽子证券 m 的收益率；β_i 是市场系统风险。

16.1.5 资本资产定价模型的应用及有效性

一、资本资产定价模型的应用

资本资产定价模型从理论上说主要应用于资产估值、资金成本预算以及资源配置等方面。下面就资本资产定价模型在资产估值和资源配置两方面的应用做简要介绍。

（一）资产估值

在资产估值方面，资本资产定价模型主要被用来判断证券是否被市场错误定价。根据资本资产定价模型，在 SML 线上的各点，或者说根据 CAPM 计算出来的资产预期收益，是资产的均衡价格，即市场处于均衡状态时的价格。这一价格与资产的内在价值是一致的。但市场均衡毕竟是相对的，在竞争因素的推动下，市场永远是处于由不均衡向均衡转化，再到均衡被打破的过程中，因此实际市场中的资产收益率往往并非均衡收益率，可能比其高，也可能比其低。如果我们相信用 CAPM 计算出来的预期收益是均衡收益的话，我们就可以将它与实际资产收益率进行比较，从而发现价值高估或低估的资产，并根据低价买入、高价卖出的原则指导投资行为。

（二）资源配置

CAPM 的思想在消极的和积极的组合管理中都可应用。在消极的资产组合管理中，根据 CAPM，投资者可以按照自己的风险偏好，选择一种或几种无风险资产和一个风险资产的市场组合进行资源配置。

积极的组合管理者将在预测市场走势和计算 β 值上下功夫。根据市场走势，调整资产组合的结构。例如，当预测到市场价格将呈上升趋势时，他们将在保持无风险资产和风险资产比例的情况下，增加高 β 值资产的持有量，反之，将增加低 β 值资产的持有量。

二、传统 CAPM 的有效性问题

早在 20 世纪 70 年代末期，有关 CAPM 有效性以及在投资管理中应用 β 值的合理性问题就被提出来了。罗尔(Richard Roll)分别于 1977 年、1978 年、1980 年和 1981 年论证了传统 CAPM 的不可检验性，概括了简单应用模型可能带来的错误和不正确结果。1992 年，法玛(Fama)和弗兰茨(French)又发现预期收益与 β 之间没有显著的关系。有关 CAPM 检验的论文数以千计，至今仍是一个悬而未决的问题。

人们对传统 CAPM 有效性问题的质疑是由模型推导过程中一些不现实的假设引起的。传统 CAPM 检验主要回答的是：在现实生活中，β 值是否是衡量资产风险的相对标准，资产收益是否与 CAPM 确定的收益风险关系相符合。在大量的检验中结果是不一致的，有些检验结果，特别是早期的检验结果是支持模型的，有些则是不支持的。

CAPM 缺乏一致的有效性检验结果的主要原因有两个：首先是资本市场是非常复杂的，传统 CAPM 的很多假设在现实社会中都被搅乱，所以，尽管它反映了由理性投资者构成的资本市场中预期收益与风险的内在逻辑关系，但也不足以概括复杂的资产价格的形成过程。其

次是受实证检验所用的统计技术的限制。

CAPM 有效性问题的关键在于市场组合和 β 值的衡量标准。从理论上说,市场组合应包括全世界范围内的各种风险资产,不仅包括金融资产,还应包括非金融资产,但就算是能够搜集到所有资产,也未必能搜集到衡量所有这些资产的数据。通常人们以市场指数作为市场组合的代用品,这就使 CAPM 的检验大打折扣。

应注意区分 CAPM 中的 β 值和单一指数模型中的 β 值,前者包含市场组合的概念,后者则直接定义为某一市场指数,但由于在实际计算时 CAPM 的市场组合往往取某一市场指数,所以,人们容易把这两个 β 值简单地等同起来。

对 CAPM 的应用应持慎重态度,要充分认清 CAPM 的限制,避免简单、机械地应用 CAPM。

16.2 因素模型及套利定价理论

由马柯威茨创立的投资组合理论为精确测量证券的风险和收益提供了良好的手段,但由于该模型的复杂性制约了其实际应用,因此,后继者们致力于简化投资组合分析的研究,从而引出了单因素模型、多因素模型和套利定价理论。

16.2.1 单因素模型

第一,单因素模型。

单因素模型的基本思想是认为每一个证券的收益率都与一种共同的因素 F 有关。因此,就可以用这一共同因素解释每个证券的收益。模型为:

$$r_i = \alpha_i + b_i F + \varepsilon_i \tag{16-10}$$

这里 b_i 表示证券 i 对因素 F 的敏感度,与 β 系数类似,用以反映证券风险相对于因素风险的大小。

影响证券收益率的共同因素可以是经济增长率,也可以是股票市场价格指数等。由公式(14-10)可知,每一个证券的风险(方差)都可以分成两部分:一部分是受共同要素影响的部分,也是系统风险 $b_i^2 \sigma_F^2$;另一部分是非要素因素,即证券自身的因素 $\sigma^2(\varepsilon_i)$。因此,证券 i 的方差可写为:

$$\sigma_i^2 = b_i^2 \sigma_F^2 + \sigma^2(\varepsilon_i) \tag{16-11}$$

$$\sigma_{ij} = b_i b_j \sigma_F^2 \tag{16-12}$$

单因素模型的优点是减少了有效边界上的有效组合的计算量。

第二,单指数模型。

在单因素模型中,如果我们以证券市场的股票价格指数作为宏观共同因素的代表,则这种单因素模型又称为单指数模型。单指数模型由威廉·夏普于 1963 年首先提出,其基本思想是认为证券收益率只与一个因素有关。假定每种证券或多或少地受股票市场股价指数的影响,投资者在观察证券市场时可以发现:当股价指数上涨时,大部分股票的价格也上涨;当股价指数下跌时,大部分股票的价格也下跌。这说明,各种证券对市场变化有共同的反应。因此,可以用一种证券的收益率和股票市场股价指数的收益率的相关关系导出以下模型：

$$r_i = \alpha_i + b_i r_m + \varepsilon_i \tag{16-13}$$

单指数模型有两个基本假设：

假设1：证券的风险分为系统风险与非系统风险，因素对非系统风险不产生影响。

假设2：一个证券的非系统风险对其他证券的非系统风险不产生影响，两种证券的回报率仅仅通过因素的共同反应相关联。

16.2.2 多因素模型

单因素模型依据的基本假设是证券的价格或收益随着市场指数的变化而同步运动，即证券收益仅与市场指数单一因素有关，这显然与现实情况不符。研究人员已经发现，在市场以外有许多因素影响证券的收益。在认识到单因素模型的缺陷之后，研究人员又用多因素模型取代单因素模型来研究证券的价格或收益。

模型假设：证券的收益率受多种因素的影响，即影响证券价格的共同因素除了单指数模型中的股票市场价格指数以外，还包括：①通货膨胀率的变化；②失业率的变化；③国民生产总值的变化；④贸易赤字的变动；⑤政府预算开支的变化；⑥利率水平的变化；⑦汇率的变化等。多因素模型的一般公式为：

$$r_i = \alpha_i + b_{i1} F_1 + b_{i2} F_2 + \cdots + b_{in} F_n + \varepsilon_i \tag{16-14}$$

式中，α_i——在没有任何因素影响下的固定收益；b_{in}——证券收益对第 n 个因素的敏感程度；F_n——第 n 个影响因素；ε_i 是剩余收益部分，是一个随机变量，它们之间互不相关，并且 ε_i 与共同因素 F_1 和 $F_2 \cdots F_n$ 也不相关。

利用多因素模型同样可以建立组合模型，以计算有效组合，而且计算量虽然比单因素模型要多，但显然比马柯威茨组合模型方法要少。

16.2.3 套利定价理论模型

套利定价理论（APT）是由史蒂夫·罗斯于1976年提出的。他试图提出一种比传统CAPM更好的解释资产定价的理论模型。经过十几年的发展，APT在资产定价理论中的地位已不亚于CAPM。相对于CAPM，APT模型更一般化，在一定条件下甚至可以把传统的CAPM视为APT模型的特殊形式。

一、套利定价理论的基础性假设

套利定价模型的假设条件和价格形成过程与CAPM是不同的。其中最重要的一点在于，APT不像CAPM那样依赖于市场组合，也没有假设只有市场风险影响资产的预期收益，套利定价模型的假设如下：

假设1：投资者都相信证券 i 的收益率随意受一种或多种因素的影响，可由因素模型决定。

假设2：假设投资者喜欢获利较多的投资策略；市场上有大量不同的资产；允许卖空等。

套利行为指的是不需要投资就可以利用同一实物资产或证券的不同价格来赚取无风险利润的行为。最典型的例子就是，利用同一种货币在不同市场上的价格差异，在价格水平较低的市场上买入该种货币，再在价格水平较高的市场上卖出，以获取价差收益的行为。这种套利行为直接改变着这两个市场上该种货币的供求,最终导致两者供求实现均衡。在一个高度竞争、流动性很强的市场体系中,这种套利机会一经被发现,就会立即引起市场的反应,机会稍纵即逝,也正是这种套利行为推动着有效率市场的形成。

套利定价理论认为,如果市场处在竞争性均衡状态就不会存在套利机会,即没有一个投资者不承担风险、不需要额外资金就能获得收益的机会。如果市场未达到均衡状态的话,市场上就会存在无风险的套利机会。由于理性投资者具有厌恶风险和追求收益最大化的行为特征,投资者一旦发现有套利机会就会设法利用它们。随着套利者的买进和卖出,有价证券的供求状况将随之改变,套利空间逐渐减少直至消失,有价证券的均衡价格得以实现。

套利机会不仅存在于单一证券上,还存在于相似的证券或组合中,也就是说,投资者还可以通过对一些相似的证券或组合部分买入、部分卖出来进行套利。具有相同因素敏感性的证券或组合必然要求有相同的预期收益率,如若不然,"准套利"机会便会存在,投资者必将利用这一机会,而他们的行动将会最终使套利机会消失,均衡价格得以形成。

二、套利证券组合

根据套利定价理论,投资者会发掘构造一个套利组合的可能性,以便在不增加风险的情况下,增加组合的预期收益率。那么,如何才能构造一个套利组合呢?一般而言,套利组合必须同时具备以下三个特征:

(1)不需要额外投资,如果 x_i 表示投资者对证券 i 持有量的变化(套利组合中证券 i 的权数),套利组合的这一特征就可表示为:

$$x_1 + x_2 + \cdots + x_n = 0$$

(2)不承担风险,这一特征用公式可表示为:
在存在多个影响因素的情况下,可具体表示为一个方程组:

$$x_1 b_{11} + x_2 b_{21} + \cdots + x_n b_{n1} = 0$$
$$x_1 b_{12} + x_2 b_{22} + \cdots + x_n b_{n2} = 0$$
$$\vdots$$
$$x_1 b_{1k} + x_2 b_{2k} + \cdots + x_n b_{nk} = 0$$

为能找到满足上面两点特征的解,就要求证券的个数要多于因素的个数,即 $n > k$。严格地讲,除了因素风险等于零以外,一个套利组合的非因素风险也应该等于零。但是,套利组合的非因素风险实际上常常会大于零,只是其数量非常小,套利定价理论认为可以忽略不计。

(3)具有正的期望收益率,用公式可以表示为:

$$x_1 E(r_1) + x_1 E(r_1) + \cdots + x_n E(r_n) > 0 \tag{16-15}$$

当一个组合的投资权重可以同时满足上述三点要求时,该组合就是一个套利组合。这样一个套利组合对任何一个渴望高收益且不关心非因素风险的投资者都是具有吸引力的,因为,它不需要任何额外资金,没有任何因素风险,却可以带来正的预期收益率。

三、套利定价模型

根据上述对市场套利行为及其影响的分析,罗斯是基于以下两个基本点来推导 APT 模型的。

(1)在一个有效率的市场中,当市场处于均衡状态时,不存在无风险的套利机会。即如不存在套利机会,市场便达到了均衡,此时不可能产生套利组合。

(2)对于一个高度多元化的资产组合来说,只有几个共同因素需要补偿。证券 i 与这些共同因素的关系为:

$$r_i = \lambda_0 + b_{i1}\lambda_1 + b_{i2}\lambda_2 + \cdots + b_{ik}\lambda_k \tag{16-16}$$

式中,$\lambda_0 = r_F$ 即无风险收益率;b_{ik} 是证券 i 对第 k 个共同因素具有的单位敏感系数;λ_k 是对所有资产都起作用的共同因素对其期望值的偏离,其本身的期望值为零。

四、套利定价理论与 CAPM 的应用

APT 和 CAPM 都是确定资产均衡价格的经济模型,两者只是具体的决策依据和思路依模型的不同而有差异而已。APT 分析了影响证券收益的多种因素以及证券对各个因素的敏感程度,而 CAPM 中只有一个因素,即市场投资组合,一个敏感系数,即证券的 β 系数,因此 APT 比 CAPM 更具有一般的现实意义,也能更好地描述均衡的证券价格。APT 的缺点是没有指明有哪些因素影响证券收益以及它们的影响程度,因而影响了它的实际应用,而 CAPM 却能对此提供具体帮助。显然,如果能将两者结合起来就能比单纯的 APT 做出更精确的预测,又能比 CAPM 做出更广泛的分析,从而为投资决策提供更充分的指导。

本章小结　　思考与练习题

参考文献

[1] 盛洪昌,于丽红.证券投资学.南京:东南大学出版社,2019
[2] 喻晓平,耿选珍.证券投资学.北京:清华大学出版社,2018
[3] 魏建国,叶桦.证券投资学.北京:高等教育出版社,2020
[4] 邢天才.证券投资学.大连:东北财经大学出版社,2017
[5] 陈文汉.证券投资学.大连:人民邮电出版社,2019
[6] 曹凤歧.证券投资学.北京:北京大学出版社,2013